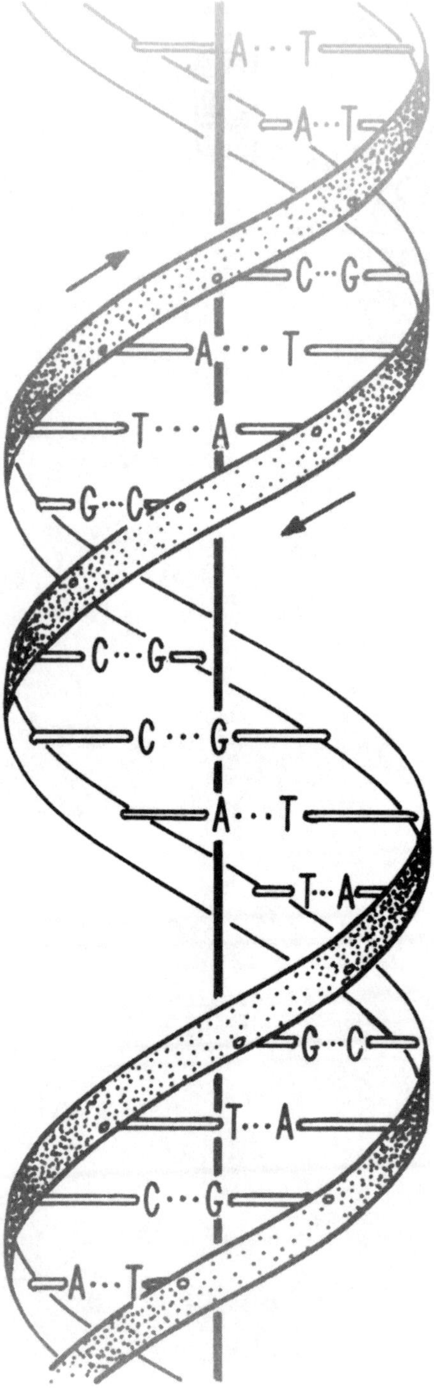
A···T
A···T
C···G
A···T
T···A
G···C
C···G
C···G
A···T
T···A
G···C
T···A
C···G
A···T

Kevin Davies

Die Sequenz

DER WETTLAUF UM DAS MENSCHLICHE GENOM

Aus dem Englischen von
Klaus Fritz und
Anja Hansen-Schmidt

Carl Hanser Verlag

Titel der Originalausgabe:
CRACKING THE GENOME. Inside the Race to Unlock Human DNA.
Craig Venter, Francis Collins, James Watson, and the Story
of the Greatest Scientific Discovery of Our Time,
New York, London u. a., The Free Press

»Das DNA Molekül« von May Swenson, mit freundlicher
Genehmigung von The Literary Estate of May Swenson.

Wir danken Dr. Thomas Potthast für wissenschaftliche
Beratung bei Übersetzungsfragen.

1 2 3 4 5 05 04 03 02 01

ISBN 3-446-20073-8

Satz: Filmsatz Schröter GmbH, München
Druck und Bindung: Franz Spiegel Buch, Ulm
Printed in Germany

Für Kylie und Fiona

Inhalt

Die Doppelhelix ist in der Tat ein bemerkenswertes Molekül. Der neuzeitliche Mensch ist vermutlich etwa 50 000 Jahre alt, die Zivilisation begann vor knapp 10 000 Jahren – und die Vereinigten Staaten existieren erst seit etwa 200 Jahren; aber die DNA und die RNA gibt es seit mindestens einigen Milliarden Jahren. Und während dieser Zeit gab es auch die Doppelhelix, und immer war sie aktiv; dennoch sind wir die ersten Lebewesen auf dieser Erde, die sich ihrer Existenz bewußt werden.

Francis Crick

DEFINITION	Humangenom		
LOCUS	HSGP010101	3158 Gb	DNA
DATUM	25-04-03		
ZUGANG	Assembly 1.0		
ORGANISMUS	»Homo sapiens«		

Eukaryota; Metazoa; Chordata; Craniata; Vertebrata; Euteleostomi; Mammalia; Eutheria; Primates; Catarrhini; Hominidae; Homo.

TITEL	Die Sequenz
/Quelle	1,3150000000
/Chromosom	»1-22, X, Y«
/Bezeichnungen	»Buch des Lebens, Heiliger Gral, Blaupause des Menschen«

///...

URTEXT

```
1    agctcgctga gacttcctgg accccgcacc aggctgtggg gtttctcaga taactgggcc
61   cctgcgctca ggaggccttc accctctgct ctgggtaaag ttcattggaa cagaaagaaa
121  tggatttatc tgctcttcgc gttgaagaag tacaaaatgt cattaatgct atgcagaaaa
181  tcttagagtg tcccatctgt ctggagttga tcaaggaacc tgtctccaca aagtgtgacc
241  acatattttg caaattttgc atgctgaaac ttctcaacca gaagaaaggg ccttcacagt
301  gtcctttatg taagaatgat ataaccaaaa ggagcctaca agaaagtacg agatttagtc
361  aacttgttga agagctattg aaaatcattt gtgcttttca gcttgacaca ggtttggagt
421  atgcaaacag ctataatttt gcaaaaaagg aaaataactc tcctgaacat ctaaaagatg
481  aagtttctat catccaaagt atgggctaca gaaaccgtgc caaaagactt ctacagagtg
541  aacccgaaaa tccttccttg caggaaacca gtctcagtgt ccaactctct aaccttggaa
601  ctgtgagaac tctgaggaca aagcagcgga tacaacctca aaagacgtct gtctacattg
661  aattgggatc tgattcttct gaagataccg ttaataaggc aacttattgc agtgtgggag
721  atcaagaatt gttacaaatc acccctcaag gaaccaggga tgaaatcagt ttggattctg
781  caaaaaaggc tgcttgtgaa ttttctgaga cggatgtaac aaatactgaa catcatcaac
841  ccagtaataa tgatttgaac accactgaga agcgtgcagc tgagaggcat ccagaaaagt
901  atcagggtag ttctgtttca aacttgcatg tggagccatg tggcacaaat actcatgcca
961  gctcattaca gcatgagaac agcagtttat tactcactaa agacagaatg aatgtagaaa
1021 aggctgaatt ctgtaataaa agcaaacagc ctggcttagc aaggagccaa cataacagat
1081 gggctggaag taaggaaaca tgtaatgata ggcggactcc cagcacagaa aaaaaggtag
1141 atctgaatgc tgatcccctg tgtgagagaa aagaatggaa taagcagaaa ctgccatgct
1201 cagagaatcc tagagatact gaagatgttc cttggataac actaaatagc agcattcaga
1261 aagttaatga gtggttttcc agaagtgatg aactgttagg ttctgatgac tcacatgatg
1321 gggagtctga atcaaatgcc aaagtagctg atgtattgga cgttctaaat gaggtagatg
1381 aatattctgg ttcttcagag aaaatagact tactggccag tgatcctcat gaggctttaa
1441 tatgtaaaag tgaaagagtt cactccaaat cagtagagag taatattgaa gacaaaatat
1501 ttgggaaaac ctatcggaag aaggcaagcc tccccaactt aagccatgta actgaaaatc
1561 taattatagg agcatttgtt actgagccac agataataca agagcgtccc ctcacaaata
1621 aattaaagcg taaaaggaga cctacatcag gccttcatcc tgaggatttt atcaagaaag
1681 cagatttggc agttcaaaag actcctgaaa tgataaatca gggaactaac caaacggagc
1741 agaatggtca agtgatgaat attactaata gtggtcatga gaataaaaca aaaggtgatt
1801 ctattcagaa tgagaaaaat cctaacccaa tagaatcact cgaaaaagaa tctgctttca
1861 aaacgaaagc tgaacctata agcagcagta taagcaatat ggaactcgaa ttaaatatcc
1921 acaattcaaa agcacctaaa aagaataggc tgaggaggaa gtcttctacc aggcatattc
1981 atgcgcttga actagtagtc agtagaaatc taagcccacc taattgtact gaattgcaaa
2041 ttgatagttg ttctagcagt gaagagataa agaaaaaaaa gtacaaccaa atgccagtca
```

usw.

Die Sequenz ist nur der Anfang …
J. Craig Venter

Einleitung

> Wir sind digitale Archive des afrikanischen Pleistozän, ja sogar der devonischen Meere; aufrecht gehende Quellen der Weisheit aus alter Zeit. Man könnte ein Leben damit verbringen, in dieser alten Bibliothek zu lesen, und doch sterben, ohne ihrer Wunder satt geworden zu sein.
>
> Richard Dawkins

Am 1. April 1993 fanden sich zweihundert Gäste im Ballsaal eines gehobenen Washingtoner Hotels zu einer wichtigen Geburtstagsparty ein. Als nervöser Gastgeber war ich gespannt, ob alles reibungslos über die Bühne gehen würde: Ich hatte Einladungen rund um den Globus verschickt, Banderolen aufgehängt und die besten Entertainer gebucht, die ich bekommen konnte. Die eintreffenden Gäste sparten denn auch nicht mit Komplimenten, wie gut das Neugeborene aussehe. Wie konnte ich da widersprechen? Nach nervenaufreibenden zwölf Monaten als alleiniger Redakteur eines neugegründeten Wissenschaftsmagazins namens *Nature Genetics* verstand es sich einfach von selbst, daß der erste Geburtstag mit einem Fest begangen wurde.

Nature Genetics war ein Sprößling der angesehenen britischen Zeitschrift *Nature,* die 1869 zur Halbzeit der Regentschaft von Königin Viktoria gegründet wurde und gemäß den Worten Stephen Jay Goulds »die beste Hebamme, Deuterin und Namensschwester der Natur war«.[1] Ein anderer Beobachter nannte *Nature* »den hippen Treffpunkt für Naturwissenschaftler, wenn sie mal aus sich rausgehen wollen«.[2] Viele der bahnbrechenden wissenschaftlichen Erkenntnisse, von denen Zeitungen und Fernsehen wöchentlich berichten, sind Zusammenfassungen von Artikeln, die zuerst in *Nature* erschienen.

Ich kam 1990 zu *Nature* und gab damit eine nicht allzu verheißungsvolle Karriere als Molekulargenetiker auf, einen Beruf, bei dem ich nach Genen gejagt hatte, die schreckliche Krankheiten wie Mukoviszidose oder Muskelschwund verursachen. Entschlossen, gleich bei meinem ersten Tag im Redaktionsbüro von *Nature* unweit der Londoner Strand einen guten Eindruck zu machen, hatte ich mich in einen eleganten italienischen Zweireiher geworfen, betrat zu meiner Überraschung jedoch ein Büro, das mich an die Welt von Dickens erinnerte: Es war bevölkert mit einer bunten Schar ein wenig zerzauster Journalisten, kaum zu erkennen hinter den mächtigen Zeitungs- und Magazinstapeln. Die oberflächlich friedliche Stimmung konnte jeden Augenblick durch einen häßlichen telefonischen Disput zwischen einem Redakteur und dem verbitterten Autor eines abgelehnten Manuskripts erschüttert werden. Der Herausgeber, Sir John Maddox, blieb meist in seinem Büro verschanzt, abgeschirmt von einer stattlichen Sekretärin und einem undurchdringlichen Schleier aus Zigarettenrauch. Allerdings pflegte er mit Sicherheit am späten Montag abend aufzutauchen, um eine Flasche Bordeaux und zwei Päckchen Zigaretten zu kaufen, die ihm halfen, den wöchentlichen Redaktionsschluß nicht zu verpassen.

Wie jede andere Zeitschrift erlitt auch *Nature* ein paar unschöne Rückschläge, vor allem als Maddox einmal in Begleitung eines Freundes, des Illusionskünstlers Amazing Randi, nach Paris reiste, um der erstaunlichen Behauptung von Jacques Benveniste nachzugehen, daß Antikörper eine Art geisterhafte Spur im Wasser hinterlassen können.[3] Trotz solcher Episoden blieb der Ruf von *Nature* unantastbar. Unter den Tausenden von Artikeln, mit denen die Zeitschrift sich schmücken konnte, darunter einigen der meistgefeierten Entdeckungen des letzten Jahrhunderts, ragt eine mannshoch heraus – und tatsächlich überragt sie das gesamte übrige Pantheon der wissenschaftlichen Literatur. Im Frühjahr 1953 schickten zwei begnadete Wissenschaftler aus dem englischen Cambridge ein kurzes Manuskript an den Herausgeber. Wie Präsident Clinton einem der Autoren fast ein halbes Jahrhundert später sagte, enthielten die ersten Zeilen »eines der gewaltigsten Understatements aller Zeiten«. Zugegeben, eine gewisse Demut ist angebracht, wenn man eines der Rätsel des Lebens gelöst hat. Der Brief begann mit den Worten:

Wir möchten eine Struktur für das Salz der Desoxyribonukleinsäure (DNA) vorschlagen. Diese Struktur besitzt neuartige Eigenschaften, die von beträchtlichem biologischen Interesse sind.[4]

So stellten James Watson und Francis Crick die meistgefeierte wissenschaftliche Entdeckung des 20. Jahrhunderts vor. Der zweiseitige Brief enthielt nur eine Zeichnung, eine simple Schwarzweißskizze »zu rein schematischen Zwecken«. Hier tauchte zum ersten Mal die Doppelhelix auf, jene prägende wissenschaftliche Ikone, der nur ein Schaf namens Dolly Konkurrenz machen konnte.

Vier Jahrzehnte nach der Entdeckung der Struktur der DNA erlebte die humangenetische Forschung eine neue Blüte. Die Forscher unternahmen den ersten Versuch in der Gentherapie, sorgten für die Geburt des ersten gengetesteten Embryos und durchsuchten die 23 menschlichen Chromosomenpaare nach mutierten Genen, die Krebs und andere Krankheiten auslösen können. Eine ganze Reihe spannender Artikel ging bei der *Nature*-Redaktion ein, und viele ergebnisreiche Arbeiten mußten zurückgeschickt werden. Einmal schlug Maddox bei seinen Biologie-Redakteuren auf den Tisch, weil sie einen Artikel abgelehnt hatten, der über die Kartierung eines Gens für eine erbliche Form der sogenannten Lou-Gehrig-Krankheit (Amyotrophische Lateralsklerose) berichtet hatte.[5] »Wir müssen an den ›David-Niven-Faktor‹ denken«, sagte er (der elegante britische Schauspieler war dieser Rückenmarkserkrankung zum Opfer gefallen), denn schließlich sei es das Geschäft von *Nature*, »Magazine zu verkaufen«.

Der wichtigste Beweis für die Blüte der Humangenetik zu Beginn der 1990er Jahre jedoch war der Startschuß für ein anspruchsvolles internationales Forschungsprogramm – das drei Milliarden Dollar schwere Humangenomprojekt, bei dem durch die Entzifferung der genauen Sequenz der drei Milliarden chemischer Basen (A, C, G und T) in der DNA der vollständige Bauplan des Menschen bestimmt werden sollte.[6] Die Redakteure von *Nature* waren hellsichtig genug, die Tragweite dieser Entwicklungen zu erkennen, und brachten im April 1992 *Nature Genetics* auf den Markt. Die Zeitschrift war zwei hehren Zielen verpflichtet: erstens, den Humangenetikern ein Forum für ihre wichtige Arbeit zu bieten, und zweitens, noch mehr Magazine zu verkaufen.

Die Party in Washington zum einjährigen Jubiläum des Magazins sollte zwei Tage dauern, und das Unterhaltungsprogramm bestritten zwanzig der faszinierendsten mir bekannten Wissenschaftler, allesamt bereit, den neuesten Stand der avanciertesten Forschungen vorzustellen.[7] Während Maddox in die Vortragsreihe einführte, warf ich, nur um sicherzugehen, einen kurzen Blick ins Programm. Der Titel der Veranstaltung, »Die Zukunft kartieren«, war mit Absicht vage gehalten, damit ich Redner aus allen Gebieten der genetischen Forschung einladen konnte. Nur zwei der Eingeladenen erteilten mir eine Absage. Auf Peter Goodfellow, den unermüdlichen Lehrstuhlinhaber für Genetik an der Universität Cambrigde, mußte ich verzichten, denn er wollte mit Dias gar nichts zu tun haben und würde wie gewohnt einen Stuhl aufs Podium stellen und das Publikum mit Anekdoten unterhalten. Leider mußte ich auch auf einen Vortrag von Bert Vogelstein, dem brillanten Onkologen von der Johns-Hopkins-Universität, verzichten – es sei einfach zuviel verlangt, daß er die Bar-Mizwa seines Sohnes in Israel verschieben sollte.

Doch von den beiden abgesehen war in den vorderen Reihen eine veritable Starriege versammelt. Dazu gehörte die Genetikerin Mary-Claire King aus Berkeley, die über die Kartierung des ersten Brustkrebsgens sprach; die begeisterte, wenn auch ein wenig erschöpfte Kanadierin Marcy MacDonald berichtete aus der Arbeitsgruppe, die soeben die Mutation ausfindig gemacht hatte, welche Chorea Huntington verursacht; Robin Lovell-Badge, der gutaussehende Schwarm meiner weiblichen Mitarbeiter, hatte das männliche »geschlechtsbestimmende« Gen identifiziert; Mark Hughes hatte dazu beigetragen, die Gendiagnostik zu revolutionieren; und der redegewandte Ron Crystal erläuterte die Möglichkeiten der Gentherapie bei der Behandlung von Krankheiten am Beispiel der Mukoviszidose.

Genau wie Fußball- oder Baseballtrainer zunächst die Namen ihrer wichtigsten Spieler aufs Blatt schreiben, wenn sie ihre Mannschaft zusammenstellen, hatte auch ich das Programm auf zwei Persönlichkeiten von beispielloser Anziehungskraft zugeschnitten. Der erste war Francis Collins, ein großer, schlanker Forscher von der Universität Michigan, dem das Privileg zuteil geworden war, den ersten Artikel in *Nature Genetics* veröffentlichen zu dürfen – und das aus guten Gründen.[8] Collins hatte seit 1989 einige sagenhafte Erfolge verzeichnen können. Gemeinsam mit einem kanadischen Forscherteam identifizierte er das Gen für Mukoviszidose,[9] eine der häufigsten Erbkrankheiten in Europa. Zwei Jahre später isolierte er das Gen für ein Krebssyndrom namens Neurofibromatose (das manchmal mit der sogenannten Elefantiasis in Verbindung gebracht wird). Zudem hatte er an der Entdeckung des Gens für Chorea Huntington mitgewirkt. Inzwischen zielte er auf den vierten Streich. Er hatte sich mit King zusammengetan, um das Brustkrebsgen in den Griff zu bekommen – eine glanzvolle und aufsehenerregende Zusammenarbeit zweier Superstars der Genetik.[10]

Collins' Forschungsleistungen allein rechtfertigten seine herausragende Rolle bei der Tagung, und hinzu kam sein außerordentliches Talent zum öffentlichen Vortrag. Doch es gab noch eine andere Überlegung, die allerdings nur auf Gerüchten beruhte, die schon fast ein Jahr im Umlauf waren. Collins betrat das Podium, lächelte und bestätigte das schlechtestgehütete Geheimnis der Stadt. Er hatte ein Angebot der Direktorin des National Institute of Health (NIH), Bernadine Healy, angenommen, neuer Leiter des Humangenomprojekts zu werden – des anspruchsvollsten, teuersten und umstrittensten Vorhabens in der Geschichte der Biologie, bei dem der vollständige genetische Code des Menschen sequenziert werden sollte. (Ein paar Tage später fand dazu eine Pressekonferenz statt.) Collins sollte Nachfolger von James Watson werden, dem Gründungsdirektor des Genomprojekts, der im Jahr zuvor zurückgetreten war. Die Gelegenheit, die Verantwortung für dieses historische Projekt zu übernehmen, konnte sich Collins nicht entgehen lassen.

Eine erfolgreiche Konferenz muß mit einem glanzvollen Tusch enden, und der zweite Forscher, den ich vor den übrigen auf die Rednerliste geschrieben hatte, war der Schlußredner: J. Craig Venter hatte ebenfalls einen meteoritenhaften Aufstieg in die wissenschaftliche Stratosphäre erlebt. Während Collins seine Entdeckung des Gens für Mukoviszidose feierte, schuftete Venter am NIH zwar als anerkannter Wissenschaftler, doch kaum als vielgehandelter Name. Das änderte sich im Sommer 1991 praktisch über Nacht, als er eine revolutionäre Methode[11] zur Identifizierung der Tausenden von Genen beschrieb, die in den verschiedenen Geweben des menschlichen Körpers exprimiert sind. Mit einer der ersten marktgängigen DNA-Sequenziermaschinen hatte Venters Labor ein Verfahren entwickelt, um stapelweise DNA-Sequenzen von Hunderten von Genen gleichzeitig zu gewinnen, während andere Forschungszentren nur ein Gen auf einmal untersuchen konnten. Mit seinem Verfahren umging er praktisch jene 95 Prozent des menschlichen Genoms, die als funktionslos galten und weithin als »Schrott-DNA« abgetan wurden, und faßte die wichtigsten DNA-Sequenzen ins Auge: jene Gene, welche die Anweisungen enthalten, nach denen die Tausenden von Proteinen im menschlichen Körper erzeugt werden. Venter hatte eine Revolution in der Gensequenzierung entfesselt, die ihm gewaltigen Ruhm, Reichtum und reichlich Streit einbrachte. Er war inzwischen der Präsident eines nicht profitorientierten Instituts zur DNA-Sequenzierung, das von einem Venture-Kapitalisten mit 70 Millionen Dollar privat finanziert worden war.

Am Schluß der Konferenz hatten Collins und Venter niemanden darüber im Zweifel gelassen, daß sie wichtige – und vielleicht die tragenden – Rollen in dem Versuch spielen würden, die in den genetischen Code des Menschen eingeschriebenen Reichtümer ans Licht zu bringen. Collins war der eigentliche Befehlshaber eines internationalen Forscherheers auf der Suche nach dem Heiligen Gral der Biologie, das zugleich jene Fehler in unserer DNA aufspürte, die Tausende von Erbkrankheiten verursachen. Venters fruchtbarer neuer Ansatz zur DNA-Sequenzierung und Genidentifizierung würde nach wenigen Jahren schon zur Entdeckung der Mehrzahl der menschlichen Gene führen und war vielleicht das bestgeeignete Werkzeug, mit dem man die Aufgabe bewältigen konnte, die gesamten drei Milliarden DNA-Buchstaben auf den 23 Chromosomenpaaren zu sequenzieren.

Venter hatte sich in seinem Institut, das einige Meilen von dem in Bethesda ansässigen NIH entfernt war, bereits gut eingerichtet, als Collins sein Labor nach Bethesda verlegte. (Tatsächlich war vorgesehen, daß Collins vorübergehend in Venters altes Labor einziehen sollte.) Doch niemand wußte, daß diese beiden Doyens der DNA auf Kollisionskurs waren.

Fünf Jahre später, im Mai 1998, änderte Venter mit dramatischer Geste den Kurs des Humangenomprojekts und teilte Collins sein Vorhaben mit, eine neue Firma zu gründen, die das gesamte Humangenom bereits Jahre vor dem angepeilten Termin 2005 sequenzieren würde.[12] Collins wollte ein einfaches Sequenzierungsverfahren anwenden, das er anhand von Bakteriengenomen zur Reife gebracht hatte, sowie Hunderte der technisch fortgeschrittensten DNA-Sequenziermaschinen und einen der größten zivilen Supercomputer der Welt. Die *New York Times* verkündete lauthals, Venter versuche für sich zu reklamieren, was viele für das Erbe der Menschheit hielten. Nun drohe das Undenkbare, nämlich das Scheitern des öffentlichen Humangenomprojekts.

Der britische Wellcome Trust, eine gemeinnützige Stiftung der Pharmafirma Wellcome, sah sich daraufhin veranlaßt, die Genetiker zu beruhigen, und verdoppelte rasch seine Mittel für das Sanger Centre, Großbritanniens wichtigstes DNA-Sequenzierzentrum. Damit sollte gewährleistet werden, daß eine zuverlässige Genomsequenz erstellt würde, die der Zeit ohne große Nachbesserungen standhalten würde. Collins schlug in die gleiche Kerbe und unterstützte verstärkt die leistungsfähigsten Sequenzierzentren in den Vereinigten Staaten. Es schien ganz so, als wäre der langsame Marsch zur Entschlüsselung der menschlichen Genomsequenz zu einem klassischen Gefecht zweier Parteien mit weitgehend unterschiedlichen Strategien und Zielvorstellungen geworden. Venter wollte mit seiner Firma Celera Genomics das menschliche Genom bereits Jahre vor dem gesetzten Termin sequenzieren (und wenn nötig dabei Tausende Lücken lassen), um anschließend Hunderte von Genen zu patentieren und wertvolle Informationen über die Genomsequenz für ein Vermögen an die pharmazeutische Industrie zu verkaufen. Collins' Aufgabe war es, ein unergiebiges Regierungsprogramm rasch auf Trab zu bringen, um mit Venters privatwirtschaftlichen Anstrengungen Schritt halten und die vollständige, gleichsam dem Goldstandard entsprechende Sequenz Jahre früher als zunächst vorgehabt abliefern zu können. Zugleich sollten, um das menschliche Genom nicht patentierbar zu machen, die DNA-Daten fortlaufend jeden Abend veröffentlicht werden.

Zwei Jahre lang lieferten sich die beiden Forschungsgruppen ein erbittertes Rennen um die Sequenzierung des menschlichen Genoms und bekriegten sich nebenher in der Presse mit Vorwürfen und Beleidigungen. Es wurde hoch gepokert; Prestige und Prioritätsrechte standen auf dem Spiel. Collins und seine Verbündeten beteuerten hartnäckig, daß sie sich kein Rennen mit Venter lieferten und die schnellere Gangart der Sequenzierung ursprünglich vorgesehen hatten. Venter feierte auf eigens veranstalteten Pressekonferenzen wichtige Marksteine in der Kartierung des Humangenoms, und bei einem Hearing des US-Kongresses im April 2000 behauptete er, die Sequenzierung der DNA eines Menschen abgeschlossen zu haben. Der öffentliche Schlagabtausch drohte das, was eigentlich eines der nobelsten und verheißungsvollsten Unternehmen der menschlichen Geschichte sein sollte, in den Schmutz zu ziehen. »Erbitterte Konkurrenten pflegen gelegentlich ein paar rüde Worte auszutauschen, und die Medien stürzen sich darauf«, bemerkte dazu Donald Kelly, Herausgeber des Magazins *Science.* »Daß alle auf das Rennen achten, läßt vielleicht in den Hintergrund treten, um was es hier im Grunde geht, nämlich um eine gewaltige wissenschaftliche Leistung.«[13]

Plötzlich, im Juni 2000, hieß es, das »Rennen« sei vorbei, und Collins und Venter kamen überein, ihre Streitigkeiten zu begraben und der Suche nach dem menschlichen Genom eine gewisse Würde zurückzugeben. Die hastig organisierte Siegeserklärung war in vieler Hinsicht voreilig: Collins' Forschungsverbund hatte noch nicht ganz das selbstverkündete Ziel einer »groben Skizze« von 90 Prozent der Sequenz erreicht, jedoch alle Daten öffentlich zugänglich gemacht. Hingegen behauptete Venter, seine Sequenz sei zu 99 Prozent vollständig, aber nur eine Handvoll Abonnenten seiner Datenbank waren in der Lage, dies zu überprüfen. Das betraf jedoch nur technische Einzelheiten. Bei einer Feierstunde im Weißen Haus am 26. Juni standen Collins und Venter stolz neben Präsident Clinton, als dieser verkündete: »Heute lernen wir die Sprache kennen, in der Gott das Leben erschaffen hat.«[14]

Die Entschlüsselung des menschlichen Genoms ist eine verblüffende Leistung, die mit technischen Großtaten von der Erfindung des Rads bis zur Mondlandung verglichen wurde. Wir sind die erste Spezies, die intelligent genug ist, den Text des Lebens zu lesen (und, wie ein Witzbold vor einigen Jahren meinte, dumm genug, um dafür zu bezahlen). Doch was heißt eigentlich genau, das menschliche Genom sei geknackt? Wie können wir diese Leistung angemessen bewerten?

»Für die Genetik ist jetzt gerade mal Halbzeit«, sagte Eric Lander, der Direktor des führenden amerikanischen Genomzentrums am Whitehead Institute, kurz nach der Feier im Weißen Haus. »Um 1900 ging es los, und die wirklich interessante zweite Hälfte des Spiels fängt jetzt erst an.«[15] Tatsächlich begann das Spiel vor 100 Jahren, als drei Pflanzenzüchter das vergessene Werk des böhmischen Mönchs Gregor Mendel ausgruben. Mendel hatte die elementaren Regeln des Spiels aufgedeckt und gezeigt, daß die Vererbung von Eigenschaften (in Mendels Beispiel die Farbe und Form von Erbsen) durch jeweils zwei Faktoren bestimmt wird, die dominant oder rezessiv sein können und später Gene genannt wurden.[16] Kurz nach der Wiederentdeckung von Mendels Werk stellte Sir Archibald Garrod die These auf, daß eine Krankheit namens Alkaptonurie durch die Vererbung eines rezessiven Gens verursacht würde – der erste entdeckte »angeborene Irrtum des menschlichen Stoffwechsels«.[17]

Daß Gene aus DNA bestehen, war bereits 1944 weitgehend gesichert, doch diese Erkenntnis erregte erst 1953, als Watson und Crick ihre bahnbrechende Entdeckung machten, die Phantasie des breiten Publikums. Schwarzweißfotos zeigen die beiden jungen Wissenschaftler, wie sie ehrfurchtsvoll ihr Wendeltreppenmodell der DNA betrachten. (Die Computerfirma Apple benutzte dann ein Foto Watsons für ihre »Think Different«-Werbekampagne.) Der spiralförmige Aufbau war der Schlüssel zu dem Geheimnis, wie die DNA von Generation zu Generation weitergegeben wird, während die Sprossen der Leiter, die aus vier Buchstaben (Basen) zusammengesetzt sind, den Schlüssel für den Code des Lebens enthalten. Wie Crick und andere ein Jahrzehnt später herausfanden, enthält die Sequenz dieser Basen buchstäblich die Anweisungen für die Synthese der Proteine unseres Körpers. In den 70er Jahren schließlich kam es zur Revolution der Gentechnik, als die Wissenschaftler herausfanden, auf welche Weise die DNA sequenziert und verändert werden kann, und einzelne menschliche Gene zu isolieren begannen.

Mitte der 80er Jahre machte sich eine Gruppe von Wissenschaftlern daran, ein Unternehmen zu planen, bei dem die komplette Folge aller drei Milliarden Buchstaben der menschlichen DNA zusammengestellt werden sollte. Walter Gilbert von der Universität Harvard, Mitgewinner des Nobelpreises für die DNA-Sequenzierung, meinte begeistert, diese Herausforderung sei nichts Geringeres als die Suche nach dem Heiligen Gral der Biologie. Nach zehnjährigen Auseinandersetzungen über Kosten und Sinn des Vorhabens, die Genomsequenz planmäßig aufzuzeichnen, kam das Humangenomprojekt 1990 schließlich auf die Beine; den Abschluß faßte man für 2005 ins Auge.

Zunächst kamen die Forscher zügig voran und konnten als Zwischenerfolge immer wieder Gene identifizieren, die verheerende Krankheiten auslösen, etwa die Muskeldystrophie und Alzheimer. Doch die technischen Möglichkeiten für die sorgfältige Sequenzierung aller drei Milliarden Einheiten der DNA entwickelten sich nicht schnell genug. Als man die Halbzeit hinter sich hatte, waren nur drei Prozent des menschlichen Genoms sequenziert, und es wurden Zweifel laut, ob man das Projekt rechtzeitig würde abschließen können. Venter packte diese Gelegenheit beim Schopf und verknüpfte die modernsten computergestützten DNA-Sequenzierungsverfahren mit einer waghalsigen Sequenzierungsstrategie. Der Testfall war das Genom der Fruchtfliege, eines der klassischen Modellorganismen der Biologie. Celera konnte es 1999 in sagenhaften vier Monaten sequenzieren. Von diesem Moment an gab es kaum noch Zweifel, daß Venter sein Versprechen, das menschliche Genom Jahre vor dem veranschlagten Termin zu sequenzieren, einlösen würde.

Mit Blick auf das Universum schrieb Galilei: »Dieses Buch ist in mathematischer Sprache verfaßt und seine Buchstaben sind Dreiecke, Kreise und andere geometrische Figuren, ohne deren Hilfe [...] wir vergebens durch ein dunkles Labyrinth streifen.« Während wir uns auf die zweite Halbzeit des genetischen Projekts vorbereiten, kennen wir praktisch den gesamten Text des menschlichen Genoms, eine Folge von drei Milliarden Buchstaben – etwa 750 Megabytes an digitaler Information –, die bis zu 5000 Bücher wie dieses füllen würden und doch auf eine einzige DVD *(Digital Versatile Disc)* passen.

Während die erste Hälfte ereignisreich war, verspricht die zweite

Hälfte spektakulär zu werden. In den nächsten Jahren werden die Wissenschaftler mit Hilfe leistungsstarker computergestützter Rechenprogramme das menschliche DNA-Wörterbuch durchblättern und alle Gene identifizieren. Wie viele sie finden werden, ist noch nicht abzusehen – die Schätzungen gehen mit 40 000 bis zu 100 000* weit auseinander.[18] Zunächst einmal stehen wir vor der Aufgabe, herauszufinden, was diese Gene bewirken, und Verbindungen zwischen den Millionen punktueller Variationen in unserer DNA-Sequenz und unserer Anfälligkeit für zahllose Krankheiten herzustellen. Solche Erkenntnisse werden es den Ärzten ermöglichen, das Erbgut eines einzelnen Menschen aufzuzeichnen, eine personenbezogene Risikoliste für verbreitete Leiden wie Herzkrankheiten, Diabetes und psychische Erkrankungen zu erstellen und zugleich die wirksamsten Behandlungen für diese Leiden zu empfehlen.

In ein oder zwei Jahrzehnten tragen wir diese Informationen vielleicht auf unserer persönlichen DNA-DVD mit uns herum, vollgestopft mit Daten über unsere genetisch bedingte Anfälligkeit für Krankheiten und die Verträglichkeit bestimmter Medikamente. Kliniken werden zusehends in der Lage sein, genetische Eigenschaften menschlicher Embryos zu selektieren, indem sie die DNA vor der Implantation durchleuchten, und sie werden neue Therapien einsetzen, bei denen fehlerhafte Gene ersetzt oder repariert werden, um damit Erbkrankheiten und Krebs zu verhindern. Und gegen Ende dieses Spiels wissen wir vielleicht genug über die Geheimnisse unseres Genoms, um bestimmte Gene mit Zügen des menschlichen Charakters in Verbindung bringen zu können. Dabei habe ich die Transplantation von Fremd-DNA, die Stammzellentherapie und das Klonieren noch gar nicht erwähnt.

Das menschliche Genom enthält zweifellos den Schlüssel für unsere Zukunft, doch noch wichtiger ist vielleicht, daß es auch die Geheimnisse unserer Vergangenheit in sich trägt. Die Erforschung der Unterschiede in den Genomsequenzen von Menschen und Primaten wird unsere Reise durch die letzten fünf Millionen Jahre der Evolution erhellen. Die Genomforschung wirft auch ein Licht auf die Bevölkerungs-

* Vgl. dazu auch den Epilog dieses Buches, bes. S. 353, 357. (A. d. Ü.)

wanderungen, die während der vergangenen 100 000 Jahre von Afrika aus über den ganzen Globus hinweg stattfanden, und bringt verborgene Wahrheiten über unsere Identität als Erdbevölkerung und als Spezies zutage. Unterschiede in den DNA-Sequenzen ermöglichen zudem einzigartige molekulare Fingerabdrücke von Lebenden und Toten. Solche Untersuchungen wirkten sogar schon in die amerikanische und russische Politikgeschichte hinein. Die DNA-Analyse hat überdies eine nicht mehr wegzudenkende Bedeutung im Rechtswesen.

Ich hoffe, dieses Buch bietet eine Gesamtsicht der Genetik zur Halbzeit des Spiels, in der sich die Gruppen neu formieren. Es ist die Geschichte von Menschen, die zumindest verantwortlich für eine außerordentliche technische Leistung sind, wenn nicht sogar für den entscheidenden Schritt in der menschlichen Evolution. Wir blicken zurück auf die Höhepunkte der ersten Spielhälfte und schauen voraus auf das restliche Spiel. Dieses Buch soll weder die letztgültige Darstellung der Politik des Genomprojekts sein noch ist es eine anthropologische Fallstudie, die verborgene Wahrheiten über den Fortschritt in der Naturwissenschaft enthüllen will. Mein Ziel war es vielmehr, die Begeisterung, die Faszination, das Geheimnis und die Erhabenheit der Suche nach dem Heiligen Gral der Biologie festzuhalten.

Es ist unmöglich, das Endergebnis des Spiels vorauszusagen, denn zuviel ist noch offen, doch zweifellos wird dieser genetische Wissensschatz die Vorstellung von unserer Stellung in der Welt unwiderruflich verändern. Bei unseren Kindern wird man Krankheiten diagnostizieren, die noch gar nicht ausgebrochen sind, und man wird sie mit Medikamenten behandeln, die zur Chemie ihres Körpers passen. Unsere Enkel wird man vielleicht aus einem Pool von Zellen wählen, die auf einer Petrischale schwimmen, nachdem man sie auf verborgene Fehler in ihrer DNA untersucht hat. Und unsere Urenkel werden das Spruchrecht über die nachfolgenden Generationen besitzen, nämlich die Fähigkeit, Eigenschaften in deren Erbmaterial einzufügen, und zwar technisch so mühelos, als würde man einen Knopf annähen. Wenn die Doppelhelix zur Ikone des 20. Jahrhunderts wurde und die Dampfmaschine die des 19. war, dann ist die Gensequenz – diese schier endlose Kette von drei Milliarden As, Cs, Gs und Ts – dazu bestimmt, das kommende Jahrhundert entscheidend zu prägen. Die DNA ist im wesentlichen digitale Information, ein drei Milliarden Jahre alter Fortran-Programmcode.[19] Nun, da wir das Genom geknackt haben, stehen wir vor der enormen Herausforderung zu begreifen, was diese Sequenz bedeutet und was sie uns lehren kann. Wir haben die beängstigende Möglichkeit, wenn wir das wollen, die Sprache Gottes umzuschreiben, und wir tragen die Verantwortung, das Genom zu nutzen, um die Lage des Menschen auf gerechte und ethisch verantwortliche Weise zu verbessern. Die Kindheit der Menschheit nähert sich ihrem Ende.[20]

Die erste Halbzeit ist vorbei.

1. KAPITEL

Ritter der Doppelhelix
Die Suche nach dem Heiligen Gral der Biologie

> Es kommt mir fast wie ein Wunder vor, daß wir noch vor fünfzig Jahren kaum etwas über das genetische Material wußten, uns heute jedoch vorstellen können, in den Besitz der vollständigen genetischen Blaupause des Menschen zu gelangen.
>
> James Watson

Im Magazin *Science* vom 7. März 1986 sprach sich der Präsident des Salk Institute, der italienische Nobelpreisträger Renato Dulbecco, dafür aus, ein gigantisches biowissenschaftliches Projekt in Angriff zu nehmen – mit dem Ziel, das gesamte Genom eines Organismus zu sequenzieren und die genetischen Veränderungen aufzudecken, die zu Krebs führen. Nur ein großangelegtes Programm, kein kleinteiliger Ansatz, sei geeignet, in dem von Präsident Nixon 1971 erklärten »Krieg gegen den Krebs« endlich voranzukommen. Ein Forschungsprojekt, bei dem ein vollständiges Genom sequenziert werden sollte, sei wichtig für die Erforschung nicht nur des Krebses, sondern aller Krankheiten und ihrer Entwicklung, und es liege auf der Hand, daß man mit dem menschlichen Genom beginnen sollte. Die planmäßige Sequenzierung der drei Milliarden Buchstaben der menschlichen DNA würde es den Wissenschaftlern erlauben, alle angenommenen 100 000 menschlichen Gene ausfindig zu machen, jene Abschnitte des gesamten Genoms, welche die codierten Anweisungen enthalten, aufgrund deren die Proteine des Körpers erzeugt werden. Dulbeccos abschließende Worte klingen auch heute noch beeindruckend:

Dieses Unternehmen wäre ungefähr gleichbedeutend mit der Anstrengung, die uns zur Eroberung des Weltraums geführt hat, und sollte im selben Geiste vorangetrieben werden. Noch verlockender wäre es, ein internationales Forschungsprojekt daraus zu machen, denn die Sequenz der menschlichen DNA ist die Wirklichkeit unserer Spezies, und alles, was in der Welt geschieht, hängt von diesen Sequenzen ab.[1]

Dulbeccos Artikel war das bis dahin stärkste Signal für eine zunehmend breitere Unterstützung der Suche nach dem »Heiligen Gral« der Biologie, wie ein anderer Nobelpreisträger, Walter Gilbert aus Harvard, mit einem berühmt-berüchtigten Wort formuliert hatte. Gilbert hatte dieses Ziel einige Monate zuvor an der Universität Kalifornien in Santa Cruz ausgerufen, deren Rektor ein Symposium organisiert hatte, bei dem der Aufbau eines Instituts zur DNA-Sequenzierung diskutiert wurde. Im Rückblick auf die Konferenz schrieb Gilbert: »Die Gesamtsequenz des Menschen ist der Gral der Humangenetik [...], ein unvergleichliches Werkzeug zur Erforschung aller Aspekte der Funktionsweise des menschlichen Organismus.«[2]

Naturwissenschaftler der verschiedensten Fachgebiete haben sich den »Gral« als Sinnbild zu eigen gemacht. Für die Physiker ist der Gral die Entdeckung eines Elementarteilchens der Materie.[3] Bei den Biophysikern ist er die Voraussage der vollständigen dreidimensionalen Struktur eines Proteins aufgrund der eindimensionalen Kette seiner Bausteine.[4] Und die Chemiker nehmen den heiligen Trinkbecher in Anspruch, wenn es um ihre Anstrengungen geht, ein hochstabiles künstliches Element zu erzeugen.

Der Gral ist auch zu einem beliebten und zugkräftigen Symbol des Humangenomprojekts geworden, zum beträchtlichen Erstaunen von Kritikern wie dem Harvard-Genetiker Richard Lewontin, der 1992 bemerkte: »Es ist ein deutliches Zeichen der Entfremdung von der Offenbarungsreligion, daß eine wissenschaftliche Gemeinschaft mit einem hohen Anteil osteuropäischer Juden und Atheisten den geheimnisumwobensten Gegenstand der mittelalterlichen Christenheit zu ihrem zentralen Sinnbild erhoben hat.« Lewontins Kritik galt jenen Kollegen, welche die DNA zum Fetisch gemacht hätten, sowie der »missionarischen Begeisterung der modernen Tempelritter und der Einfalt der von ihnen ins Gebet genommenen journalistischen Meßdiener«.[5] Lewontin zufolge hat dies dazu geführt, daß aus der DNA, einem inaktiven Molekül, die Blaupause des biologischen Determinismus wurde, nämlich eine Bauanleitung des Menschen. Tatsächlich ist »Blaupause des Menschen« eine verbreitete und auch etwas weltlichere Metapher für das Genomprojekt,[6] doch auch sie hat ihre Kritiker, wie etwa Ian Stewart, den Autor von *Life's Other Secret*. Er meint: »Gene sind nicht mit Blaupausen für Ingenieure zu vergleichen, eher mit Rezepten in einem Kochbuch. Sie sagen uns, was für Zutaten reinkommen, in welchen Mengen und in welcher Reihenfolge – doch sie liefern uns keinen vollständigen und genauen Plan dessen, was dabei herauskommt.«[7]

Matt Ridley will in *Alphabet des Lebens* den Ausdruck »Blaupause« zur Bezeichnung des menschlichen Genoms ebenfalls nicht gutheißen, zum Teil, weil eine zweidimensionale Karte ein schlechtes Sinnbild für einen eindimensionalen digitalen Code sei. Das Genom sei vielmehr »ein gewaltiges Buch, eine Anleitung von unglaublicher Länge«.[8]

Die vielleicht beste Metapher für das Genomprojekt, ins Spiel gebracht von einem führenden Vertreter des Humangenomprojekts, Eric Lander vom Whitehead Institute, verweist auf das wichtigste Ordnungsprinzip der chemischen Elemente: die Periodentafel. Der bahnbrechende Kartograph des chemischen Königreichs war Dimitri Iwanowitsch Mendelejew, ein brillanter russischer Chemiker, der als jüngstes von 14 Kindern in ärmlichen Verhältnissen in Sibirien geboren worden war.[9] Als Heranwachsender war Mendelejew versessen darauf, die physikalischen Eigenschaften der Elemente zu begreifen. Mit Anfang Dreißig war der große gebückte Mann, der äußerlich stark an Rasputin erinnerte, Professor für anorganische Chemie an der Universität von St. Petersburg. Dort machte er sich entschlossen daran, die atomaren Verhältnisse zwischen den verschiedenen Elementgruppen aufzudekken. Einige Fortschritte waren bis dahin schon gelungen. Der englische Chemiker John Newlands etwa hatte festgestellt, daß verschiedene Elemente aufgrund ihrer chemischen und physikalischen Eigenschaften zu Gruppen mit je acht Elementen zusammengefaßt werden konnten, wobei das jeweils erste Element dem achten ähnelte, das zweite dem neunten, und so weiter.

Newlands »Gesetz der Oktaven« stieß nur auf Verachtung – ein Zeitgenosse meinte, er hätte mehr Glück, wenn er die Elemente in alphabetischer Folge ordnete –, doch Mendelejew hatte ein ähnliches Muster festgestellt. Als leidenschaftlicher Solitärspieler schrieb Mendelejew die Namen und Eigenschaften der 61 damals bekannten Elemente auf weiße Karten. Diese legte er in Reihen und Spalten aneinander, und zwar nach Maßgabe von Atomgewichten, Ergebnissen seiner eigenen Experimente, Berechnungen, Briefen von Kollegen und Artikeln in fünf verschiedenen Sprachen, die er mit Heißhunger zu lesen pflegte. Eines Nachts im Februar 1869 hatte Mendelejew einen Traum, in dem er die bekannten Elemente in einer einzigen Tabelle zusammengestellt sah.[10]

Im März 1869 trug Mendelejew sein Arbeitspapier »Der Zusammenhang von Eigenschaften und Atomgewichten der Elemente« bei einer Tagung der Russischen Chemischen Gesellschaft vor, und kurze Zeit später reiste er nach England, um vor der Chemischen Gesellschaft die ehrwürdige Faraday-Vorlesung zu halten. Nachdem man Mendelejew das Honorar in einer kleinen Seidenbörse in den russischen Nationalfarben überreicht hatte, ließ er die Sovereignmünzen auf den Tisch klimpern und erklärte: »Es ist mir unmöglich, in diesen durch das Andenken Michael Faradays geheiligten Gemäuern Geld für ein Werk der Liebe anzunehmen.«[11] (Die Chemische Gesellschaft schickte ihm dann später mit kunstvollen Gravuren geschmückte Vasen nach Rußland.)

Zwar ließ sich Mendelejew von den bekannten Atomgewichten der Elemente leiten, doch war er selbstsicher genug, von dieser Vorgabe abzuweichen, wenn ihm sein Instinkt eine andere Ordnung der Elemente nahelegte. Noch eindrucksvoller ist, daß er an jenen Stellen, wo er weitere, bislang noch unentdeckte Elemente vermutete, Lücken in seiner Tabelle ließ. Und tatsächlich, drei Elemente – Gallium, Germanium und Scandium – wurden später mit genau den Eigenschaften entdeckt, die Mendelejew vorausgesagt hatte, was die Zeitgenossen davon überzeugte, daß sein System ein getreues Abbild der chemischen Natur darstellte.

Im Jahr 1955, fast 50 Jahre nach seinem Tod, wurde Mendelejew die höchste Ehrung zuteil, die sich für einen Chemiker überhaupt denken läßt (und sogar den Nobelpreis aussticht): Wissenschaftler erzeugten auf künstlichem Wege das 101. Element der Periodentafel und nannten das kurzlebige radioaktive Isotop »Mendelevium«. So fand der Russe Aufnahme in die exklusive Gemeinschaft Albert Einsteins, Alfred Nobels und Enrico Fermis, nach denen ebenfalls Elemente benannt sind.

Mendelejews Periodentafel ist zum bedeutendsten Symbol der Chemie geworden und kann durchaus als das wichtigste Werkzeug des Industriezeitalters bezeichnet werden. Vielleicht liegt es deshalb gar nicht so fern, Vergleiche mit den Fundamenten der Biologie herzustellen, denn schließlich ist diese Wissenschaft nach den Worten des Oxforder Chemikers R. J. P. Williams »die Suche nach der Chemie, die funktioniert«. Lander hat den Vergleich denn auch treffend gefunden: »Das Humangenomprojekt hat zum Ziel, die Periodentafel der Biologie zu schaffen – nicht 100 Elemente, sondern 100 000 Gene; kein Rechteck, auf dem die Valenzelektronen verzeichnet sind, sondern ein Baummuster, das funktionale und abstammungsmäßige Verwandtschaften der menschlichen Gene aufzeigt.«[12]

Die vollständige Sequenz des menschlichen Genoms wird die elementaren Eigenschaften aller menschlichen Gene ans Licht bringen, und dann wird es auch möglich sein, aus ihren Funktionen und Wechselwirkungen ein faszinierendes Gesamtbild der menschlichen Biologie und Evolution zu zeichnen. Ähnlich wie die Anzahl der Bausteine der Chemie vor 130 Jahren dank der Arbeiten Mendelejews, Newlands und anderer als endlich bestimmt werden konnte, ist die Biologie heute dabei, ihr Gebiet endgültig abzustecken. Genauso wie die Chemiker Atome anhand ihrer je bestimmten Masse und Ladung erkennen können, werden die Biologen in Zukunft Genchips und andere neue Techniken einsetzen, um jedes Gen von zigtausend anderen unterscheiden zu können.

Francis Crick hat allerdings auf einen möglicherweise entscheidenden Unterschied aufmerksam gemacht.[13] Die in der Periodentafel verewigten Prinzipien sind wahrhaft allgemein, sie verweisen auf die überall gleichen Eigenschaften der im gesamten Universum verteilten chemischen Elemente. Sollte es jedoch Leben auf anderen Planeten geben, gibt es wenig Grund zu der Annahme, daß dessen genetischer Code demselben Muster entspricht wie unseres, denn am Ursprung des Lebens, wie wir es kennen, spielte der Zufall eine zentrale Rolle.

Ein Vergleich der Sequenz mit der Periodentafel der Elemente bietet eine elegante, wenn auch für den Alltag nur begrenzt taugliche Analogie. Ganz profan gesprochen, ist das menschliche Genom im Grunde eine riesige Liste von Teilen. Eine Boeing 777 besteht aus etwa 100 000 Einzelteilen, doch Eric Landers schreibt zu Recht, daß eine solche Liste »niemandem sagt, wie man die Teile zusammenbaut«.[14] Die Sequenz des Humangenoms wird eines Tages die Identität der 50 000–100 000 entscheidenden Komponenten des menschlichen Erbmaterials enthüllen und in der medizinischen Praxis gewaltige Fortschritte ermöglichen. Doch wird die Identifizierung aller Gene als solcher nicht zugleich erklären, wie Geist und Körper des Menschen arbeiten.

Dulbeccos 1986 in *Science* veröffentlichte Stellungnahme katapultierte die Idee eines Humangenomprojekts in den Bereich wissenschaftlicher Normalität – doch es war nicht ursprünglich seine Idee. Charles DeLisi, Direktor der Abteilung für Gesundheits- und Umweltforschung im Energieministerium, interessierte sich seit langem für die Wirkung von Strahlungen auf Mutationsraten. Ein wichtiges Projekt war die Untersuchung der *hibakashu,* der japanischen Überlebenden der zum Ende des Zweiten Weltkriegs abgeworfenen Atombomben, bei denen mit einiger Sicherheit erhöhte Mutationsfrequenzen und Erbdefekte festzustellen waren.

Im März 1986, nur wenige Tage bevor Dulbeccos Artikel erschien, leitete DeLisi einen kleinen Workshop in Santa Fe, wo das Konzept einer Sequenzierung des menschlichen Genoms unter den Fittichen des Energieministeriums debattiert wurde. Die Teilnehmer waren sich überwiegend einig, daß die Sequenzierung des menschlichen Genoms möglich sei, doch sollte dieses Vorhaben erst in Angriff genommen werden, nachdem man eine physikalische Karte des Genoms erstellt hatte. Manche zweifelten, ob das Energieministerium tatsächlich qualifiziert sei, ein solches Unternehmen zu leiten. David Botstein von der Universität Stanford, der 1980 erstmals eine genetische Karte der menschlichen DNA vorgeschlagen hatte, tadelte die Initiative frech als »ein Programm des Energieministeriums für arbeitslose Bombenbauer«.[15]

Zwei Monate nach Dulbeccos umstrittenem Ruf nach einem wissenschaftlichen Großunternehmen in Sachen Genom versammelten sich Legionen von DNA-Koryphäen am Cold-Spring-Harbor-Laboratorium auf Long Island bei New York zu einer Tagung über »Die Molekularbiologie des *Homo sapiens*«, organisiert vom Direktor des Forschungszentrums, James Watson. Inzwischen gingen Gerüchte um, wonach das Energieministerium ein Programm zur Sequenzierung des Humangenoms in Erwägung ziehe, und auf einer Sondersitzung während der Konferenz beschäftigte man sich unter Leitung des Nobelpreisträgers Paul Berg ausschließlich mit diesem Thema.

Der eifrigste Verfechter von Dulbeccos Vorschlag war sein Nobelpreiskollege Walter Gilbert, der die »blinde Sequenzierung« bevorzugte. Dabei sollte das Genom willkürlich zerschnitten, die DNA-Bruchstücke sollten sequenziert und dann wieder zusammengesetzt werden. Gilbert schrieb mit provozierender Geste die geschätzten Kosten auf die Tafel: 3 000 000 000 Dollar. Mit seiner Vorstellung von der Sequenzierung des gesamten menschlichen Genoms handelte er sich jedoch offen feindselige Reaktionen ein, besonders seitens jüngerer Forscher. Auch wenn man die drei Milliarden Dollar – ein Dollar für jeden Buchstaben der DNA – über 15 Jahre verteilte, würden unweigerlich Gelder von anderen wichtigen Forschungsvorhaben abgezogen. Tatsächlich sank während der späten 80er Jahre der Anteil der vom National Institute of Health (NIH) finanzierten Forschungsprojekte von 40 auf weniger als 25 Prozent.[16]

Gilbert begeisterte sich für eine private Initiative zur Sequenzierung des Genoms und schmiedete Pläne für ein eigenes Unternehmen, das »Genome Corporation« heißen sollte. Er wollte Hunderte von Wissenschaftlern unter einem Dach versammeln, die das gesamte Humangenom in zehn Jahren bei Kosten von rund 300 Millionen Dollar entschlüsseln sollten. Die Sequenz sollte dann für einen gewissen Geldbetrag veröffentlicht werden. Im Rückblick unterscheidet sich sein Vorhaben nicht allzusehr von dem, was Craig Venter ein Jahrzehnt später auf die Beine stellte. Die Fachleute jedoch verdammten Gilberts geplante Privatisierung des Humangenoms: Sie sei verwerflich und gegen den traditionellen Geist der Zusammenarbeit gerichtet, der die Grundlage der wissenschaftlichen Arbeit sei. Aus verschiedenen Gründen, unter anderem wegen seiner prekären Position als Präsident der Firma Biogen und wegen des Börsencrashs von 1987, war Gilbert nicht in der Lage, genügend Risikokapital aufzutreiben, und sein Traum von der Genome Corporation platzte. Ein paar Jahre später hatte Gilbert mehr Erfolg als Mitgründer von Myriad Genetics in Salt Lake City, das 1994 das erste Brustkrebsgen, *BRCA1*, identifizierte.

Ein eher biotheoretisches Argument gegen die systematische Aufzeichnung des menschlichen Genoms lautete wie folgt: Was war der Zweck der vollständigen Sequenzierung aller 23 Chromosomenpaare, wenn nur etwa fünf Prozent der menschlichen DNA tatsächlich den Code für Gene enthält? Viele angesehene Wissenschaftler machten sich beim Treffen von Cold Spring Harbor über Gilberts Idee lustig, die DNA Stück für Stück zu sequenzieren, und sprachen sich statt dessen für den gezielteren Versuch aus, die Gene selbst zu identifizieren und zu sequenzieren. Der Südafrikaner Sydney Brenner, einer der Gründerväter der Ära moderner Genetik[17], hatte sich von Beginn an dafür ausgesprochen, die DNA-Sequenzierung auf einen kleinen Teil des gesamten Genoms zu konzentrieren, der die Gene enthält, und sich später um die bei weitem nicht so interessante »Schrott-DNA« zu kümmern. Er sei, wie er betonte, nicht prinzipiell gegen das Vorhaben. In humorvollem Ton schrieb er:

> Ich gehöre nicht zu denen, die glauben, daß die Kartierung und Sequenzierung des menschlichen Genoms eine langweilige, undankbare Aufgabe ist, die vielleicht für eine Strafkolonie geeignet wäre, in der vom richtigen Weg abgekommene Molekularbiologen zur Strafe bis zu 20 [Millionen] Basen abarbeiten müssen. Im Gegenteil, ich glaube, daß dies das wichtigste, das interessanteste und das anspruchsvollste wissenschaftliche Projekt ist, das wir haben, und daß es in Zukunft die besten Köpfe der biologischen Forschung anziehen wird.[18]

Im Jahr 1987 erörterte dann ein Sonderausschuß des amerikanischen nationalen Forschungsrats (National Research Council) unter Vorsitz von Bruce Alberts das Für und Wider eines Humangenomprojekts. Im Abschlußbericht sprach man sich für ein internationales Programm zur Sequenzierung des Humangenoms unter Führung der Vereinigten Staaten aus und schlug auch entsprechende organisatorische Richtlinien vor. Da die Kosten der DNA-Sequenzierung immer noch als haarsträubend galten (mehrere Dollar pro Base), empfahl der Ausschuß, das Projekt zu verschieben, bis der technische Fortschritt den Preis gedrückt hätte – wofür man fünf Jahre veranschlagte. Zunächst einmal sollte sich die Arbeit auf die Kartierung des menschlichen Genoms und die Bestimmung der Genome anderer Organismen konzentrieren, namentlich der Maus oder der Fruchtfliege *Drosophila melanogaster.* Auch sollte das genetische Material bestimmter Hefe- und Bakterienarten erforscht werden, um überhaupt erst die Voraussetzungen für die Funktionsbestimmung der menschlichen Gene zu schaffen. Zudem sollte die Entwicklung der technischen Verfahren zur DNA-Sequenzierung energisch vorangetrieben werden. Der Ausschuß empfahl eine staatliche Förderung im Umfang von 200 Millionen Dollar jährlich über 15 Jahre und bestätigte damit Gilberts frühere Schätzung. Praktisch das einzige, wozu man keine Stellung nehmen wollte, war die Frage, ob das Genomprojekt unter die Fittiche des Energieministeriums oder des NIH gestellt werden sollte.

Inzwischen trieb das Energieministerium seine Genominitiative bereits voran. Das Vorhaben überlebte im März 1987 eine Anhörung im Kongreß, und DeLisi legte 1988 seinen ersten Haushaltsplan über zwölf Millionen Dollar vor. Doch auch James Wyngaarden, der Direktor der NIH, bemühte sich, die Genomprogramme seines Institutsverbunds auf den Weg zu bringen, und erklärte dem Kongreß, für ein vernünftiges Genomprojekt seien 50 Millionen Dollar erforderlich. Er schlug vor, ein neues Zentrum für Humangenomforschung einzurichten, das später die Befugnis erhalten sollte, Forschungsgelder in eigener Regie zu verteilen. Watson drängte den NIH-Direktor, einen aktiven Wissenschaftler zu nominieren, der »dem Kongreß, der Öffentlichkeit und der wissenschaftlichen Gemeinschaft die Gewähr bieten kann, daß wissenschaftliche Überlegungen und nicht das Gießkannenprinzip die entscheidenden Kriterien bei der Zuteilung der bald beträchtlichen Genomgelder sein werden«.[19]

Das war ein guter Ratschlag, doch für viele Beobachter gab es nur einen Menschen, der Watsons herrschaftlichen Idealen entsprach: Watson selbst.

Im Jahr 1928, als James Dewey Watson in Chicago geboren wurde, veröffentlichte ein geradezu verzweifelt schüchterner Forscher des britischen Gesundheitsministeriums die Ergebnisse eines Experiments, das »kein gesunder Mensch sich hätte ausdenken können«.[20] Doch diese Untersuchung war eine entscheidende Grundlage für die großartige Leistung, die Watson 25 Jahre später vollbrachte. Fred Griffith erforschte die Virulenz des *Streptococcus pneumoniae,* einer Bakterienart, die, wie er gezeigt hatte, in zwei sehr verschiedenen Formen auftreten konnte: Die ansteckende Form hatte eine glatte Oberfläche, während die nichtansteckende Form als rauh bezeichnet wurde. Für sein klassisches Experiment spritzte er Mäusen Kulturen beider Formen: lebende nichtansteckende rauhe Bakterien und tote glatte ansteckende Bakterien. Nach zwei Tagen waren viele Mäuse tot, und in ihrem Blut fand Griffith lebende Bakterien mit der rauhen Oberfläche. Etwas hatte die nichtansteckenden Bakterien in die ansteckende Art verwandelt, und hauptverdächtig war das Protein, denn die DNS war zu gleichförmig und Kohlehydrat kam kaum in Frage.

Griffiths Ergebnisse erregten die Aufmerksamkeit Oswald Averys, eines bekannten Immunologen an der New Yorker Rockefeller-Universität, der fast zehn Jahre mit der Suche nach der fraglichen Substanz verbracht hatte. In einer heroischen Versuchsreihe kultivierten Avery und zunächst Colin MacLeod, später Maclyn McCarthy, literweise infizierte Zellen und bestimmten dann durch ein logisches Ausschlußverfahren das »Transformationsprinzip«. Eine ganze Batterie chemischer, enzymologischer und immunologischer Tests deutete auf das Undenkbare: Das Transformationsprinzip war nicht Protein, sondern eine Substanz, die praktisch nicht beachtet worden war, seit der Schweizer Biochemiker Johann Friedrich Miescher 75 Jahre zuvor erstmals ein »Nuklein« aus dem Eiter weggeworfener Operationsbinden isoliert hatte: Desoxyribonukleinsäure.

Im Herbst 1943, als sich der damals 15jährige Watson an der Chicagoer Universität einschrieb, faßte Avery in einem Papier seine Ergebnisse zusammen und überreichte es am 1. November persönlich Peyton Rous, dem angesehenen Redakteur des *Journal of Experimental Medicine,* das bei der Rockefeller University Press erschien. Averys ausführlicher Bericht lieferte den fast sicheren Beweis, daß die Gene aus DNA bestanden, doch sein zurückhaltender Schluß ließ die Begeisterung verpuffen:

> Die induzierende Substanz ist nach ihren chemischen und physikalischen Eigenschaften zu schließen offenbar eine stark polymerisierte und viskose Form von Natrium-Desoxyribonuklein [DNS]. [...] Sollten sich die Ergebnisse der vorliegenden Untersuchung bestätigen, dann muß den Nukleinsäuren eine biologische Eigenschaft zugeschrieben werden, deren chemische Grundlage bisher noch nicht bekannt ist.[21]

Nur an einer Stelle erlaubte sich Avery, ohne Netz zu spekulieren, und zitierte einen Satz von J. B. Leathes aus einem 1926 erschienenen *Science*-Artikel. Leathes hatte gezeigt, daß Chromosomen zu fast gleichen Teilen aus Protein und Nukleinsäure bestanden, und stellte daher die herrschende Auffassung in Frage, das Erbmaterial müsse aus Protein bestehen. Es war ein Zitat, das die Leser schaudern ließ: »[Wenn die Chromosomen] von Anfang an alles enthalten, was, wenn nicht unser Schicksal und Glück, so doch zumindest unsere körperlichen Merkmale bis hin zur Farbe unserer Wimpern bestimmt, dann stellt sich die Frage, ob die Nukleinsäure [als Träger] nicht mindestens ebenso geeignet ist wie die Aminosäure.«[22] Doch als Rous zwei Wochen später das redigierte Manuskript mit seinen handschriftlichen Bemerkungen an Avery zurückgab, war genau diese Passage wegen unzureichender Begründung gestrichen. Im Austausch mit Vertrauten hielt sich Avery jedoch weniger zurück. In einem Brief an seinen Bruder, einen Bakteriologen, schilderte er voller Begeisterung, wie es seiner Arbeitsgruppe gelungen war, die Substanz ausfindig zu machen, welche die nichtansteckenden Bakterien mit den »aristokratischen Eigenschaften« der glatten, ansteckenden Art versah. Nur das instinktive Bedürfnis, alle anderen Erklärungen auszuschließen, mäßigte Averys Ton. »Wenn wir recht haben«, schrieb Avery,

> dann bedeutet dies, daß Nukleinsäuren nicht nur strukturell wichtig, sondern funktionell aktive Substanzen bei der Bestimmung der biochemischen Aktivitäten und spezifischen Eigenschaften von Zellen sind – und daß es mittels einer bekannten chemischen Substanz möglich ist, voraussagbare und erbliche Veränderungen in Zellen auszulösen [...]. Es macht Riesenspaß, Kaugummis aufzublasen – aber es ist klüger, die Blasen selbst platzen zu lassen, bevor ein anderer es versucht.[23]

Kurz bevor die Arbeit veröffentlicht wurde, hielt Avery einen Abschiedsvortrag, bei dem er den Schluß zog: »Das vorgelegte Beweismaterial untermauert die Auffassung, daß [die DNA] die entscheidende Einheit im Transformationsprinzip des Pneumococcus Typ III ist.«[24] Wie McCarty sich erinnert, folgte donnernder Applaus – danach hätte man eine Stecknadel fallen gehört, so still wurde es, als sich das Publikum die Tragweite von Averys Leistung klarzumachen versuchte.

Der Artikel von Avery, McCarty und MacLeod gilt zu Recht als ein Klassiker des 20. Jahrhunderts (leider konnte Griffith diesen Triumph nicht mehr auskosten, da er 1941 bei einem deutschen Luftangriff auf London ums Leben kam). Der Nobelpreisträger Sir Peter Medawar lobte die Arbeit als »das interessanteste und einflußreichste biologische Experiment des 20. Jahrhunderts«.[25] Zur damaligen Zeit jedoch blieb der Artikel weitgehend unterbewertet und kaum beachtet. Die Zeitschrift, in der Avery ihn veröffentlichte, war zwar bei den Immunbiologen beliebt, aber Genetiker und Allgemeinbiologen, die der Anwendbarkeit von an Bakterien gewonnenen Forschungsergebnissen skeptisch gegenüberstanden, lasen sie kaum. Auch der Zeitpunkt war ungünstig. Der Artikel erschien im Februar 1944, kurz vor dem Höhepunkt des amerikanischen Kriegseinsatzes, und wurde daher nur von einem Bruchteil der regulären amerikanischen Leserschaft der Zeitschrift und von niemandem im Ausland zur Kenntnis genommen. (Nach Kriegsende sprach sich die Sache allmählich herum, und Avery mußte 300 Nachdrucke bestellen.)

Ein weiterer Grund war die einflußreiche Kritik des Professorenkollegen an der Rockefeller-Universität, Alfred Mirsky, der davon überzeugt war, daß Averys Präparate mit Spuren von Restprotein kontaminiert waren und sich das Eiweiß doch noch als die transformierende Substanz erweisen könnte. McCarty zufolge stürzte Mirskys Kritik das schwedische Nobelpreiskomitee in solche Zweifel, daß es seine Entscheidung verschob. Erst 1952 fanden Averys Ergebnisse allgemeine Anerkennung, als Al Hershey und Martha Chase zeigten, daß die virale DNA der Träger der genetischen Information ist und nicht der Proteinmantel. (Das entscheidende Experiment bestand darin, die aus Proteinhüllen bestehenden Virenhüllen in einem Küchenrührwerk abzulösen und zu zeigen, daß mit dem aus Nukleinhüllen bestehenden Rest die Infektion dennoch vonstatten ging.) Avery starb jedoch 1955, und sein Tod verwehrte ihm die Ehre eines verspäteten Nobelpreises.

Einer der von Avery am stärksten beeinflußten Wissenschaftler war Erwin Chargaff, ein österreichischer Biochemiker, der 1928 in die Vereinigten Staaten gegangen war. Gemeinsam mit Ernst Vischer begann er die chemische Zusammensetzung der DNA verschiedener Organismen zu erforschen und konnte schließlich die vier Basen, aus denen sie besteht, in einem groben Verfahren trennen und quantifizieren: Adenin (A), Cytosin (C), Guanin (G) und Thymin (T). Im Jahr 1949 widerlegten sie die These, die Anteile aller vier Basen seien gleich groß. Doch Chargaff fiel etwas anderes auf – eine »verblüffende, vielleicht jedoch bedeutungslose« Regelmäßigkeit.[26] Unabhängig von der Herkunft der DNA entsprach die Menge von A ungefähr der von T und die Menge von G der von C. Diese 1:1-Verhältnisse konnten, wie Chargaff vermutete, durchaus zufällig sein, doch sollte ihre tiefere Bedeutung bald zutage treten.

Kein anderer Schauspieler spielt die Rolle des naßforschen, schulmeisterlichen und egozentrischen Wissenschaftlers so gut wie Jeff Goldblum. Variationen zu diesem Thema hat er als Teleportationswissenschaftler Seth Brundle in *Die Fliege* vorgelegt, als Chaosexperte Ian Malcolm in *Jurassic Park* und *Verlorene Welt* und als Computerfreak David Levinson in *Independence Day.* Weniger bekannt ist seine glänzende Leistung als James Watson in dem 1987 entstandenen Dokudrama der BBC, *The Race for the Double Helix* (auch *Life Story* genannt), über die dramatische Geschichte der Entdeckung der DNA-Struktur. (Die BBC ignorierte wohlweislich Vorschläge, die Rolle von Watson mit Woody Allen und die von Crick mit Peter O'Toole zu besetzen.[27])

In einer meiner Lieblingsszenen, die im November 1951 spielt, sitzt ein kaugummikauender, zutiefst gelangweilter Watson in der letzten Reihe eines kalten, spärlich besuchten Hörsaals des Londoner King's College, während Rosalind Franklin, eine begabte Kristallographin, eine Vorlesung über ihre DNA-Kristalle hält. Nachdem er sich kurz vorgestellt hat, wie »Rosy« aussähe, wenn sie ihre Brille abnehmen und etwas mit ihren Haaren anstellen würde, verliert Watson endgültig das Interesse an dem Vortrag und breitet ganz unverfroren die *Times* auf dem Nebensitz aus. Doch plötzlich fesselt ein Dia seine Aufmerksamkeit. Es zeigt ein von Röntgenstrahlen, die von einem DNA-Kristall gebeugt werden, erzeugtes Muster. Watson ist ein Neuling in der Kristallographie, doch weiß er genug, um zu begreifen, daß dieses Bild auf eine Helixstruktur schließen läßt. Zurück in Cambrigde, versucht er sich an die Zahlen zu erinnern, die Franklin für »Zelleinheiten« und Wassergehalt genannt hat, woraufhin er gemeinsam mit Crick ein dreisträngiges Modell der DNA baut. Doch als Franklin mit ihrem Chef Maurice Wilkins nach Cambrigde reist, um sich das Modell anzusehen, erntet es nur ein mildes Lächeln. Wie sich herausstellt, hat Watson den Wassergehalt in ihren Kristallen hoffnungslos, nämlich um das Zehnfache, unterschätzt. Das Modell war ein Fiasko.

Aus Sicht von Crick war Goldblum als Watson »zu manisch«, und das ewige Kaugummigekaue war ein allzu erwartbares Klischeebild von einem Amerikaner. Doch gelang es Goldblum mühelos, greifbar zu machen, wie der knochig-dürre, frühreife Amerikaner unter all den britischen Old Boys hervorstach. Der 22jährige Watson war im September 1951 ins Cambridger Cavendish-Laboratorium gekommen. Ein bedeutender Wissenschaftler beschrieb Watson als »langen, schlaksigen, struppigen Kerl [...], das Hemd aus der Hose hängend, Beine nackt, Socken um die Knöchel gekringelt [...], die Augen weit aufgesperrt, den Mund halb offen [...], eine unvergleichliche Mischung aus Trottelhaftigkeit und List«.[28] Watson war zwölf Jahre jünger als Crick (der seinen Doktor immer noch nicht gemacht hatte), und im Gegensatz zu seinem schick gekleideten, eloquenten Kollegen lief Watson wie ein Landstreicher herum, murmelte vor sich hin und ließ gelegentlich ein typisches Schnauben hören (ein komischer Tick, den er sich bis heute nicht abgewöhnt hat). Doch die beiden ergänzten sich bestens: Crick war in Physik und Kristallographie bewandert, während Watson ganz in die Suche nach den Eigenschaften der DNA vertieft war. Beide waren überzeugt, die DNA sei wichtiger als das Protein, und wie ihr Kollege Max Perutz bemerkte, »teilten sie die sublime Arroganz von Männern, die nur selten ebenbürtige Köpfe kennengelernt haben«.[29]

Nach dem Reinfall mit dem Modell erhielt Crick die Weisung, nicht mehr an der DNA zu arbeiten und sich auf seine Doktorarbeit zu konzentrieren. Sie trafen Chargaff, der sie verächtlich als »zwei Clowns auf der Suche nach einer Helix« abkanzelte.[30] Anfang 1953 befürchteten Crick und Watson, der kalifornische Chemiker Linus Pauling, der Einzelheiten über sein eigenes DNA-Modell an seinen Sohn Peter in Cambridge geschickt hatte, hätte ihre Erfolgsträume zum Platzen gebracht. Pauling gewann später den Chemie- und den Friedensnobelpreis, doch eine weitere Chance hatte er nicht. Unfaßlicherweise nämlich hatte sein Modell, bei dem die Basen außen lagen, vage Ähnlichkeit mit Cricks und Watsons bereits mißlungenem Versuch. Prompt machten sie sich auf den Weg in ihren Stammpub *Eagle* und tranken ein Glas auf Paulings Mißerfolg. »Obwohl die Zeichen immer noch gegen uns zu stehen schienen«, heißt es bei Watson, »hatte Linus seinen Nobelpreis noch nicht in der Tasche.«[31]

Noch am selben Tag besuchte er Wilkins, um ihm von Paulings Scheitern zu berichten, und bekam eine neue Röntgenaufnahme zu Gesicht, die Franklin von der DNA gemacht hatte – Foto Nr. 51. Die Röntgenstrahlen bildeten die Form eines dunklen Kreuzes, in dem Watson die Signatur eines Helixmoleküls erkannte. Bei dem Anblick fiel ihm die Kinnlade herunter, und er dachte fieberhaft über die Konsequenzen nach, vor allem über die Möglichkeit, daß die DNA zwei und nicht drei Ketten haben könnte. Auf der Fahrt zurück nach Cambridge reifte dieser Gedanke zur Überzeugung: »Nachdem ich zum College geradelt und über das hintere Tor geklettert war, stand mein Entschluß fest. Ich würde Zweikettenmodelle bauen. Francis [Crick] mußte unbedingt damit einverstanden sein. Denn obwohl er ein Physiker war, wußte er, daß wichtige biologische Objekte paarweise auftreten.«[32]

Foto Nr. 51 war ein entscheidender Wegweiser für die Bestimmung der DNA-Struktur, doch für sich genommen reichte es nicht aus. Watson entnahm schließlich die genauen Einzelheiten über Franklins DNA-Kristalle – die er 14 Monate zuvor überhört hatte – einem noch unveröffentlichten Bericht. Dann schlug Crick zwei gewundene Rückgrate als Außenseiten der Helix vor, doch Watson war sich über die Anordnung der Basen im Innern nicht im klaren. Ungeduldig schnitt er sich Basenmodelle aus Pappe zurecht und entschied sich für eine Anordnung der Basenmoleküle, wie sie sein amerikanischer Kollege Jerry Donahue vorgeschlagen hatte. Er probierte verschiedene Kombinationen aus, wie ein Kind, das ein Puzzle legt, und entdeckte, daß sich A tadellos mit T paarte, genauso wie C mit G. Jedes Paar hielt mittels zweier schwacher chemischer Bindungen zusammen und beanspruchte etwa den gleichen Raum. Mit einem Schlag hatte Watson das Geheimnis von Chargaffs 1:1-Verhältnissen gelöst (A+G=T+C). Die Basen paßten problemlos zwischen die beiden gewundenen Metallrückgrate des Doppelhelixmodells und ließen die reizvolle Idee aufkommen, die Basensequenz eines Stranges könnte als Vorlage für die Zusammenstellung eines neuen Stranges dienen, und auf diese Weise könnte das Erbmaterial verdoppelt werden. Kein Wunder also, daß Crick zum Mittagessen »in den *Eagle* hinüberflatterte und allen, die sich in Hörweite befanden, verkündete, wir hätten das Geheimnis des Lebens entdeckt«.[33] Es war der letzte Februartag des Jahres 1953. Zu jenen, die nach Cambridge pilgerten, um die Doppelhelix zu sehen, gehörte auch ein junger Oxforder Doktorand namens Sydney Brenner, der später vom »aufregendsten Tag meines Lebens« und einer »erleuchtenden Erfahrung«[34] sprach.

Die endgültige Fassung von Watsons und Cricks 900 Wörter langem Artikel, in dem sie ihr DNA-Modell vorstellten, tippte Watsons Schwester Elisabeth ins reine, überzeugt vom brüderlichen Hinweis, »daß sie auf diese Weise an dem wahrscheinlich größten Ereignis in der Biologie seit Darwins Buch« beteiligt sei.[35] Die Reihenfolge der Autorennamen über der größten wissenschaftlichen Entdeckung des Jahrhunderts wurde dann ausgerechnet durch Münzwurf entschieden.

Am 25. April 1953, mit spärlichen zwei Seiten in *Nature*, läuteten Watson und Crick das Zeitalter der Molekularbiologie ein,[36] fast genau 500 Jahre nachdem mit der Eroberung Konstantinopels durch die Türken die Morgendämmerung der Renaissance angebrochen war. Dem kurzen Text – die beiden erwähnten nicht einmal Averys bahnbrechende Arbeit von 1944 – war eine schlichte Skizze der Doppelhelix beigefügt. Danach folgten zwei dazugehörige Artikel, der eine von Wilkins, der andere von Franklin, in denen sie ihre Röntgenbeugungsmuster, darunter auch Foto 51, vorstellten, die das Doppelhelixmodell bestätigten. Von den Artikeln ihrer Kollegen bestärkt, verfaßten Crick und Watson sofort eine zweite, eingehendere Analyse der Doppelhelix, die fünf Wochen später ebenfalls in *Nature* erschien.[37] Sie stellten fest, daß »jede beliebige Sequenz der Basenpaare in das Grundgerüst hineinpaßt [...]. Die genaue Abfolge der Basen ist der Code, der die genetische Information enthält.« Die Grundlage von Mutationen sei vermutlich eine Veränderung der Form oder der Reihenfolge der Basensequenz.

50 Jahre später überrascht es zu erfahren, daß Watsons und Cricks folgenschwere Entdeckung im wissenschaftlichen Establishment weithin recht frostig und zurückhaltend aufgenommen wurde. Namentlich Chargaff war die Art und Weise zuwider, wie die beiden die Bedeutung seiner eigenen Messungen für sich genutzt hatten. Doch die Hellsichtigeren erkannten, daß Watson und Crick, nach den Worten von Peter Medawar, »die größte wissenschaftliche Leistung des 20. Jahrhunderts«[38] vollbracht hatten. Zu jenen, die sich von der Doppelhelix inspirieren ließen, gehörte auch der schillernde Salvador Dalí, der verkündete, »dies ist für mich der wirkliche Beweis der Existenz Gottes«. Dalí gab einem seiner Gemälde mit dem Namen *Galacidalacidesoxiribunucleicaceta* den Untertitel *Hommage an Crick und Watson*. Es zeigt die drei Abschnitte der Existenz – Leben, Tod und Nachleben –, dargestellt durch die DNA, ein kubisches Molekül und durch die Gestalt Gottes, der die Hand herunterstreckt, um den Geist Christi wiederauferstehen zu lassen.[39]

Als Watson unlängst gefragt wurde, worin seine größte Leistung bestehe, nannte er überraschenderweise nicht die Entdeckung der Doppelhelix, sondern sein gleichnamiges Buch, eine schockierend offenherzige, 1968 erschienene Darstellung des Wettlaufs um die Entdeckung des Aufbaus der DNA.[40] Mit Hinweis auf Einwände, unter anderem von Crick und Wilkins, wies der damalige Rektor der Universität Harvard (wo Watson Professor war) den Verlag Harvard University Press an, das Buch (das Watson eigentlich *Honest Jim* hatte nennen wollen) nicht zu veröffentlichen. Schließlich brachte der amerikanische Verlag Atheneum *Die Doppelhelix* heraus, und das Buch wurde augenblicklich zum Bestseller.

Dieses Pepys-Tagebuch der modernen Wissenschaft spaltete das Publikum in zwei verfeindete Lager. Viele Leser mochten die ungeschminkte Aufrichtigkeit und den schalkhaften Humor, mit dem Watson seine Leidenschaften (Tennis, Mädchen), Abneigungen (englische Küche, Wetter) und Ambitionen (Nobelpreis) offenlegte. Er enthüllte, daß Wissenschaftler eitel und arrogant und vor allem menschlich sind. (Crick bemerkte dazu, er hätte daran nie Zweifel gehabt.) Zwei Bestsellerautoren begrüßten Watson herzlich in ihren Reihen: Jacob Bronowski *(Der Aufstieg des Menschen)* meinte, Watsons Art zu schreiben erinnere an »die unschuldige und absurde Art und Weise, mit der Kinder ein Märchen erzählen«. Alex Comfort *(Freude am Sex)* verglich Watson mit Spike Milligan von *The Goons* und bewunderte sein Talent fürs Geschichtenerzählen dermaßen, daß er sogar meinte, »es wäre gar nicht so falsch, ihm einen zweiten Nobelpreis, diesmal für Literatur, umzuhängen«.[41]

Viele Wissenschaftler jedoch empörte Watsons ungeschminkte Art, über seinen Ehrgeiz zu reden, ganz zu schweigen von seiner herablassenden Haltung gegenüber Kollegen und Vorgängern. Die schlimmste Sünde war in den Augen vieler seine Abneigung gegen Rosalind Franklin, die 1958 im Alter von 37 Jahren an Krebs starb. Ihr tragischer Tod verwehrte ihr einen Anteil an dem Nobelpreis für Medizin, der Watson, Crick und Wilkins 1962 verliehen wurde. Die Autorin Brenda Maddox nennt Franklin »die Sylvia Plath der Molekularbiologie, ein Genie, deren Talent auf dem Ruhmesaltar des Mannes geopfert wurde«.[42] Ihr Ruf wurde jedoch wiederhergestellt, zum Teil dank Watsons eigenen großherzigen Worten im Nachwort zur *Doppelhelix*. Im März 2000 taufte das Londoner King's College ein von Prinzessin Anne eröffnetes Gebäude nach Franklin und Wilkins.

Watson war zunächst überrascht, daß Franklin die Idee der Doppelhelix anerkannte, als sie das Modell sah, entsprach es doch ihrer (aus eigenen Experimenten herrührenden) Vermutung, daß die DNA eine Helixform haben mußte und daß die Basen sich irgendwie zu Paaren ergänzten. Wenn Watson und Crick also die Struktur nicht aufgedeckt hätten, so läßt sich durchaus behaupten, dann wäre dasselbe Franklin, Wilkins oder Pauling binnen ein oder zwei Jahren gelungen. Natürlich ist es kaum denkbar, daß ein längerer Weg zur Entdeckung des DNA-Aufbaus ebenso dramatisch verlaufen wäre und dieselbe Wirkung erzielt hätte wie die Ereignisse, die zum Watson-Crick-Modell und zu dem ikonenhaften Status der DNA im vergangenen Jahrhundert führten.

Es dauerte 20 Jahre, bis es gelang, die Watson-Cricksche Struktur der Doppelhelix direkt aufs Bild zu bannen. Im Jahr 1973 erzeugte Alexander Rich, ein Strukturbiologe am Massachussets Institute of Technology (MIT), Kristallstrukturbilder der DNA mit optischer Auflösung im atomaren Bereich. Nachdem er die Bilder gesehen hatte, rief Watson Rich an, um ihm zu danken, und bemerkte: »Heute nacht habe ich zum ersten Mal seit 20 Jahren wieder gut geschlafen.«[43]

Die Entdeckung der Doppelhelix hatte auch zur Folge, daß Crick und Watson mit Bitten um diverse Dienste überschwemmt wurden, bis Crick sich der Sintflut der Anfragen nur noch mit Hilfe eines Formbriefs erwehren konnte[44]:

Dr. Crick bedankt sich für Ihren Brief, bedauert jedoch, daß er nicht in der Lage ist, Ihrer freundlichen Einladung Folge zu leisten,

ein Autogramm zu schicken,	nach dem Dinner zu sprechen,	eine Konferenz zu besuchen,
ein Foto zu schicken,	eine Empfehlung zu schreiben,	eine Sitzung zu leiten,
Ihre Krankheit zu heilen,	bei Ihrem Projekt zu helfen,	Herausgeber zu werden,

ein Interview zu geben,
im Rundfunk zu sprechen,
im Fernsehen aufzutreten.

Ihr Manuskript zu lesen,
eine Vorlesung zu halten,

ein Buch zu schreiben,
einen Ehrendoktortitel anzunehmen,

Crick wollte sich nicht abschotten, doch er mußte noch eine Kleinigkeit regeln, nämlich endlich seinen Doktor machen, den er sich 1954 mit seiner Arbeit »X-ray Diffraction: Polypeptides and Protein« verdiente. Auch beschäftigte ihn eine neue Herausforderung: den genetischen Code zu knacken, das molekulare Wörterbuch, das die eintönige Abfolge der vier Basen der DNA auf damals noch unbekannte Weise deutet und in die 20 verschiedenen Aminosäurebausteine der Proteine umsetzt. Die Doppelhelix bewies endgültig, daß die DNA das Erbmaterial war, und zeigte, wie deren Anweisungen von Zelle zu Zelle kopiert werden konnten, doch waren die Wissenschaftler in der Frage, wie die DNA die große Vielfalt von Proteinen erzeugte, aus denen der menschliche Körper besteht, noch nicht weitergekommen.

Zwei Jahre vor Cricks und Watsons Durchbruch hatte der Cambridger Chemiker Fred Sanger eine einzigartige Sequenz von Aminosäuren beim Rinderinsulin beschrieben, eine Entdeckung, die zwingend auf die Existenz eines erblichen Codes schließen ließ, dessen Träger nur die DNA sein konnte. Das einzige, was an der Doppelhelix veränderlich war, war die Reihenfolge der vier Basen, die paarweise wie Leitersprossen zwischen den beiden verschlungenen Rückgraten der Helix steckten, die sich wiederum alle zehn Sprossen vollständig drehte. Auf irgendeine Weise mußten in der Abfolge dieser Basen die Informationen für 20 verschiedene Aminosäuren verschlüsselt sein, doch wenn die einzelnen Wörter des Codes aus je zwei von vier möglichen Buchstaben bestanden, waren nur 16 (4^2) Kombinationen möglich. Daher vermutete man, daß die einzelnen Wörter des Codes Tripletts waren, Folgen von jeweils drei Basen. Damit waren 64 (4^3) verschiedene Kombinationen möglich, mehr als genug, um die verschiedenen Aminosäuren zu codieren.

Einige Monate nach der Entdeckung der Doppelhelix erhielten Crick und Watson einen Brief des unermüdlichen russischstämmigen Physikers und Kosmologen George Gamow, dessen Name ihnen vertraut war. Im Jahr 1948 hatte Gamow mit seinem Schüler Ralph Alpher einen berühmten Artikel geschrieben, in dem sie voraussagten, daß als handfester Beweis des Urknalls Spuren des glühenden frühen Weltalls als Hintergrundstrahlung entdeckt werden würden. Typisch für seinen schalkhaften Humor, überredete er einen weiteren Physiker, Hans Bethe, seinen Namen ebenfalls unter den Artikel zu setzen, damit die Urheberschaft auf »Alpher, Bethe und Gamow« lautete, eine Anspielung auf Alpha, Beta und Gamma, die ersten drei Buchstaben des griechischen Alphabets.[45] Zwei Jahrzehnte später wurde diese Strahlung tatsächlich entdeckt, doch man verwehrte Gamow, womöglich zu Unrecht, seinen Anteil am dafür verliehenen Nobelpreis.

Gamows Brief barg den Hinweis auf eine radikale Lösung für das Rätsel des genetischen Codes, nämlich die These, daß die Basen der DNA eine Reihe diamantförmiger Räume bilden, in die bestimmte Aminosäuren eingefügt werden können, um dann Proteine zu bilden. »Die Sequenz der Basen legt auf eindeutige Weise die Sequenz der Diamanten fest«,[46] schrieb Gamow in einem *Nature*-Aufsatz vom Februar 1954, und nach seinen Berechnungen belief sich die Zahl der möglichen Kombinationen auf genau 20, entsprechend der Zahl der Aminosäuren. Dahinter steckte die Idee eines überlappenden Codes. In der Sequenz GCAT beispielsweise würde GCA den Code für eine Aminosäure darstellen, CAT den für die nächste, und so weiter, und diese Aminosäuren würden sich physikalisch auf der Oberfläche der Doppelhelix anordnen. Sydney Brenner zeigte jedoch auf scharfsinnige Weise, daß das Überlappungskonzept das äußerst vielfältige Sortiment aus Proteinbausteinen nicht erklären konnte, das in den Sequenzen von Sanger und anderen bereits erkennbar geworden war. Zudem hatte Crick noch einen tieferen Grund, Gamows Vorschlag abzulehnen. Es war eine instinktive Ahnung, die sogar noch älter war als die Doppelhelix und von ihm »Sequenzhypothese« genannt wurde.[47] Später schrieb er, daß die »Besonderheit eines Stücks Nukleinsäure allein durch die Folge ihrer Basen zur Geltung kommt [...], diese Sequenz ist ein (einfacher) Code für die Aminosäurensequenz eines bestimmten Proteins«. Anders gesagt, Crick glaubte, daß die Gene alle nötigen Informationen enthielten, um den Aufbau eines Proteins festzulegen.

Anstelle von Gamows überlappendem Code wagte Crick zwei außerordentlich brillante Vorhersagen über den genetischen Code; leider erwies sich eine davon als falsch. Die erste beruhte auf Cricks Überzeugung, daß Aminosäuren sich nicht physikalisch an die DNA angliederten. Hingegen mutmaßte er, sie müßten an Adapter gebunden sein, welche die Bausteine zur Matrize transportierten, was sich später als richtig erwies.

Sein zweites, noch eleganteres Konzept wurde »kommafreier Code« genannt. Dieser Idee zufolge konnte bei jedem Basentriplett nur eine bestimmte Buchstabenkombination eine Aminosäure codieren. Wenn beispielsweise das Triplett CAT »bedeutungsvoll« war, dann waren es ATC und TCA nicht.[48] Bei dieser Idee war es überflüssig, eine Art Komma zu postulieren, das jedes Triplett trennte und der Zelle sagte, wo ein Gen begann. Faszinierend war, daß nach diesem Schema nur 20 Aminosäuren codiert werden konnten. »Es schien so schön, beinahe elegant«, schwärmte Crick später. »Man gab die magischen Zahlen 4 (die vier Basen) und 3 (das Triplett) ein, und heraus kam die magische Zahl 20, die Anzahl der Aminosäuren.«[49]

Crick veröffentlichte 1957 schließlich eine formelle Darstellung seines kommafreien Codes in den *Proceedings of the Natural Academy of Sciences.*[50] Doch stellte sich heraus, daß er sich gleichsam selbst überlistet hatte. Seine Theorie erwies sich als ebenso spektakulär wie fehlerhaft, und der große Historiker der Molekularbiologie Horace Judson sprach ihr das Lob aus, sie sei »die eleganteste biologische Theorie, die je vorgetragen und widerlegt wurde«.[51]

Ebenfalls um diese Zeit fanden Brenner und andere heraus, daß die Anweisungen im genetischen Code von einem mobilen Strang aus Ribonukleinsäure (RNA) aus dem Zellkern getragen werden, die ein treues Faksimile des DNA-Strangs ist und daher Messenger- oder Boten-RNA genannt wird. Die Entdeckung des RNA-Vermittlers lieferte den Schlüssel zum Geheimnis des genetischen Codes. Der Schlosser war ein junger, verhältnismäßig unbekannter NIH-Wissenschaftler namens Marshall Nirenberg, der ein Verfahren entwickelte, das es erlaubte, Spuren von Protein in einem Reagenzglas zu synthetisieren, indem er künstliche RNA-Botenmoleküle mit einer bekannten Basensequenz zusammenbrachte. Nirenbergs erste synthetische RNA bestand aus der Aneinanderreihung nur einer Base namens Uracil (U), die in der RNA dort auftritt, wo T in der DNA verwendet wird. Nirenbergs RNA ergab ein Protein, das aus einer einzigen Aminosäure bestand, dem Phenylalanin. Dies war der handfeste Beweis dafür, daß das UUU-Triplett den Code für das Phenylalanin darstellte. Nirenberg trug seine Ergebnisse erstmals bei einer spärlich besuchten Sitzung während des Internationalen Kongresses für Biochemie in Moskau vor. Seine bahnbrechende Leistung kam jedoch Crick zu Ohren, der Nirenberg daraufhin einlud, seinen Vortrag vor Hunderten von Wissenschaftlern im großen Hörsaal zu wiederholen.[52] Aus Cricks Sicht handelte es sich um eine epochale Entdeckung, für die Nirenberg 1986 gemeinsam mit anderen Kollegen den Nobelpreis für Physiologie und Medizin erhielt.

Mit einer erstaunlichen Serie von Bakterienexperimenten bewiesen Crick und Brenner, daß der Code in Tripletts geschrieben war.[53] Sie generierten Mutationen, bei denen jeweils eine Base hinzukam oder wegfiel, wodurch die Sequenz eines Gens in der Phase verschoben wurde, bis – wenn drei Basen hinzugekommen oder weggefallen waren –, erneut Phasengleichheit erreicht war. Zwar wurde der Artikel nicht so berühmt wie Cricks und Watsons Meisterstück, doch Sir John Maddox hielt ihn für den womöglich »elegantesten Artikel, den *Nature* je veröffentlicht hat«.[54] Ende 1966 war der gesamte genetische Code geknackt: 64 mögliche Tripletts eines Vierbuchstabenalphabets enthielten die Anweisungen für nur 20 Aminosäuren sowie die Signalstellen, an denen die Proteinsynthese starten und enden sollte.

Im Jahr 1976 nahm der 60jährige Crick eine Professur am kalifornischen Salk Institute an, wo er sich auf eine weitere große Herausforderung der Biologie einließ: das menschliche Bewußtsein. Crick, nach eigenem Bekunden ein ungeschickter Experimentator, leistete vor allem theoretische Beiträge, gab jedoch dem Gebiet seinen Stempel und veröffentlichte einflußreiche Arbeiten über das Gedächtnis und über andere Gegenstände der Kognitionswissenschaft.

Noch im Erscheinungsjahr von *Doppelhelix* verließ Watson Harvard und wurde Direktor des Cold-Spring-Laboratoriums, das er zügig zu einem der führenden Forschungszentren des Landes ausbaute. Der

»ehrliche Jim« genießt die exklusive Nachbarschaft am Nordstrand von Long Island, leitet wichtige Tagungen, tummelt sich in der New Yorker High-Society und entspricht ganz dem Bild eines »Impresario der Molekularbiologie«. Vor einigen Jahren war Watson so freundlich, mich in seinen unverwüstlichen Volvo steigen zu lassen und mit mir ein wenig durch die Gegend zu fahren. Mit funkelnden Augen zeigte er mir die palastartigen Häuser seiner reichen Nachbarn, etwa von Charles Wang von Computer Associates. In seinem eigenen maßgeschneiderten Haus am Rande von Cold Spring Harbor hat Watson zahllose Erinnerungsstücke seiner erstaunlichen Karriere ausgestellt, so daß der Besucher sie kaum übersehen kann. Doch mußten an jenem Tag Fragen nach dem Schicksal des Humangenomprojekts einem dringenderen Problem weichen: Die Hecke vor dem Haus war so hoch geworden, daß sie den sagenhaften Blick auf den Hafen ein wenig störte.

Im Mai 1988 bot der NIH-Direktor James Wyngaarden Watson die Position eines außerordentlichen Direktors für den Bereich Humangenomforschung an. Trotz seiner Verpflichtungen in Cold Spring Harbor überlegte Watson nicht lange. »Diese Gelegenheit«, erinnerte er sich später, »in meinem wissenschaftlichen Leben den Weg von der Doppelhelix zu den drei Milliarden Stufen des menschlichen Genoms zurückzulegen, würde ich nur einmal bekommen.«[55] Es war an der Zeit, die eigentliche Sequenz der DNA in Angriff zu nehmen.

Watson wehrte die wissenschaftliche Kritik an seinem Projekt geschickt ab und warb zugleich um politische Unterstützung. Eine seiner ersten und wichtigsten Entscheidungen – die er spontan auf einer Pressekonferenz verkündete – bestand darin, fünf Prozent seines gesamten Budgets einzusetzen, um die ethischen, rechtlichen und gesellschaftlichen Probleme und Folgen des Genomprojekts zu erforschen – ein ehrlich gemeinter Versuch, die Gesellschaft auf die sich ankündigende Flutwelle neuer Informationen vorzubereiten. Bei der Erforschung der schwersten Erbkrankheiten waren zwar rasch neue Erkenntnisse zu erwarten, doch tauchten damit zugleich neue Fragen auf, die sich um die Probleme der genetischen Diskriminierung, unzulänglichen Behandlungsmöglichkeiten und Eugenik drehten. In Erinnerung an die Verbrechen der Nazis an den Juden, Sinti und Roma und psychisch Kranken äußerte sich Watson bedachtsam: »Wir brauchen keine drastischen Mahnungen mehr, daß Wissenschaft in den falschen Händen unabsehbaren Schaden anrichten kann.«[56]

Im Oktober 1989 wurde Watsons Forschungsbereich zum National Center for Human Genome Research aufgewertet und mit einem Etat von 60 Millionen Dollar für das Fiskaljahr 1990 ausgestattet, ungefähr doppelt soviel wie die entsprechende Forschungsstelle im Energieministerium. Der offizielle Startschuß für das Genomprojekt fiel im Oktober 1990, doch die Kosten des noch in Kinderschuhen steckenden Programms blieben eine heikle Frage. Als *Nature* 1991 irrtümlich meldete, das Humangenomprojekt hätte eine Mittelsteigerung von 334 Millionen Dollar zu erwarten, antwortete Watson sarkastisch: »Die uninformierten Leser könnten durch Ihren Artikel einen falschen und übertriebenen Eindruck vom Umfang des US-Budgets für die Genomforschung gewinnen, was unnötige Sorgen auslösen könnte.«[57]

Zwar trugen Watsons guter Ruf und die Aussicht auf begeisternde medizinische Erkenntnisse, die sich unweigerlich aus dem Genomprojekt ergeben würden, dazu bei, Unterstützung für das Programm zu gewinnen. Dennoch hegten viele Wissenschaftler ernsthafte Vorbehalte. Führende Stimme der Gegner war Bernard D. Davis, ein Genetiker an der Harvard Medical School. Im Juli 1990 kritisierten Davis und zwei Dutzend weitere Fakultätskollegen die »politisch nicht mehr aufhaltbare« Initiative mit dem Hinweis, daß die bereits bekannten DNA-Sequenzen einiger Viren keine einschneidenden Folgen für das Verständnis der Viralbiologie gehabt hätten, weshalb die komplette Sequenz des menschlichen Genoms wohl auch nicht die gesamte Biologie revolutionieren würde. »Die Vergrößerung ist falsch«, wandte Davis ein, »als ob wir uns ein Gemälde durch ein Mikroskop ansehen würden.« Und er schloß: »Unser wesentliches Ziel ist es, das Humangenom und seine Produkte zu verstehen, und nicht das Genom zu sequenzieren, nur weil es da ist.«[58] Ähnliche Probleme warf der britische Genetiker und Autor Steve Jones auf, der den Eindruck hatte, daß die Erstellung der Sequenz den Menschen »in die Lage eines Nichtmusikers versetzen würde, der den gesamten Wagnerschen *Ring* vor sich hat: viele Stücke an Information, die scheinbar keinen Sinn ergeben, doch in

Wahrheit eine faszinierende Geschichte bergen – wenn er sie nur deuten könnte.«[59]

Andere Wissenschaftler waren aufrichtig besorgt über einen möglichen Mißbrauch der genetischen Information, beispielsweise Watsons einstiger Doktorvater, Salvador Luria:

> Wird das Naziprogramm der Ausrottung jüdischer oder anderer »minderwertiger« Gene durch Massenmord hier in ein freundlicheres, sanfteres Programm verwandelt, die Menschen zu »vervollkommnen«, indem man ihre Genome »korrigiert«, vielleicht nach Maßgabe eines idealen, »weißen, jüdisch-christlichen, wirtschaftlich erfolgreichen« Genotyps?[60]

Lurias Seitenhieb gegen Präsident George Bushs Vision einer »freundlicheren, sanfteren« Gesellschaft blieb im Weißen Haus unbemerkt. Im Jahr 1989, bei der feierlichen Verleihung der nationalen Ehrenmedaille an Stanley Cohen und Herbert Boyer, die Begründer der DNA-Rekombinationstechnik, beschrieb Präsident Bush den staatlichen Anstoß zu einem Großprojekt der Lebensforschung als »Human *Genome* Initiative«.[61]

Das Humangenomprojekt war als weltweites Forschungsunternehmen angelegt, wobei etwa zwei Drittel der Arbeit von universitären und staatlichen Arbeitsgruppen in den Vereinigten Staaten geleistet werden sollten; den Rest teilten sich Großbritannien, Frankreich, Deutschland und Japan. Doch die unverblümte Art, die Watson bei Politikern so beliebt machte, drohte einen internationalen Zwischenfall auszulösen, als Watson einem führenden japanischen Wissenschaftler wegen der spärlichen Investitionen seines Landes in das nationale Genomprojekt einen Rüffel erteilte. Auf Vorwürfe wegen seines japanfeindlichen Tonfalls schoß Watson zurück: »Mit kleinlauten Worten erreicht man nichts.«[62]

Doch Watsons wirkliche Schwierigkeiten lauerten eher zu Hause auf ihn, in Gestalt der neuen NIH-Direktorin Bernadine Healy, die Präsident Bush im April 1991 ernannte. Anfang 1992 verwickelten sich die beiden in eine Reihe erbitterter, öffentlich ausgetragener Streitereien. Unter anderem ging es um Watsons privates Aktienportfolio mit Anteilen an mehreren großen pharmazeutischen und Biotechnikfirmen, wodurch zumindest ein Anschein von Interessenkonflikten entstehen konnte – auch wenn Watson seine finanziellen Engagements jährlich offenlegte. Ein zweites Problem war Watsons schonungslose Kritik an Frederick Bourke, einem reichen Unternehmer, der zwei führende DNA-Sequenzierungsexperten für ein neues privatwirtschaftliches Genominstitut ködern wollte, indem er sie mit leitenden Posten lockte.

Hinzu kam ein grundsätzlicheres Problem, nämlich die Frage der Genpatentierung. Healy unterstützte vehement einen umstrittenen NIH-Beschluß, die Patentierung Hunderter Genfragmente anzustreben, die der NIH-Wissenschaftler Craig Venter identifiziert hatte – wenn auch nur deshalb, weil man sich vom Patentamt eine Klärung der Frage erhoffte, ob die Patentierung von Genen mit unbekannter Funktion überhaupt rechtlich möglich war. Watson kritisierte Venters Forschungstätigkeit und äußerte sich bitterböse über Healys Entscheidung, die Patentanträge weiterzuverfolgen. Zum Schaden kam noch der Spott, als Healy Venter bat, als Berater für die künftige Humangenomforschung am NIH zu wirken und gleichzeitig Watson anwies, keine weitere öffentliche Kritik zu üben.

Seine Position sei »unhaltbar« geworden, verkündete Watson am 10. April 1992 und trat zurück.[63] Dies war ein potentiell tödlicher Schlag für das Humangenomprojekt, denn kein anderer Wissenschaftler vereinte wie Watson fachliches Ansehen mit politischem Instinkt. Auf dem Weg zurück nach Cold Spring Harbor feuerte Watson in *Science* einen letzten Schuß ab: »Ich weiß nicht, wie ich jemanden dazu bringen soll, mein Nachfolger zu werden. Ich kenne niemanden, der keine Aktien hat. Und ich kenne niemanden, der unter einem Dach mit meiner Vorgesetzten arbeiten will.«[64]

Die ersten Spekulationen über Watsons Nachfolger drehten sich um einen anderen Nobelpreisträger, den inzwischen verstorbenen Daniel Nathans (der dieses Ansinnen jedoch unwirsch abwies). Allerdings ließ der frühe Erfolg des Humangenomprojekts eine neue Generation von Führungskräften heranwachsen – nicht die Pioniere der genetischen Revolution der 70er Jahre, sondern die Kartographen des menschlichen Genoms in den Achtzigern. Dies war ein neuer Schlag von Genetikern, die Krankheitsgene kartieren und lange Abschnitte eines Chromosoms durchforsten konnten, um ihre Beute zu finden. Immerhin galt dies in weiten Teilen der Öffentlichkeit als Begründung, warum man drei Milliarden Dollar für das Projekt ausgab.

Während Healy sich darum bemühte, als Nachfolger Watsons Francis Collins zu gewinnen, einen der angesehensten unter den neuen DNA-Detektiven, dachte der NIH-Wissenschaftler, der unabsichtlich zu Watsons Rücktritt beigetragen hatte, über ein verlockendes Angebot aus der Wirtschaft nach.

Trotz des kläglichen Scheiterns seiner Genome Corporation, jener DNA-Sequenzierungsfirma, die ihrer Zeit um Jahre voraus gewesen war, hatte Walter Gilbert eine höchst präzise Vision von der biologischen Forschung im allgemeinen und dem Humangenomprojekt im besonderen. Gilbert drängte die Biologen, mit dem Computer umgehen zu lernen und sich darüber klarzuwerden, daß mit der DNA-Sequenz eine wahre Flut an neuem Analysematerial auf die Forschung zukam. Wie schnell würde diese gewaltige Menge an Informationen verfügbar sein? »Ich gehe davon aus, daß die Sequenzdaten für alle Modellorganismen und die Hälfte des gesamten menschlichen Genoms in fünf bis sieben Jahren zugänglich sein werden, der Rest dann Ende des Jahrzehnts.«[65]

Es war der 10. Januar 1991.

2. KAPITEL

Das Buch des Lebens
Ein Rundflug über das menschliche Genom

> [Die Wissenschaft des Lebens] ist ein prächtiger und strahlend hell erleuchteter Saal, den man nur über eine lange und gräßliche Küche betreten kann.
>
> Claude Bernard

Das Humangenom – auch Buch des Lebens, Handbuch des Menschen oder Code aller Codes genannt – enthält Reichtümer von fast unschätzbarem Wert. Allerdings muß auch gesagt werden, daß es sich um eine äußerst langweilige Lektüre handelt. Aber bei mehr als drei Milliarden Buchstaben ist das auch kein Wunder. Würde man die Sequenz in der gleichen Schriftart abdrucken wie dieses Buch, enthielte jede Seite etwa 3000 Buchstaben.[1] Ein durchschnittliches Gen würde etwa fünf Seiten füllen.[2] Für die DNA eines durchschnittlichen Chromosoms bräuchte man ungefähr 200 Bücher mit einem Seitenumfang wie das vorliegende, und für das komplette menschliche Genom wäre eine Bücherei mit 4000 Exemplaren erforderlich. Anders gesagt, es würde ein ganzes Leben dauern, wollte man sich die Genomsequenz in einem ungekürzten Vortrag anhören.

Von der entmutigenden Länge einmal abgesehen, gibt es zudem keine erkennbare Handlung, ein Großteil des Textes ist völliger Unsinn, und auf Hunderten von Seiten findet sich stets die gleiche Wortsequenz, die ad infinitum wiederholt wird. Und wenn die einzelnen Worte doch einmal Bedeutung haben, verschließt sich dem Leser meist der Sinn der einzelnen Kapitel. Selbst die Autoren eines beliebten Genetiklehrbuchs mußten sich fragen: »Kann solch eine Ansammlung von unglaublich langweiligem Lesestoff überhaupt zu etwas anderem taugen als zu einer Leihbücherei für Menschen, die an Schlaflosigkeit leiden?«[3]

Die DNA-Stränge in jeder Zelle liegen eng zusammengerollt und tausendfach verdichtet im Zellkern. Die Entfernung zwischen den einzelnen Buchstaben des genetisches Codes (sozusagen den Sprossen der Doppelhelix) beträgt 0,34 Nanometer, das ist weniger als ein Milliardstel Meter. Die DNA in einer menschlichen Zelle ist in einen Zellkern verpackt, der einen Durchmesser von etwa 0,005 Millimeter hat. Aufgerollt wäre die DNA einer einzigen Zelle jedoch etwa zwei Meter lang. Schon der Punkt am Ende dieses Satzes würde dementsprechend ungefähr 200 Zellen oder 400 Meter DNA enthalten können. Miteinander verknüpft würde die Gesamtlänge der DNA in den 100 Billionen Zellen des menschlichen Körpers etwa dem 20fachen der Strecke von der Erde bis zur Sonne und wieder zurück entsprechen.

Am besten läßt sich dies anhand des folgenden Vergleichs veranschaulichen: Angenommen, wir vergrößern eine typische menschliche Zelle etwa 300 000mal auf den Umfang eines großzügig bemessenen Wohnzimmers.[4] Dann stellen wir uns einen VW Käfer vor, der in einer Ecke des Raumes parkt und uns der Einfachheit halber als Zellkern dient. Bei einem solchen Maßstab ließe sich das DNA-Molekül eines Chromosoms durch einen mehrere Kilometer langen Baumwollfaden darstellen, der, aufgewickelt und verdreht und zusammengerollt, als eines von 46 Knäueln im Inneren des Wagens liegt.

Wir alle besitzen 23 Chromosomenpaare, die je zur Hälfte von unserem Vater und unserer Mutter stammen. 22 dieser Paare sind praktischerweise von 1 bis 22 durchnumeriert. Sie werden Autosomen genannt. Das 23. Paar sind die Geschlechtschromosomen: Frauen haben zwei X-Chromosomen, während Männer ein X- und ein Y-Chromosom besitzen. Jedes Chromosom besteht aus einem Bündel von DNA und Protein. Das DNA-Molekül ist eng zusammengerollt und in Komplexen mit DNA-bindenden Proteinen zusammengepackt. Ein Großteil des Genoms besteht aus überflüssiger DNA – repetitive Sequenzen, die keine Funktion besitzen und vermutlich Überbleibsel viraler Angriffe sind, denen das Genom über eine Zeitspanne von mehreren 100 Millionen Jahren ausgesetzt war.

Am besten stellt man sich die Sequenz der menschlichen DNA wie eine riesige Enzyklopädie vor. Diese Enzyklopädie besteht aus 24 Bänden (den Chromosomen), nämlich den 22 Autosomen sowie dem X- und Y-Chromosom. Jeder Band enthält im Durchschnitt mehrere 1000 Begriffe (die Gene), wobei die Länge der einzelnen Einträge stark variiert. Jede Definition ist in einer bizarren Sprache abgefaßt: Jedes Wort besteht aus nur drei Buchstaben (den sogenannten Codons), und das Alphabet, aus dem sich die gesamte Enzyklopädie zusammensetzt, kommt mit lediglich vier Buchstaben aus. Einige Einträge sind nur wenige Zeilen lang, während sich andere über Seiten hinweg erstrecken. Jeder Eintrag ist von mehreren unverständlichen, wirren Absätzen unterbrochen, und manchmal ziehen sich weitere sinnlose Einschübe seitenweise zwischen den Definitionen entlang.

Die vier Buchstaben des DNA-Alphabets sind einfache chemische Stoffe oder Basen: Adenin, Cytosin, Guanin und Thymin, die auch als A, C, G und T bezeichnet werden. Jeder dieser Buchstaben paart sich mit einem zu ihm passenden Buchstaben am gegenüberliegenden Strang der DNA: C paart sich stets mit G und A mit T. Diese »Basenpaare« bilden die Sprossen der DNA-Spirale, der berühmten Doppelhelix. Die spezifische Basenpaarung war ein entscheidender Faktor bei der Entdeckung der Doppelhelix und hat darüber hinaus auch eine außerordentlich wichtige biologische Funktion. Bevor sich eine Zelle teilen kann, müssen ihre genetischen Informationen genau kopiert werden, damit an jede der Tochterzellen eine vollständige Bauanleitung weitergegeben werden kann. Wenn sich die Doppelhelix nun öffnet, dient jeder der beiden Stränge als Matrize, um einen neuen, dazu passenden Strang zu bilden, der dem Original genau gleicht (auch wenn dies, wie wir noch sehen werden, nicht immer ohne Fehler geschieht).

Jedes dieser Buchstabentripletts oder Codons der DNA innerhalb eines Gens trägt die Informationen für eine von 20 verschiedenen Aminosäuren. So steht beispielsweise CAG für Glutamin, TGC für Cystein und so weiter. Diese Aminosäuren verbinden sich in einer bestimmten Reihenfolge miteinander, die von der Basenfolge eines Gens festgelegt wird, und bilden schließlich eines der zahlreichen Proteine, aus denen der menschliche Organismus besteht.

Die Mitte eines Chromosoms, das Centromer, spielt eine entscheidende Rolle bei der korrekten Verteilung der 23 Chromosomenpaare bei der Zellteilung. An den Enden der Chromosomen befinden sich spezielle Gebilde, die Telomere, die der Nobelpreisträger Hermann Muller Ende der 30er Jahre entdeckte. Er vermutete, daß die Telomere die Chromosomenenden sozusagen »versiegeln«. Telomere bestehen aus etwa 1000 aneinandergereihten, identischen Kopien einer kurzen DNA-Sequenz. Bei allen Säugetieren, also auch beim Menschen, besteht diese Signatur aus den sechs Buchstaben TTAGGG.

Telomere haben eine ähnliche Funktion wie Senkelstifte, jene Plastikkappen, die verhindern, daß die Schnürsenkel an den Enden ausfransen, denn sie helfen dem DNA-Reparaturmechanismus einer Zelle dabei, zerbrochene Chromosomen von den Endstücken zu unterscheiden. Wenn sich Zellen teilen, werden die Telomere immer kürzer. Scheinbar dienen sie dann als eine Art Zählmechanismus, um das Alter der Zellen zu bestimmen. So ist ein Kennzeichen von Krebszellen die unkontrollierte Aktivität eines Enzyms namens Telomerase, das dafür sorgt, daß die Telomere ihre vollständige Länge behalten und die Chromosomen nicht mit jeder DNA-Replikation immer kürzer werden. Wissenschaftler bei Geron, einem Biotechnologieunternehmen in Kalifornien, das die Patentrechte auf Telomerase wie auch auf das geklonte Schaf Dolly besitzt, haben herausgefunden, daß Zellen, die auf Kulturen wachsen, durch die Aktivierung von Telomerase unsterblich werden.[5]

Der Senkelstift am Ende eines menschlichen Chromosoms sieht folgendermaßen aus:[6]

GGGATTGGGATTGGGATTGGGATTGGGATT - (5')
CCCTAACCCTAACCCTAACCCTAA - (3')

Die doppelsträngige DNA hat also kein sauber abgeschnittenes Ende, sondern hört gestuft auf. Der Strang mit den TTAGGG-Wiederholungen ragt über den Komplementärstrang der DNA hinaus. Kürzlich hat sich jedoch überraschend herausgestellt, daß sich das Ende des Telomers auf sich selbst zurückfaltet und mit dem gegenüberliegenden Strang verbindet, so daß eine Schlaufe entsteht, die das Chromosomenende physisch versiegelt.[7] (Freunde kleiner Merkwürdigkeiten werden feststellen, daß der erste Buchstabe im Buch des Lebens ein G ist.)

Welch immense Bedeutung die Bestimmung der Primärstruktur der Moleküle des Lebens hatte, zeigt sich an der Tatsache, daß Fred Sanger, Pionier der Sequenzierung von Proteinen wie auch der DNA, einer von nur vier Wissenschaftlern ist, die den Nobelpreis zwei Mal bekommen haben (die anderen drei sind Marie Curie, Linus Pauling und der Physiker John Bardeen). Mit fast schon übertriebener Bescheidenheit deponiert er seine Medaillen bei einer Bank und die Urkunden auf dem Speicher. Er lehnte auch eine Erhebung in den Ritterstand ab und behauptete steif und fest, daß er nur deswegen einen Studienplatz in Cambridge bekommen habe, weil seine Eltern wohlhabend waren. Großbritanniens Flaggschiff in der DNA-Sequenzierung, das Sanger Centre im verschlafenen Städtchen Hinxton südlich von Cambrigde, trägt seinen Namen. Ab etwa 1945 schuftete Sanger zehn Jahre lang im Keller des biochemischen Instituts von Cambridge, um die Sequenz der Bausteine zu bestimmen, aus denen sich das Hormon Insulin zusammensetzt, ein Unternehmen, das viele als tollkühnes Vorhaben betrachteten. Sein Rohstoff bestand aus zehn Gramm Rinderinsulinkristallen (gewonnen aus 120 Rindern), die er von der Boots Pure Drug Company bekommen hatte. Von Zeit zu Zeit bemerkte er zwei Gestalten, die an seinem Institut vorbeiliefen, »tief ins Gespräch verwickelt und dabei wild aufeinander einredend, ein ziemlich verrücktes Paar. Sie pflegten auf und ab zu schreiten und sich in irgendwas fürchterlich reinzusteigern«.[8] Sanger wußte natürlich, daß es sich um Crick und Watson handelte, auch wenn er später gestand, daß er die Aufregung nicht ganz verstehen konnte, als er sich im Frühjahr 1953 ihr Modell der Doppelhelix anschaute, da er sich weitaus mehr für Proteine interessierte als für Nukleinsäuren. Sanger hätte sich dafür nicht entschuldigen müssen, denn schließlich war er es, der zuerst den Nobelpreis erhielt, und zwar im Jahr 1958, nur drei Jahre nachdem er die Reihenfolge aller 51 Aminosäurebausteine in den zwei Insulinketten entschlüsselt hatte.

Sanger verbrachte die 1960er Jahre überwiegend mit der Entwicklung von Methoden für die Sequenzierung kurzer RNA-Moleküle, wobei er eine ähnliche »Teile und herrsche«-Strategie anwandte wie bei den Proteinen. Doch die DNA erwies sich als eine weitaus größere Herausforderung. Die DNA-Moleküle bestanden nicht nur aus Tausenden von Buchstaben (verglichen mit den paar Dutzend in der RNA), sondern waren auch doppelsträngig aufgebaut, während die RNA-Moleküle nur aus einem einzigen Strang bestanden. Der Durchbruch kam, als Sanger »die beste Idee meines Lebens hatte, die nicht nur originell, sondern letztlich auch erfolgreich war«.[9] Die von ihm entwickelte Methode der enzymatischen DNA-Sequenzierung wurde auch als Kettenabbruchverfahren oder Didesoxysequenzierung bekannt und bildet bis heute die chemische Grundlage für die moderne automatisierte DNA-Sequenzierung.

Sanger kam auf die geniale Idee, einen neuen DNA-Strang entlang einer einsträngigen Matrize zu synthetisieren, und zwar so, daß der letzte Buchstabe des neuen Strangs genau festgelegt ist. Die Anordnung der Basen im neuen Strang wird durch die Matrize vorgegeben, da G sich stets mit C und A sich immer nur mit T verbindet. Zu den Basen und Enzymen, aus denen der neue Strang gebaut werden sollte, gab Sanger außerdem noch ein verändertes Didesoxynukleotid. Diese Didesoxybase wird ganz normal in den wachsenden DNA-Strang eingebaut, kann jedoch keine chemische Verbindung mit der Base eingehen, die eigentlich folgen sollte, so daß der neue Strang hier abbricht. Als Ergebnis erhält man eine Sammlung unterschiedlich langer DNA-Ketten, die alle mit dem gleichen Baustein enden. Dieses Verfahren wird mit allen vier Didesoxynukleotiden durchgeführt. Die dabei entstandenen vier Fragmentgruppen werden in nebeneinanderliegenden Bahnen auf einem Gel der Länge nach sortiert, und zum Schluß läßt sich die Sequenz auf einer Leiter aus radioaktiven Bändern ablesen.

Etwa um die gleiche Zeit entwickelten Walter Gilbert und Allan Maxam eine alternative Methode für die DNA-Sequenzanalyse. Gilbert teilte sich 1980 auch den Nobelpreis mit Sanger. Doch Sangers Methode erwies sich letztendlich als das unkompliziertere und beliebtere Verfahren. Im Jahr 1977 bewies er gemeinsam mit einigen Kollegen, wie problemlos dieses Verfahren funktionierte, indem sie die 5375 Basen des Virus ØX174 sequenzierten.[10] Es war das erste vollständige Genom eines DNA-Virus und die bis dahin größte entschlüsselte Sequenz. Ein bemerkenswertes Ergebnis, nicht nur wegen des benötigten technischen Könnens, sondern weil es überdies offenbarte, daß die Sequenzen unterschiedlicher Gene nicht unbedingt getrennt voneinander wie Perlen an einer Kette hängen, sondern sich in Wirklichkeit auch überlappen können.

Der Physiker Freeman Dyson von der Universität Princeton vergleicht diese Entdeckung mit einem Streichduett von Mozart, bei dem sich die Musiker gegenüberstehen, während die Partitur zwischen ihnen auf dem Tisch liegt. Einer der Geiger spielt ganz normal von oben nach unten, während der andere umgekehrt von unten nach oben spielt, wobei er sogar die Erhöhungszeichen verwendet (Erniedrigungszeichen hatte Mozart aufgrund der fehlenden Symmetrie nicht verwenden können). »Ich nenne Fred Sangers Virus auch gerne das Mozart-Virus«, schrieb Dyson. »Er zeigt nämlich, daß die Natur ein Genom genauso geschickt konstruieren konnte wie Mozart ein Duett.«[11]

Auf keinen anderen wissenschaftlichen Artikel ist so viel verwiesen worden wie auf Sangers Rezept für die Sequenzierung der DNA durch die Kettenabbruchmethode.[12] Sanger ging im Alter von 65 Jahren in Rente, und es verwundert nicht, daß er, als man ihn vor einigen Jahren bat, einen kurzen autobiographischen Artikel zu schreiben, seinen Erinnerungen folgenden Titel gab: »Sequences, sequences, and sequences«.[13]

Als Stephen Hawking den ersten Entwurf von *Eine kurze Geschichte der Zeit* geschrieben hatte, warnte sein Lektor, das Manuskript sei viel zu technisch. »Jede Gleichung halbiert die Verkaufszahlen«, sagte er zu Hawking, woraufhin dieser widerwillig alle mathematischen Gleichungen entfernte, außer einer: $E=mc^2$. Das gleiche Urteil würde zweifellos auch für den Abdruck einer rohen DNA-Sequenz gelten, obwohl es schon Ausnahmen gab.

So findet sich in *Jurassic Park*, Michael Crichtons Bestseller über das Klonen von Dinosauriern, ein Auszug aus einer Sequenz mutmaßlicher Dino-DNA, die aus Bernstein herausgelöst wurde. Mark Boguski, ein Bioinformatikexperte am NIH, überprüfte Crichtons Sequenz und war sehr enttäuscht, als er entdeckte, daß diese DNA nicht von einem evolutionären Cousin des Dinosauriers wie einem Vogel oder einem Reptil stammte, sondern von einer Bakterie. »Mein Respekt für die wissenschaftlichen Fähigkeiten von [*Jurassic Park*-Wissenschaftler] Dr. Wu schwand dahin«, scherzte Boguski. »Schließlich gelang es ihm trotz seiner drei Cray-Computer nicht, etwas festzustellen, wofür ich gerade mal zwei Minuten auf dem Macintosh gebraucht habe.«[14] Zu Boguskis großer Überraschung lud Crichton ihn daraufhin ein, für die Fortsetzung von *Jurassic Park, Verlorene Welt*, ein DNA-Stück beizusteuern.[15] Wie vereinbart lieferte Boguski eine Sequenz, die sich aus Hühner- und Frosch-DNA zusammensetzte. Allerdings enthielt diese Sequenz ohne Crichtons Wissen eine verborgene Botschaft, die sich offenbart, wenn der genetische Code in die entsprechenden Aminosäuresymbole übersetzt wurde: »Mark was here«.

Stauben wir nun einmal kurz einen Band der Enzyklopädie *Homo sapiens* ab und betrachten einen Auszug daraus. Auffällig ist vor allem die große Menge Müll, der die vielen tausend Einträge oder Gene fast verdeckt. Überraschenderweise zeigt sich, daß nur etwa drei Prozent von jedem Band aus Genen besteht, es bedarf also schon eines Expertenauges, um sie von dem restlichen Plunder zu unterscheiden.

Auf einer bereits etwas abgegriffenen Seite im elften Band der Enzyklopädie kann man in Auszügen folgendes lesen:

...A C T A G C A A C C T C A A A C A G A C A C C **A T G** G T G
C A C C T G A C T C C T G T G G A G A A G T C T G C C G T T
A C T G C C C T G T G G G G C A A G G T G A A C G T G G A T
G A A G T T G G T G G T G A G G C C C T G G G C A G G C T G
C T G G T G G T C T A C C C T T G G A C C C A G A G G T T C
T T T G A G T C C T T T G G G G A T C T G T C C A C T C C T
G A T G C A G T T A T G G G C A A C C C T A A G G T G A A G
G C T C A T G G C A A G A A A G T G C T C G G T G C C T T T
A G T G A T G G C C T G G C T C A C C T G G A C A A C C T C
A A G G G C A C C T T T G C C A C A C T G A G T G A G C T G
C A C T G T G A C A A G C T G C A C G T G G A T C C T G A G
A A C T T C A G G C T C C T G G G C A A C G T G C T G G T C
T G T G T G C T G G C C C A T C A C T T T G G C A A A G A A
T T C A C C C C A C C A G T G C A G G C T G C C T A T C A G

A A A G T G G T G G C T G G T G T G G C T A A T G C C C T G
G C C C A C A A G T A T C A C **T A A** G C T C G C T T T C T T
G C T G T C C A A T T T C T A T T A A A G G T T C C T T T G
T T C C C T A A G T C C A A C T A C T A A A C T G G G G G A
T A T T A T G A A G G G C C T T G A G C A T C T G G A T T C

Diese DNA-Sequenz enthält den Code für die Aminosäurekette von Hämoglobin, jenem Protein in den roten Blutkörperchen, das den Sauerstoff durch den Körper transportiert. Alle Gene benutzen die Dreierkombination ATG (fett gedruckt) als Markierung für den Beginn der Proteinsynthese. Das TAA-Codon markiert analog dazu das Ende der Codierungssequenz und gibt das Signal zum Aufhören.

Hier ist noch einmal die erste Zeile der Sequenz des Beta-Globin-Gens, wobei die einzelnen Codons hervorgehoben sind. Jedes einzelne enthält den Code für einen bestimmten Aminosäurebaustein des Proteins:

ATG GTG CAC CTG ACT CCT G**A**G GAG AAG TCT

Das sechste Triplett nach dem Anfangscodon GAG enthält den Code für Glutaminsäure. Wenn der mittlere Buchstabe, das A, zu einem T mutiert, enthält die nun entstehende Dreierkombination den Code für eine andere Aminosäure, das Valin (entspricht dem ersten Triplett nach dem ATG). Dieser veränderte Code bringt ein mißgebildetes Hämoglobinprotein hervor, das Sichelzellanämie verursacht, eine verheerende Krankheit, unter der Millionen von Westafrikanern und Afroamerikanern leiden.

Gene werden oft als Perlen an einer Schnur dargestellt. Dabei sollte man jedoch nicht vergessen, daß die DNA keinen einzelnen, linearen Informationsstrang darstellt, sondern vielmehr die Gestalt einer Doppelhelix mit zwei komplementären Basensträngen hat. Die Sequenz, aus der ein Gen besteht, kann sich daher auf jedem der beiden DNA-Stränge befinden, so als wäre unsere Enzyklopädie gleichzeitig auf deutsch (von links nach rechts gelesen) und auf japanisch geschrieben (von rechts nach links gelesen). In manchen Fällen liegen die kleinen Gene sogar innerhalb der Introns eines größeren Gens. Aus vielen Genen entstehen vielerlei Proteine, deren Funktionen sich auf ganz subtile Weise unterscheiden, je nachdem, welche Introns aus dem Gen herausgespleißt wurden – ähnlich wie ein Wort in einem Wörterbuch verschiedene Bedeutungen haben kann, die sich manchmal kaum, manchmal aber auch erheblich voneinander unterscheiden.

Die große Mehrheit der Gene im menschlichen Genom ist dafür verantwortlich, die Informationen für den Bau Tausender von Proteinen zu speichern, die unseren Körper aufbauen und am Leben halten. Bei der Übertragung der DNA in Proteinmoleküle durch die Zelle wird ein Zwischenträger verwendet, ein naher Verwandter der DNA namens RNA, die sich jedoch in einigen entscheidenden Punkten von der DNA unterscheidet. Die RNA ist ein einsträngiges Molekül und kein Polymer mit einem Zwillingsstrang wie die DNA. Sie ist darüber hinaus auch weit weniger stabil, eine wichtige Eigenschaft angesichts ihrer Aufgabe als kurzlebiger Botenstoff.

Die besondere Spezialisierung der vielen Dutzend verschiedener Zelltypen in unserem Körper ist auf die ausgezeichnet regulierte Expression, das heißt die geordnete Umsetzung der gespeicherten Informationen von Teilen der (bis zu 100 000 angenommenen) Gene im Zellkern, zurückzuführen. Die Signale, die den verschiedenen Zellen mitteilen, welche Gene sie aktivieren müssen, verbergen sich in besonderen Anweisungen, wie die Buchstabenkerben in der Enzyklopädie. Zuerst muß sich das Gen von dem zusammengerollten Wirrwarr an Fasern im Zellkern lösen. Dann setzt sich ein Enzym namens RNA-Polymerase vor das Gen. Während sich die Doppelhelix öffnet, fährt die Polymerase das Gen entlang und baut ein Boten-RNA-Molekül zusammen, welches dem Gen haargenau entspricht. Nachdem dabei die Polymerase die RNA bearbeitet und alle Introns entfernt hat, verläßt diese den Zellkern und kommt wieder in den Zellkörper, wo sie von großen Proteinfabriken aufgegriffen wird: den Ribosomen. Diese Ribosomen lesen die Botschaft der RNA wie ein Scanner einen Strichcode. Jedes Triplett wird entziffert, dann wird die passende Aminosäure zum Ribosom geholt und chemisch mit ihrem Vorgänger verbunden. Auf diese Weise wird allmählich ein neues Protein aufgebaut. Wenn das Ribosom das »Stop«-Signal der RNA erreicht, fällt es ab, die Proteinkette faltet sich zu einer komplexen, dreidimensionalen Form zusammen und wird dann zu ihrem endgültigen Bestimmungsort im Innern oder außerhalb der Zelle geleitet.

Es ist nicht weiter überraschend, daß sich die Wissenschaftler uneins sind über die genaue Zahl der Gene, die sich auf unseren 23 Chromosomenpaaren befinden. Verwunderlich ist nur, wie stark diese Vorhersagen voneinander abweichen. Im Sommer 2000, also noch bevor die vollständige Sequenz zur Verfügung stand, schwankten die Schätzungen zwischen etwa 30 000 und weit über 120 000 Genen, was beweist, wie schwierig es ist, inmitten der enormen Menge an überflüssiger DNA die genetische Information in der Genomsequenz zu analysieren.[16] Der britische Bioinformatiker Ewan Birney rief eine internationale Wette aus, bei der man für den Einsatz von einem Dollar einen Tip abgeben konnte, wie hoch die tatsächliche Anzahl, die aller Wahrscheinlichkeit nach irgendwo zwischen 50 000 und 100 000 lag, sein würde.[17]

Während die Zahl der Gene im menschlichen Genom weiterhin unsicher ist, steht eines fest: Die Zahl wird bei jedem Menschen gleich sein. Auch die Position jedes Gens an den Chromosomen ist genau festgelegt. So sitzt zum Beispiel das Gen für die Blutgerinnung, dessen Defekt für die häufig vorkommende Variante der Hämophilie A verantwortlich ist, an der Spitze des langen Arms des X-Chromosoms. Das *p53*-Gen, das meistverbreitete mutierte Krebsgen, sitzt dagegen am kurzen Arm von Chromosom 17.

Der Schlüssel zum Verständnis der außergewöhnlichen Vielfalt der menschlichen Bevölkerung liegt nicht so sehr in der Identität oder der Position der 50 000 bis 100 000 Gene, sondern in den feinen Unterschieden zwischen ihnen. Eric Lander, Direktor des englischen Whitehead Institute, eines Zentrums für Genomforschung, verdeutlicht diesen Zusammenhang gerne mit einem Dia von zwei Männern, die nebeneinander stehen und mit vollkommen gleich geschnittenen, makellos weißen Fräcken bekleidet sind. Beide sind Idole des amerikanischen Sportlebens. Links steht Willie Shoemaker, ein legendärer Jockey, der fast 9000 Pferderennen gewann. Rechts von ihm sieht man den verstorbenen Wilt Chamberlain, den berühmten Basketballstar von den Los Angeles Lakers, der einmal 100 Punkte in einem einzigen Spiel erzielte. Es dauert ein paar Sekunden, bis einem klar wird, was man sieht. Shoemaker ist gerade einen Meter fünfzig groß und kommt auch dann auf keine 45 Kilo, wenn er völlig durchnäßt ist. Chamberlain dagegen ist ein Riese von über zwei Meter zehn und wiegt gut 130 Kilo. Shoemakers Kopf reicht gerade an Chamberlains Bauchnabel. Die Unterschiede in ihrem Körperbau sind so ausgeprägt, daß dabei kaum mehr ins Auge fällt, daß Shoemaker weiß und Chamberlain schwarz ist. Dies sind zwei höchst gegensätzliche Interpretationen des Buchs des Lebens.

Nehmen wir einmal an, wir könnten die DNA-Sequenz der Genome der Herren Chamberlain und Shoemaker miteinander vergleichen, und zwar Seite an Seite, genau wie auf dem berühmten Bild. Wir würden voller Erstaunen feststellen müssen, daß die Buchstaben über lange Strecken der Sequenz völlig identisch sind. Tatsächlich müssen wir mehrere 100 Buchstaben betrachten, bevor wir einen einzigen Unterschied in der Schreibweise der beiden Sequenzen entdecken können. Bei Menschen, die nicht miteinander verwandt sind, findet sich nur ungefähr alle 1000 Basen einmal ein geänderter Buchstabe.

Diese winzigen Abweichungen mögen unerheblich anmuten, doch auf das gesamte Genom bezogen gibt es zwischen zwei beliebigen Menschen etwa drei Millionen Sequenzvariationen und damit mehrere funktional bedeutsame Schreibunterschiede pro Gen. Diese können tiefgreifende Auswirkungen auf die Genfunktion haben (wie im Fall der Sichelzellanämie) oder sich nur ganz subtil auf die Genaktivität auswirken. Diese punktuellen Variationen im Erbgut zweier Menschen werden auch als »single nucleotide polymorphisms« – zu deutsch: einzelne Polymorphismen von Nukleotiden – bezeichnet (auch SNPs oder liebevoll »Snips« genannt).[18] Sie werden in der Medizin der Zukunft eine entscheidende Rolle spielen. Bedenkt man, daß unter den über drei Milliarden Zeichen, unter denen sich angenommene 100 000 Gene befinden, gut drei Millionen Variationen an unterschiedlichen Stellen vorkommen, bekommt man eine Ahnung von dem ehrfurchtgebietenden, praktisch unbegrenzten Variationsspielraum, den das menschliche Erbgut birgt.

Die tiefgreifenden Auswirkungen der SNPs lassen sich an der Hautfarbe deutlich machen. Als sich die Menschen vor etwa 100 000 Jahren von Afrika aus verbreiteten, war die schützende Funktion des dunklen Pigments Melanin irgendwann weniger wichtig als die Notwendigkeit, die geringere ultraviolette Strahlung im Norden auszunutzen, um Vitamin D in der Haut zu synthetisieren. Daher haben Europäer eine viel hellere Haut, obgleich sich als logische Folge das Risiko von Sonnenbrand und Hautkrebs stark erhöht, wie man beispielsweise in Australien sehen kann, wo zwei von drei Menschen im Laufe ihres Lebens an Hautkrebs erkranken.

Vor einigen Jahren veröffentlichte eine Gruppe von der Universität Newcastle upon Tyne eine bemerkenswerte Studie über eines der wichtigsten Proteine in der Signalkette zur Synthese von Melanin, dem Melanocortinrezeptor. Die Gruppe aus Newcastle überprüfte die Sequenz dieses Gens bei einem Dutzend hellhäutiger, rothaariger Personen mit Sommersprossen und entdeckte ein auffälliges Muster von SNPs, also Veränderungen an einem Buchstaben in der Genfolge, welche die Aktivität dieses Proteins vermindern.[19] Obgleich bei der Hautpigmentierung noch viele andere Faktoren im Spiel sind, lassen diese Ergebnisse vermuten, daß Veränderungen an einem einzigen Gen auffällige Folgen für Haut und Haarfarbe haben.[20] »Wenn das zutrifft«, sagte Mary-Claire King, »dann sind Variationen an diesem Locus, der zwar äußerliche, doch evolutionär wichtige Eigenschaften codiert, die Ursache für großes Leid.«[21]

Außer den Geschlechtschromosomen bei Männern besitzen wir zwei Kopien von jedem Chromosom und daher zwei Ausgaben von jedem Gen, die unter den meisten Umständen mit gleicher Effizienz arbeiten. Dennoch gibt es eine faszinierende Gruppe von »geprägten« Genen, deren Aktivität entscheidend davon abhängt, ob sie von der Mutter oder dem Vater vererbt wurden. Einige dieser Gene sind nur auf den vom Vater stammenden Chromosomen aktiv, während die Kopie der Mutter inaktiv bleibt. Bei anderen Genen ist die Situation umgekehrt, und das Gen mütterlicherseits wird exprimiert. Evolutionsbiologen sind noch auf der Suche nach Hinweisen, die dieses seltsame Phänomen erklären könnten.[22] Vielleicht fördern die Gene, die väterlicherseits exprimiert werden, das Wachstum des Embryos, weil männliche Lebewesen daran interessiert sind, so viele Nachkommen wie möglich zu bekommen. Im Gegensatz dazu sorgen die Gene der Mutter vermutlich dafür, die embryonale Entwicklung zu zügeln, damit die Mutter ihre Kräfte sparen kann.

Den Mutationen in unserer DNA verdanken wir unsere Existenz. Mutationen führen zu Veränderungen in der DNA-Sequenz aller Organismen, sozusagen der Essenz der Evolution. Die Unversehrtheit des Genoms wird auf vielerlei Arten verletzt. Manche Veränderungen betreffen ganze Chromosomen, andere dagegen nur einen Buchstaben. Es kann Veränderungen an mehreren Chromosomen geben (die meisten Fälle des Down-Syndroms sind auf eine zusätzliche Kopie von Chromosom 21 zurückzuführen) oder Umstellungen von großen Teilen des Chromosomenarms, die ernsthafte Geburtsschäden zur Folge haben. Abschnitte von Chromosomen, die wenige tausend oder auch Millionen von Buchstaben umfassen, werden verdoppelt, umgestellt, vertauscht oder ausgelöscht und beeinflussen dadurch Anzahl, Unversehrtheit oder Expression von möglicherweise Hunderten von Genen. Es gibt sehr bizarre Mutationen, wie die auffallende Aneinanderreihung repetitiver DNA-Stücke (zum Beispiel CAG CAG CAG ...), die zum Ausbruch von Chorea Huntington und verschiedenen anderen neurodegenerativen Krankheiten führen. Manchmal werden Gene durch den Einschub einzelner repetitiver Elemente, die im Genom herumspringen, unterbrochen, während andere Gene durch DNA-Veränderungen gestört werden, die Zehntausende von Buchstaben weit entfernt sitzen und die Genexpression beeinträchtigen. Schließlich gibt es noch weit subtilere Abweichungen, die nur einen einzigen der drei Milliarden Buchstaben in unserem genetischen Code betreffen.

Der Einfluß dieser Veränderungen steht oft in keinem Verhältnis zu ihrem Umfang. So können Menschen mit Down-Syndrom ein glückliches und erfülltes Leben führen, obwohl sie eine zusätzliche Kopie Hunderter Gene in ihrem Erbgut tragen, während anderswo ein einziger Tippfehler schon fatale Folgen haben kann. Dank der heroischen Bemühungen von Victor McKusick, dem Großvater der medizinischen Genetik an der Johns-Hopkins-Universität, haben die Forscher inzwischen mehr als 5000 verschiedene genetische Störungen aufgelistet.[23] In mehr als 1000 Fällen kennen wir das Gen bzw. die Gene oder die Mutationen, die für diese Krankheiten verantwortlich sind.[24]

Allerdings ist »Mutation« ein sehr abwertender Begriff. Und eigentlich bezieht er sich nur auf Veränderungen in der DNA, die eine Häufigkeit von weniger als zwei Prozent haben, während eine Variation, die weiter verbreitet ist, als *Polymorphismus* bezeichnet wird.[25] Diese Unterscheidung ist nicht ganz befriedigend. Manche »Mutationen«, die in der US-amerikanischen Bevölkerung relativ selten vorkommen, können unter bestimmten ethnischen Gruppen häufiger vertreten sein, ohne jedoch schlimme Konsequenzen zu haben. Auf der anderen Seite haben einige verbreitete Variationen im menschlichen Erbgut eindeutig schädliche Folgen. Einer von 25 Menschen europäischer Herkunft trägt das veränderte Gen in sich, das Mukoviszidose verursacht, und schätzungsweise trägt jeder zehnte das defekte Gen, das für die Krankheit Hämochromatose verantwortlich ist, eine Störung der Eisenbindungskapazität, die heute noch mit der mittelalterlichen Technik des Aderlasses behandelt wird. Die Hämochromatose ist vermutlich auf eine relativ junge Mutation bei den Kelten oder Wikingern zurückzuführen und gilt heute als die meistverbreitete Erbkrankheit. Doch wenn man bedenkt, daß weniger als fünf Prozent des menschlichen Genoms aus Genen besteht, sind die meisten zufälligen Änderungen in der DNA glücklicherweise harmlos. Sie werden vermutlich auf die Abschnitte mit DNA-Schrott fallen, die keine Bedeutung haben – oder besser gesagt, keine Bedeutung, die wir derzeit verstehen könnten. In diesem Buch werde ich den Begriff *Variationen* verwenden, wenn von harmlosen Sequenzänderungen die Rede ist, und das Wort *Mutationen* für solche Veränderungen benutzen, die negative Folgen haben.

Für die entmutigende Aufgabe, die drei Milliarden Buchstaben der DNA bei der Zellteilung originalgetreu zu kopieren, benötigt eine Armee von Replikationsenzymen etwa sieben Stunden. Da überrascht es kaum, daß sich gelegentlich ein Fehler einschleicht. Die Molekularmaschine, welche die neuen Stränge der DNA synthetisiert, leistet eine beachtliche Arbeit, indem sie genau den Buchstaben in den neuen Strang setzt, der zu dem ihm entsprechenden Buchstaben in der existierenden Vorlage paßt, also C zu G, A zu T und so weiter. An ungefähr jeder zehntausendsten Stelle wird ein falscher Buchstabe eingesetzt. Allerdings liest das gleiche Enzym die neue Kopie noch einmal durch, korrigiert dabei offensichtliche Fehler und reduziert dadurch die Gesamtfehlerquote auf etwa einen Fehler in zehn Millionen Basen.

Je öfter eine DNA verdoppelt wird, desto wahrscheinlicher wird es, daß Fehler eingefügt werden. Dies zeigt sich eindeutig in der Wechselwirkung zwischen Mutation und dem Alter der Eltern bei mehreren Erbkrankheiten. Das bekannteste Beispiel ist das Down-Syndrom, wo ein Fehler bei der Trennung der Chromosomen während der Bildung der Eizelle zu einer zusätzlichen Kopie von Chromosom 21 führt. Bei den Männern liegt dabei übrigens weitaus häufiger die Ursache, weil sich die Spermazellen viel öfter teilen als Eizellen. Weiter wurden deutliche Zusammenhänge zwischen dem Vorkommen von Hämophilie sowie anderen genetischen Störungen und dem fortgeschrittenen Alter der Eltern dokumentiert. (Vielleicht hatte der In-vitro-Fertilisations-Dienst, der kürzlich Eier von jungen weiblichen Models statt der Samen altersschwacher Nobelpreisträger im Internet anbot, doch die richtige Nase.)[26]

Bis vor kurzem herrschte daher die Auffassung, die Mutationsrate auf der männlichen Seite sei weitaus größer als auf der weiblichen. Doch neue Studien von David Pages Gruppe am Whitehead Institute zwangen zu einer Neubewertung. Page verglich die Sequenzen von zwei sehr ähnlichen nichtcodierenden DNA-Abschnitten auf dem X- und dem Y-Chromosom mit denen eines Schimpansen, dem Lebewesen, das uns evolutionär gesehen am nächsten steht. (Indem Page einen DNA-Abschnitt wählte, der keine Gene enthielt, schloß er die Möglichkeit aus, daß die Selektion bestimmter Varianten die Mutationsrate beeinflußte.) Die Ergebnisse überraschten: Es gab tatsächlich mehr Mutationen auf der Y-Sequenz als auf der X-Sequenz, doch das Verhältnis lag bei weniger als zwei zu eins.[27] Die Annahme, auf männlicher Seite herrsche eine weitaus höhere Mutationsrate als auf der weiblichen, muß also noch einmal überdacht werden.

Es gibt noch andere Quellen, die unsere DNA ernsthaft schädigen können. Die Doppelhelix ist einem ständigen Bombardement von kosmischen Strahlen, Gammastrahlen, ultravioletter Strahlung und radioaktiven Zerfallsprodukten ausgesetzt, die zwar nicht unbedingt direkte Schäden verursachen, aber in jedem Fall eine Spur von gefährlichen reaktiven chemischen Verbindungen, die freien Radikale, hinterlassen.[28]

Diese freien Radikale reagieren auf alles, womit sie in Kontakt kommen, also auch mit der DNA. So wird jeden Tag die Unversehrtheit des Genoms in jeder Zelle bedroht, weil Tausende von Basen im Genom eliminiert, chemisch verändert oder falsch miteinander verbunden werden. Um diese potentiell katastrophalen Mutationen zu korrigieren, beschäftigt die Zelle ein Arsenal von Enzymen zur Qualitätskontrolle, welche die Doppelhelix ständig überwachen. Ein Reparaturmechanismus besteht darin, daß sich drei Enzyme verbinden und die falsche Base ausschneiden, damit die Lücke wieder mit dem richtigen Buchstaben korrekt gefüllt werden kann. Bei schwereren Fehlern wird ein Abschnitt von etwa 30 aufeinanderfolgenden Buchstaben an einem Strang der Helix ausgeschnitten, der dann rasch wieder aufgefüllt wird. Ein anderer Reparaturmechanismus, die sogenannte Fehlpaarungsreparatur, hat bereits Hunderte Millionen Jahre der Evolution überstanden und spürt falsche Basenpaare auf.

Wenn der eine oder andere dieser Mechanismen versagt, kann das verheerende Folgen haben. Das beste Beispiel dafür ist die Erbkrankheit Xeroderma pigmentosum, eigentlich eine Gruppe von etwa einem Dutzend eng verwandter Krankheiten, die durch Mutationen in jenen Genen verursacht werden, die den Code für Komponenten des Reparaturmechanismus in sich tragen. Patienten mit dieser Krankheit sind besonders anfällig gegen die ultraviolette Strahlung des Sonnenlichts. Sie erkranken deswegen an Hautkrebs und werden selten älter als 30 Jahre. In einem ähnlichen Fall führen Mutationen bei Angehörigen des Fehlpaarungsreparatur-Proteinkomplexes zu einer Form von Dickdarmkrebs. Und ein vererbter Defekt in einem Enzym namens DNA-Helicase hat das Werner-Syndrom zur Folge, eine schlimme Form vorzeitiger Vergreisung, bei der bereits junge Erwachsene die traurige körperliche Gestalt uralter Menschen annehmen.

Die DNA-Sequenz kann auf vielerlei Weise so beschädigt werden, daß Erbkrankheiten oder Krebs die Folge sind, reicht doch oft ein winziger Schreibfehler bei nur einem einzigen der drei Milliarden Buchstaben, um tiefgreifende und oftmals erschreckende Wirkungen auszulösen.

In der *Odyssee* beschreibt Homer einäugige Riesen, die Zyklopen, die als Schäfer an der sizilianischen Küste leben.[29] Auch wenn es sich dabei eindeutig um Phantasiewesen handelt, ist es doch denkbar, daß Homer zuvor Säuglinge gesehen hatte, die an einer Krankheit namens Holoprosenzephalie litten, einer weitverbreiteten Fehlbildung des menschlichen Gehirns.[30] Diese Krankheit tritt bei etwa einem von 250 Embryos am Anfang der Schwangerschaft auf, ihre Häufigkeit bei Lebendgeburten liegt jedoch weitaus niedriger (bei etwa einer von 16 000). In der schwächsten Form haben die Patienten eng beieinanderliegende Augen, doch bei den schwersten Fällen leiden die Patienten unter Zyklopie, das heißt, sie haben nur ein einziges Auge mit einer darüberliegenden nasenförmigen Erhebung, einer sogenannten Proboscis.

Holoprosenzephalie kann von verschiedenen genetischen Fehlbildungen verursacht werden, die erste wurde vor wenigen Jahren von Maximillian Muenke und Lap-Chee Tsui identifiziert. Sie entdeckten eine einbuchstabige Veränderung in einem Gen namens *Sonic Hedgehog*, einem der Schlüsselsignale der frühembryonalen Entwicklung.[31] Zyklopie kann jedoch auch auf Umwelteinflüsse zurückgeführt werden, besonders bei Schafen, die cyclopaminhaltige Pflanzen fressen. Dieser Zusammenhang führte zu dem interessanten Vorschlag, Cyclopamin als Mittel zur Behandlung von Basalzelltumoren einzusetzen, die von einer Fehlregulierung der gleichen Teilungssignalkette verursacht werden wie die Holoprosezenphalie.[32]

Etwa 2,5 Millionen Amerikaner leiden unter Alopezie, das heißt Haarlosigkeit und Haarausfall. In manchen Fällen verlieren die Patienten sogar ihr gesamtes Körperhaar. Angela Christiano, eine Dermatologin an der Columbia Universität in New York, untersucht Familien mit der seltenen Alopecia universalis, einer rezessiv vererbten Krankheit, bei der die Betroffenen praktisch keine Haarfollikel mehr besitzen und an ihrem ganzen Körper keine Haare haben. Christianos Team konnte das eigensinnige Gen auf den kurzen Arm von Chromosom 8 zurückverfolgen, in einen Abschnitt, der das menschliche Gegenstück zu einem Mäusegen namens *Hairless* enthält. Durch die Änderung eines A in ein G in dem dazugehörigen menschlichen Gen wird eine falsche Aminosäure in ein regulatorisches Protein eingefügt, das eine Schlüsselrolle bei der Haarentwicklung spielt.[33] Unzählige andere Beispiele für tiefgreifende Folgen von Punkmutationen könnten hier noch aufgezählt werden, wenn auch wenige so einschneidend sind wie die Störungen der Sexualentwicklung aufgrund von Mutationen an dem Gen, welches das männliche Geschlecht festlegt.

Manche Mutationen sind so schädlich, daß ihr häufiges Auftreten geradezu ein Paradox darstellt. Die Lösung dieses Rätsels entdeckte der britische Genetiker J. B. S. Haldane, der im Jahr 1948 die Theorie aufstellte, daß Menschen, die eine Kopie eines fehlerhaften rezessiven Gens in sich tragen (und darum keine Symptome aufweisen), dadurch gegen irgendeine andere Krankheit geschützt sein könnten. Dieses Phänomen bezeichnet man auch als heterozygoten Vorteil, und die bekanntesten Beispiele dafür sind die Sichelzellanämie und die Thalassämie.

Die Weltgesundheitsorganisation schätzt, daß erstaunliche sieben Prozent der Weltbevölkerung Träger eines erblichen Defekts beim Hämoglobin sind, dem sauerstoffbindenden Protein in den roten Blutkörperchen. Diese Krankheiten werden unter dem Begriff Thalassämie zusammengefaßt und auch »Mittelmeeranämie« genannt. Die bekannteste Hämoglobinfehlbildung ist die Sichelzellanämie, die dadurch verursacht wird, daß eine einzige Aminosäure in einer der Proteinketten ausgetauscht wird. Die Träger der Sichelzellanämie sind dagegen weitaus resistenter gegen eine Infektion durch *Plasmodium falciparum*, einen Malariaparasiten. Die Sichelzellversion des Hämoglobins bildet Fasern, die zu einem Zusammenbruch des roten Blutkörperchens führen, wodurch die Vermehrung des *Plasmodiums* verhindert wird.

Wie Haldane vorhergesagt hatte, führte der selektive Vorteil der Sichelzellträger gegen Malaria zu einer raschen Verbreitung des fehlerhaften Globingens in der Bevölkerung, weshalb nun Millionen von Kindern unter der schmerzhaften Sichelzellanämie leiden. Die Evolution hat noch vielen weiteren genetischen Varianten in Globinen und anderen Bausteinen der roten Blutkörperchen den Vorzug gegeben, weil auch sie einen Schutz gegen den Malariaparasiten bieten. Erbliche Defekte an dem energieproduzierenden Enzym Glukose-6-Phosphat-Dehydrogenase verursachen Favismus,[34] doch die Träger sind ebenfalls resistenter gegen Malaria. In Westafrika beispielsweise kommt die »Duffy«-Blutgruppe praktisch nicht vor, daher fehlt den Menschen ein Protein, das normalerweise die Oberfläche der roten Blutkörperchen ziert und damit unfreiwillig zum Eingangstor für das *Plasmodium* wird.

Mukosviszidose ist die meistverbreitete Erbkrankheit unter Menschen nordeuropäischer Abstammung und betrifft etwa eine von 2500 Lebendgeburten. Einer von 25 Menschen trägt das defekte Gen – eine erstaunliche Häufigkeit angesichts der Tatsache, daß bis vor kurzem die Patienten selten die Geschlechtsreife erreichten und selbst dann oftmals unfruchtbar waren. (Neue Therapien, bei denen Antibiotika und andere Medikamente eingesetzt werden, um den Schleim zu lösen, der die Lungen der betroffenen Patienten blockiert, führten in den letzten Jahrzehnten zu einem erfreulichen Anstieg der Lebenserwartung.)

Warum also ist die Krankheit so weit verbreitet? Manche Wissenschaftler vermuten, daß die Träger der Mukoviszidose weniger anfällig für Cholera seien, aber diese Krankheit erreichte Europa erst in den letzten 200 Jahren – eine zu kurze Zeitspanne, um einen nennenswerten Effekt zu haben. Dagegen konnte experimentell nachgewiesen werden, daß Zellen, die eine Kopie des defekten *CFTR*-Gens tragen, das ein die transmembrane Leitfähigkeit regulierendes Protein codiert, einen deutlichen Vorteil bei der Abwehr des *Salmonella typhi*-Bakteriums haben, das Typhus verursacht.[35] Die häufigste Mukoviszidose-Mutation entfernt nur einige wenige Aminosäuren in einer Proteinkette, die aus mehr als 1500 Aminosäuren besteht. Doch dieser winzige Defekt hat verheerende Folgen, da sich die im Aufbau befindliche Proteinkette deswegen nicht in ihre korrekte dreidimensionale Form falten kann. Zellen mit einem defekten *CFTR*-Gen nehmen 86 Prozent weniger *Salmonella typhi*-Bakterien auf als normale Zellen. Sobald die Wissenschaftler den gesamten Inhalt des menschlichen Genoms untersuchen können, werden sie noch viele weitere Geschichten über heterozygote Vorteile bei der Abwehr von Infektionskrankheiten erzählen können.

In den Medien wird derzeit so viel über den Kampf gegen schädliche Mutationen berichtet, die Tausende von Krebsarten und Erbkrankheiten verursachen, daß man dabei leicht übersieht, daß einige spontane Veränderungen in der genetischen Sequenz für die Menschen manchmal auch positive Folgen haben können. So vergrößern beispielsweise Sportler schon seit Jahren illegal die Sauerstoffkapazitäten ihres Körpers, indem sie Erythropoietin (Epo) einnehmen, ein natürliches Hormon, das in der Leber erzeugt wird und die Produktion der roten Blutkörperchen stimuliert. Der finnische Skilangläufer Eero Mäntyranta hatte einen solchen Betrug nicht nötig. Der Gewinner zweier Goldmedaillen bei den Olympischen Winterspielen 1964 in Innsbruck trug eine Mutation in dem Gen für den Epo-Rezeptor, der das Epo-Signal empfängt und weiterleitet.[36] Daher produzierte Mäntyrantas Körper so lange rote Blutkörperchen, bis sein Wert 25 bis 30 Prozent über dem Normalwert lag, wodurch sich Sauerstoffkapazität und Ausdauer des Sportlers enorm steigerten. Mäntyrantas Mutation (in Fachkreisen als autosomal-dominante gutartige Erythrocytosis bezeichnet), läßt sich auf seine Großeltern zurückführen und betrifft etwa 30 Menschen innerhalb der Verwandtschaft, wurde anderswo jedoch noch nie nachgewiesen.

Goldmedaillen sind zwar schön, doch Immunität gegen HIV ist wahrhaft kostbar. Eine natürlich vorkommende Mutation beim CCR5-Rezeptor, der auf der Oberfläche weißer Blutkörperchen gefunden wird, raubt dem Aids-Virus einen bequemen Fußhalt, von dem aus er die Oberfläche der Wirtszelle durchbrechen kann. Ein kleiner Prozentsatz der Bevölkerung besitzt eine mangelhafte Version des *CCR5*-Gens, bei dem ein Abschnitt von 32 Buchstaben fehlt, wodurch die Produktion des Rezeptors verhindert wird.[37] Selbst wenn diese Menschen dem Aids-Virus mehrmals ausgesetzt sind, infizieren sie sich nicht, weil es dem Virus nicht möglich ist, in die Zellen zu gelangen, in denen es sich vermehrt.

Das malerische italienische Örtchen Limone Sul Garda, das scheinbar unberührt von den Zerstörungen des modernen Lebens am Ufer des Gardasees liegt, birgt ein Geheimnis: Etwa 40 seiner Einwohner wurden 100 Jahre oder älter. Obwohl diese Lebensenergie sicherlich zum Großteil dem streßfreien Lebensstil und dem gesunden mediterranen Essen (ohne Zweifel ergänzt durch Ströme von Chianti) zu verdanken ist, findet sich doch bei einem von 20 Einwohnern ein zusätzlicher biologischer Vorteil in Form einer genetischen Funktionsstörung. Diese Menschen tragen nämlich in ihrem Erbgut eine abweichende Form des Apolipoproteins A 1, auch A1 Milano genannt (nach der Universität, wo es entdeckt wurde), das Cholesterin im Blut fängt und zur Leber transportiert, wo es zerteilt wird.[38] Die Mutation – die einfache Substitution eines Cystein für ein Arginin im A1-Protein – kam vermutlich vor etwas mehr als 200 Jahren auf und blieb auf diese isolierte Gemeinde am Gardasee beschränkt. Da allein in den Vereinigten Staaten jährlich etwa 600 000 Angioplastien durchgeführt werden, sind die Hoffnungen groß, mit Hilfe einer rekombinierten Form von Apo-A1-Milano bald neue und effektivere Therapien für die Behandlung koronarer Erkrankungen zur Verfügung zu haben, bei denen der Anteil von »gutem« Cholesterin im Körper erhöht wird.

Ein anderer weitverbreiteter Vorteil, der für die meisten Menschen selbstverständlich ist, zeigte sich erstmals vor 10 000 Jahren mit dem Aufkommen der Viehhaltung. Seitdem können viele Menschen (im Gegensatz zu allen anderen Säugetieren) bis ins Erwachsenenalter Milch trinken, dank der anhaltenden Produktion von Laktase, einem Enzym, das den Milchzucker Laktose verdaut. Manche Menschen vertragen keine Laktose, denn wenn keine Laktase im Körper produziert wird, führt der Genuß von Milch zu recht unangenehmen Verdauungsbeschwerden. Die Häufigkeit des Milchtrinkens in Europa sinkt von Norden, wo in Skandinavien die Rate bei etwa 90 Prozent der erwachsenen Bevölkerung liegt, nach Süden, wo die Rate in Italien nur noch bei 50 Prozent liegt. Interessanterweise spiegelt dieses Gefälle die Häufigkeit eines anderen Apolipoproteins wider, des Apo-AIV-2, das vermutlich aus Skandinavien stammt und möglicherweise eine Rolle bei der Milchverdauung spielt.

Es gibt eine weitere Klasse von Mutationen, über die man derzeit noch kaum etwas weiß, die jedoch mit Hilfe der kompletten menschlichen Sequenz durchschaubarer werden. Das plötzliche Auftreten eines Merkmals, das eigentlich schon längst in den evolutionären Mülleimer gehört, wird auch als »Atavismus« bezeichnet oder als »Rückschlag« in eine stammesgeschichtlich ältere Form, häufig jedoch als Mißbildung. (Der Begriff stammt von dem lateinischen Wort *atavus*, das Vorfahr bedeutet.)[39] Manchmal werden Menschen mit drei Brustwarzen geboren oder einem Ansatz von Schwimmhaut zwischen den Fingern. Besonders dramatisch ist eine im Verschwinden begriffene seltene Form der Hypertrichose.

In dem kleinen Ort Zacadecas in Mexiko lebt eine große Familie, bei der einige Mitglieder unter dichtem Haarwuchs auf Gesicht und Oberkörper leiden.[40] Besonders bei den betroffenen Männern ist jede Pore des Gesichts von Haaren bedeckt, weshalb sie mit Werwölfen assoziiert wurden. Zwei Männer aus dieser Familie treten als besondere Attraktion in einem Zirkus auf, wo sie als »Waldwesen« oder »Hundemenschen« präsentiert werden. Ein anderer Verwandter arbeitet als Nachtwächter, damit er keine anderen Menschen trifft. Ein Forscherteam aus mexikanischen und US-amerikanischen Wissenschaftlern unter der Leitung von Luis Figuera von der Universität Guadalajara und Pragna Patel vom Baylor College of Medicine hat das verantwortliche Gen auf einen bestimmten Bereich des X-Chromosoms zurückverfolgt.[41] Dies erklärt, warum die Frauen weniger stark betroffen sind als ihre männlichen Angehörigen, denn das zweite X-Chromosom mildert die Folgen des Atavismus zum Teil. Die Frauen lehnen es allerdings ab, ihre Gesichter zu rasieren, aus Angst, ihr Haare könnten noch dichter und dunkler nachwachsen.

Atavismen können zu einem veränderten körperlichen Erscheinungsbild oder gar zu neuen Gliedmaßen führen. Beispiele dafür sind Pferde mit kleinen Nebenhufen – die Pferde von Julius Cäsar und Alexander dem Großen wurden wegen dieser zusätzlichen Hufe geschätzt – oder Wale mit Hinterbeinen. Vermutlich wurde im Verlauf der menschlichen Evolution das gerade erwähnte Hirsutismusgen vernachlässigt und blieb über mehrere 100 000 Jahre stumm. In der besagten mexikanischen Familie erweckte irgendeine Spaltung des X-Chromosoms das Gen wieder zum Leben. Den genauen genetischen Defekt aufzuspüren wird schwierig sein, aber sobald die Sequenz des X-Chromosoms vollständig vorliegt, wird auch das »Werwolf«-Gen irgendwann gefunden werden.

Wie viele Mutationen häufen sich im Lauf der Jahre im Genom des Menschen an? Da wir derzeit noch auf die komplette Erforschung der vollständigen menschlichen Genomsequenz warten, wollen wir in der Zwischenzeit eine relativ neue Vergleichsstudie der DNA-Sequenzen von 64 Genen von Mensch und Schimpanse betrachten. Die Forscher entdeckten 143 abweichende Basen, welche die Sequenz der dazugehörigen Proteine verändern könnten, obwohl sie eigentlich 231 Abweichungen erwartet hatten. Die fehlenden 88 Mutationen waren möglicherweise so schädlich, daß sie durch natürliche Auslese bereits verworfen wurden. Wenn wir dies nun auf das gesamte menschliche Erbgut (etwa 60 000 Gene) hochrechnen und dabei die Tatsache berücksichtigen, daß es fünf Millionen Jahre her ist, seit Mensch und Schimpanse von einem gemeinsamen Vorfahren abzweigten, deutet das Ergebnis darauf hin, daß die Sequenz eines Proteins in jeder Generation durch etwa vier neue Mutationen verändert wird.[42] Von diesen Veränderungen könnten zwei oder drei ernsthaft schädliche Folgen haben.

Einige Evolutionsgenetiker sehen in der Anhäufung von Mutationen im Erbgut des Menschen Anlaß zur Sorge. Der Genetiker James Crow hat die Vermutung geäußert, daß Kopfschmerzen, Magenbeschwerden, schlechte Augen und andere Gebrechen die Folge der Anhäufung von Mutationen sein könnten.[43]

Tatsächlich glauben Genetiker, daß bei jedem Menschen etwa fünf bis zehn rezessive Mutationen im Erbgut lauern. In den meisten Fällen erfahren wir das nur dann, wenn wir das Pech haben, ein Kind mit einem Partner zu bekommen, der die gleiche Mutation trägt. In den nächsten ein bis zwei Jahrzehnten wird es Ärzten möglich sein, eine sofortige Diagnose dieser unsichtbaren Bedrohung in unserem Erbgut zu stellen. Kein Genom ist jedoch immun gegen die Zerstörungen durch Mutationen. Jeder von uns beherbergt defekte Gene in seinem Erbgut.

Die Variationen im menschlichen Genom sind der Schlüssel für das Verständnis von menschlicher Gesundheit und Evolution. Doch, wie schon gesagt, fallen viele Veränderungen in Bereiche mit DNA-Schrott und haben daher keine Auswirkungen auf die Funktion eines Gens. Wie der Genetiker David Botstein von der Stanford-Universität 1978 erkannte, enthalten solche Variationen den Schlüssel für die Erstellung einer vollständigen Karte des menschlichen Erbguts.[44]

Botstein war seitens der Universität Utah zu einem akademischen Wochenende auf eine Hütte in den Wasatch-Bergen eingeladen worden und hörte dort, wie ein Student von den Schwierigkeiten erzählte, das mutierte Gen aufzuspüren, das einen verbreiteten Defekt des Eisenstoffwechsels, die Hämochromatose, verursacht. Botstein erkannte schlagartig, daß dieses Problem mit Hilfe von genetischen Markern gelöst werden konnte, die wie Kilometerpfosten an einer Autobahn über jedes Chromosom verteilt sind. Durch die Identifikation beliebiger Abschnitte der DNA, die sich bei verschiedenen Menschen leicht in der Sequenz unterscheiden, könnte der Erbgang dieser Marker in Familien mit einer Erbkrankheit verfolgt werden. Dieses Verfahren gründet sich auf die Tatsache, daß Gene und Marker, wenn sie auf dem Chromosom eng genug beieinanderliegen, gemeinsam (oder gekoppelt) vererbt werden. Wenn der Erbgang des Markers dem der Krankheit (also dem mutierten Gen) entspricht und die Position des Markers auf dem Chromosom bekannt ist, könnte man daraus schließen, an welcher Stelle des Chromosoms das fehlerhafte Gen liegt.

1978 zeigten Y. W. Kan und Andres Dozy von der Universität von Kalifornien in San Francisco, daß dieses Prinzip zumindest für die pränatale Diagnose von Sichelzellanämie angewandt werden konnte. Doch Botstein und drei Kollegen legten dar, wie sich aus wenigen 100 DNA-Markern eine Karte des menschlichen Genoms erstellen ließ, auf der im Prinzip jedes Krankheitsgen lokalisiert werden konnte. Ihr Aufsatz, der 1980 veröffentlicht wurde, erwies sich als entscheidender Wendepunkt in der Genomforschung, besonders als drei Jahre später das Gen für Chorea Huntington identifiziert wurde. Während immer mehr DNA-Polymorphismen als Marker auf den verschiedenen Chromosomen kartiert wurden, folgte binnen kurzem auch die Lokalisierung der an diese Marker gekoppelten Gene, deren Defekte schwere Krankheiten wie Mukoviszidose und Muskeldystrophie auslösen. Allerdings stellte es sich als weitaus schwieriger heraus, die Gene für Geisteskrankheiten wie Schizophrenie und bipolar-affektive Störung zu finden. In einer Flut von Artikeln Ende der 80er Jahre berichteten die Forscher fast übereinstimmend von enttäuschenden Ergebnissen und unterstrichen, wie schwierig es sei, die Gene für komplexe Eigenschaften zu bestimmen und zu identifizieren, da es im Grunde unmöglich sei zu unterscheiden, wo genetische Einflüsse aufhören und Umweltfaktoren beginnen. Zudem interessierten sich viele Wissenschaftler weniger für die Erforschung von Erbkrankheiten – vielmehr wollten sie Gene aufgrund ihrer Funktion identifizieren. Doch diese Suche konnte Jahre dauern und Millionen von Dollar verschlingen. Die weitverbreitete Enttäuschung angesichts der Schwierigkeiten bei der Kartierung der menschlichen Gene – ob sie nun die Ursache von Krankheiten waren oder einfach eine bestimmte biologische Funktion hatten – überzeugte einige Wissenschaftler von der Notwendigkeit, eine effizientere Lösung für dieses Problem zu finden. Die Gründung des Humangenomprojekts war selbstverständlich eine der Folgen dieser Überlegungen. Gleichzeitig setzte sich eine Idee im Kopf eines NIH-Forschers fest, der in Vietnam gelernt hatte, daß ein Menschenleben wenig zählt, daß Zeit etwas sehr Kostbares ist und daß es auf Schnelligkeit ankommt.

3. KAPITEL

Das Auge des TIGR
J. Craig Venter –
Pionier der Sequenz

> Rutherford sagte, es gebe zwei Arten von Wissenschaft – Physik und Briefmarkensammeln. Er vergaß zu sagen, daß manche Briefmarken so wertvoll sind, daß es sich lohnt, sie zu sammeln.
>
> Sydney Brenner

Auf einer Liste des *Time Magazine* mit den 100 größten Denkern des 20. Jahrhunderts sind lediglich vier Biologen aufgeführt: die zwei Giganten der Bakteriologie, Alexander Fleming und Jonas Salk, sowie die beiden Entdecker der Doppelhelix, James Watson und Francis Crick.[1] Doch wenn es einen Preis für den einflußreichsten Wissenschaftler der 90er Jahre geben sollte, wäre John Craig Venter auf jeden Fall der aussichtsreichste Kandidat.

Man kann mit Fug und Recht behaupten, daß kein anderer Forscher im letzten Jahrzehnt einen auch nur annähernd so starken Einfluß auf die biomedizinische Forschung hatte wie dieser umstrittene Kalifornier. Im Rahmen seiner Tätigkeit als Neurowissenschaftler am NIH startete Venter ein Projekt, bei dem eine Vielzahl menschlicher Gene identifiziert werden sollten. Als Leiter eines nicht gewinnorientierten Forschungsinstituts bahnte er den Weg zur vollständigen Sequenzierung der Genome von einigen tödliche Krankheiten auslösenden Mikroorganismen. Und als Gründer von Celera Genomics änderte er fast im Alleingang den Verlauf der Odyssee zur Sequenz des menschlichen Genoms. Dabei entwickelte er sich zu einem der umstrittensten, mächtigsten und, nicht zu vergessen, reichsten Wissenschaftler der Welt. Hätte er im letzten Jahrzehnt nicht für so viele Kontroversen und Unmut gesorgt, würde er wohl als sicherer Kandidat für die jährliche Nobelpreisverleihung in Stockholm gelten. Doch er könnte das durchaus noch schaffen.

Craig Venter wurde am 14. Oktober 1946 in Salt Lake City geboren und wuchs in dem Städtchen Millbrae südlich von San Francisco auf.[2] Sein Vater war Steuerbuchprüfer, seine Mutter Künstlerin. Er war ein rebellisches Kind und schwänzte häufig den Schulunterricht, um in der Half Moon Bay surfen zu gehen, ehe er 1964 mit Müh und Not seinen Abschluß machte. Doch anstatt aufs College zu gehen, zog es ihn nach Süden. Er trieb sich in Newport Beach herum, surfte tagsüber und arbeitete nachts bei der Kaufhauskette Sears. Mit seinem sonnengebleichten Haar, dem muskulösen, gebräunten Körper und seinem Hang zum Vergnügen wirkte er wie die perfekte Verkörperung von südkalifornischem Wohlbefinden und Vitalität. Doch dann setzte die drohende Wirklichkeit des Vietnamkriegs diesen schönen Zeiten ein jähes Ende. 1965 meldete sich Venter zur Marine, in der Hoffnung auf einen Platz im Schwimmtrainingslager und später möglicherweise im olympischen Schwimmteam. Seine Pläne zerschlugen sich jedoch, als Präsident Johnson die Sportteams der Armee abschaffte. Heute kann Venter darüber scherzen: »Zuerst vermasselte mir Lyndon Johnson meine Karriere als Surfer, und dann vermasselte er mir auch noch meine Karriere als Schwimmer!«[3] Nachdem er jedoch bei einem Intelligenztest mit über 30 000 weiteren Rekruten überragend abgeschnitten hatte, schickte man Venter nach San Diego, wo er eine Ausbildung als Sanitäter absolvierte. Er hielt dies für einen vergleichsweise sicheren Job und war zuversichtlich, nach drei Jahren den Militärdienst wieder verlassen zu können.

Im Jahr 1967 jedoch fand sich Venter, noch keine 21 Jahre alt, in Da Nang wieder, einem der größten amerikanischen Militärstützpunkte in Vietnam, wo er sich mit der schrecklichen Aufgabe konfrontiert sah, Soldaten, die während der Tet-Offensive schwer verwundet worden waren, nach ihren Verletzungsgraden einzuteilen, um dadurch die wenigen Leben herauszusuchen, die noch zu retten waren. Er erlebte, wie Hunderte Männer starben, doch das Schicksal zweier junger Soldaten hinterließ einen besonders starken Eindruck auf den Sanitäter Venter. Ein Soldat, der bis auf eine Kopfverletzung völlig unversehrt schien, starb kurz nach seiner Ankunft im Lazarett. Dann wurde einmal ein 18jähriger Junge mit grauenhaften Verletzungen an Brust und Unterleib eingeliefert, der sich dennoch über mehrere Wochen lang mit aller Macht ans Leben klammerte und davon träumte, wieder nach Hause zu können.

Es überrascht nicht, daß diese Kriegserlebnisse Venter zutiefst erschütterten, und auch heute noch reagiert er für seine Verhältnisse ungewöhnlich emotional, wenn er nach seinen Erlebnissen in Vietnam gefragt wird. »Man kann eine Situation wie [Vietnam] nicht durchleben und dann mit derselben gleichgültigen Haltung wieder herauskommen, mit der man vorher vielleicht gesurft ist«, sagte Venter zu CNN. »Ich habe den Tod Tausender junger Männer miterlebt, die in meinem Alter waren oder noch jünger, und dazu die Unfähigkeit der Medizin, irgendeine praktische Handhabe zu liefern, mit der man auch nur einem Bruchteil dieser Menschen hätte helfen können.«[4]

Der Mann, der in die Vereinigten Staaten zurückkehrte, war ein anderer als der unbeschwerte Junge, der zwölf Monate zuvor das Land verlassen hatte. »Ich war einfach sehr glücklich darüber, dieses Jahr überlebt zu haben, und ich wollte nicht noch mehr von meinem Leben verschwenden«, erinnert sich Venter.[5] Anstatt zu surfen, stürzte er sich in die Arbeit. Nach einem kurzem Abstecher an ein Junior College schrieb er sich an der Universität von Kalifornien in San Diego ein, anfänglich für ein Medizinstudium. Dann verlagerte sich sein Interesse auf die naturwissenschaftlichen Grundlagendisziplinen, und innerhalb von nur sechs Jahren hatte er ein Diplom in Biochemie und einen Doktor in Physiologie und Pharmakologie in der Tasche. Venter wäre zweifellos ein guter Arzt geworden, der Leben gerettet hätte, doch glaubte er, im Forschungslabor und im Kampf um bahnbrechende wissenschaftliche Erkenntnisse mehr bewirken zu können. 1976 zog er nach Buffalo und arbeitete dort an der State University von New York und am Krebsforschungszentrum Roswell Park. Dort lernte er eine charmante Mikrobiologiestudentin namens Claire Fraser kennen, die später seine Frau und unentwegte Forschungspartnerin wurde.

1984 wechselte Venter an die Abteilung für neurologische Erkrankungen und Schlaganfälle des NIH, während Fraser eine Stelle in einem anderen Bereich des NIH annahm. Venters Labor, das dem Bereich der Rezeptorbiochemie angehörte, war zwar nichts Außergewöhnliches, aber gut ausgestattet (es erhielt ein bis zwei Millionen Dollar im Jahr für Gehälter und Forschungsmittel). Venters Hauptziel war es, ein einzelnes Protein ausfindig zu machen, das an der Oberfläche von Herzzellen sitzt und das sogenannte »Fight or Flight«-Hormon Adrenalin aufspürt. Zwar war das Unternehmen letztendlich erfolgreich, doch erforderte die Suche Jahre des mühseligen Reinigens von Proteinen und einen finanziellen Aufwand, der nach Venters Schätzung bei über zehn Millionen Dollar lag. Trotz seines Erfolgs sah sich Venter daher mit der Frage konfrontiert, ob der Zweck bei diesem Projekt tatsächlich die Mittel rechtfertigte. Denn rechnete man die Kosten für die Jagd nach dem Adrenalinrezeptor auf 100 000 Gene hoch, würde die biomedizinische Forschung nur unerträglich langsam voranschreiten.

Venters Lösung für dieses Problem war – typisch für ihn – spontan und wagemutig. 1986 flog er nach Kalifornien, um sich mit Michael Hunkapiller zu treffen, der einen aufregenden neuen DNA-Sequenzierautomaten entworfen hatte, den die Firma Applied Biosystems (ABI), ein Zweig der Perkin-Elmer Corporation (PE), inzwischen auch produzierte. In Zusammenarbeit mit Leroy Hood, damals Biologieprofessor beim California Institute of Technology (Caltech), hatte ABI eine fortschrittliche Methode der automatisierten Sequenzanalyse entwickelt. Das neue System arbeitete zwar mit den gleichen chemischen Methoden, die Fred Sangers Team ausgearbeitet hatte, verwendete jedoch fluoreszierende Farben anstelle von radioaktiven Komponenten, wobei jedem Buchstaben eine andere Farbe zugewiesen wurde. So hatte A beispielsweise die Farbe Grün, T Rot und so weiter. Weil die vier Farben leicht zu unterscheiden waren, konnte man die Reaktionen zusammenlegen und gemeinsam auf einer Bahn des Sequenzierautomaten durchlaufen lassen, wobei die spezifische Fluoreszenz jeder Farbe von einem Laser abgelesen wurde, der die Unterseite des Gels scannte. Der ABI 373A konnte dadurch 24 Proben gleichzeitig analysieren und lieferte täglich etwa 12 000 Buchstaben der DNA. Der einzige Nachteil war der Preis, da eine solche Maschine etwa 100 000 Dollar kostete.

Im Februar 1987 wurde Venters NIH-Labor eine der ersten Teststätten für den ABI-Sequenzierautomaten und den Prototypen der molekularbiologischen Laborstation ABI 800 Catalyst, der die DNA, die Chemikalien und Enzyme für die Sequenzierungsreaktionen mischte. Venter testete seine neuen Spielzeuge sofort und sequenzierte ein Paar Rattengene, die mit dem Adrenalinrezeptor zu tun hatten. Der ABI-Automat hielt, was der Prospekt versprach, und erwies sich als weitaus schneller und billiger als die langwierigen manuellen Methoden zur DNA-Sequenzierung.

Doch Venters eigentliches Vorhaben war die Sequenzierung aufschlußreicher Bereiche des menschlichen Genoms und die Untersuchung der chromosomalen DNA-Sequenz mit dem Ziel, interessante Gene aufzuspüren. Anstelle der langsamen, zielstrebigen Jagd auf ein Gen unter 10 000 anderen wollte er nun eine andere Strategie versuchen. Sein Traum war die Analyse eines der interessantesten Bereiche des menschlichen Genoms, eines Segments auf dem langen Arm des X-Chromosoms mit der Bezeichnung Xq28, auf das Dutzende genetisch verursachter Krankheiten zurückverfolgt worden waren. Für dieses Vorhaben beantragte Venter Fördermittel bei Watsons Genomzentrum, doch die Entscheidung darüber wurde zu seiner großen Enttäuschung aufgrund der langatmigen Regierungsbürokratie und der Skepsis gegenüber der automatisierten DNA-Sequenzierung wiederholt verzögert.[6] Noch während das amerikanische Zentrum für Genomforschung über Venters Xq28-Projekt debattierte, begann Venter mit der Arbeit an zwei kleineren Sequenzierungsprojekten, die für die Humangenetik von größter Bedeutung waren. Dabei ging es um zwei chromosomale Abschnitte, auf denen mit höchster Wahrscheinlichkeit die Gene lagen, deren Defekte zwei der wichtigsten Erbkrankheiten verursachen: Chorea Huntington auf Chromosom 4 und eine Muskelschwundkrankheit namens dystrophische Myotonie auf Chromosom 19.

Mit Hilfe des ABI 373A sequenzierte Venters Team schätzungsweise 60 000 Basen der DNA in der weiteren Umgebung des Huntington-Gens und 106 000 Basen des Bereichs, der für die dystrophische Myotonie in Frage kam.[7] Durch die Analyse der Chromosom-19-Segmente konnte Venters Team die Positionen von fünf Genen vorhersagen, die allerdings keine Bedeutung für die dystrophische Myotonie hatten. Und obwohl Venter bei seiner Untersuchung von Chromosom 4 auch das Huntington-Gen nicht fand, waren die Ergebnisse für sich genommen dennoch sehr interessant. Die Hälfte des Segments war jeweils zwei Mal sequenziert worden und stammte von zwei verschiedenen DNA-Spendern, so daß Venter die Variationsraten im genetischen Code zweier nicht miteinander verwandter Personen systematisch vergleichen konnte. Venter stellte insgesamt 72 Unterschiede fest, was einer überraschend hohen Rate von einem Polymorphismus pro 450 Basen entsprach, und er erkannte sofort den entscheidenden Wert dieser Polymorphismen. Venter kam zu dem Schluß, daß »aufschlußreiche Polymorphismen in der Nähe [jedes] Gens oder jeder Regulatorregion zu finden sein werden, so daß es möglich ist, Anomalien in diesen Sequenzen mit Phänotypen bei hoher Auflösung zu verbinden«.[8] Fünf Jahre später sollten diese einzelnen Polymorphismen von Nukleotidsequenzen oder SNPs – wie diese Variationen heute genannt werden – eine wichtige Rolle in der Humangenetik spielen. Doch war der Bericht über die Analyse des Chromosom-4-Abschnitts noch in anderer Hinsicht bemerkenswert: Unter Venters Coautoren befand sich auch ein gewisser Francis Collins.

Venter freute sich zwar über die Leistung des Sequenzierautomaten. Dennoch war er insgesamt enttäuscht über seine Sequenzierungsergebnisse, weil bei der Identifizierung der Gene in einer unkartierten DNA-Sequenz Schwierigkeiten auftraten, wenn man nur mit dem Computer arbeitete. Das Problem war nicht, daß die Software Schwierigkeiten bei der Erkennung der Gene hatte, vielmehr sagte sie zu viele Treffer voraus. Venters Gruppe mußte deswegen die Existenz der Gene stets noch einmal experimentell nachweisen, was selbst im günstigsten Fall ein mühseliges Unterfangen war.

Venter begann sich zu fragen, ob es nicht einen einfacheren Weg gab, die menschlichen Gene zu identifizieren.

Die Erleuchtung hatte er dann zehn Kilometer über dem Pazifischen Ozean auf dem Rückflug von einer Konferenz in Japan. Eine von Venters wichtigsten Tugenden ist seine Ungeduld, und alles, was er bis dahin versucht hatte, dauerte ihm schlicht und ergreifend zu lange. Seine besessene und schließlich erfolgreiche Suche nach dem Adrenalinrezeptor hatte Jahre gedauert, und sogar das maschinelle Sequenzieren zweier Chromosomenregionen half nur begrenzt bei der Suche nach interessanten Genen. Venter brauchte ein System, das Gene »anreicherte«, um nicht mehr Zeit damit zu vergeuden, lange Strecken nutzlosen DNA-Schrotts zu sequenzieren.

Im Rückblick zumindest lag die Antwort auf der Hand: Der effizienteste Genanreicherungsprozeß findet auf natürliche Weise in fast allen der unzähligen Körperzellen statt, und zwar während die Geninformationen abgelesen und in Proteine übersetzt werden. Venter wollte sich den natürlichen biologischen Prozeß der Transkription zunutze machen, der wie ein biologischer Computer funktioniert, um die Milliarden von DNA-Buchstaben nach dem kleinen Prozentsatz zu durchsuchen, der den Code der Gene enthält. Was konnte einfacher sein?

Für die Umwandlung der Information eines Gens in das zugehörige Protein ist ein Zwischenträger, die RNA, verantwortlich. In jeder beliebigen Zelle ist jeweils nur ein kleiner Teil der Gene aktiv. Ein Enzym namens RNA-Polymerase liest die Sequenz des Gens und produziert einen komplementären RNA-Strang, der aus dem Zellkern in den Zellkörper gelangt. Molekülfabriken, sogenannte Ribosomen, ergreifen den RNA-Strang und lesen den Basencode der Tripletts oder Codons. Zu jedem Codon wird die passende Aminosäure von einem Adapter-RNA-Molekül zum Ribosom getragen, das jedes Codon genau erkennt. So werden eine nach der anderen die Aminosäuren, aus denen das Protein zusammengesetzt ist, zu einer Kette verbunden, bis das Protein vollständig zusammengesetzt ist.

Seit dem Anbruch des Zeitalters der Gentechnologie in den frühen 70er Jahren des vorigen Jahrhunderts bestand die Standardmethode für die Produktion von reinem Protein darin, zuerst das notwendige Boten-RNA-Molekül zu isolieren. Beispielsweise enthalten eine Leberzelle und eine Zelle der Bauchspeicheldrüse jeweils zwei Kopien des Faktor-IX-Gens und zwei Kopien des Insulingens, weil jede Zelle das gesamte menschliche Erbgut enthält. Da Faktor IX jedoch in der Leber produziert wird, ist dieses Organ eine gute Quelle für die Faktor-IX-Boten-RNA. Insulin wird dagegen in der Bauchspeicheldrüse produziert, dementsprechend beginnen die Bemühungen, das Insulingen zu isolieren, logischerweise bei der reichhaltigsten Quelle von Insulin-RNA.

Die ersten Gene wurden isoliert, indem man RNA-Moleküle aus einer bestimmten Zellart reinigte. Aufgrund ihrer instabilen Natur verwandelt sich die gereinigte RNA zunächst wieder zurück in DNA; diese DNA-Kopien der RNA-Moleküle werden auch »complementary DNA« oder cDNA genannt. Um diese Gene nun im Labor zu erhalten und zu vermehren, werden die cDNA-Moleküle an ein geeignetes Gefährt angeheftet, zum Beispiel an das kleine Chromosom eines Bakteriums. Diese Sammlung an cDNA, die sogenannte cDNA-Bibliothek, wird dann in den Bakterien aufbewahrt. Die Bibliothek umfaßt genau die Gene, die in einer beliebigen Zelle gerade aktiv sind. Isolieren läßt sich die cDNA, indem man die Bakterien auf einer Petrischale wachsen läßt und einzelne Kolonien auswählt.

Venters Idee war geradezu schockierend simpel. cDNA-Bibliotheken gehörten zwar zu den Standardhilfsmitteln in den Labors der Molekularbiologen, doch normalerweise interessierten sich die Forscher nur dafür, genau die Kolonie des Bakteriums zu identifizieren, die das Gen oder die cDNA enthielt, an der sie arbeiteten. Die anderen Klone, die viele Tausend anderer Gene repräsentierten, waren im Prinzip überflüssig. Was also sollte Venter daran hindern, diese Klone zu nutzen und einfach Hunderte zufällig ausgewählter Gene auf einmal zu analysieren?

Gemeinsam mit Mark Adams, einem Mitarbeiter seines Labors, entschied sich Venter für die cDNA-Bibliothek einer Gehirnzelle, die Kopien von Zehntausenden Genen enthielt, die im Gehirn aktiv sind. Die nachfolgenden Arbeitsschritte waren reine Routine: die Auswahl einiger Dutzend Bakterienkolonien, von denen jede die cDNA eines noch rätselhaften Gens enthielt, das im Gehirn exprimiert wurde; die Reinigung der DNA, die Durchführung der Sequenzreaktionen und die Bestimmung der Sequenz mit Hilfe des ABI-Automaten. Anschließend verglich Venter die 200 bis 300 Basen lange DNA-Sequenz, die er gewöhnlich aus der Untersuchung einer cDNA gewann, mit den zuvor identifizierten Genen einer Vielzahl von Lebewesen, deren Sequenzen bereits in der öffentlichen Gendatenbank verfügbar waren. Jedes cDNA-Sequenzschnipsel wurde als exprimiertes Sequenzetikett (»expressed sequence tag«) oder EST bezeichnet – ein Begriff, der schon bald ins Wörterbuch der Molekularbiologen eingehen sollte.

Es war ein so eleganter und einfacher Plan, daß Venter kaum glauben konnte, daß er als erster darauf gekommen sein sollte. Und er war tatsächlich nicht der erste gewesen. Bereits 1983 hatte Paul Schimmel gemeinsam mit zwei Kollegen am MIT einen Aufsatz veröffentlicht, in dem sie zeigten, daß sich ein Großteil der damals bekannten Muskelproteingene ganz einfach bestimmen läßt, indem man die DNA von 200 wahllos ausgesuchten Muskel-cDNA-Klonen sequenziert.[9] Schimmel schlug vor, diese Strategie auch für die Identifizierung neuer Varianten von Muskelproteinen zu verwenden (und tatsächlich dokumentierte er ein solches Beispiel). Schimmels Beweis, mit dem er darstellte, wie sich mit der im Grunde fast mühelosen Arbeit, eine beliebige Sammlung von cDNA-Klonen zu untersuchen, erstaunliche Ergebnisse erzielen ließen, wurde in *Nature* veröffentlicht und erreichte daher sicher eine breite Leserschaft, doch offenbar begriff niemand so recht die Tragweite dieses Konzepts. Sogar Schimmel wandte sich danach wieder anderen Projekten zu.

Aus diesem Grund gilt heute allgemein der bekannte Genetiker Sydney Brenner, der Anfang der 60er Jahre bei der Entdeckung der *messenger*-RNA und der Entschlüsselung des genetischen Codes mitwirkte, als derjenige, der das cDNA-Konzept ins Gespräch brachte. Bei einem der ersten Treffen zur Diskussion des Genomprojekts 1986 in Santa Fe sprach sich Brenner öffentlich für ein cDNA-Sequenzierungsprogramm aus. Da 97 Prozent des menschlichen Genoms als »Müll-DNA« (bzw. »Schrott-« oder »Junk-DNA«) angesehen wurden, sollte seiner Ansicht nach die Priorität darauf liegen, jene drei Prozent des Genoms, die tatsächlich proteincodierende Gene enthalten, zu sequenzieren. Das Sequenzieren von Schrott-DNA verglich Brenner dagegen mit dem Zahlen von Einkommenssteuern: »Es ist unvermeidlich – aber es gibt Wege, es zu umgehen, und es ist auf jeden Fall eines der Probleme, die wir unseren Nachfolgern überlassen können und auch sollten.«[10]

Da die automatisierte DNA-Sequenzierung Ende der 80er Jahre noch in den Kinderschuhen steckte, glaubte Brenner, es sei effizienter, Gene erst zu sequenzieren und sie dann zu kartieren, anstatt einfach blindlings Chromosomen zu kartieren und zu sequenzieren. Darüber hinaus würde die Konzentration auf die cDNA für jeden Organismus sofort nützliche Ergebnisse bringen, unabhängig davon, wie gut dieser Organismus vorher studiert worden war. »Die Entwicklung von Methoden zur Klonierung und Sequenzierung von DNA«, schrieb Brenner 1990, »hat die Genetik von den Einschränkungen der Zuchtexperimente befreit, und alle Organismen sind nun für die genetische Analyse durch die neuen Methoden zugänglich.«

Im Jahr 1988 arbeitete Brenners Gruppe mit cDNA aus verschiedenen Geweben, wobei sie mit der Plazenta begannen, weil diese Proben am leichtesten zu bekommen waren.[11] Brenner verfügte dank einiger Preise, die ihm verliehen worden waren, über eigene Forschungsmittel. In der Zwischenzeit begann auch James Sikela an der Universität von Colorado ein eigenes kleines Projekt zur Sequenzierung von Hirn-cDNA, mit einem besonderen Schwerpunkt auf der Identifizierung von Genen, die möglicherweise bei psychischen Krankheiten eine Rolle spielten, und auf der Kartierung der Genfragmente auf dem Chromosom. Doch keiner dieser Ansätze erreichte auch nur annähernd die Leistungsfähigkeit von Venters Labor, wo sich die Sequenzierung mittlerweile zur hohen Kunst entwickelt hatte.

Im April 1991 zog Venter seinen immer noch wartenden Antrag auf Fördergelder für die Sequenzierung des langen X-Chromosomenarms zurück.[12] Hätte er das Geld gleich erhalten, als er den Antrag zwei Jahre zuvor erstmals stellte, so beschwerte er sich bei Watson, wären mittlerweile schon zwei Millionen Buchstaben der DNA sequenziert. Venter fühlte sich betrogen, weil Watson sein ursprüngliches Versprechen nicht gehalten hatte, ihm ausreichende Finanzmittel für sein Sequenzierungsprojekt zur Verfügung zu stellen. Doch Venter schob seinen Groll beiseite. Schließlich war er gerade dabei, den Kurs der biomedizinischen Forschung zu ändern.

Am 21. Juni 1991 präsentierte Venter in *Science* seine neue EST-Strategie in einem Artikel, der einen wissenschaftlichen Meilenstein darstellte und dessen Titel recht wuchtig daherkam: »Complementary DNA Sequencing: Expressed Sequence Tags and Human Genome Project«.[13] (»Komplementäre DNA-Sequenzierung: Exprimierte Sequenzetiketten und das Humangenomprojekt«. Der Aufsatz war seinem verstorbenen Vater John gewidmet, der im Alter von 59 Jahren an einem Herzinfarkt gestorben war.) Während sich die meisten Forschungsberichte nur mit ein oder zwei Genen befaßten, offenbarte Venters Aufsatz die Identität von mehr als 330 neuentdeckten Genen, die im menschlichen Hirn aktiv sind, abgeleitet aus der Sequenzanalyse von über 600 wahllos herausgegriffenen cDNA-Klonen des Gehirns. Es gab zwei Gründe, weswegen man das Gehirn für das EST-Pilotprojekt ausgewählt hatte: Erstens sind im Gehirn mehr Gene aktiv als in jedem anderen Gewebe, und zwar etwa die Hälfte aller Gene. Zweitens wird das Nervensystem von schätzungsweise einem Viertel der über 5000 bekannten genetisch bedingten Krankheiten beeinträchtigt.

Zusätzlich zu den wenigen Dutzend Übereinstimmungen mit bereits bekannten menschlichen Genen hatte Venter neue menschliche Gene entdeckt, die in ihrer Sequenz starke Ähnlichkeiten mit interessanten Genen anderer Lebewesen aufwiesen. Zum Beispiel tauchte eine hohe Übereinstimmung mit der Sequenz eines *Drosophila*-Gens namens *Notch* auf, das den Code für ein wichtiges Transmembranprotein trägt. Die Tatsache, daß manche Gene in ähnlicher Ausführung bei Lebewesen vorkommen, zwischen denen viele 100 Millionen Jahre der Evolution liegen, weist darauf hin, daß diese Gene eine sehr wichtige Funktion haben. Diese Vorhersage bestätigte sich sechs Jahre später, als ein französisches Team zeigte, daß Mutationen im menschlichen *Notch3*-Gen auf Chromosom 19 eine seltene, erbliche Form von Schlaganfällen namens CADASIL verursachen.[14]

So eindrucksvoll die einzelnen Thesen von Venters Aufsatz waren, sie erschütterten doch erst in ihrer Gesamtheit die wissenschaftliche Gemeinschaft. Was er getan hatte, war konzeptionell nichts Neues und technisch banal – und doch berichtete sein Aufsatz über mehr neue Gene als je ein anderer Artikel zuvor. Zum Zeitpunkt der Veröffentlichung enthielt die öffentliche Gendatenbank des NIH, die GenBank, die Sequenzen von weniger als 3000 menschlichen Genen. Also hatte Venter fast im Alleingang innerhalb von wenigen Monaten eine Menge an Genen identifiziert, die mehr als zehn Prozent der Gesamtzahl aller bekannten Gene entsprach.

Im Gegensatz zu dem üblichen undurchdringlichen Stil wissenschaftlicher Prosa pflegte Venter in diesem Artikel bereits eine sehr direkte Ausdrucksweise, was ihn bei seinen Kollegen nicht gerade beliebter machte. Er machte einen scharfen Gegensatz auf zwischen dem langatmigen Zeitplan für die Entschlüsselung der vollständigen Genomsequenz des Menschen, die vermutlich erst in etwa zwei Jahrzehnten vollendet sein würde, und der Produktivität seines eigenen Labors, das zu einem Preis von nur zwölf Cents pro Base 10 000 ESTs im Jahr schaffen konnte. »In unserem eigenen Labor«, schloß Venter, »werden wir aufgrund des EST-Ansatzes bereits in wenigen Jahren die Sequenz der meisten menschlichen Hirn-cDNAs entschlüsselt haben.«[15] Er sagte außerdem voraus, daß »Verbesserungen in der DNA-Sequenziertechnologie es nun möglich machen, die Gesamtheit der exprimierten Gene eines Organismus vollständig zu rastern«.

Es überrascht nicht, daß mehrere altgediente Mitarbeiter des Humangenomprojekts über Venters Ankündigungen sehr empört waren.[16] John Sulston, der britische Leiter des Fadenwurmgenomprojekts, hielt gar nichts von Venters Vorhersage, er könne die Mehrheit der Gene durch die stichprobenweise Überprüfung von cDNA identifizieren, vor allem angesichts der schlechten Qualität einiger kommerzieller Produkte.

Doch die größte Sorge der Wissenschaftler lag darin, daß beim EST-Ansatz entscheidende genetische Informationen übersehen werden könnten, die in den Promotoren enthalten sind, also jenen DNA-Sequenzen, die vor dem Beginn einer Gensequenz liegen und die festlegen, wo und wann ein Gen aktiviert wird. James Watson, Direktor des Genomprojekts am NIH, beharrte darauf, daß die Arbeit mit cDNAs keinen Ersatz für die Analyse des Genoms darstellen könnte. Venter räumte dieses Defizit zwar ein, verteidigte sich aber damit, daß sein EST-Ansatz das Humangenomprojekt ergänzen und nicht ersetzen sollte. Doch in seinem eigenen Labor wurden nun alle Ressourcen auf die Erstellung von ESTs ausgerichtet.

Acht Monate später, im Februar 1992, tauchte Venter wieder in den Nachrichten auf.[17] In einem Bericht in *Nature* beschrieb er die partiellen DNA-Sequenzen von weiteren 2375 Genen, die im Gehirn exprimiert werden. Diesem Bericht fehlte zwar das Überraschungsmoment des *Science*-Artikels von 1991, aber die Datenmenge, die Venters Gruppe von 15 Forschern hervorbrachte, war dennoch atemberaubend. In weniger als einem Jahr hatte Venters Mannschaft über 2500 menschliche Gene teilweise oder ganz sequenziert – doppelt soviel wie zum damaligen Zeitpunkt von der restlichen Welt sequenziert worden waren. Darüber hinaus fügte er dieser Anzahl jeden Tag noch über 100 weitere Gene hinzu. Kurz flackerte Kritik daran auf, daß in einigen dieser ESTs die DNA-Sequenzen von Introns [also nicht proteincodierenden Bereichen, A. d. Ü.] enthalten waren, aber dies hatte so gut wie keine Auswirkungen auf den Nutzen der Sequenzen.[18]

Während die Wissenschaftler noch über die Vorzüge der EST-Sequenzierung grübelten, griff der Herausgeber der Zeitschrift *Nature*, Sir John Maddox, mit einem mahnenden Wort in die Debatte ein. Wenige Wochen nach der Publikation von Venters zweitem Werk schrieb er: »Nun, da James Watson das amerikanische Humangenomprojekt verlassen hat, besteht die Gefahr, daß der cDNA-Ansatz als billigere Alternative zur kompletten Sequenzierung [des Genoms] angeboten wird – doch das ist er nicht.«[19]

Noch während Venter als eine Art Leitwolf auf dem Gebiet der DNA-Sequenzierung zweifelhafte Berühmtheit erlangte, wurde er in einen erbitterten Streit über das Problem der Genpatentierung verwickelt. Die Frage nach einem Patentschutz für DNA-Sequenzen ist ein emotional geladenes und juristisch kompliziertes Thema. Um sich für ein Patent zu qualifizieren, muß eine Erfindung nach amerikanischem Recht neuartig, nichtoffensichtlich und nützlich sein (entspricht ungefähr den deutschen Kriterien Neuheit, Ergebnis erfinderischer Tätigkeit und gewerbliche Nutzbarkeit). Bevor der EST-Ansatz seine überwältigende Ergebnisfülle gebracht hatte, waren nur eine Handvoll patentierter Gene von Biotech-Firmen erfolgreich für die Herstellung therapeutischer Produkte verwendet worden, darunter Insulin (anzuwenden bei Diabetes), Faktor VIII (bei Hämophilie) und Erythropoietin (bei Nierenversagen).

Um auch international ein Patent beanspruchen zu können, muß der Patentantrag vor der Veröffentlichung des Materials gestellt werden. Als Reid Adler, Chef der Abteilung für Technologietransfer am

NIH, im Jahr 1991 von der anstehenden Publikation von Venters erstem EST-Artikel erfuhr, stellte er vor Erscheinen des Artikels in *Science* rasch einen Patentantrag auf diesen ersten Schwung von 347 ESTs.

»Ich wollte den Zug nicht verpassen«, gab Adler zu, dessen Befürchtung war, daß andere Länder die Patente für einige ESTs beantragen könnten, wenn das NIH ihnen nicht zuvorkam.[20] Er verteidigte die Politik des NIH mit dem Argument: »Wir sind vorrangig daran interessiert, daß Produkte entwickelt werden. Durch den Patentschutz steigen unsere Möglichkeiten, diese Technik an Unternehmen weiterzugeben. Ohne Patentschutz hingegen werden die Firmen kein Geld für die Produktentwicklung ausgeben.« Kurz vor der Veröffentlichung von Venters aufsehenerregendem Artikel reichte Adler daher beim amerikanischen Patentamt einen 400 Seiten langen Antrag mit genauen Informationen über Venters erste Liste von 337 ESTs ein. Am Anfang des folgenden Jahres, einen Tag vor Venters Veröffentlichung in *Nature*, änderte Adler den Antrag noch einmal und fügte weitere 2421 ESTs hinzu. Der Antrag umfaßte nun über 2700 ESTs, was nach damaligem Wissen bis zu fünf Prozent der Gesamtmenge an menschlichen Genen entsprechen konnte.

Kaum jemand erfuhr von diesem Patentantrag des NIH, bis Venter ihn bei einer Kongreßanhörung kurz nach der Veröffentlichung seines Artikels in *Science* beiläufig erwähnte.[21] Die Reaktion war ungläubige Wut. Wissenschaftler klagten, Venters Vorgehen gleiche etwa dem Versuch, ein Patent auf die Periodentabelle der chemischen Elemente zu erhalten und werde gleichsam ein internationales Wettrüsten entfachen.

Als Direktor des Genomzentrums war James Watson schon im Vorfeld über den Patentantrag informiert worden, doch dies war seine erste Gelegenheit, öffentlich dazu Stellung zu nehmen. Er stellte »die Nichtoffensichtlichkeit« von Venters Sequenzierungsverfahren in Frage, verdammte es als »reinen Wahnsinn« und »hirnlose Arbeit« – das Ganze sei »Sache eines hirnlosen Roboters«.[22] Dann ließ er sich noch zu der besonders beleidigenden Bemerkung hinreißen, das EST-Programm könne »auch von Affen erledigt werden«.[23] Ein paar Mitarbeiter von Venters Labor antworteten mit einem gewissen Sarkasmus: Sie besorgten sich Gorillamasken und stellten sich für die Fotografen vor den Sequenziermaschinen in Pose.

Ein ahnungsloses Opfer des NIH-Antrags war Brenner, der mehrere Jahre an seinem eigenen cDNA-Sequenzierprojekt gearbeitet hatte. Brenner war vom Medical Research Council, dem britischen Forschungsbeirat, angewiesen worden, seine Daten nicht zu publizieren, denn falls die NIH-Forschungsgruppe möglicherweise doch ein Patent erhielt, wollten die Briten ihrem Beispiel folgen. Eine vorherige Veröffentlichung würde jedoch zur Ablehnung des Patentantrages führen.

Gewichtigere Einwände kreisten um den zweifelhaften Nutzen von Venters Sequenzen. Der Großteil von Venters ESTs bestand aus Teilen von Gensequenzen, und nur wenige entsprachen vollständigen Genen. Darüber hinaus hatte Venter außer den Computervergleichen der EST-Sequenzen, mit denen er potentielle Verwandtschaften mit bekannten Genfamilien identifizieren wollte, keine direkten experimentellen Daten zur Funktion der Gene, auf deren Grundlage er einen neuartigen Nutzen glaubhaft beantragen konnte. Und doch forderte das NIH in seinem ersten Antrag nicht nur Patente für die ESTs, sondern auch für die dazugehörigen vollständigen Gene sowie die entsprechenden Proteine, für die diese Gene codierten. Doch wie konnte das NIH einen derart verfrühten Antrag auf die Patentierung von Genfragmenten rechtfertigen, von denen die meisten sowieso keine Funktion hatten?

Während eines Treffens an der National Academy of Sciences, bei dem über die Genpatentierung diskutiert wurde, erklärte Axel Kahn, ein führender französischer Genetiker, sardonisch: »Ich vergleiche diese Informationen mit der Entdeckung himmlischer Galaxien. Lassen wir den Mond patentieren!«[24] Selbst mit einem Patentschutz wären die Informationen, die sich den unvollständigen Gensequenzen würden entnehmen lassen, von denen viele keinerlei Übereinstimmung mit bekannten Genen aufwiesen, für die Medikamentenbarone der Industrie praktisch nutzlos. Sydney Brenner, der den cDNA-Ansatz entwickelt hatte, verglich die EST-Käufer aus der Pharmaindustrie mit den Käufern von Rohdiamanten, die auch geduldig Unmengen von mangelhaften Steinen durchstöbern müssen, um vielleicht irgendwann einen Edelstein zu entdecken.[25] Eine ironische Wendung nahm die Geschichte, als das britische Medical Research Center, wenige Wochen nachdem Venters zweite EST-Liste in *Nature* veröffentlicht worden war, beim amerikanischen Patentamt selbst einen Antrag auf Patentierung seiner eigenen ESTs einreichte, der auf der unveröffentlichten Arbeit von Brenners Projekt beruhte.

Zu alldem gesellte sich noch die Angst vor der beispiellosen Vielzahl der Anträge. Überall spukte das Schreckgespenst eines Goldrausches, bei dem Firmen und vielleicht sogar ganze Länder darum wetteiferten, die Rechte an Tausenden von Genen für sich zu beanspruchen. Viele sahen das menschliche Genom als heiliges Erbe der Menschheit, ein unbezahlbares Vermächtnis, das nicht durch einen abstoßenden Massenansturm entweiht werden sollte, bei dem Unternehmen Exklusivrechte auf eine riesige Gensammlung in Form von ESTs einfordern. »Dies ist ein Hohn auf das, was die meisten Menschen als richtige Herangehensweise an das Genomprojekt betrachten«, erklärte der Nobelpreisträger Paul Berg von der Universität Stanford.[26] Berufsverbände von Genetikern und andere Organisationen standen Schlange, um offizielle Erklärungen abzugeben, in denen das Vorgehen des NIH mißbilligt wurde. Sogar Politiker schalteten sich ein. Der damalige Vizepräsident Al Gore rügte, die Patentanträge seien »ein Präventivschlag, den man allgemein als Versuch ansehen wird, den Markt für menschliche Geninformationen zu monopolisieren«.[27] Und der französische Forschungsminister Hubert Curien wies darauf hin, daß »nicht etwas patentiert werden sollte, das Teil unseres universalen Erbes ist«.[28]

Doch NIH-Direktorin Bernadine Healy beharrte standhaft darauf, die Anträge aufrechtzuerhalten, und verwarf die ganze Kontroverse als »ein bißchen dumm [...], ein Sturm im Wasserglas«.[29] Der Antrag war aus ihrer Sicht nur ein Verteidigungsmanöver, um den Augenblick abzuwarten, bis die Debatte über die Genpatentierung zu einem Ergebnis gekommen wäre. »Sinn und Zweck der Sache«, erklärte Healy später, »besteht nicht darin, Geld zu verdienen, sondern die Entwicklung und Marktfähigkeit von Produkten zu fördern und voranzutreiben, die der Allgemeinheit nützen, und dies auf eine gesellschaftlich verantwortliche Art und Weise.«[30]

Am 20. August 1992 wies das Patentamt die erste Runde der Anträge zurück, was allgemein kein großes Erstaunen hervorrief. Es entschied kategorisch, daß die Patentansprüche keine der drei wichtigsten Kriterien erfüllten – Nichtoffensichtlichkeit, Neuheit und Nützlichkeit –, weil sie (unter anderem) »vage, undeutlich, irreführend dargestellt [*sic*], unvollständig, ungenau und unverständlich« seien.[31] Besonders schädigend wirkte sich für den NIH-Antrag aus, daß einige 15 Buchstaben langen Abschnitte aus den ESTs auch in anderen Genen der Datenbank identifiziert wurden.[32] Der Einwand lautete, ein Forscher hätte theoretisch das EST auf der Basis dieser vorhandenen 15-Basen-Sequenz isoliert haben können, womit das Kriterium der »Nichtoffensichtlichkeit« nicht erfüllt wäre.

Das NIH legte gegen die Entscheidung Widerspruch ein und stellte im September außerdem einen Antrag auf weitere 4448 ESTs. Doch Anfang 1994 entschied sich Healys Nachfolger, der Nobelpreisträger Harold Varmus, nicht weiter gegen eine erneute Ablehnung des ursprünglichen Antrags vorzugehen, und zog die anderen Anträge ebenfalls zurück. Varmus war der Ansicht, daß nur vollständige Gene, deren Funktion bekannt war, ein Patent erhalten sollten.

Zu diesem Zeitpunkt waren alle drei Hauptpersonen des Patentstreits – Watson, Healy und Venter – bereits nicht mehr in staatlichen Organisationen tätig.

Um die Zeit, als James Watson sein Rücktrittsgesuch an Bernadine Healy faxte, dachte auch Venter darüber nach, dem NIH den Rücken zu kehren. Sein ehrgeiziger Antrag auf zehn Millionen Dollar für den Ausbau seines Sequenzierungsprogramms war vom NIH entschieden abgelehnt worden. »Craig erhielt nicht nur eine Ablehnung«, berichtet Sam Broder, der ehemalige Leiter eines US-Krebsforschungsinstituts, »er wurde richtiggehend diffamiert.«[33] Venter glaubte, daß das NIH kein Interesse an einem großen Genomprojekt unter dem Dach der Behörde hatte, das von einem neurowissenschaftlichen Institut aus geleitet wurde.

Bereits während sich seine Beziehungen zum NIH aufgrund der Streitigkeiten über Patente und Finanzierung verschlechterten, gaben sich Interessenten aus der Biotech-Industrie bei Venter die Klinke in die Hand. Venter zögerte jedoch noch, sich in die Arme der Privatwirtschaft zu werfen, und verschmähte ein Angebot des Biotech-Riesen Amgen über 70 Millionen Dollar zugunsten eines ungewöhnlichen Vorschlags, den ihm der mittlerweile verstorbene Wallace Steinberg, Vorsitzender der Risikokapitalgesellschaft HealthCare Investment Corporation und Erfinder der *Reach*-Zahnbürste, unterbreitete.[34] Steinberg hatte seit 1986 an der Gründung von über drei Dutzend Biotech-Firmen mitgewirkt, und als ihm Gerüchte zu Ohren kamen, daß Venter sich mit dem Gedanken trug, das NIH zu verlassen, stellte er sogleich eine Offerte zusammen, um Venters Unternehmung auszuweiten und zu kommerzialisieren.

Steinbergs Plan, den er Venter während eines 15minütigen Treffens skizzierte, bestand darin, ein privates *Non-profit*-Forschungszentrum zu gründen: The Institute for Genomic Research (Institut für Genomforschung), abgekürzt TIGR.[35] Dort könnte Venter seine Forschung ohne Einmischung seitens der Kapitalgesellschaft betreiben, er hätte die absolute Kontrolle über die Forschungsrichtung und die uneingeschränkte Freiheit, seine Entdeckungen nach Belieben zu publizieren. Doch selbst dieses erste Angebot Steinbergs – es ging um schäbige 20 Millionen Dollar – wies Venter zurück, um schließlich einem Abkommen über 70 Millionen Dollar, verteilt auf zehn Jahre, zuzustimmen (diese Summe wurde später auf 85 Millionen Dollar erhöht). Venter war entzückt. »Es ist wirklich beeindruckend«, jubelte er. »Kein einziges Schriftstück wurde ausgetauscht [...]. Das ist der Traum aller Wissenschaftler – einen Wohltäter zu haben, der in ihre Ideen, Träume und Fähigkeiten investiert.«[36]

Steinbergs Mission war ganz einfach: »Um das Jahr 2000 werden [alle] Pharmaunternehmen der Welt die Genomdaten als ihren Rosettestein für die Entwicklung neuer Medikamente und diagnostischer Verfahren verwenden. Keine Wissenschaft wird für die Zukunft der Medizin wichtiger sein als die Genomforschung.«[37] Um seine Investition in TIGR wieder hereinzuholen, gründete Steinberg ein Schwesterunternehmen namens Human Genome Sciences (HGS), das die Entdeckungen, die sich aus den Sequenzdaten von TIGR ergaben, vermarkten sollte. Steinberg wußte auch schon ganz genau, wer Venters Geschäftspartner sein würden.

William Haseltine war ein sehr geachteter Harvard-Professor, bekannt für (in ungeordneter Reihenfolge) seine Pionierarbeit am Aids-Virus, seine einzigartige Mentorenriege (zu der unter anderem die drei Nobelpreisträger James Watson, Walter Gilbert und David Baltimore zählten), seine arrogante Art sowie seine Heirat mit Gale Haymann, einem millionenschweren Geschöpf der feinen Gesellschaft, die das Parfüm Giorgio kreiert hatte, eines der meistverkauften Duftwässer der Geschichte. Während er in Harvard lehrte, hatte Haseltine Steinberg bei der Gründung einiger erfolgreicher Biotech-Firmen geholfen – in einem Interview wies er einmal einen Reporter recht ungehalten darauf hin, er habe vor seiner Hochzeit »auch schon Millionen verdient!«[38] –, wobei er dem akademischen Leben trotzdem verbunden blieb (wenn auch nur durch recht schwache Bande).

Das änderte sich, als Steinberg Haseltine nach Washington einlud, um ihn mit Venter bekannt zu machen.[39] Während sie über der U-Bahn-Station in Bethesda ein feines Menü genossen, erfuhr Haseltine vom wissenschaftlichen und ökonomischen Potential des Venterschen EST-Projekts. »Ich brauchte etwa zehn Minuten, dann konnte ich die Zukunft sehen«, beschreibt Haseltine diesen Moment. Diese Zukunft war eine Zeit, in der sich die Gene in Medikamente verwandeln ließen – und in sehr viel Geld. Venter würde von allen direkten geschäftlichen Verpflichtungen befreit sein und freie Hand haben, seine entdeckten Gensequenzen zu veröffentlichen. Die einzige Bedingung war die, daß HGS die Daten vor ihrer Publikation sechs Monate lang prüfen konnte, beziehungsweise zwölf Monate, falls es sich um potentielle Kandidaten für die Medikamentenentwicklung handelte.«

Am 10. Juli 1992 reichte Venter beim NIH die Kündigung ein und begann den Umzug seiner Mannschaft in die neue Niederlassung von TIGR in Rockville, Maryland, wenige Kilometer Richtung Norden vorzubereiten. In einer ehemaligen Porzellanfabrik machte sich Venter daran, das größte DNA-Sequenzierinstitut der Welt einzurichten, das mit 30 ABI-373A-DNA-Sequenzierautomaten ausgestattet war, sowie mit 17 ABI-800-Laborstationen und einer eigens von TIGR entwickelten vernetzten Datenbank, die auf einem Sun-SPAR-Center-2000-Computer installiert wurde.[40] Seine unmittelbaren Ziele waren die zehnfache Steigerung der EST-Produktion, die Bestimmung der Position jedes Gens auf den 23 Chromosomenpaaren und die ersten Planungen, auch Gene von Modellorganismen zu sequenzieren. Sein langfristiges Interesse lag in der Evolutionsforschung; er selbst sagte mir einmal, sein Traum sei es, nach Südamerika zu segeln, um Darwins Reise zu den Galapagosinseln zurückzuverfolgen und unterwegs DNA-Stichproben zu sammeln.

Venter verschwendete keine Zeit und baute TIGR zu dem vielleicht weltweit produktivsten DNA-Sequenzierzentrum aus. Oberstes Ziel war weiterhin, ein umfassendes Verzeichnis menschlicher ESTs zu erstellen. Gene variieren sehr stark in ihren Expressionsmustern. Manche Gene werden auch »Haushaltsgene« genannt, weil sie für Proteine codieren, die wichtige Aufgaben in praktisch allen Zelltypen des Körpers übernehmen. Im Gegensatz dazu werden andere nur flüchtig in ein oder zwei Zelltypen aktiv, vielleicht nur für ein paar Stunden während einer entscheidenden Phase der Frühentwicklung. Um die ESTs möglichst vieler Gene zu identifizieren, mußte Venter cDNA-Klone aus möglichst vielen verschiedenen Quellen in die Hand bekommen: insgesamt 300 verschiedene Bibliotheken, die fötale und adulte, kranke und gesunde, männliche und weibliche Gewebeproben enthielten. In weniger als drei Jahren entwickelte sich das, was anfangs nur wie ein bequemer Kniff zur Isolierung von Genen ausgesehen hatte, zu einem umfassenden Angriff auf die Schätze des menschlichen Erbguts.

Im Mai 1993 wurde Haseltine Leiter von HGS. Sein Ziel war es, aus HGS ein ausgewachsenes pharmazeutisches Unternehmen zu machen, aber er wußte, daß dies noch Jahre dauern würde. Die kurzfristige Lösung bestand darin, vorausblickenden Partnern aus der Pharmabranche den Zugang zu den EST-Daten zu verkaufen. Mehrere Firmen, darunter Glaxo und Rhone-Poulenc Rorer, schreckten davor zurück, weil ihnen die Aufgabe, Hunderttausende DNA-Sequenzen zu verwalten und zu interpretieren, nicht geheuer war. Doch in SmithKline-Beecham fand Steinberg einen willigen Käufer. Am 20. Mai 1993 zahlte das britische Pharmaunternehmen beispiellose 125 Millionen Dollar für sieben Prozent der Anteile von HGS und die Exklusivrechte auf Venters EST-Kollektion. Die Unterschrift löste eine Welle ähnlicher Verbindungen zwischen neugegründeten Genomfirmen mit so kunstvollen Namen wie Mercator Genetics oder Sequana Therapeutics und etablierten »Pharmariesen« aus. Bemerkenswert war vor allem Hoffmann-La Roches 70-Millionen-Dollar-Investition in die Firma Millennium Pharmaceuticals in Cambrigde, Massachusetts.

Venters meteoritenhafter Aufstieg zu Ruhm und Reichtum sowie der Aufruhr über die Patentanträge des NIH machten ihn zu einer beliebten Zielscheibe für Wissenschaftler rund um den Globus. Sie standen der Datenmasse, die durch eine derart einfache Sequenzierstrategie gesammelt wurde, äußerst skeptisch gegenüber, auch wenn niemand Watsons unfreundliche Bemerkung wiederholte. »Er hat doch überhaupt nichts erfunden«, beschwerte sich Leroy Hood, Pionier der automatisierten DNA-Sequenzierung.[41] »Er verdient höchstens Anerkennung dafür, daß er das Verfahren ausgebaut hat.« Die Beschimpfungen wurden immer persönlicher und reichten von harmlosen zu obszönen Beleidigungen. Ein Wissenschaftler vom NIH bestand verächtlich darauf, Venters neues Institut »Tigger« auszusprechen (statt »Tiger« [bzw. 'taɪgə]).

Viele Wissenschaftler waren schlichtweg neidisch auf Venters starke Medienpräsenz. Ein besonders schönes Beispiel dafür ist ein Titelbild von *Business Week*, das Venter und den HGS-Vorsitzenden Haseltine als »The Gene Kings« (die Genkönige) präsentierte.[42] Doch schon davor war Venter zur Zielscheibe von Wissenschaftlerwitzen geworden. Die Autoren des Magazins *Denatured*, einer Parodie auf *Nature*, delektierten sich an Berichten, wonach einige der ESTs durch bakterielle DNA-Sequenzen verunreinigt seien. Venter wurde daraufhin folgendes Zitat in den Mund gelegt: »Sie meinen, ich hätte die cDNA einklonieren sollen, bevor ich sie sequenziert habe?«

Venter selbst wußte genau, warum er solch harsche Kritik einstekken mußte. »Ich hatte eine kompromißlose Idee, sie funktionierte, und ich war ein Außenseiter«, sagt er.[43] Man sieht natürlich die Dinge in einer etwas anderen Perspektive, wenn man ein Jahr lang dem Kugelhagel in Vietnam ausgesetzt war, doch Venter gehört sowieso nicht zu den Menschen, die vor Spötteleien in Deckung gehen. Je schlimmer die Kritik wurde, desto offener verteidigte er die Bedeutung seiner Strategie für die Genjagd und desto unverblümter verunglimpfte er die Ansätze anderer Wissenschaftler.

Doch was Venters Kollegen am meisten erboste war, daß Venter sich in nur zwei Jahren von einem soliden, achtbaren Wissenschaftler, der für die Regierung arbeitete, in einen verblüffend erfolgreichen und unglaublich reichen Unternehmer verwandelt hatte. Venter sagte, er habe TIGR nicht deswegen gegründet, um reich zu werden, sondern um das Sequenzieren auf einem Niveau zu betreiben, das er am NIH nicht erreichen konnte. Allerdings hatte Steinberg die Angewohnheit, den Unternehmensgründern einen zehnprozentigen Anteil an ihrer neuen Firma zu überschreiben – in Venters Fall waren das über 750 000 Anteile an HGS. Im Jahr 1994 offenbarte ein Artikel in der *New York Times,* daß Venters finanzielle Anteile an HGS mittlerweile schlappe 13,4 Millionen Dollar wert waren.[44] Venter war natürlich wütend, daß seinem neuerrungenen Wohlstand sogleich landesweite Aufmerksamkeit zuteil wurde.

Dennoch, dem Mann, der bei der Gründung von TIGR nach eigenen Worten nur 2000 Dollar auf dem Sparbuch hatte, war dieser plötzliche Geldsegen höchst willkommen. Venter zögerte nicht lange und kaufte für zwei Millionen Dollar ein Stadthaus mit großem Grundstück in einem noblen Washingtoner Vorort. Im Frühjahr 1994 verkaufte er seine Anteile jedoch für neun Millionen Dollar, als wollte er beweisen, daß er HGS nicht zu Dank verpflichtet sei. Geld war vermutlich nicht das wichtigste Motiv für ihn, das NIH zu verlassen, doch als Venter einem Reporter der *Washington Post* scherzhaft erzählte, er habe gekündigt, weil er »ein größeres Segelboot« wollte, steckte sicherlich ein Körnchen Wahrheit darin.[45]

Venter hatte sich ursprünglich vor der Küste Vietnams mit dem Segelvirus infiziert, als er sich darauf einließ, einem Soldaten im Tausch gegen ein bescheidenes Drei-Meter-Boot eine unerwünschte Tätowierung zu entfernen. Nach dem unverhofften Geldsegen konnte sich Venter endlich das Boot seiner Träume leisten: eine luxuriöse, vier Millionen Dollar teure, 45 Tonnen schwere und 25 Meter lange Segelyacht, die zuvor dem Eigentümer einer Textilfirma gehört hatte.

Venter änderte den Namen der Yacht von *Turmoil* (»Tumult«) in *Sorcerer* (»Zauberer«) – der Außenborder hieß *Apprentice*, »Lehrling« – und gab viel Geld für neue Segel aus, darunter auch ein Spinnaker, auf dem ganz unbescheiden eine sechs Meter hohe Karikatur des neuen Besitzers mit einem spitzen Zauberhut prangt. Venters Leidenschaft für das Wasser zeigte sich einige Jahre später im Mai 1997, als er die *Sorcerer* bei einer Transatlantikregatta von New York nach Falmouth stolz zum Sieg führte und sich dabei gegen Schoner durchsetzte, die doppelt so groß waren wie sein Boot.[46] Es sollte nicht das letzte Mal gewesen sein, daß sein Kampfgeist obsiegte.

4. KAPITEL

Genrausch
Francis Collins und die DNA-Detektive

DAS DNA-MOLEKÜL
DAS DNA-MOLEKÜL
DAS DNA-MOLEKÜL
ist der »Akt, eine Treppe hinabsteigend«,
eine Wendeltreppe.
Seht die Unterseiten
der Spiralsprossen
und die Räume
dazwischen.

Aus: May Swenson,
»The DNA Molecule«

»Während meiner gesamten Laufbahn habe ich mich auf diese Aufgabe vorbereitet – hier geht es um Wichtigeres, als einen Menschen auf den Mond zu schießen oder das Atom zu spalten.«[1] Mit diesen Worten bestätigte Francis Collins bei einer Pressekonferenz in Washington im April 1993 die Entscheidung, mit der er zum Vizedirektor des National Center for Human Genome Research ernannt worden war und nun de facto das Manhattan-Projekt der Biologie leitete.

Bernadine Healy hatte den medizinischen Genetiker von der Universität Michigan nach einjährigem Werben endlich gewinnen können, und die Genetiker, die Collins als den natürlichen Nachfolger James Watsons betrachteten, nahmen die Entscheidung begeistert auf. Kein anderer hatte bei den spektakulären Erfolgen der ersten Jahre des Humangenomprojekts eine derart prominente Rolle gespielt wie Collins. Den internationalen Forschungsgruppen waren einige bemerkenswerte Genentdeckungen gelungen, und sie hatten Mutationen aufgespürt, die für viele der häufigsten und lebensbedrohlichsten genetisch bedingten Krankheiten verantwortlich sind. Dieser Genrausch hatte viele Genforscher zu kleineren Stars gemacht, doch keiner konnte Collins in den Schatten stellen. Dieser begabte Genetiker, der noch fünf Jahre zuvor jenseits von Fachkreisen praktisch unbekannt gewesen war, hatte einen erstaunlichen Aufstieg hinter sich.

Collins wurde im April 1950 als vierter Sohn eines Lehrers und einer Bühnenschriftstellerin geboren, die auf einer kleinen Farm im Shenandoah-Tal in Virginia lebten.[2] Seine Mutter unterrichtete ihn zu Hause und unterstützte auch sein früh erwachtes Interesse an Chemie und Mathematik. Erst nachdem er mit 24 Jahren in Yale seinen Doktor in physikalischer Chemie gemacht hatte, weckten einige Biochemiekurse über Nukleinsäuren sein Interesse an der Medizin. Collins beendete 1981 seine Assistenzzeit und kehrte nach Yale zurück, um gemeinsam mit dem Genetiker Sherman Weissman zu forschen, dem »klügsten Kerl«, den er nach eigener Auskunft je getroffen hatte. Unverzüglich setzte Collins seine eigene Duftmarke. Im Jahr 1985 entdeckte er eine Mutation bei einem der Globingene, die eine bereits beim Fetus auftretende Form der Thalassämie verursacht. Doch erst recht fesselten noch im selben Jahr drei Berichte seine Aufmerksamkeit, wonach an einem Punkt auf Chromosom 7 ein tödliches Krankheitsgen aufgespürt worden sei.

Die am häufigsten rezessiv vererbte Krankheit bei Menschen europäischer Abstammung ist die bereits erwähnte Mukoviszidose, eine tödliche Lungenkrankheit, bei der Bakterien aufgrund eines gestörten Salzhaushalts und verminderter Abwehrkräfte des Kranken ideale Fortpflanzungsbedingungen in den Atemwegen finden. Im Jahre 1985 hatte der kanadische Genetiker Lap-Chee Tsui, der für das Biotech-Unternehmen Collaborative Research im amerikanischen Massachusetts arbeitete, das Gen für Mukoviszidose auf dem langen Arm von Chromosom 7 kartiert, und zwei weitere Wissenschaftlergruppen waren ihm bereits auf den Fersen. Nun war alles bereit für die offene Jagd nach der Sequenz des Gens.

Im Vergleich zu Collins' Routineuntersuchungen zu den Mutationen der Globingene war die Suche nach dem bei Mukoviszidose-Patienten mutierten Gen um einiges abwechslungsreicher und spannender. Daß der ungefähre Ort des Gens feststand, war bereits ein gewaltiger Erfolg, doch nun kam erst der schwierige Teil: Vom gekoppelten Marker, dem Anhaltspunkt für das Gen, zu diesem selbst zu navigieren, innerhalb eines Gebiets von vielleicht 10 bis 20 Millionen Basen nichtkartierter DNA mit Hunderten anderer Gene – das konnte Jahre dauern. Zudem gab es keinen Hinweis auf etwaige markante Umgruppierungen innerhalb des Chromosoms, welche die Forscher zur Position des defekten Gens hätten führen können. Solche Fingerzeige waren eine unschätzbare Hilfe bei der Jagd nach Krankheitsgenen, wie Bostoner Forscher bald beweisen sollten.

Im Jahr 1966 wurde im Bundesstaat Washington ein Junge namens Bruce Bryer geboren.[3] Als er drei Jahre alt war, diagnostizierte man bei ihm chronische Granulomatose, eine erbliche Schwäche des Immunsystems, die ihn für schwere Infektionen anfällig machte. Mit zwölf Jahren fesselte ihn die Duchenne-Muskeldystrophie an den Rollstuhl, und ein paar Jahre später diagnostizierte man Retinitis pigmentosa, eine zur Erblindung führende Augenkrankheit. Bruce starb 1983, doch seine DNA erwies sich als ein Segen für die genetische Forschung. Die genaue Analyse seiner Chromosomen ergab, daß sein X-Chromosom eine Spur kleiner war als normal; in der Mitte des kurzen Arms fehlte ein Teil. Der Schluß lautete, daß das Fehlen dreier wichtiger Gene in dieser Region Bruce' Krankheiten verursacht hatte. Im Jahr 1986 isolierte Stuart Orkins' Gruppe am Bostoner Kinderhospital das Gen für die chronische Granulomatose – das erste Mal, daß ein mutiertes Gen allein anhand seiner Lage auf dem Chromosom isoliert wurde, ohne daß man seine Funktion kannte. Im Jahr darauf machte Lou Kinkels Arbeitsgruppe bei Duchenne-Patienten Mutationen in einem riesigen benachbarten Gen namens Dystrophin ausfindig.

Zu Collins' Pech gab es keine bekannten DNA-Deletionen, das sind veränderte Chromosomen mit fehlenden Stücken, die auf der Reise entlang des Chromosoms 7 hätten Orientierung bieten können. Was man brauchte, war ein zügiges Verfahren, das es erlaubte, vom Marker zum Krankheitsgen zu springen, und Collins meinte die Lösung in der Tasche zu haben. Gemeinsam mit Weissman entwickelte er eine ausgeklügelte Technik namens »positionelle Klonierung«, die Collins später in seinem eigenen Labor an der Universität von Michigan verfeinerte.[4] Anstatt am Chromosom »entlangzuwandern«, indem man mittels eines DNA-Bruchstücks ein überlappendes Bruchstück herausfischt und dann den Vorgang mit diesem neuen Bruchstück wiederholt, ließ Collins mit seiner neuen »Sprungmethode« viele dieser Schritte aus. Er nahm einen viel größeren Abschnitt chromosomaler DNA, etwa 100 000 Buchstaben lang, und fügte ihn an den beiden Enden zu einem Kreis zusammen. Indem er daraufhin ein kleineres Segment isolierte, das die beiden verbundenen Endstücke umfaßte, hatte Collins geschickt 100 000 Basen übersprungen und sich damit wochenlange Arbeit erspart. Jetzt konnte er sich systematisch vom gekoppelten Marker zum Gen selbst voranarbeiten. Selbst als es vorübergehend so schien, als hätten Collins' Hauptrivalen, nämlich Bob Williamsons Londoner Gruppe, das Gen gefunden, ließen sich Tsui und Collins nicht beirren und beschlossen, ihre Ressourcen zu bündeln.

Im Sommer 1989, der Erfolg schien nur noch Wochen entfernt, verblüffte Collins seinen kanadischen Kollegen damit, daß er mit einer seiner Töchter nach Nigeria flog, um in einem kleinen Missionskrankenhaus zu arbeiten. Für jene, die Collins kannten, kam diese Reise nicht völlig überraschend. Er hospitiert wenn möglich alle paar Jahre; einmal rettete er dabei mit einer riskanten Operation das Leben eines Mannes, der an Herzversagen litt. »Das hilft mir, im Auge zu behalten, was wirklich wichtig ist«, meint er dazu.[5]

Kurz nach seiner Rückkehr fanden Collins und Tsui den endgültigen Beweis, daß sie das Mukoviszidosegen erbeutet hatten: drei fehlende Buchstaben auf Chromosom 7 bei 70 Prozent der Mukoviszidose-Patienten.[6] Collins fuhr die kurze Strecke von Ann Arbor zum Kinderhospital in Toronto, wo er zur Feier des Tages mit seinen Partnern eine Flasche kanadischen Whiskeys leerte, die Tsui ihm zwei Jahre zuvor zur Besiegelung ihrer Zusammenarbeit geschenkt hatte. Während seine Mitarbeiter damit begannen, die Funktion des Gens für Mukoviszidose zu untersuchen, nahm Collins mit seinen neuen Kloniertechniken bereits eine weitere Herausforderung in Angriff. Er entschied sich für die Neurofibromatose, ebenfalls eine verbreitete Erbkrankheit, deren Gen auf Chromosom 17 liegt. Gelegentlich mit dem Proteus-Syndrom verwechselt, der Krankheit des »Elefantenmenschen« John Merrick, entwickeln die unter Neurofibromatose leidenden Menschen eine Vielzahl häufig entstellender gutartiger und bösartiger Hauttumore und sogenannte Café-au-lait-Flecken. Und erneut kam Collins' Wettbewerbsgeist zum Zuge. Die einst freundschaftliche Zusammenarbeit mit dem Genetiker Ray White von der Universität Utah zerbrach, und die einstigen Verbündeten wurden zu erbitterten Rivalen. Collins gelangte als erster zum Neurofibromatosegen und schickte schleunigst einen Artikel an *Science*. White konterte, indem er den Chefredakteur von *Cell* anrief, einer führenden Zeitschrift für Molekularbiologie, und ihn um eine möglichst rasche Veröffentlichung seines eigenen Artikels bat – den er allerdings noch schreiben mußte. Dank der klug abwägenden Vermittlung von Max Cowan,[7] dem Vizepräsidenten des Howard Hughes Medical Institute, das beide Forscher finanziell unterstützte, wurden beide Artikel am selben Tag veröffentlicht, und die beiden teilten sich das Prioritätsrecht.[8]

Nun geraten sich Wissenschaftler des öfteren wegen gemeinsamer Projekte und Prioritätsrechte in die Haare, und der Pulverdampf verzog sich rasch. Inzwischen zweifelte niemand mehr daran, daß Collins zügig Karriere machen würde. Mit Hilfe der von ihm selbst mitentwickelten Techniken hatte er zwei wertvolle »Krankheitsgene« identifiziert, die andere Forscher seit Jahren vergeblich gesucht hatten. Damit hatte er sich mit einem Schlag die Aufmerksamkeit der Öffentlichkeit gesichert, wo er mit seinem natürlichen Charme und seinem Talent für den spannenden Vortrag glänzend ankommt. Das gilt, ob er nun eine Schar Medizinstudenten mit ein paar Akkorden auf seiner akustischen Gitarre begeistert, ob er vor Tausenden von Zuhörern bei einem medizinischen Kongreß die Eröffnungsrede hält, ob er auf Capitol Hill vorträgt, eine verängstigte Familie berät oder live im Fernsehen befragt wird.

Die Medien fanden zu ihrer Erleichterung eine überraschend einnehmende Persönlichkeit in Collins, der für die Leser eines italienischen Motorradmagazins gerne über seine Nighthawk 750 plauderte und vor dem Rest der Welt seine religiösen Überzeugungen zum besten gab. Collins, der um die Zeit, da er seinen Doktor machte, zum wiedergeborenen Christen wurde, meint über seine leidenschaftliche Suche nach krankheitsverursachenden Genen, es sei, »wie wenn man etwas kennenlernt, das bislang kein Mensch, nur Gott kannte [...]. In gewisser Weise werden diese Augenblicke des Entdeckens auch zu Augenblicken des Gebets«.[9]

Im März 1993, nur wenige Wochen vor seinem Amtsantritt als Chef des NIH-Genomprojekts, feierte Collins einen weiteren Coup – nämlich seine dritte wichtige Genentdeckung in vier Jahren –, obgleich er hier nicht an vorderster Front beteiligt war. Nach langwieriger, zehnjähriger Suche beendete ein internationales Forschungskonsortium die größte Genjagd der Geschichte, wie es vielfach hieß, und isolierte das Gen für die Huntingtonsche Krankheit (oder Chorea Huntington), ein schon erwähntes unheilbares neurodegeneratives Leiden. Die Krankheit ist nach George Huntington benannt, einem Arztsohn, der als Junge auf seinen Fahrten über Long Island bei New York eine überraschende Entdeckung machte. »Ich fuhr mit meinem Vater durch ein Waldstück [...], und plötzlich kamen uns zwei Frauen entgegen, Mutter und Tochter, beide groß, abgemagert, fast leichenhaft, und beide verbeugten sich, zuckten und grimassierten. Ich starrte sie verwundert, ja fast verängstigt an. Was konnte das sein?«[10]

Huntington untersuchte später eine ganze Reihe betroffener Familien, meist Nachfahren englischer Kolonisten, die sich um 1630 an der Ostküste der Vereinigten Staaten niedergelassen hatten. Er stellte fest, daß die Krankheit »übertragen wurde, eine Erblast, die generationenweit in die dunkle Vergangenheit reicht«. Neben dem unvermeidlichen körperlichen Zerfall stellte der junge Arzt noch etwas anderes fest: einen grauenerregenden geistigen Niedergang, der häufig zu Wahnsinn und Selbstmord führt. Chorea Huntington ist, wie ein Neurologe schrieb, »der vollständige Ruin eines Menschenwesens«.[11] Die Krankheit wird dominant vererbt: Ein einziges mutiertes Gen reicht aus, um das Leiden auszulösen. Und Chorea Huntington spielt den Menschen übel mit: Bei der Geburt und während der Kindheit treten keinerlei Anzeichen der Krankheit auf. Erst im Erwachsenenalter, meist zwischen 40 und 60, zeigen sich die ersten beunruhigenden Symptome.

Ein Jahr nachdem die Huntingtonsche Krankheit 1967 ihr berühmtestes Opfer gefordert hatte, den amerikanischen Folksänger Woody Guthrie, wurde bei einer 53jährigen Frau dasselbe Leiden diagnostiziert. Ihr Name war Leonore Wexler, und ihre Angehörigen machten die Suche nach dem Killergen zu ihrer Lebensaufgabe. Ihr Ehemann Milton gründete die Hereditary Diseases Foundation (Stiftung Erbkrankheiten), welche die Forschung nach den Ursachen von Chorea Huntington finanziell unterstützen sollte. Die Tochter Nancy, eine Psychologin an der Columbia-Universität, machte sich energisch auf die Suche nach einem genetischen Schlüssel für die Krankheit. Kurz nach dem Tod der Mutter im Jahr 1978 reiste Nancy zum Maracaibo-See in Venezuela, wo eine große Zahl von Dorfbewohnern unter *El mal de San Vito* leidet, wie sie die Krankheit nennen. Während Nancy die Familiengeschichten der Dorfbewohner aufzeichnete, erkannte sie, daß die ausgedehnten Stammbäume von mehr als 3000 Menschen die Chance boten, das Gen für Chorea Huntington zu kartieren. Viele Vertraute von Wexler waren begeistert von dem Gedanken, mittels DNA-Markern Krankheitsgene zu kartieren, wie Botstein und Kollegen es in ihrem bahnbrechenden Artikel von 1980 skizziert hatten. Und doch glich der Versuch, einen Marker in der Nähe des Huntington-Gens zu finden, der sprichwörtlichen Suche nach der Stecknadel im Heuhaufen.

Dennoch, ein kühner junger Genetiker namens Jim Gusella nahm die Herausforderung an. Er machte sich daran, polymorphe DNA-Marker Schritt für Schritt zu testen, in der Hoffnung, einer würde eine Sequenzvariation aufweisen, die gemeinsam mit dem Huntington-Gen auftrat. Der zwölfte Marker, den er sich vorgenommen hatte, hieß G8, kein Gen, sondern ein zufälliges DNA-Fragment mit einer häufigen Sequenzvariation bei Menschen. Verblüffenderweise hatten alle getesteten Huntington-Patienten eine bestimmte Form von G8 geerbt – so sicher wie das Huntington-Gen selbst.[12] Die Ergebnisse sprachen für eine Wahrscheinlichkeit von einer Million zu eins, daß G8, von dem man wußte, daß es sich auf Chromosom 4 befand, in der Nähe des »Krankheitsgens« liegen mußte. Gusellas offenbar vom siebten Sinn geleitete Entdeckung – erstmals hatte man ein krankheitsauslösendes Gen aufgespürt, ohne daß man vorher wußte, auf welchem Chromosom es lag – wurde 1983 unter weltweitem Beifall veröffentlicht.

Die überraschende Leichtigkeit, mit der Gusella das Huntington-Gen auf einem bestimmten Chromosom verortet hatte, nährte Hoffnungen, es könnte in kürzester Zeit genau isoliert werden. Die von Collins entwickelte vielversprechende Technik des positionellen Klonierens machte ihn bei der Suche nach dem Gen zu einem natürlichen Arbeitspartner der internationalen Allianz amerikanischer und europäischer Forschergruppen. Doch die Hoffnungen starben bald. Eine DNA-Sequenz der entscheidenden Region von Chromosom 4 hatte man nicht zur Hand, und so mußten die Forscher zunächst Millionen DNA-Buchstaben isolieren und kartieren, bevor sie auch nur die Frage angehen konnten, wie das Gen zu finden wäre. Es war, als würde man in New York nach einem Verbrecher suchen, von Haus zu Haus und ohne eine Straßenkarte. Die Forscher versuchten eher intuitiv herauszufinden, auf welchen Abschnitt sie ihre Kräfte konzentrieren sollten. Gelegentlich, bemerkte Collins, erinnerte ihn das wüste Durcheinander an die *Keystone Kops*, amerikanische Slapstick-Helden.

Als sich der zehnte Jahrestag der Kartierung des Huntington-Gens näherte, hatten Dutzende eifriger Forscher, obwohl sie wie besessen auf der Suche waren, nur wenig vorzuzeigen. Das einzige, was sie noch antrieb, war der Traum von dem Augenblick, da sie das Gen endlich finden würden. Einer der Leiter des Forschungsverbunds, John Wasmuth von der Universität Kalifornien in Irvine, faßte seine Gefühle mit folgenden Worten zusammen:

> Es ist, als würde man einen großartigen Detektivroman lesen, man ist beim letzten Kapitel, und es war so fesselnd und spannend, daß man einfach nicht abwarten kann, bis man erfährt, wer es getan hat. Zugleich wird man ein wenig traurig sein [wenn es vorbei ist], weil es das Ende des spannendsten Projektes ist, das mir in meinem Labor je unterkam [...]. Wie Buzz Aldrin, der zweite Mann auf dem Mond, sagte: »Was zum Teufel soll ich jetzt noch anfangen?«[13]

Im März 1993 wurde das lang gesuchte Gen endlich dingfest gemacht. Marcy MacDonald, eine leitende Mitarbeiterin von Gusellas Labor, entdeckte in der DNA von Chromosom 4 einen verräterischen Unterschied zwischen Huntington-Patienten und gesunden Menschen.[14] Ein kleines, stotterndes Stück aus drei Buchstaben – CAG –, normalerweise etwa sechsmal wiederholt, war bei den Kranken wie eine Ziehharmonika auf mehr als 40 Buchstaben ausgedehnt. Die Bedeutung dieses stotternden Abschnitts der DNA lag auf der Hand. Zwei Jahre früher hatten Forscher gezeigt, daß Fragiles X-Syndrom, die häufigste erbliche Form geistiger Behinderung, durch eine ähnliche Ausdehnung eines dreibuchstabigen Riffs in der DNA-Sequenz verursacht wird. Allgemein gilt: Je länger der repetitive Abschnitt der DNA ist, desto früher treten die Symptome auf. Das Protein, das durch diese absonderliche Ausdehnung von Wiederholungen verheerend in Mitleidenschaft gezogen wird, heißt Huntington, zu Ehren des Entdeckers der Krankheit.

Während die Entdeckung der Gene für verbreitete Erbkrankheiten meist Schlagzeilen machte, arbeiteten andere Forschergruppen an der Entwicklung besserer Navigationshilfen für die Genkartierung. Zur Überraschung vieler kamen die wichtigsten Beiträge nicht aus den Vereinigten Staaten, sondern von einem bemerkenswerten Forschungsinstitut im Süden von Paris, dem Centre d'Etude du Polymorphisme Humain (CEPH).

Im Jahr 1982 versteigerte Sotheby's die Kunstsammlung von Hélène Anavi und erlöste 50 Millionen Francs. Das Geld wurde Jean Dausset vermacht, der 1980 den Nobelpreis für seine Forschungen zum Immunsystem gewonnen hatte und vielleicht der berühmteste französische Naturwissenschaftler seiner Generation war. Dausset gründete mit Hilfe des Erbes das CEPH. Sein Hauptziel war es, DNA-Proben von 40 Mehrgenerationenfamilien (darunter 27 Mormonenfamilien) an über 100 Forschergruppen rund um den Globus zu verteilen und damit das internationale Fundament zur Konstruktion einer genetischen Karte zu errichten. Als Gegenleistung für die Familien-DNA, die sie vom CEPH erhielten, willigten die Forscher ein, die Ergebnisse ihrer Genotypanalysen in einer zentralen Datenbank zu speichern. Forscher in San Francisco beispielsweise konnten nun das Vererbungsmuster eines DNA-Markers mit Resultaten vergleichen, die eine Gruppe in Straßburg an einer zweiten Probe gewonnen hatte. Die Blutzellen dieser Familienmitglieder wurden mit einem Tumorvirus behandelt, um sie unsterblich zu machen und damit eine unversiegbare DNA-Quelle zu gewinnen. Im Jahr 1987 hatten Forschergruppen unter Leitung von Ray White und Helen Donnis-Keller bei Collaborative Research in Massachusetts jedem menschlichen Chromosom Marker zugeordnet und die ersten schematischen Karten des menschlichen Genoms gezeichnet, welche die Forscher zu den Orten der Krankheitsgene führten.[15]

Dausset fand rasch ungewöhnliche Verbündete, nämlich den französischen Muskeldystrophie-Verband und vor allem Bernard Barataud, dessen Sohn an Muskelschwund litt. Im Jahr 1986 lauschte Barataud bei der Jahrestagung seines Verbandes ehrfürchtig dem Vortrag eines jungen amerikanischen Genetikers. Es handelte sich um Tony Monaco, einen Mitarbeiter in Lou Kunkels Labor, und er beschrieb die Identifizierung des Gens auf dem X-Chromosom, das die Duchenne-Muskeldystrophie verursacht. »Mein Gott«, dachte Barataud, »das war kein altehrwürdiger Wissenschaftler, der uns das mit einem Bändchen der Ehrenlegion im Knopfloch verkündete. Das war ein Jugendlicher in Turnschuhen und Jeans, der aussah, als käme er gerade von einer Party.«[16]

Barataud erlebte ein Wechselbad der Gefühle zwischen unbändiger Freude und heftigem Zorn – Zorn, der sich nicht so sehr wider den genetischen Fluch richtete, der auf seiner Familie lastete, als gegen die gleichgültige Haltung der französischen Regierung, wenn es darum ging, die genetische Revolution zu unterstützen. Die Duchenne-Entdeckung brachte den französischen Muskeldystrophie-Verband in Fahrt, und man orientierte sich nun am erfolgreichen amerikanischen Vorbild, nämlich Jerry Lewis' jährlichen Muskeldystrophie-Benefizveranstaltungen. Die erste französische Sammelaktion von 1987 erbrachte Spenden in Höhe von rund 70 Millionen Mark. Im Jahr darauf traf sich Barataud mit dem CEPH-Direktor Daniel Cohen, einem talentierten und ehrgeizigen früheren Arzt, der sich zum Genetiker fortgebildet hatte und aus Tunesien stammte. Cohen war überzeugt, daß man die Spendengelder am besten für den Ausbau der genetischen Infrastruktur, nämlich für die Chromosomenkarten verwenden sollte, bevor sein Team sich mit raschen Schritten daranmachen konnte, andere Gene zu identifizieren, die Muskeldystrophie verursachen. Vor allem plädierte Cohen dafür, eine umfassende Sammlung zu erstellen, buchstäblich eine Bibliothek von gereinigten menschlichen DNA-Bruchstücken, die sämtliche Chromosomen umfassen sollte. Diese Bruchstücke sollten in speziellen, von Maynard Olson an der Universität Washington entwickelten Klonierungsvehikeln aus künstlichen Hefechromosomen, den sogenannten YACs *(yeast artificial chromosomes)* untergebracht werden, die viel längere DNA-Fragmente beherbergen können als die üblichen viralen und bakteriellen Vektoren.

Barataud hatte erstaunlichen Erfolg bei der Beschaffung der Mittel für ein recht abstruses Vorhaben, doch er wollte noch einen Schritt weitergehen. Er fragte Cohen, ob es möglich sei, eine ausgewachsene Fabrik zur Erforschung der menschlichen Krankheitsgene zu bauen. Dies war, meint Cohen, »ein Wendepunkt in der Geschichte der Menschheit«.[17] In nur vier Monaten bauten CEPH und der französische Muskeldystrophie-Verband Généthon auf – das größte europäische Genomforschungsinstitut, eine veritable Montagefabrik für die Massenproduktion genetischer Ressourcen und Informationen. Cohen setzte ein Heer von Maschinen ein, die die mechanische Arbeit der DNA-Präparation und Analyse erledigten, um den Wissenschaftlern mehr Zeit für die konstruktive Forschung zu geben. Die Roboter waren die Hauptattraktion für die Besucher und trugen Cohen den Ruf ein, der Henry Ford einer neuen Ära der industriellen Genetik zu sein.

Im Jahr 1992 hatten Cohen und sein Teamleiter Ilya Chumakow eine Serie von YACs hergestellt, welche die gesamte Länge von Chromosom 21 umfaßten, und nun machte er sich daran, eine vorläufige physikalische Karte des menschlichen Genoms zu erstellen, indem er für jedes Chromosom überlappende YACs zusammenfügte. Zugegeben, sie war an manchen Stellen noch recht grob, doch signalisierte sie den Forschern, daß das Genom in übersichtliche Fragmente unterteilt werden konnte, die für die DNA-Sequenzierung geeignet waren. Während Chumakow die Erstellung der physikalischen Karte leitete, machte Jean Weissenbach ebenso rasche Fortschritte bei der Konstruktion einer andersgearteten, nämlich der »genetischen« Karte.

Auf den genetischen Karten aufbauend, die White und Mitarbeiter in den späten 1980er Jahren erstellten, wollte Weissenbach die Genorte Tausender DNA-Marker entlang aller Chromosomen verzeichnen, um die Suche nach Krankheitsgenen zu beschleunigen. Weissenbach konzentrierte sich auf eine neue Art von Markern, sogenannten

Mikrosatellitenmarkern aus unterschiedlich langen DNA-Abschnitten mit zwei sich abwechselnden Buchstaben (etwa CACACACACA ...). Diese Mikrosatellitenmarker gewannen wegen ihres häufigen Vorkommens, ihrer hohen Varianz bei Familien und ihrer Zugänglichkeit für maschinelle Analysen rasch an Beliebtheit. Ende 1992 hatte Weissenbach eine genetische Karte mit 800 Markern erstellt, doppelt so viele wie Collaborative Research fünf Jahre zuvor vermeldet hatte. 18 Monate später, im Juni 1994, hatte man schon die Zahl 2000 überschritten, mit einem durchschnittlichen Abstand der Marker von 2,5 Millionen Basen.[18] Damit war im Grunde (und drei Jahre vor dem Termin) eines der Hauptziele des Fünfjahresplans des CEPH-Genomprojekts erreicht.

Cohens Ehrgeiz war mit dem CEPH nicht gestillt. Er gründete im heimatlichen Tunesien die Science for Peace Foundation (Stiftung Wissenschaft für den Frieden), die sich der Einführung des neuesten technischen Stands der Erforschung von Krankheiten in der Dritten Welt widmen sollte (Craig Venter erklärte sich freiwillig bereit, sich am beim Spendensammeln zu beteiligen). Cohen schrieb ein provozierendes Buch, *Les Gènes de l'Espoir* (Gene der Hoffnung), in dem er die kommende »Verbesserung unseres genetischen Erbes« prophezeit.[19] Es werde sich um »eine Form der Eugenik« handeln, »die mir genausowenig Furcht einflößt wie die Entdeckung von Impfstoffen, Antibiotika oder Mitteln für die Geburtshilfe«. Cohen prophezeite überdies die Schöpfung »eines Menschen, der komplexer, ausgereifter, subtiler, weiter von den Tieren entfernt ist als der, den wir heute kennen«.

Zusammen mit Eric Lander, der nach dem Vorbild der Humangenomkarten von Généthon zügig »Mauskarten« erstellte,[20] wurde Cohen Mitbegründer eines neuen Biotech-Unternehmens namens Millennium Pharmaceuticals mit Sitz in Cambrigde, Massachusetts. Bei Millennium suchte man die Gene für eine ganze Reihe komplexer Krankheiten, darunter Diabetes und Fettsucht, und ganz zufällig saß Cohen auf einem veritablen Schatz. Phillipe Froguel hatte mehr als 5000 Testpersonen aus 800 Familien für Blutproben gewonnen, bei denen die genetischen Faktoren der Diabetes untersucht werden sollten. Anfang 1994 trafen sich Cohen und Froguel mit Managern und Anwälten von Millennium, um über die Bedingungen einer möglichen

Zusammenarbeit zu sprechen, doch Froguel war nicht bereit, die Blutproben seiner Patienten einer amerikanischen Firma zur Verfügung zu stellen, schon gar nicht, wenn Cohen einen zweiprozentigen Anteil daran hatte. Am 7. März 1994 wandte sich Froguel schriftlich an den französischen Premierminister und erbat dessen »persönliche Intervention zum Schutz des nationalen ›Erbguts‹« und zur Verhinderung der Ausbeutung von »AND français« – der französischen DNA.[21]

Der Skandal schaffte es auf die Titelseiten der französischen Zeitungen, die die amerikanischen Biotech-Firmen beschuldigten, sich mittels französischer DNA-Spenden gesundzustoßen. Während Cohen behauptete, keine französische Firma könne Froguels Diabetes-Forschung in marktfähige Produkte umsetzen, scheiterte das Geschäft zwischen CEPH und Millennium. Im Februar 1996 zog sich Cohen aus dem CEPH zurück, um eine leitende Funktion bei GenSet zu übernehmen, einer französischen Gentechnikfirma, die versucht, Gene für verbreitete Krankheiten wie Krebs, Alzheimer und Schizophrenie aufzuspüren. Doch wurde Cohen der Angriff auf das französische Nationalerbe schließlich verziehen, und 1997 verlieh ihm die französische Regierung den Orden der Ehrenlegion.

Während sich Cohen ans Ruder des Genomprojekts setzte, kam die Arbeit an der Entdeckung menschlicher krankheitserzeugender Gene, die er so tatkräftig mit in Gang gebracht hatte, in Windeseile voran. Es paßte gut, daß im Jahrzehnt des Gehirns viele Fortschritte bei der Erforschung von Störungen des Nervensystems gemacht wurden. Bei den seltenen Fällen von früh eintretendem Alzheimer wurden drei mutierte Gene gefunden, und Variationen beim Apolipoprotein-E-Gen auf Chromosom 19 konnten mit später einsetzenden Alzheimer-Erkrankungen verknüpft werden. Bei einer anderen gründlichen Suche stieß man auf das Gen für eine familiäre Form der Amyotrophischen Lateralsklerose (ALS, auch als Lou-Gehrig-Krankheit bezeichnet), den unaufhaltsamen Verlust motorischer Fähigkeiten, woran auch der britische Physiker Stephen Hawking leidet. Überraschenderweise erwies sich das mutierte Gen auf Chromosom 21 als eines der bekanntesten Gene überhaupt auf diesem Chromosom; es enthält den Code für ein Enzym namens Superoxiddismutase, das stark reaktionsfähige

Sauerstoffradikale gleichsam aufsaugt. Eine Gruppe an Collins' eigenem Forschungszentrum am NIH, die am Mittelmeer ansässige Familien mit einer seltenen erblichen Form der Parkinson-Krankheit untersuchte, entdeckte Mutationen in einem Gen namens Alphasynuklein, einem Protein, das in den Gehirnen von Parkinson-Patienten abgelagert wird. Weitere neurologische Leiden, darunter die spinozerebrale Ataxie und die Friedreich-Ataxie, kamen neben Huntington zu der Krankheitsfamilie hinzu, die von erweiterten repetitiven Triplettsequenzen herrührt.

Im Jahr 1993 entdeckte ein französisches Team unter Jean-Louis Mandel das Gen für Adrenoleukodystrophie, die Krankheit, die durch den Film *Lorenzos Öl* mit Susan Sarandon und Nick Nolte als Michaela und Augusto Odone, Eltern eines betroffenen Jungen, weithin bekannt wurde. Die Odones engagierten sich für die Verwendung von mehrfach ungesättigten Fettsäuren bei der Behandlung der Krankheit, die, wie experimentell nachgewiesen wurde, in manchen Fällen und wenn sie rechtzeitig im Frühstadium der Krankheit verabreicht werden, lindernd wirken können. Es ist eine Ironie des Schicksals, daß Lorenzo seine Mutter überlebt hat, die im Juni 2000 an Lungenkrebs starb.

Die Liste wuchs unaufhaltsam. Im Jahr 1994 entdeckte John Wasmuth das Gen für die dominant vererbte Krankheit Achondroplasie, die häufigste erbliche Form des Zwergwuchses. Den Erfolg konnte Wasmuth nach zehn Jahren verzweifelter Arbeit an der Huntingtonschen Krankheit gut gebrauchen, denn das Zwergwuchs-Gen, nahe der Spitze von Chromosom 4 gelegen, hatte er bei seiner früheren Suche übergangen. Bei allen Patienten war das gleiche Nukleotid mutiert, was zur Substitution einer einzigen Aminosäure führte. Wasmuth trug Sorge, den Mißbrauch seiner Entdeckung als Begründung für die Abtreibung von Föten zu verhindern, denn nach seiner Auffassung handelte es sich um ein gutartiges Merkmal. Viele Paare mit Achondroplasie würden lieber ein ähnlich betroffenes Kind großziehen als ein »gesundes«. »Ich möchte es nicht mehr erleben, wenn eines Tages der letzte Zwerg geboren wird«, sagte John Brookfield von den Little People of America.[22]

Eine andere französische Forschergruppe entdeckte das Gen für die spinale Muskelatrophie, die (nach der Mukoviszidose) als die zweithäufigste rezessiv vererbte Krankheit bei Europäern gilt. Ein weiterer großer Forschungsverbund machte das Gen für die polyzystische Nierenkrankheit ausfindig, ein verbreitetes dominant vererbtes Leiden, das wie Chorea Huntington erst im Erwachsenenalter zutage tritt. Mehrere Gene für erbliche Blindheit, darunter Retinitis pigmentosa, und für erbliche Taubheit wurden gefunden. Mary-Claire King machte mit ihrer Entdeckung des ersten Gens für Taubheit bei einer Großfamilie in Costa Rica Schlagzeilen. Der Verlust der Hörfähigkeit ging schrittweise voran, zuerst verschwanden die tiefen, dann die höheren Töne. Die Großeltern hielten ihre Enkel an, das Lippenlesen zu lernen – für den Fall, daß sie diese taubheitsauslösende Mutation geerbt hatten.

Im Jahr 1995 hatte die Forschung über 50 Krankheitsgene mit der Technik der positionellen Klonierung (oder einer ihrer Abwandlungen) ausgegraben. Mit nachvollziehbarer väterlicher Genugtuung meinte Collins, das Verfahren werde inzwischen »nicht mehr verteufelt, sondern [sei] selbstverständlich geworden«,[23] und gelegentlich erschien es fast schon zu leicht. Für den Oxforder Genetiker Bryan Sykes hatte die Suche nach einem irgendwo steckenden Krankheitsgen alle Reize einer süchtig machenden Seifenoper. In manchen Episoden jedoch verwandelte sich die Romanze mit einem enggekoppelten DNA-Marker rasch in eine monogame Beziehung. »Aus war es mit den Möglichkeiten für kurze Flirts mit verschiedenen Markern, die man dann in einer Atmosphäre der Geheimniskrämerei, der Treulosigkeit und des Verrats rasch wegen eines besser aussehenden Rivalen einfach sitzenließ. Schluß war es mit der Chance, das Publikum mühsam und Schritt für Schritt zum Höhepunkt zu führen – der Isolierung des Gens selbst.«[24]

Während die Liste der identifizierten Gene für im einfachen Mendelschen Erbgang übertragene oder monogene Krankheiten wuchs, wandte sich das Interesse natürlich den häufigeren polygen bedingten Krankheiten zu, bei denen wahrscheinlich Variationen in verschiedenen Genen zusammen die Krankheit verursachen, oft auch in Verbindung mit Umwelteinflüssen. Die Forscher setzten bei der Suche nach den Genen für solche Krankheiten zwei sich ergänzende Verfahren ein. Bei dem einen werden Familien mit erblichen Formen komplexerer

Krankheiten studiert; ein gutes Beispiel ist Bluthochdruck oder Hypertonie. An der Universität Yale hat Richard Liftons Gruppe Material über Familien mit einer Reihe von Syndromen gesammelt. Kennzeichnend sind dabei erhöhter Blutdruck und nachgewiesene Mutationen in fast einem Dutzend Genen. Viele dieser Gene codieren Proteine in der Niere, die die Ausscheidung von Salzen und anderen Stoffwechselprodukten regeln. Er kann nun abschätzen, ob Variationen bei diesen Genen zur Volkskrankheit Bluthochdruck beitragen oder ob noch andere Faktoren eine Rolle spielen.

Eine weitere Forschungsstrategie besteht darin, Mutationen bei Mäusen zu untersuchen, die wegen ihrer genetischen Verwandtschaft mit Menschen wertvolle Hinweise für das Verständnis von Erbkrankheiten liefern können. Im Jahr 1994 isolierte der Wissenschaftler Jeff Friedman von der Rockefeller-Universität das »Fettsucht«-Gen bei der Maus, ein Gen, das in stark fettleibigen Tieren mutiert ist. Das Gen, so hat sich erwiesen, codiert ein hormonartiges Molekül namens Leptin (nach griechisch *leptos,* dünn). Bei Menschen wie bei Mäusen wirkt Leptin als Sättigungssignal, das aus Fettzellen im Körper ausgeschieden und vom Gehirn wahrgenommen wird, das dem Tier dann sagt, daß es aufhören soll zu fressen. Mangelnde Leptinproduktion (oder die fehlende Wahrnehmung von Leptin im Hirn) verursacht starke Fettleibigkeit. Die Vermarktungsrechte für Leptin wurden von der Rockefeller-Gruppe für sagenhafte 20 Millionen Dollar an Amgen versteigert. Friedmans Genfund bewirkte einen gewaltigen Aufschwung der Fettsuchtforschung und führte damit zur Identifizierung vieler weiterer appetitregulierender Faktoren und neuer Anhaltspunkte für die Behandlung der Krankheit.

Als die Flutwelle der Genentdeckungen im Zusammenhang mit Erbkrankheiten Mitte der 90er Jahre ihren Höhepunkt erreichte und die Forscher immer häufiger einen neuen Triumph der Genforschung ausriefen, wurde ein Trend zum »Gen der Woche« deutlich, der viele Kommentatoren allmählich stutzig machte. Zweifel an der vermeintlich bedeutenden Rolle der Gene wurden geäußert. Ein Beispiel dafür ist die folgende satirische Passage aus einem Buch von Horace Judson:

> Es wird verkündet, daß die Molekularbiologen das Gen für Schizophrenie entdeckt haben. Das Gen für Diabetes. Das Gen für Alkoholismus. Das Gen für Chorea Huntington. Das Gen für Homosexualität. Das Gen für Alzheimer. Ein weiteres Gen für Schizophrenie. Das Gen für Fettsucht. Ein weiteres Gen für Pankreaskrebs (haben Sie etwa das erste nicht mitgekriegt?). Das Gen für Quicklebendigkeit [...].[25]

Judson beklagte, daß es – von einigen Ausnahmen abgesehen – den Wissenschaftlern nicht gelinge, die Feinheiten ihrer Entdeckungen zu erläutern: Die von ihnen wahrgenommene Ignoranz der Öffentlichkeit könnten sie darum auch nicht den sensationslüsternen Medien in die Schuhe schieben. Es ist einfach zu sagen, jemand »hat das Gen für Muskelschwund« oder das »Huntington-Gen«, doch eigentlich ist das Gegenteil richtig: Solchen Menschen *fehlt* eine funktionsfähige Kopie des Gens, das die Produktion von Dystrophin oder von Huntington-Protein veranlaßt. Diese Proteine sind in Wahrheit wichtig für den Aufbau und Erhalt des Muskelgewebes oder der Nervenzellen. Doch für die meisten Menschen ist die normale Funktion dieser Gene bedeutungslos. Die Gene aus diesen beiden Beispielen wurden einzig wegen ihrer Verbindung zu zwei tödlichen Krankheiten isoliert.

Das vielleicht meistgefeierte Ereignis genetischer Landnahme war in den frühen 90er Jahren die Entdeckung von *BRCA1,* allgemein bekannt als das Brustkrebsgen. Die steil ansteigende Brustkrebsrate in den Vereinigten Staaten während der vergangenen Jahrzehnte löste zornige Reaktionen seitens der Frauengruppen aus. Der Kongreß bekundete sein Mitgefühl und beschloß eine drastische Steigerung der Forschungsgelder. Das Risiko für amerikanische Frauen, an Brustkrebs zu erkranken, beträgt eins zu neun, doch da man keine handfesten Beweise für Umweltfaktoren fand, setzte man alle Hoffnungen auf die Genetik. Jahrelang glaubte niemand, daß das Brustkrebsrisiko sich in bestimmten Familien häufte. Erst dank der Genetikerin Mary-Claire King in Berkeley, die Mitte der 70er Jahre ihre unermüdliche Forschungstätigkeit aufnahm, begann sich dies zu ändern. Nancy Reagans Bekenntnis von 1987, bei ihr sei Brustkrebs diagnostiziert worden, führte dazu, daß sich Tausende von Frauen an Kings Forschungsgruppe in Berkeley wandten. Viele hatten mehrere Verwandte mit Brust- oder Eierstockkrebs, ein unübersehbarer Fingerzeig, daß ein Gen im Spiel sein könnte. Kings Gruppe prüfte über 200 DNA-Marker darauf hin, ob einer das gleiche Vererbungsmuster hatte wie der Krebs in den Familienstammbäumen.

Der entscheidende Durchbruch gelang 1990, als einer von Kings Studenten vorschlug, die Familien nach dem Zeitpunkt der Krebsdiagnose zu ordnen.[26] Als King ihre Analyse auf die Familien eingrenzte, bei denen Krebs früh (vor dem 50. Lebensjahr) aufgetreten war, ließ sich eine überzeugende Verknüpfung mit einem Marker auf Chromosom 17 herstellen. King stellte ihre verblüffenden Ergebnisse im Oktober 1990 bei einer Tagung der amerikanischen Gesellschaft für Humangenetik in Cincinnati vor. Hatte eine Frau dieses fehlerhafte *BRCA1*-Gen geerbt, stieg bei ihr die Wahrscheinlichkeit, Brustkrebs zu bekommen, auf 85 Prozent, bei Eierstockkrebs waren es 50 Prozent. Im dichtgedrängten Publikum, das an jenem Abend an Kings Lippen hing, saß auch Francis Collins, der bereits Mittel zur Erforschung von Chromosom 17 bereitstellte, um das Gen für Neurofibromatose zu finden. Collins versuchte auf der Stelle, King zur Zusammenarbeit mit ihm zu bewegen. Sie fühlte sich geschmeichelt, zögerte jedoch, bis ihr Watson riet: »Ich brauchte einen Francis, und Sie brauchen auch einen.«[27] Das Bündnis sah auf dem Papier sehr beeindruckend aus, es vereinte Kings Talent in der Epidemiologie und statistischen Analyse mit Collins' Erfolg bei der Jagd nach Krankheitsgenen.

Sobald King den ungefähren Ort von *BRCA1* bekanntgegeben hatte, wußten alle, wo sie die Beute suchen sollten. Die schärfste Konkurrenz trat in Gestalt einer jungen Biotech-Firma in Salt Lake City namens Myriad Genetics auf den Plan. Myriad war eine gemeinsame Gründung von Nobelpreisträger Walter Gilbert (der das Genomprojekt mit der Suche nach dem Heiligen Gral verglichen hatte) und Mark Skolnick, einem Genetiker und Epidemiologen von der Universität Utah, der David Botstein 1980 bei der Konzeption einer genetischen Karte des Menschen unterstützt hatte. Beide Teams stürzten sich auf die Umgebung von *BRCA1* und suchten nach verräterischen Mutationen in der DNA von Frauen mit familiärem Brustkrebs.

Auch Collins und seine Mitarbeiterin Barbara Weber machten sich auf die Suche nach großen Familien mit Brustkrebsfällen. Eine dieser Familien fand ihr besonderes Interesse, weil der Krebs dort verheerend gewütet hatte. Ein junge Frau (um ihre Anonymität zu wahren, einfach Susan M. genannt) hatte beschlossen, ihre Brüste vorbeugend amputieren zu lassen, um nicht (wie sie glaubte) das fast sichere Schicksal Krebs erleiden zu müssen, das ihre beiden Schwestern und mehrere Cousinen getroffen und ihre Mutter ins Grab gebracht hatte. Ohne zu wissen, daß sie sich auf die Operation vorbereitete, fanden Collins und Weber triftige Hinweise darauf, daß der Krebs in Susans Familie wahrscheinlich von einer Mutation in *BRCA1* herrührte. Erst als Weber gerade noch rechtzeitig Susans Schwester anrief und ihr sagte, ein Gentest bei ihrer Familie wäre sicher aufschlußreich, wurde die Operation verschoben – und zwar für immer.[28] Der Test auf die *BRCA1*-Mutation fiel bei Susan nämlich negativ aus, allerdings litt sie nun an Schuldgefühlen, weil sie die einzige der Schwestern war, die das fehlerhafte Gen nicht geerbt hatte.

Collins setzte die Suche nach *BRCA1* fort, nachdem er sein Labor 1993 ins NIH verlegt hatte, doch Myriad kam schneller voran, zum Teil dank der Entscheidung, eine physikalische Karte der *BRCA1*-Region mittels künstlicher Bakterienchromosomen (*bacterial artificial chromosomes*, BACs) zu erstellen. Diese Vektoren konnten keine so großen DNA-Bruchstücke aufnehmen wie die YACs, waren jedoch viel stabiler. Im September 1994 schließlich erhielt Collins einen Anruf von Robert Bazell, dem leitenden Wissenschaftskorrespondenten von NBC News, der seine schlimmsten Befürchtungen bestätigte: Myriad hatte das Rennen um eines der begehrtesten Gene in der biomedizinischen Forschung gewonnen.[29] Bazell brachte die Nachricht noch am selben Abend, obwohl der offizielle Bericht von Myriad noch einige Wochen auf sich warten lassen würde. Die Entdeckung machte Schlagzeilen um den ganzen Globus. Natalie Angier von der *New York Times* jubelte, mit dem Brustkrebsgen sei »ein so wütend gejagtes und lauthals angekündigtes genetisches Beutestück« gefunden worden, daß es schon »eine fast mystische Aura« habe.[30]

Auch für King war es niederschmetternd, das Rennen um *BRCA1* und auch die gemeinsame Arbeit mit Collins verloren zu haben. Sie fand jedoch rasch ihr Gleichgewicht zurück und hielt – vor Tausenden Forschern – beim Kongreß der amerikanischen Gesellschaft für Humangenetik in Montreal einen begeisternden Vortrag, nur Wochen nachdem Myriad die DNA-Sequenz von *BRCA1* veröffentlicht hatte. Viele hatten das Eingeständnis einer Niederlage erwartet, doch der Vortrag erwies sich als klassisches Exempel einer Mutationsanalyse bei einer Reihe von Brustkrebsfamilien. Der Entdeckerruhm sei ihr nicht so wichtig, erklärte King, denn sie würde ohnehin nach Brustkrebsmutationen suchen, ob ihr Labor nun als erstes das Gen gefunden hatte oder nicht. Sie schloß mit einem emotionalen Appell an ihre Kollegen, den Kampf nicht aufzugeben:

> Eine wichtige Lehre aus den vergangenen Wochen war, daß wir Realität und Phantasie unterscheiden müssen. Phantasie war das Rennen – Porträts in der *New York Times*, Berichte in *60 Minutes*, Leute auf Motorrädern im *Time*-Magazin. Die Wirklichkeit besteht darin, daß wir das Gen haben, aber nicht wissen, was es bewerkstelligt, jedoch sehr wohl wissen, daß in den 20 Jahren, seit wir an diesem Projekt arbeiten, mehr als eine Million Frauen an Brustkrebs gestorben sind. Wir können nur hoffen, daß wir in den nächsten 20 Jahren etwas entdecken, mit dem wir verhindern können, daß eine weitere Million Frauen an dieser Krankheit stirbt.[31]

Dem begeisterten Beifall nach zu schließen, den King für diese Worte erhielt, hätte man meinen können, daß sie es war, die *BRCA1* entdeckt hatte, und nicht ein Biotech-Unternehmen, das aus der Vermarktung eines Brustkrebstests Profit schlagen wollte. Doch in gewisser Weise hatte sie tatsächlich das Brustkrebsgen entdeckt, auch wenn sie das Rennen um die Bestimmung seiner Sequenz knapp verloren hatte.

Ironischerweise hatte die Entdeckung durch die Firma Myriad nach all dem Aufsehen relativ geringe Folgen für die Diagnose von Brustkrebs. Das Unternehmen bot eine umfassende Testreihe an, die nicht nur teuer war (über 2000 Dollar), sondern auch noch an mangelnder Eindeutigkeit litt. Ein negatives Ergebnis (also keine nachweisbaren Mutationen bei *BRCA1*) bedeutete, daß die getestete Frau immer noch das allgemein herrschende Brustkrebsrisiko zu gewärtigen hatte, während ein positiver Test hieß, daß die Wahrscheinlichkeit, an Brustkrebs zu erkranken, zwar deutlich erhöht, aber auch nicht hundertprozentig war. Dennoch beschließen manche Frauen, bei denen eine *BRCA1*-Mutation festgestellt wird, sich vorbeugend die Brüste oder die Eierstöcke entfernen zu lassen. Ein dramatisches Beispiel hierfür war die Frau von Joseph Schulman, des Direktors einer Klinik für genetisch bedingte Krankheiten und künstliche Befruchtung in Fairfax, Virginia, die aufgrund einer familiären Häufung von Brustkrebs beschloß, ihre *BRCA1*-Gene testen zu lassen. Das Ergebnis war positiv: Bei einem Exemplar ihres *BRCA1*-Gens fehlten zwei Buchstaben, was ein erhöhtes Brustkrebsrisiko für sie bedeutete.[32] Sie entschied sich für eine vorbeugende Brustamputation, obwohl bei ihr keinerlei Symptome der Krankheit aufgetreten waren.

Andere Frauen traf es noch schwerer. Eine ließ sich beide Eierstöcke entfernen, nachdem ein am Markt angebotener Test auf *BRCA1*-Mutationen positiv verlaufen war. Die Nachfolgeuntersuchung eines universitären Forscherteams zeigte jedoch, daß es sich um einen Irrtum handelte: Sie hatte keine Mutation. Die Firma Oncormed, die den ersten Test durchgeführt hatte, erstattete der Frau die Auslagen von 350 Dollar zurück, »als kleines Zeichen unserer Betroffenheit«.[33]

Das Rennen um *BRCA1* verloren zu haben war für Collins ein bitterer Rückschlag; es war das erste Mal, daß ihm dies bei einer spektakulären Genjagd passierte. Dank eines anderen großangelegten Gemeinschaftsprojekts konnte er sich allerdings zumindest einen Anteil an einem beachtlichen Trostpreis sichern. Im folgenden Sommer identifizierte ein großes Forscherteam unter dem Genetiker Yosef Shiloh von der Universität Tel Aviv ein Gen auf Chromosom 11, das bei Patienten mutiert war, die unter Ataxia telangiectasia litten.[34] Diese rätselhafte, rezessiv vererbte Krankheit befällt etwa einen von 50 000 Menschen, der dann unter Ataxie (Gleichgewichtsstörungen) leidet. Doch ist auch belegt, daß Träger des mutierten Gens (mit der Bezeichnung ATM für »Ataxia telangiectasia, mutiert«) unter größerer Empfindlichkeit gegenüber Röntgenstrahlen und erhöhtem Krebsrisiko leiden; bei Frauen ist das Brustkrebsrisiko ungefähr um das Fünffache erhöht. Überlegt man, daß einer von hundert Menschen ein defektes Exemplar von ATM mit sich herumträgt, sind diese Ergebnisse Grund zur Sorge, besonders angesichts der Vermutung, daß die bei der Mammographie verwendete Röntgendosis zur Entstehung von Krebs bei ATM-Trägern beitragen könnte. Collins war auch an einem umfangreichen Projekt zur Lokalisierung eines Gens für familiären Prostatakrebs beteiligt, das 1995, als ein solches Gen auf Chromosom 1 verortet wurde, einen Sieg feiern konnte.

Man war noch immer in Festlaune, als es zu einer schweren Krise kam. Im Jahr 1993 hatte Collins' Gruppe eine wichtige Entdeckung zum genetischen Ursprung bestimmter Unterformen akuter Myeloider Leukämie verkündet, die ausgelöst werden, wenn der mittlere Teil von Chromosom 16 auf mysteriöse Weise umgestellt wird.[35] Collins' Gruppe entzifferte die DNA-Sequenzen an den beiden Bruchpunkten und zeigte, daß durch die Umstellung eine genetische Chimäre entstand – die Hälfte eines Gens verschmolz mit einem völlig anderen Gen. Dieses Fusionsprodukt, so spekulierte man, verursachte eine drastische Veränderung der Eigenschaften eines Transkriptionsfaktors und konnte dann womöglich weiße Blutzellen zu bösartigem Wachstum veranlassen. Nach dieser wichtigen Entdeckung machte sich Collins' Team daran, sie weiter zu untermauern. In den folgenden beiden Jahre produzierte sein Forschungszentrum einen steten Strom an Veröffentlichungen, die zumeist auf Experimenten von Amitav Hajra beruhten, einem brillanten Studenten aus Collins' Gruppe.

Im Jahr 1996 reichte Collins ein weiteres Manuskript mit einigen Details von Hajras Experimenten beim britischen Krebsforschungsjournal *Oncogene* ein. Ein ungewöhnlich gewissenhafter Gutachter, dem einige Daten merkwürdig schienen, machte eine niederschmetternde Entdeckung: Eines der Fotos im Manuskript war offenbar manipuliert worden.[36]

Hajra gab den Betrug bald darauf zu, doch der ganze Schwindel reichte tiefer, als die Beteiligen erkannten. Eine anschließende Untersuchung des Office of Research Integrity ergab, daß nicht weniger als fünf Artikel, die Hajra, Collins und andere als Mitautoren gezeichnet hatten, gefälschte Daten enthielten.[37] Wissenschaftlich gesehen war der Schaden nur gering: Bei den fraglichen Aufsätzen handelte es sich um die üblichen Folgeanalysen nach der Identifizierung eines wichtigen Krankheitsgens, das heißt, sie entwerteten nicht die Entdeckung einer Leukämie auslösenden Umstellung auf dem Chromosom 16. Doch das ganze Ausmaß des Betrugs – der über zwei Jahre angedauert und Zehntausende Dollar gekostet hatte – schockierte die Forscher und nicht zuletzt Collins, der sich von seinem herausragenden Studenten hintergangen fühlte.

Collins sprach von der »schmerzlichsten Erfahrung meiner beruflichen Laufbahn«[38] und schrieb einen Entschuldigungsbrief an hundert ihm nahestehende Kollegen, in dem er die rhetorische Frage stellte, die vielen durch den Kopf ging: »Viele werden sich fragen, ob ich als Leiter der Forschungsgruppe dem einzelnen genug Aufmerksamkeit gewidmet habe, wenn solch mutwillige und systematische Angriffe auf die wissenschaftliche Wahrheit möglich waren.« Collins erntete Lob für seinen Umgang mit der Krise, doch die Geschichte zeigte, wie zeitraubend und ablenkend die bürokratische Last der Leitung des Genomprojekts allmählich wurde.

Trotz der aufregenden Fortschritte, die in den 90er Jahren bei der Identifizierung von Krankheitsgenen gemacht wurden, wußte Collins, daß diese Erfolge allein nicht ausreichten, um die Investitionen in das Genomprojekt zu rechtfertigen. Sobald Collins die Leitung des Genomprojekts übernommen hatte, war ihm klar, daß zweierlei nötig war, um überhaupt hoffen zu dürfen, die Sequenzierung des Humangenoms könnte zum angepeilten Zeitpunkt, nämlich im Jahr 2005, abgeschlossen sein.[39] Höchste Priorität hatte der Aufbau einer vollständigen physikalischen Karte jedes Chromosoms, die aus einer Serie gereinigter, sich überlappender DNA-Bruchstücke bestand, welche das Rohmaterial für die DNA-Sequenzierung darstellten. Zweitens waren wesentliche Fortschritte bei Geschwindigkeit und Effizienz der DNA-Sequenzierung nötig. In beiden Hinsichten liefen die Dinge nicht wie erhofft.

Im Vergleich zu ihrem spektakulären Erfolg bei der Produktion dicht mit genetischen Markern bestückter Karten[40] waren die physikalischen Karten, die Daniel Cohen und seine Kollegen am CEPH erstellten, weniger zuverlässig. Das französische Team erstellte eine Bibliothek aus großen Chromosomenfragmenten in »Mega-YACs«, die DNA-Fragmente mit über einer Million Basen beherbergen konnten. Allerdings waren diese Klone notorisch instabil: Die DNA-Teilstücke gerieten oft durcheinander und machten alle Versuche zunichte, physikalische Karten zu erstellen.[41] Schließlich gelang es David Page vom Whitehead Institute, die erste physikalische Karte eines menschlichen Chromosoms, des Y-Chromosoms, anzufertigen, trotz der Schwierigkeit, daß zwei Drittel der Klone Umstellungen aufwiesen. Und sowohl Collins als auch King führten ihre gescheiterten Versuche, *BRCA1* zu isolieren, darauf zurück, daß sie sich mit den Nachteilen der YACs herumschlagen mußten und noch nicht die BACs verwenden konnten, die Mel Simons Gruppe am Caltech erst im Jahr 1992 erzeugte.

Trotz der vielfach belegten Probleme mit der physikalischen Karte des Genoms drangen viele Fachleute ungeduldig darauf, endlich mit der umfassenden Sequenzierung zu beginnen. Der Leiter des Genomzentrums an der Universität Washington, Maynard Olson, ist ein überlegt formulierender, intellektueller Mensch – wenn er sich vehement für eine Sache einsetzt, gewinnt er auch Aufmerksamkeit. Im Oktober 1995 schrieb Olson einen Kommentar für *Science* mit dem Titel »Die Zeit für die Sequenzierung ist reif«, in dem er zu dem Schluß kam: »Die Entwicklung des menschlichen Lebens wird von nur 750 Megabytes an digitaler Information gesteuert. In vivo wird diese Information in Form von DNA-Molekülen in einem Ei oder einer Spermienzelle gespeichert. Im PC eines Biologen könnte sie auf einer einzigen CD-ROM gespeichert werden. Das Humangenomprojekt sollte sich daranmachen, diese Scheibe zu produzieren, rechtzeitig und im Rahmen des vorgegebenen Budgets.«[42]

Im Februar 1996 organisierte der Wellcome Trust die erste internationale Strategietagung zur Humangenomsequenzierung in Bermuda, aus der das Bermuda-Abkommen hervorging. Dort heißt es: »Sämtliche Informationen über das menschliche Genom sollten frei zugänglich sein und unter öffentlicher Verwaltung stehen, um die Forschung und Entwicklung zu befördern und deren Nutzen für die Gesellschaft zu steigern.«[43] Alle großen internationalen Sequenzierungszentren kamen überein, sich an diese Regelung zu halten, einschließlich der wichtigen Institute in den Vereinigten Staaten (Whitehead Institute, Baylor

College of Medicine, Universität Washington, Joint Genome Institute, Stanford, TIGR und andere) sowie Laboratorien in England (Sanger Centre), Frankreich, Deutschland und Japan.

Doch Collins sah sich mit einem weiteren großen Problem konfrontiert: Woher die verbesserte Technik und die optimierten Verfahren der DNA-Sequenzierung nehmen, die nötig waren, um den gesetzten Termin (2005) einhalten zu können? Er beauftragte sechs der wichtigsten Zentren in den Vereinigten Staaten (Stanford, Houston, Seattle, St. Louis, TIGR und MIT), neue Techniken und schnellere Verfahren für die DNA-Sequenzierung zu entwickeln, doch obwohl sie eine Reihe von neuen Strategien und Techniken zur Beschleunigung der Sequenzierung hervorbrachten, waren die Ergebnisse nicht gerade umwerfend. Der herkömmliche Sequenzierautomat, der ABI-377-Sequenzer, beeindruckte durchaus: Wenn man ihm täglich zwei Durchläufe abrang, konnte ein Automat im Schnitt 50 000 Basen sequenzieren – doch das reichte hinten und vorne nicht. Anfang 1998 hatten nur zwei der Pilotzentren die Kosten auf unter einen Dollar pro Base gedrückt, während ein Team gerade mal die Zehn-Dollar-Grenze unterschritten hatte.[44] Die Labors erzeugten jährlich zwischen 2 und 30 Millionen Basen lange Sequenzen, weit unter den Zielvorgaben, und so waren insgesamt nur zwei bis drei Prozent der DNA des menschlichen Genoms sequenziert.[45] Tatsächlich waren die Forscher bei der Sequenzierung der Fadenwurm-DNA weiter vorangekommen als bei der menschlichen DNA. Um die Genomsequenz im Jahr 2005 vollständig in der Hand zu haben, würden die großen Labors ihre Produktivität auf mindestens 75 Millionen Basen jährlich steigern und dies sieben Jahre lang durchhalten müssen. So bekannte Mark Adams von TIGR denn auch im Mai 1998 gegenüber *Science*: »Ich weiß nicht, wie wir das schaffen sollen.«[46]

Trotz des Produktivitätsproblems gab es ermutigende Hinweise, daß die internationale Genomsequenzierung im Rahmen eines losen Forschungsverbunds beachtliche Resultate erzielen konnte. Im April 1996 komplettierte ein Verbund von 633 Wissenschaftlern aus 100 verschiedenen Zentren in Europa, den Vereinigten Staaten, Kanada und Japan die DNA-Sequenz der 16 Chromosomen mit insgesamt zwölf Millionen Basen, aus denen das Genom der Bäckerhefe *Saccharomyces cere-*

visiae besteht.[47] Die Hefe ist ein ständiges Mitglied des von einem Genetiker so getauften »Sicherheitsrates vorbildlicher genetischer Organismen«.[48] Obwohl ein Einzeller, ist die Hefe viel entwickelter als ein Bakterium: Sie enthält einen Zellkern und andere Organellen, wie etwa Mitochondrien, gleichsam Fabriken für die Energieproduktion. Durch das Studium der Hefe haben die Wissenschaftler die Motoren, Getriebe, Räder und Bremsen identifiziert, die den Zellzyklus ermöglichen. Viele dieser Einzelteile werden durch Mutationen gestört, die Krebs verursachen, und der Fortschritt im Verständnis der beim Menschen auftretenden Krebssyndrome verdankt sich weitgehend funktionalen Studien anhand der Hefe. Nun, da alle 6000 Hefegene identifiziert sind, machen sich die Wissenschaftler daran, diese Gene in Funktionskategorien einzuteilen. Mit der Sequenzierung von *S. cerevisiae* hatte man erstmals das Genom eines ausgewachsenen Eukaryoten zur Hand, der vor etwa 1,7 Milliarden Jahren entstand. Dies war die bis dahin weitestgehend aufgezeichnete und beeindruckendste Genomsequenz.

Während die Hefesequenz vervollständigt wurde, kam ein weiterer Meilenstein in der Genomsequenzierung in Sicht: der erfolgreiche Abschluß einer zehnjährigen Zusammenarbeit des renommierten Sanger Centre im englischen Cambridge unter John Sulston und Robert Waterstons Gruppe an der Washington-Universität in St. Louis. Auf den ersten Blick mag ein geschmeidiger Fadenwurm von einem Millimeter Länge, der sich von *Escherichia-coli*-Bakterien auf Petrischalen ernährt, eine etwas ausgefallene Kandidatenwahl für den Sicherheitsrat sein. Doch der Auftritt des *Caenorhabditis elegans* auf der Erde vor etwa 500 Millionen Jahren stellte einen Wendepunkt in der Evolution des Lebens dar – zu einer Zeit, als nach Nigel Calders Worten »das Leben so vielfältig geworden war, daß die Hierarchie von Genen, die Gene kontrollieren, Mittel und Wege fand, Tierzellen zu Muskeln, Haut, Nerven und so weiter auszudifferenzieren, je nachdem, wo sie in einem vielzelligen Körper lebten«.[49]

Sydney Brenner und Francis Crick hatten im Jahr 1962, gerade als sie sich aufmachten, den genetischen Code zu entschlüsseln, die Frage zu diskutieren begonnen, wie die »neuen, geheimnisvollen und aufregenden« Probleme anzugehen wären: Entwicklung und Nervensystem. Brenner schrieb an seinen Vorgesetzten Max Perutz und skizzierte ihm neue Gebiete, auf die das Cambridger Labor für Molekularbiologie (LMB) vordringen sollte. »Auf lange Sicht«, überlegte Brenner, »würde ich gerne einen kleinen metazoischen [vielzelligen] Organismus zähmen, um seine Entwicklung direkt studieren zu können.«[50] Brenner hatte bereits einen einfachen Organismus vor Augen: *Caenorhabditis briggsae,* ein selbstbefruchtender hermaphroditischer Wurm mit weniger als 1000 Zellen, einem elementaren Nervensystem (nur 302 Neuronen), durchsichtigem Körper, kurzer Lebensspanne und hoher Fruchtbarkeit (er bringt 200 bis 3000 Nachkommen hervor).[51] Brenner schlug formell vor, den Stammbaum jeder Zelle eines engen Verwandten von *C. briggsae* namens *C. elegans* zu erforschen. Es gab einige technische Gründe für den Wechsel, doch keiner war so zugkräftig wie Brenners Scherz, *C. elegans* sei einfach der fotogenere von beiden.

Brenner vertraute diese Herkulesaufgabe John Sulston an, der den Gutteil eines Jahrzehnts über ein Mikroskop gebeugt verbrachte und das Entwicklungsmuster von 959 Zellen in einem Organismus von der Größe eines Kommas während seiner zweiwöchigen Lebensspanne gewissenhaft aufzeichnete. Fast im Alleingang machte Sulston den Fadenwurm (Nematode) zu einem der fünf wertvollsten Modellorganismen der biologischen Forschung. Der Fadenwurm besetzt eine entscheidende Nische in der Evolution; als mehrzelliger Organismus kann er im Gegensatz zur Hefe Aufschlüsse über den Entwicklungsprozeß liefern. Andererseits ist sein Nervensystem viel rudimentärer als das der Fruchtfliege (die im Auge mehr Zellen hat als der Wurm in seinem ganzen Körper).

Im Jahr 1983 begannen Sulston und Alan Coulson ein weiteres Großprojekt, diesmal mit dem Ziel, eine physikalische Karte der sechs Chromosomen im Genom von *C. elegans* zu erstellen, als eine Art Vorübung zur DNA-Sequenzierung. Viele von Sulstons Kollegen waren überrascht, daß er sich erneut auf ein derart waghalsiges altruistisches Vorhaben einließ, besonders angesichts der damals noch rückständigen Sequenzierungstechnik. Warum nahm er sich kein hübsches und handliches biologisches Problem vor? »Ich habe eine Schwäche für grandiose, sinnlose Projekte«, antwortete er und machte sich an die Arbeit.[52]

Gemeinsam mit Robert Waterston, der ebenfalls unter Brenners Fittichen stand, ging Sulston 1989 (mit Unterstützung des Medical Research Council) daran, die vollständige Nematodensequenz aufzuzeichnen. Im Jahr 1992 veröffentlichten sie einen Artikel in *Nature* über eine Sequenz von 100 000 Basen aus Nematoden-DNA (nach heutigen Maßstäben kaum ein halber Tag Arbeit für einen gelangweilten Techniker, doch damals ein wichtiger Meilenstein) und weckten damit die Zuversicht, das menschliche Genom könnte schließlich doch sequenziert werden. Ihr Erfolg erregte die Aufmerksamkeit des amerikanischen Risikokapitalgebers Frederick Bourke, der mit der Idee liebäugelte, gemeinsam mit Leroy Hood eine Firma in Seattle aufzubauen, um das Humangenom zu sequenzieren.[53] Sulston und Waterston erhielten sogar die Zusicherung des Finanziers, daß alle ihre Daten veröffentlicht würden.

Doch Sir Aaron Klug, der Präsident der Royal Society und ehemalige Direktor des Cambridger LMB, warb beim Wellcome Trust um Unterstützung für die Anwendung der am Nematoden entwickelten Sequenzierungsstrategie auf das menschliche Genom. »Die Arbeit mit dem Nematoden zeigte uns bereits den Weg, während die anderen noch immer darüber diskutierten«, meint Klug.[54] Der Wellcome Trust, inzwischen die reichste medizinische Stiftung der Welt mit einem Vermögen von über 20 Milliarden Dollar, erklärte sich im Mai 1992 bereit, ein neues DNA-Sequenzierungsinstitut für 120 Millionen Dollar aufzubauen, und stellte damit sicher, daß Sulston seine Arbeit auf heimatlichem Boden fortsetzen konnte. Das Sanger Centre bei Cambridge wurde am 4. Oktober 1993 durch Fred Sanger offiziell eröffnet.

Im Lauf der 90er Jahre bauten Sulston und Waterston ihr Laboratorium zu einem der effizientesten DNA-Sequenzierungszentren der Welt aus. Den meisten biologischen Forschergruppen war die hier eingeführte Fließbandtechnik fremd: Wissenschaftler und Techniker arbeiteten in Schichten, um sicherzustellen, daß auch noch der letzte DNA-Buchstabe aus den Maschinen gepreßt wurde. Wer das Sanger Centre zum ersten Mal besucht, dem fällt zunächst zweierlei auf. Das eine ist die ungewöhnliche Treppe in der Eingangshalle, die als Sinnbild der Doppelhelix entworfen wurde und sich im Uhrzeigersinn nach oben windet, genau wie die rechtsdrehende DNA-Helix. Weiterhin hängt über dem Empfangspult ein elektronisches Display, das die Zahl der vom Institut sequenzierten Basen anzeigt. Ende 1998 belief sie sich auf über 120 Millionen, die Hälfte davon aus der menschlichen DNA, der Rest überwiegend von *C. elegans.* 18 Monate später war die Zahl auf über drei Milliarden hochgeschnellt.

Im Dezember 1998 endlich konnten Sulston und Waterston ihr 15-jähriges, 45 Millionen Dollar teures Unternehmen zur Sequenzierung des ersten Tiergenoms erfolgreich abschließen.[55] Sie hatten 97 Millionen DNA-Buchstaben gelesen, achtmal mehr als das Hefegenom enthält, das nur zwei Jahre zuvor sequenziert worden war. Vielen Forschern kam die Veröffentlichung in *Science* schon fast ein wenig fade vor, denn Sulston und Waterston hatten darauf bestanden, ihre Sequenzierungsdaten zum Nutzen und Frommen der internationalen *C.-elegans*-Forscher täglich zu veröffentlichen. Insgesamt zählten sie 19 099 Wurmgene, die etwa 25 Prozent des gesamten Wurmgenoms ausmachten. Die Architektur war hübsch anzusehen. Viele der entscheidenden Gene häuften sich in der Mitte der Chromosomen, was vermuten ließ, daß weniger entscheidende, rascher evoluierende Gene zu den Chromosomenden hin verteilt waren, die Waterston »Gen-Kinderzimmer oder Gen-Friedhöfe oder beides« taufte. Nachdem die vollständige Sequenz erstellt war, wurde *C. elegans* ein immer beliebteres Werkzeug, da bei Untersuchungen von Genen in anderen Organismen verwandte Sequenzen gefunden wurden. Dies führte zu wichtigen Entdeckungen auf verschiedenen Gebieten: von der Migration von Nervenzellen über den Zelltod und die Geschlechtsfestlegung bis zur Lebensdauer des Organismus.

Eine der ernüchternden Lehren aus dem *C.-elegans*-Genomprojekt war, daß zwar 30 Prozent der Wurmgene mit menschlichen Genen verwandt sind, doch die meisten bislang völlig unbekannt waren, was deutlich macht, wie wenig wir immer noch von den Geheimnissen des Lebens verstehen. *C. elegans* hat zu entscheidenden Fortschritten bei der Identifizierung von Genen beigetragen, die für die menschliche Gesundheit wichtig sind, so im Bereich der Alzheimer-Krankheit und auch bei dem Signalweg, der bei Krebs zum Zelltod führt. Die Forscher haben zudem Gene ausfindig gemacht, die tiefgreifende Auswirkungen auf die Lebensdauer und die sozialen Interaktionen von Würmern haben – und nah verwandte Gene finden sich auch beim Menschen.[56] Sulston nennt den Nematoden bewundernd »einen Mikrokosmos der Menschheit«, eine Anspielung, die der Präsident der National Academy of Sciences Bruce Alberts mit den Worten aufnahm: »Uns ist klargeworden, daß die Menschen den Würmern ähnlicher sind, als wir uns je vorstellen konnten.«[57]

Der Erfolg der Sulston-Waterston-Partnerschaft und des *C.-elegans*-Genomprojekts bot in vieler Hinsicht ein ideales Vorbild für das Humangenomprojekt. Sulston zeigte, daß internationale Teamarbeit und hochproduktive Sequenzierung durchaus zusammengingen. Er zeigte auch den Wert einer täglichen Publikation von Sequenzierungsdaten, die den Forschern sofortigen Zugang zu wertvollen Gensequenzen ermöglicht. Während sich das Sanger Centre allmählich stärker auf das Humangenom konzentrierte, mußte sich Sulston, ein bärtiger, zu Untertreibungen neigender Wissenschaftler, den unbequemen Mantel des entscheidenden Fährmanns bei einer der größten wissenschaftlichen Odysseen der Menschheit umhängen lassen.

Der Pfarrerssohn Sulston ist ein überzeugter Sozialist, der am liebsten in seinem Garten oder in seinem Labor herumwerkelt. Kaum jemand schien weniger geeignet zu sein, als informeller Sprecher des britischen Genomprojekts aufzutreten, doch in den letzten Jahren hat sich Sulston mit seiner neuen Aufgabe angefreundet. Zudem war die britische Presse eifrig bemüht, eine Autorität zu bestätigen, die der vermeintlichen Gefahr patenträuberischer amerikanischer Unternehmen entgegentrat. Tatsächlich war das »Rennen« um die Sequenz durch die Brille der britischen Presse betrachtet in erster Linie eine transatlantische ideologische Kraftprobe zwischen Venter und Sulston, nicht zwischen Venter und Collins.

In diese Rolle haben sich Sulston und seine Kollegen mit beträchtlichem Selbstbewußtein gefügt. Hier geht es zum Teil um ein stolzes Beharren auf dem unerreichbaren Ruf, den Großbritannien – manche mögen hier Cambridge sagen – als Wiege der modernen Genetik genießt. Wichtiger noch ist, daß Sulstons leidenschaftlicher Glaube an den freien Austausch genetischer Information zum Zuge kommt. Die Genomsequenzierung zwecks wirtschaftlichen Gewinns sei »vollkommen unmoralisch und widerlich«, sagt Sulston , dessen Verachtung für Venters Unternehmen geradezu greifbar ist.[58] »Ich halte es für eine furchtbare Schande, daß dieser wichtige Augenblick in der menschlichen Geschichte durch diesen Akt beschmutzt wird«, sagte er 1999.[59] Genominformationen sollten nicht patentiert werden, meint er, weil »sie« ein wesentlicher Teil jedes Menschen sind, ein gemeinsames Erbe, das wir alle gleichermaßen teilen sollten«.[60] Doch ist Sulston überzeugt, daß Venter »eine Monopolstellung in Sachen Humansequenz aufbauen« will. Und hier, meint er abschließend, »ist Craig auf dem moralischen Holzweg«.[61]

Trotz dieses Streits benutzt Sulston große Worte, wenn er die Bedeutung des Genomprojekts einschätzen soll. »Galilei, einer meiner großen Helden, nahm uns die Vorstellung, wir seien der Mittelpunkt des Universums. Die Evolutionstheorie nahm uns die Überzeugung, wir seien eine einzigartige Lebensform. Und dieses Unternehmen wird uns am Ende sagen, wie unsere Gehirne funktionieren und daher auch unser Bewußtsein. Es wird uns sagen, was wir sind.«[62] Auch verficht er begeistert den möglichen gesellschaftlichen Nutzen der Genetik. »Die Gentechnik ist nichts weiter als ein Zweig der Chirurgie«, erklärt er. »Wenn wir eine Gaumenspalte gentechnisch vor der Geburt verhindern können, statt sie nach der Geburt zu operieren, was soll daran schlimm sein?«[63] Diese Ansichten schwimmen gegen den Strom der öffentlichen Meinung – zumindest in Großbritannien, wo die Bedenken gegen die Gentechnik durch schiere staatliche Unfähigkeit und durch die Sensationspresse angeheizt werden. Vor einiger Zeit sah sich Sulston veranlaßt, Prinz Charles zu kritisieren, weil er die moderne Genforschung im Zuge der Debatte um genveränderte Nahrungsmittel dämonisiert habe. Eine wichtige Frage, doch Sulston, nun um die 60, sehnt sich zurück ins vergleichsweise heiter-gelassene Leben als Forscher im Labor. Im Oktober 2000 übergab er die Leitung des Sanger Centre an Allan Bradley, auch er ein Wissenschaftler, der seine Wurzeln in Cambridge hat, und ein Fachmann für die Genetik der Mäuse und für technische Eingriffe in Chromosomen. Sulstons und Waterstons großartige Zusammenarbeit nährte die Hoffnung, die Sequenzierung des Humangenoms würde nun vorankommen, doch ihr Erfolg verdeutlichte auch, welch weiten Weg das Humangenomprojekt noch vor sich hatte. Das Wurmgenom war weniger als 100 Millionen Basen lang, nur ein Dreizehntel der Länge der menschlichen DNA. Tatsächlich war zur Halbzeit des auf 15 Jahre veranschlagten Genomprojekts eine vergleichbare Menge menschlicher DNA sequenziert worden, doch diese stellte nur drei Prozent des gesamten Genoms dar. Viele hielten dies für eine magere Ausbeute angesichts der Investition von rund 1,8 Milliarden Dollar. Zunehmend meldeten sich enttäuschte Stimmen zum mangelnden Fortschritt im Humangenomprojekt. Der angesehene amerikanische Wissenschaftler Steve McKnight, Lehrstuhlinhaber für Biochemie an der Universität Texas und Mitbegründer der Biotech-Firma Tularik, attackierte das öffentliche Genomprojekt als »eine Katastrophe – kein Zusammenhalt, kein Zentrum, kein Spielplan. Typische staatliche Pfuscharbeit«.[64] Sydney Brenner kritisierte das zentrale Management des Humangenomprojekts und dessen Beharren darauf, erst zu kartieren, dann zu sequenzieren. »Als wir noch die Humangenominitiative hatten, war es eine wirklich großartige Sache«, meinte er. »Doch sobald man sich etablierte und dieses von oben betreute Projekt daraus machte, wurde es ein wenig wie im stalinistischen Rußland: Wer nicht für uns ist, ist gegen uns.«[65]

Freeman Dyson zufolge war die Entscheidung, die Genomsequenzierung im Jahr 2005 abzuschließen, nicht durch wissenschaftliche oder medizinische Notwendigkeiten veranlaßt. Er vermutet, es sei »politisch erzwungen« worden, mit der vorhandenen Sequenzierungstechnik weiterzumachen, während eine bessere Strategie vielleicht darin bestanden hätte, die vorhandenen Techniken einzusetzen, um sich auf die wichtigen Teile des Genoms zu konzentrieren und mehr Mittel für die Suche nach schnelleren und billigeren Methoden für die Sequenzierung des Rests auszugeben. »In der Wissenschaft«, schrieb Dyson, »ist es ein Zeichen von Weisheit, die Ziele im Licht neuer Entdeckungen zu ändern. In der Politik ist es ein Zeichen von Schwäche. Leider hatte die Politik den Sieg über die Wissenschaft davongetragen.«[66]

Es überraschte nicht, als auch Venter Stellung bezog. Anfang 1998 nannte er die Leiter der Sequenzierungszentren abfällig den »Club der Lügner«, weil sich ihre Schätzungen der endgültigen Projektkosten und ihre Zeitplanungen himmelweit unterschieden. »Sie alle kalkulieren ihre Kosten und die schon erbrachte Sequenzierungsleistung auf unterschiedliche Weise.«[67] Er monierte, das öffentliche HGP habe noch immer keine DNA-Fragmente definitiv für die Sequenzierung aufbereitet. Collins feuerte im gleichen ironischen Ton zurück, Venter gehe es wohl darum, die Sequenziermaschinen von TIGR am Laufen zu halten.

Bald sollte er erfahren, wie schnell Venter seine Maschinen tatsächlich laufen lassen wollte.

5. KAPITEL

Der Ring des Lebens
Die ersten Genome werden entziffert

Da fühlte ich des Astronomen Glück,
Den ein Planet mit seinem Feuer bannt;
Wie Cortez kühn, als sich sein Kondorblick,
Indes der Trupp ihn ratlos wild umstand,
Erfrischt zum kobaltgrünen Pazifik
Hinunterschwang von Dariens Felsenrand.

Aus: John Keats, *Auf einer griechischen Urne.*
»Beim ersten Hineinschaun in
Chapmans Homer«

Im Jahr 1994 arbeitete TIGR schon mit der vollen Kapazität.[1] Heerscharen von weißgekleideten Technikern, die meisten von ihnen frisch von der Uni, bedienten Reihen von Sequenzierautomaten bei Applied Biosystems. Die einen tippten Befehle in die Computer neben den Maschinen, während andere mit Pipetten neue DNA-Proben mischten. Die Szenerie in dieser Fabrik, die sich der Herstellung eines digitalen DNA-Codes verschrieben hatte und so zum Vorreiter der Genomrevolution wurde, erinnerte unwillkürlich an die Baumwollspinnereien des frühen 18. Jahrhunderts.[2]

Tag für Tag produzierte TIGR am laufenden Band Hunderttausende Buchstaben der DNA-Sequenz, und der anfängliche Bestand von 30 Sequenzierautomaten schwoll bald auf 80 an. Über den Fabrikräumen unterhielt Venter in seinem luxuriös ausgestatteten Büro einen steten Strom von Reportern und Geschäftsleuten, die sich auf seinem burgunderroten Ledersofa rekelten und das in einer Vitrine ausgestellte originalgetreue Modell seiner Yacht *Sorcerer* sowie die zahlreichen gerahmten Titelblätter von Zeitschriften bewunderten, auf denen überwiegend der Gastgeber prangte.

Venters Vision eines gewaltigen Handbuchs voller menschlicher ESTs, die aus Dutzenden menschlichen Gewebeproben stammen, um die Chancen zu erhöhen, Schnipsel von möglichst vielen Genen ausfindig zu machen, wurde rasch Wirklichkeit. Andere Gruppen, vor allem in Japan und Colorado, unternahmen ebenfalls beachtliche Anstrengungen, aber sie konnten dennoch nur neidisch auf TIGRs Ressourcen und Effizienz blicken. Ende 1994 war TIGRs Datenbank auf 150 000 ESTs angeschwollen, was einer Zahl von schätzungsweise 35 000 verschiedenen Genen entspricht – nach damaligem Verständnis etwa ein Drittel bis die Hälfte der Gesamtzahl an Genen im menschlichen Erbgut.

Das Interesse der akademischen Gemeinschaft war zunächst verhalten, doch nun wuchs es schnell in der Erwartung, über Computer Zugang zu einem großen Teil der menschlichen Gene zu bekommen. Nach Harold Varmus' Entscheidung, im Namen des NIH keine Patente auf Venters ersten Schwung an ESTs zu beantragen, hatten viele Forscher angenommen, daß die ESTs von TIGR auf Anfrage frei zugänglich wären. Doch sie mußten bestürzt erfahren, daß TIGR nur beschränkten Einblick in seine Daten gewährte. Der Grund war Venters Geschäftsverbindung zu seinem kommerziellen Schwesterunternehmen Human Genome Sciences, welches wiederum einen 125-Millionen-Dollar-Vertrag mit dem Pharmariesen SmithKline-Beecham zu erfüllen hatte.

Tatsächlich waren die Bedingungen vergleichbar mit den Vereinbarungen zwischen anderen Privatunternehmen und akademischen Forschungseinrichtungen. Der größte Zankapfel war, daß die Forscher Human Genome Sciences erlauben mußten, ihre wissenschaftlichen Manuskripte mindestens einen Monat vor der Publikation durchzusehen, damit Haseltine beurteilen konnte, welche der neuentdeckten ESTs vielversprechend genug waren, um ein Patent darauf zu beantragen. Einige Organisationen wie das Howard Hughes Medical Institute fanden dieses Vorgehen in Ordnung und unterzeichneten bereitwillig die Vereinbarung im Namen von etwa 200 führenden medizinischen Forschern in den Vereinigten Staaten. Doch manche Wissenschaftler waren der Ansicht, daß TIGR und Human Genome Sciences ihr Monopol auf eine zunehmend wertvollere Datenquelle ausnutzten. Überdies wurden anderen Privatunternehmen der Zugang zur EST-Datenbank erst gar nicht gestattet.

Das Potential der EST-Datenbank zeigte sich deutlich im Jahr 1994, als einer der angesehensten Krebsforscher in den Vereinigten Staaten bei einer sorgfältigen Durchsicht der TIGR-Datenbank eine aufsehenerregende Entdeckung machte. Anfang der 90er Jahre hatte Bert Vogelstein von der Johns Hopkins University eine Kette von genetischen Abweichungen zusammengestellt, durch die gesunde Dickdarmzellen in wuchernde, krebsartige Polypen verwandelt werden.[3] Viele seiner Erkenntnisse stammten aus einer Studie über erbliche Formen von Dickdarmkrebs, an dem allein in den USA jährlich 45 000 Menschen sterben. 1987 entdeckten Vogelstein und Eric Fearon, daß in Tumorproben der Krebspatienten oftmals ein Segment von Chromosom 17 fehlte. Weitere Studien verzeichneten genetische Abweichungen an den Chromosomen 5, 11 und 18 in verschiedenen Stadien der Krankheit. 1988 präsentierte Vogelstein im *New England Journal of Medicine* sein mehrstufiges Modell der Dickdarmkrebspathogenese.[4] Obwohl keines der betreffenden Gene gefunden worden war, erwies sich dieses Modell als immens wichtig und wurde in den nächsten Jahren von den Gendetektiven elegant bestätigt. Der Übeltäter auf Chromosom 17 war Gen *p53*, das wegen seiner vielfältigen Schutzfunktionen bei der Zellteilung auch als »Wächter des Genoms« bezeichnet wird und bei etwa 50 Prozent aller menschlichen Krebsformen mutiert ist. Vogelsteins Gruppe spürte darüber hinaus auch das mutierte Gen auf Chromosom 18 auf. Im Jahr 1991 arbeiteten Vogelstein und der Genetiker Ray White von der Universität Utah, der zehn Jahre zuvor Botstein und Skolnick geholfen hatte, die Revolution in der Genkartierung anzubahnen, gemeinsam an der Identifizierung von Mutationen bei Patienten mit einer erblichen Form von Dickdarmkrebs namens familiäre adenomatöse Polyposis. Das Gen erhielt den Namen *APC* (Adenomatöse Polyposis Coli). Aufgrund von Vogelsteins Entdeckungen mußten die Lehrbücher der Zellbiologie umgeschrieben werden, und man sieht ihn deshalb auch heute noch in einem T-Shirt, auf dem der genetische Signalweg von Dickdarmkrebs aufgedruckt ist, wenn er in seiner Freizeit für seine Rockband *Wildtype* am Keyboard in die Tasten haut.

Doch während sich Vogelstein mit Riesenschritten daranmachte, den Signalweg zu erhellen, der eine Form von erblichem Dickdarmkrebs verursacht, packte ihn zunehmend die Neugier auf eine weitere Krankheit: erblicher Dickdarmkrebs ohne Polyposis. Finnische Wissenschaftler hatten ihn auf eine Gruppe von etwa 40 Familien mit dieser Krankheit aufmerksam gemacht, die sich auffallend von der familiären adenomatösen Polyposis unterschied.[5] Bei diesen Patienten trat keine Wucherung von Polypen auf, bevor sie richtige Tumore entwickelten. Im Frühjahr 1993 hatten Vogelstein und der erfahrene finnische Genetiker Albert de la Chapelle das nichtpolypöse Krebsgen auf Chromosom 2 verortet, und nun waren sie dabei, sich dem defekten Gen zu nähern.[6]

Bereits ein genauerer Blick auf die in *Science* erschienenen Berichte über die Lokalisierung des Gens auf Chromosom 2 erbrachte einen verräterischen Hinweis auf seine genaue Identität. Die Forschergruppe von der Hopkins University gründete ihre Untersuchung auf bestimmte DNA-Marker, auch Mikrosatelliten genannt: kurze Abschnitte von Di- oder Trinukleotiden (zum Beispiel CACACACA oder CTGCTGCTG), deren genaue Länge von Mensch zu Mensch verschieden ist. Das beschriebene Muster kam Richard Kolodner, einem Genetiker am Dana Farber Institute in Boston, nur allzu vertraut vor, weil er es viele Male in Hefe- und Bakterienzellen gesehen hatte, denen ein Gen namens *MutS* fehlte. Als er Vogelsteins Bericht über die Kartierung des Gens für die nichtpolypöse Krebsform auf Chromosom 2 las, zweifelte er keinen Augenblick daran, welcher Defekt an diesem Gen vorlag. Das MutS-Protein untersucht die sich verdoppelnden DNA-Stränge auf Fehler in den neugebildeten Basenpaaren und korrigiert sie. Das Fehlen dieses Proteins verursacht daher schwerwiegende Schreibfehler in der DNA, besonders in den Abschnitten der Mikrosatellitensequenz.

Während der nächsten sechs Monate entwickelte sich ein hektisches Wettrennen zwischen Kolodners kleiner Truppe und Vogelsteins Armee von arbeitswütigen Postdoktoranden und Studenten. Kolodner hatte zwar das menschliche Gegenstück des *MutS*-Gens herausgefischt, aber er besaß keine Proben von Familien mit Dickdarmkrebs, an denen er es nachweisen konnte. Vogelstein dagegen verfügte über die von Krebs betroffenen Familien, hatte jedoch den Zusammenhang mit der Fehlpaarungsreparatur noch nicht entdeckt, bis er von Paul Modrich von der Duke-Universität darauf aufmerksam gemacht wurde. Bald schon spekulierten Wissenschaftler ganz offen darüber, ob das Gen für den nichtpolypösen Krebs möglicherweise das menschliche Gegenstück zum Fehlpaarungsreparaturgen von Bakterien darstellte. Vogelsteins Gruppe verschwendete keine Zeit und spürte Kolodners Sequenz des Hefe-Fehlpaarungsreparaturgens auf, was sie wiederum in die Lage versetzte, das menschliche Äquivalent dazu, *hMSH2*, das auf Chromosom 17 saß, zu isolieren, und zwar genau dort, wo das fehlerhafte Gen sich allen Voraussagen nach befand.

Doch als Vogelstein im November dann Kolodner anrief, um herauszufinden, wie weit sein neuer Rivale gekommen war, stellte er verblüfft fest, daß Kolodner das menschliche Gen nicht nur isoliert, sondern auch bereits die mutmaßlichen Mutationen bei Familien mit Dickdarmkrebs identifiziert hatte. Schlimmer noch, Kolodner hatte den Bericht über seine Entdeckung bereits bei *Cell* eingereicht, einem angesehenen molekularbiologischen Fachjournal, das seinen Sitz gleich auf der anderen Seite des Flusses in Cambridge hatte.[7] Vogelstein schickte seinen Bericht schnell an dieselbe Zeitschrift, die ihn dann 14 Tage nach Kolodners Artikel veröffentlichte, obgleich die Ergebnisse der beiden Studien gleichzeitig der Presse bekanntgegeben wurden.[8] Der Hopkins-Wissenschaftler schluckte seine Enttäuschung hinunter und nahm die Einladung von Francis Collins an, gemeinsam mit Kolodner auf einer Pressekonferenz in Washington aufzutreten und den Durchbruch zu verkünden.

Keiner der Gendetektive hatte allerdings viel Zeit, sich im Rampenlicht der Medien zu sonnen. Etwa 40 Prozent der untersuchten nichtpolypösen Familien trugen keine Mutation im *hMSH2*-Gen, und es gab zudem noch mindestens zwei weitere DNA-Fehlpaarungsreparaturgene in Hefe und Bakterien, die vermutlich Gegenstücke im menschlichen Erbgut hatten, welche nun ihrer Entdeckung harrten. Kolodner und seinen Mitarbeitern war es gelungen, eines davon, das homologe Gen des Menschen zu *MutL* namens *MLH1* zu isolieren, indem sie zuerst das Mausgen isolierten und dieses dann dazu verwendeten, das menschliche Gen aufzuspüren. Wie Vogelsteins Team schnell herausfand, war die Ähnlichkeit zwischen der bakteriellen und der menschlichen *MLH1*-Sequenz zu gering, um das eine direkt vom anderen ableiten zu können. Verzweifelt suchte Vogelstein einen kürzeren Weg, um das menschliche *MLH1*-Gen zu finden.

Vogelsteins Partner Ken Kinzler rief Venter an und fragte ihn, ob er irgendwelche ESTs entdeckt hatte, die einem bakteriellen Fehlpaarungsreparaturgen ähnelten.[9] Venter erwiderte: »Ja, wir haben drei davon gefunden.« Der einzige Haken an der Sache war der, daß die Rechte an den Genen bei Haseltine und Human Genome Sciences lagen. Haseltine hatte auch tatsächlich bereits die Bedeutung der möglichen menschlichen Fehlpaarungsreparaturgene erkannt und schon Anfang Januar bei seinem ehemaligen Harvard-Kollegen Kolodner angerufen, um sie untersuchen zu lassen. Doch Kolodner hatte das menschliche Gen bereits in der Hand und wies die Anfrage zurück.

Unverzagt unternahmen Vogelstein und Kinzler die kurze Reise von Baltimore nach Gaithersburg und vereinbarten eine kurzfristige Zusammenarbeit mit Venter und Haseltine. Vogelstein und Kinzler entdeckten in einigen erblichen Formen von Dickdarmkrebs Mutationen im menschlichen DNA-Reparaturgen. Im März 1994, gerade drei Monate nach dem ersten Durchbruch beim nichtpolypösen Dickdarmkrebs, wurde das zweite Gen gleichzeitig von Kolodners und Vogelsteins Gruppen in den Zeitschriften *Nature* und *Science* enthüllt.[10] Unter den Autoren von Vogelsteins Bericht befanden sich auch Venter und Haseltine – ein klarer Beweis, wie nützlich die Sequenzsammlung von TIGR für die Forschung war.

Vogelsteins und Kinzlers schlaue »clone by phone«-Strategie, bei der sie sich die Sequenz von jemand anderem besorgten, war der Weckruf für Genetiker, die nun erkannten, daß wenige Minuten genauen Durchforstens der Sequenzen in der EST-Datenbank ihnen möglicherweise Monate, vielleicht auch Jahre an mühsamer Genkartierungsarbeit und Klonierungsexperimenten ersparen konnten. Nur wenige Wochen nachdem die Entdeckung des Dickdarmkrebsgens verkündet worden war, hagelte es bei Venter Bitten um Einblick in die EST-Datenbank von TIGR. Als etwas später in diesem Jahr die Position des Gens für die polyzystische Nierenerkrankung, eine verbreitete dominant vererbte Krankheit, die im Erwachsenenalter zu Nierenversagen führt, nach weiteren langwierigen Klonierungsarbeiten verkündet wurde, hatten die Feierlichkeiten einen bittersüßen Beigeschmack. TIGR hatte nämlich bereits mehrere ESTs isoliert, die genau diesem Gen entsprachen, und eine Kartierung dieser ESTs hätte den Forschern möglicherweise jahrelange Arbeit erspart. Doch kurze Zeit später war die EST-Strategie wieder in den Schlagzeilen, weil ihr ein weiteres vielbeachtetes Krankheitsgen ins Netz ging.

Im Jahr 1991 entdeckte der britische Wissenschaftler John Hardy das erste Beispiel für eine erblichen Mutation in einer familiären Form der Alzheimer-Erkrankung. Allerdings war dieses Gen, *APP*, nur für einen kleinen Prozentsatz der familiären Alzheimer-Fälle verantwortlich. Im Juni 1995 identifizierte ein kanadisches Team unter der Leitung von Peter St. George-Hyslop ein neues Gen namens *S182* auf Chromosom 14, das bei vielen Alzheimer-Patienten mutiert war. Doch es gab immer noch viele betroffene Familien, in denen sich die Krankheit weder auf *APP* noch auf *S182* zurückführen ließ. Am faszinierendsten davon waren die Wolgadeutschen, eine Gruppe von Familien, die um 1760 aus Hessen ins russische Wolgagebiet gezogen waren und später in die Vereinigten Staaten auswanderten. Ein Forscherteam in Seattle hatte erst vor kurzem unter Leitung von Gerry Schellenberg das defekte Gen bei diesen Familien auf Chromosom 1 lokalisiert.

Die Sequenz von *S182* war eine Enttäuschung; sie wies zwar darauf hin, daß dieses neue Alzheimer-Protein in der Zellmembran saß, ergab aber sonst kaum Fingerzeige auf seine vermutliche Funktion. Zwei Mitarbeiter von St. George-Hyslops, Rudi Tanzi und Wilma Wasco vom Massachusetts General Hospital, entschlossen sich, einer Ahnung zu folgen: Sie überlegten, ob das Alzheimer-Gen der Wolgadeutschen nicht irgendwie mit *S182* zusammenhängen könnte. Tanzi führte einen schnellen Vergleich der *S182*-Sequenz mit der öffentlichen EST-Datenbank durch und entdeckte eine auffallende Übereinstimmung mit einem EST, das von Jim Sikela deponiert worden war, der mit Venter zu den ersten Verfechtern der EST-Methode gehörte. Darüber hinaus erfuhr Tanzi dabei, daß das Gen auf Chromosom 1 lag, also genau dort, wo die Mutation bei den wolgadeutschen Alzheimer-Familien vermutet wurde. Weniger als zwei Monate nach dem Durchbruch der kanadischen Forscher veröffentlichten Tanzi und

Schellenberg die Entdeckung eines einzigen Schreibfehlers in diesem mit *S182* verwandten Gen namens *STM2* bei den betroffenen Angehörigen des wolgadeutschen Stammbaums.[11]

Allein schon die Geschwindigkeit der Fortschritte auf diesem Forschungsgebiet war verblüffend. Noch beeindruckender war, daß sich diese Entdeckungen als wichtiger Durchbruch in der Alzheimer-Forschung erwiesen: Die beiden Gene auf Chromosom 1 *(STM2)* und 14 *(S182)* codieren für zwei sehr ähnliche große Membranproteine (die Präseniline), welche wiederum bei der Prozessierung des APP-Proteins und der Produktion von Proteinplaques im Gehirn von Alzheimer-Patienten mitwirken.

Diese Entdeckungen im Bereich der Dickdarmkrebs- und Alzheimer-Forschung lieferten Venter eine höchst erfreuliche Rechtfertigung seiner EST-Strategie. Um sein Argument zu verdeutlichen, vergleicht er gerne die Wege zur Identifikation zweier berüchtigter neurodegenerativer Krankheiten. Die Suche nach dem Gen für Chorea Huntington kostete ein internationales Konsortium zehn Jahre und geschätzte 100 Millionen Dollar, bis das Gen endlich Anfang 1993 durch positionelle Klonierung gefunden wurde. Im Gegensatz dazu hatte eine kurze Suche in der EST-Datenbank nach dem Genlocus der familiären Form der Alzheimer-Demenz innerhalb von ein paar Wochen ein Ergebnis erbracht (obgleich es länger dauerte, erst einmal das richtige Gen für den Beginn der Suche aufzuspüren). Wenn zudem mehr und mehr ESTs ihren jeweiligen Chromosomen zugeordnet worden sind, wird sich die Arbeit der positionellen Klonierung – also die Kartierung von Krankheitsgenen mittels Markern und das darauffolgende methodische Durchsuchen aller bekannten Gene in diesem Abschnitt – durch die freie Verfügbarkeit einer Liste in Frage kommender Gene immens beschleunigen. Dies wird, sehr phantasievoll, auch als der »positionelle Kandidaten-Ansatz« *(positional candidate)* bezeichnet.

Trotz der wachsenden Beliebtheit der ESTs standen viele Wissenschaftler Venter und seinem Sequenzierunternehmen bestenfalls mißtrauisch, schlimmstenfalls sogar feindselig gegenüber. Drei Jahre lang war Venter allgemein als hinterhältiger Wissenschaftler porträtiert worden, der nur darauf aus war, die Patente auf die Schätze des menschlichen Erbguts für seine eigenen ruchlosen Pläne unter Verschluß zu halten. Die noch immer schwelende Ablehnung aufgrund der mangelhaft durchdachten Entscheidung des NIH, Patente für Venters erste Sammlung an ESTs zu beantragen, verstärkte sich noch, weil einige Wissenschaftler über die Weigerung von TIGR enttäuscht waren, uneingeschränkten Zugang zu ihrer EST-Datenbank zu gewähren. Denn TIGRs Vereinbarung mit Human Genome Sciences gewährte Haseltines Firma bis zu einem Jahr Zeit für die Untersuchung neuer DNA-Sequenzen, um zu entscheiden, welche es wert waren, einen Patentantrag für sie zu stellen. In den Augen vieler Wissenschaftler glich TIGR einer Art Frankenstein. »Sie verfolgen uns mit Fackeln und Mistgabeln«, sagte Leslie Platt, TIGRs Laborleiter, im Jahr 1994.[12] Schließlich machte der Streß auch Venter zu schaffen. In diesem Jahr mußte er wegen einer Darmentzündung für eine Notoperation von Europa nach Hause zurückfliegen, wo ihm ein kleines Stück Darm entfernt wurde.[13]

Auf einer Konferenz in Washington, D.C., im Oktober 1994 lud Michael Morgan, Vorstandsvorsitzender des britischen Wellcome Trust, führende Genomforscher zu einem nichtöffentlichen Treffen ein, um zu besprechen, ob man TIGRs EST-Sammlung als Teil eines umfassenden Projekts zur Kartierung der menschlichen Gene verwenden sollte.[14] Collins sprach sich ganz entschieden dagegen aus, Venters ESTs für ein solches Programm zu verwenden, und unterstützte statt dessen eine Initiative, die von dem Pharmariesen Merck vorgeschlagen wurde, der wie andere große Pharmaunternehmen keinen Zugang zur TIGR-Datenbank erhielt.

Alan Williamson, Vizepräsident von Merck, war im Mai 1994 auf die Idee gekommen, ein eigenständiges Programm zur Identifikation von ESTs zu finanzieren. Anders als die TIGR-Datenbank sollten diese Sequenzen ohne Verzögerung und bedingungslos öffentlich gemacht werden.[15] Merck beschloß, Bob Waterston und Richard Wilson von der Universität Washington ein Stipendium von 10 Millionen Dollar zur Verfügung zu stellen, um innerhalb von etwa zwei Jahren Hunderttausende menschlicher ESTs zu produzieren. Die cDNA-Klone würden von Bento Soares gestellt werden, einem Professor der Columbia University und Gründungsmitglied einer kleinen Gruppe akademischer

Forscher, die als das IMAGE-Konsortium (kurz für: »Integrated Molecular Analysis of Gene Expression«) auftraten. Merck traf diese Entscheidung natürlich nicht aus reiner Selbstlosigkeit; er beabsichtigte, SmithKline-Beechams Machtposition auf dem Gebiet der ESTs, die das Unternehmen dank des 125-Millionen-Dollar-Exklusivvertrags mit Haseltines Firma hatte, anzufechten. Unter jenen, die Mercks Initiative begrüßten, befand sich ironischerweise auch Venter. »Nachahmung ist die ehrlichste Form der Schmeichelei«, sagte er in dem Wissen, daß sein Institut den gleichen Zugang zu Mercks öffentlich deponierten cDNA-Sequenzen haben würde wie jeder andere Forscher auch.

Gleichzeitig kam Venter zu dem Schluß, daß es an der Zeit sei, den allgemeinen Zugang zur TIGR-Datenbank zu erleichtern. Nach den neuen Bedingungen hatten Nutzer der TIGR-Datenbank kostenlosen Zugang zu den meisten Sequenzen, mußten dafür jedoch Haseltine ein bis zwei Monate vor der Veröffentlichung von Daten, die auf anderen ESTs beruhten, darüber informieren und Human Genome Sciences die Verwertungsrechte an allen Genprodukten anbieten (so wie Vogelstein es getan hatte). Venter verteidigte diese Bedingungen, die durchaus mit den Konditionen übereinstimmten, die andere Biotech-Firmen für den Zugang zu ihren geschützten Informationen anboten.

Venter rief mich 1994 an und verabredete sich mit mir zum Mittagessen im Washingtoner National Press Club. Er wollte mit mir über seine Idee sprechen, einen Artikel bei *Nature* einzureichen, der in dieser Art noch nie in diesem Fachjournal veröffentlicht worden war. Er fand, es sei an der Zeit, Einzelheiten über die größte Sammlung menschlicher Gene in der Geschichte zu enthüllen. Über ein Jahr dauerte es, bis Venters Opus magnum redigiert, korrigiert und schließlich zur Veröffentlichung angenommen worden war.

Nicht alle waren darüber erfreut. »Wenn Sie dieses Venter-Zeug veröffentlichen, verspreche ich Ihnen, daß kein amerikanischer Genomforscher Ihnen jemals wieder etwas schicken wird!«[16] John Maddox zuckte bei dieser telefonischen Drohung eines führenden amerikanischen Genetikers nur die Achseln und verteidigte aufrecht seine Entscheidung, Venters Bericht zu publizieren. »Es wäre ein Verlust für die wissenschaftliche Gemeinschaft«, stellte er fest, »und ein schlechter

Dienst an den Urhebern dieses Materials, wenn es in dieser kritischen Phase der Entwicklung des Humangenomprojekts keine entsprechenden Aufzeichnungen gäbe.« Nicholas Short, Biologie-Redakteur bei *Nature*, blies ins gleiche Horn. »Für Wissenschaftler«, schwärmte Short in der begleitenden Pressemitteilung, »markiert dieses Genomverzeichnis einen Wendepunkt in unserem Verständnis des menschlichen Genoms und seiner Inhalte. Und für alle anderen ist es nicht weniger als der erste Atlas über uns selbst.«

Im September 1995 veröffentlichte *Nature* endlich »The Genome Directory«.[17] Dieses bedeutende Dokument, das von Venter, Fraser, Adams, Haseltine und 90 weiteren Forschern von TIGR und Human Genome Sciences verfaßt worden war, beschrieb die immer größer werdende Sammlung von ESTs und wurde in einer gesonderten, 379 Seiten langen Beilage veröffentlicht, begleitet von Beiträgen über die Kartierung von Chromosomen aus den Federn mehrerer Gruppen des staatlichen HGP. Der schiere Überfluß an Daten im Genomverzeichnis erreichte bereits nie dagewesene Ausmaße. Venters Team testete stichprobenartig Gene aus 37 verschiedenen menschlichen Gewebeformen, die von Gehirn, Leber und Herz bis hin zum Bauchfell und der Speiseröhre reichten. Die Sequenzen von fast 175 000 ESTs wurden untersucht und brachten Sequenzübereinstimmungen von der ABC1-Genfamilie (Proteine, die den Durchlaß von Eisen und kleineren Molekülen in und aus den Zellen steuern) bis hin zur Zinkfingergenfamilie (wichtige Regulatoren bei der Genexpression). Eine eigens entwickelte Software namens TIGR Assembler verglich jede Sequenz mit der Datenbank, um überlappende EST-Fragmente zu einer einzigen sogenannten »vorläufigen menschlichen Konsensus-Sequenz« zusammenzufügen.

Doch Venters Analyse beschränkte sich nicht auf die EST-Sammlung von TIGR und Human Genome Sciences. Die Merck-Initiative hatte bis zum Frühjahr 1995 fast 75 000 ESTs erbracht, während andere Gruppen gut weitere 45 000 ESTs identifiziert hatten. Da diese Sequenzen in der EST-Datenbank des NIH verfügbar waren, stand es Venter frei, diese 118 000 ESTs seiner eigenen Sammlung hinzuzufügen, um so eine noch breitere analytische Basis für sein Verzeichnis zu erhalten. Venter setzte die Gesamtheit der ESTs zu 29 599 vollständigen oder partiellen Genen zusammen, wobei weitere 58 000 ungeklärt blieben. Die EST-Proben boten einen ersten Blick auf die Muster der Genexpression in jedem menschlichen Gewebe und Organ und gestatteten es Venter, die Funktion der damit zusammengestellten Gene in groben Zügen einzuordnen. So spielen beispielsweise 16 Prozent eine Rolle beim Stoffwechsel, zwölf Prozent codieren für Proteine, die Signale zwischen Zellen weiterleiten und aufspüren, während vier Prozent für die Zellteilung oder DNA-Replikation benötigt werden.

In Übereinstimmung mit seiner aufsehenerregenden ersten Veröffentlichung machte Venter nun seine gesamten EST-Daten in TIGRs Datenbank der humanen cDNAs, die mehr als 345 000 ESTs enthielt, öffentlich zugänglich. Die einzige Ausnahme war eine kleine Anzahl von Genen, die Haseltine der Öffentlichkeit vorenthielt, was Venters Triumph vorübergehend trübte. Nichtsdestoweniger hatte TIGR in weniger als zwei Jahren die weltweit größte Sammlung an sequenzierten Genen zusammengestellt und mit einem Schlag genausoviel DNA sequenziert wie der Rest der Forscherwelt. Sogar nach konservativen Schätzungen konnte man davon ausgehen, daß TIGR damit rund die Hälfte aller menschlichen Gene identifiziert hatte.

Eine störende Frage blieb dabei jedoch noch offen. Wie groß war der Anteil von Venters EST-Forschungszentrum an der Identifizierung der Gesamtheit der menschlichen Gene genau? Die Frage konnte nur beantwortet werden, wenn auch die exakte Zahl der menschlichen Gene bekannt war, allerdings zankten sich die Wissenschaftler schon Jahre über dieses Thema. Die meisten Lehrbuchautoren hatten sich irgendwann auf die unbewiesene Zahl von 100 000 Genen geeinigt, allein aus dem Grund, weil es eine bequeme, runde Zahl war. Zwölf Monate vor der Veröffentlichung des Genomverzeichnisses lud ich Venter ein, sich über ebendiese Frage den Kopf zu zerbrechen. Nachdem Venter und seine Kollegen die verblüffenden Diskrepanzen zwischen den verschiedenen Schätzungen, die über die Jahre aufgestellt worden waren, überdacht und die neuesten Daten aus seiner eigenen Arbeit mit ESTs und aus der chromosomalen Sequenzierung mit einbezogen hatten, präsentierten sie ihre gemeinsame Schätzung in einem kurzen Artikel in *Nature Genetics*. Darin siedelten sie die Gesamtzahl der menschlichen Gene irgendwo zwischen 60 000 und 70 000 an.[18]

Venters Artikel war höchst überzeugend und brachte viele Autoren dazu, die Lehrbuchzahl von 100 000 nach unten zu korrigieren. Und tatsächlich hatten viele Wissenschaftler schon seit mehreren Jahren guten Gewissens die Zahl zwischen 60 000 und 80 000 Genen veranschlagt. Natürlich widersprachen Wissenschaftler, die über eine Sammlung geschützter Gensequenzen verfügten, dieser Schätzung ganz entschieden. Haseltine bestand darauf, daß die wahre Zahl eher im Bereich von 150 000 Genen liege. Venter erzählt, daß sein Wohltäter Wallace Steinberg sich so über seine niedrig angesetzte Schätzung aufregte, daß er den TIGR-Chef anrief und sich beschwerte: »Was zum Teufel haben Sie sich dabei gedacht, als Sie sagten, es gäbe nur 60 000 Gene? Gerade eben habe ich 100 000 Gene an SmithKline-Beecham verkauft!«[19] Venter widersprach nicht allzu heftig und widmete das Genomverzeichnis passenderweise dem Gedenken an Steinberg, der wenige Monate vor der Publikation starb.

Die andauernde Ungewißheit über die genaue Anzahl der Gene rührte teilweise von Auseinandersetzungen über die präzise Definition eines Gens her (viele Gene werden in leicht unterschiedlichen Formen exprimiert). In jüngster Zeit stritten sich die Wissenschaftler häufig über die genaue Zahl der Gene. In Cold Spring Habor wurde eine Lotterie organisiert, bei der Zocker 100-Dollar-Wetten auf die am Ende richtige Zahl abgeben konnten. Die Schätzungen reichten von etwa 40 000 bis weit über 120 000.[20] Die Versuchung, die Zahl der Gene des *Homo sapiens* hochzutreiben, läßt sich jedoch nicht nur mit der Besänftigung ängstlicher Aktienbesitzer erklären. »Die Menschen möchten einfach gerne viele Gene haben – sie fühlen sich dann besser«, sagt Sydney Brenner dazu. »Schließlich wäre es eine Beleidigung, nur acht Mal komplizierter gebaut zu sein als [das Bakterium] *E. coli.*«[21]

Schon als Venter die Veröffentlichung des Genomverzeichnisses erwartete, schwand langsam sein Interesse daran, immer mehr menschliche cDNAs anzuhäufen. Human Genome Sciences betrieb aggressiv die Produktion eigener EST-Daten und konzentrierte sich dabei mehr auf die Auswahl geeigneter Kandidaten für sein Programm zur Medikamentenentwicklung für kardiovaskuläre Erkrankungen, Immunschwäche und mehrere andere Krankheiten. Und wirklich baute Haseltine bereits eine neue Fabrikanlage, in der das Unternehmen diese Proteine reinigen konnte – der nächste Schritt in seinem ehrgeizigen Plan für ein ausgewachsenes pharmazeutisches Unternehmen.

In der Zwischenzeit kartierten Wissenschaftler an den Universitäten systematisch die Lage der ESTs im menschlichen Genom und boten so einen nützlichen und annähernd genauen Leitfaden zu den Positionen der Gene auf jedem Chromosom.[22] Venter erkannte zwar die Bedeutung dieser Arbeit, die menschlichen ESTs ihrer richtigen chromosomalen Position im Genom zuzuordnen, um dadurch bei der Identifikation von Krankheitsgenen zu helfen, aber er sah auch, daß für diese Aufgabe jahrelange Arbeit und die kollektiven Bemühungen vieler großer Genomzentren notwendig sein würden.

Venter spürte, daß nun die richtige Zeit gekommen war, eine andere Richtung einzuschlagen. »Sobald wir über die Sequenzdaten aller Gene verfügen«, erklärte er, »haben wir die Gelegenheit, die Erforschung des Genoms für einen vollständigen genetischen Vergleich von Evolutionsverläufen zu nutzen.«[23] Doch Venter war auch vorausblickend genug, um zu erkennen, daß die Sequenzierung von Genstücken jenes Wissen nur oberflächlich berührte, das sich aus dem Genom herausholen ließ. Der einzige längerfristige Weg bestand darin, die DNA-Sequenz der menschlichen Chromosomen in ihrer Gesamtheit zu erstellen. Venter wußte, daß TIGR die gewünschte Genauigkeit bei der Sequenzierungsarbeit erreichen konnte. Tatsächlich hatte das Institut bereits bewiesen, daß es chromosomale DNA sequenzieren konnte; und nur wenige Monate vor der Veröffentlichung des Verzeichnisses machte Venter eine weitere atemberaubende Ankündigung: die der Sequenzierung des ersten lebenden Organismus.

Ende 1993 nahm Venter an einer Genetikkonferenz in Bilbao teil, wo er von einem schlaksigen, weißhaarigen Wissenschaftler angesprochen wurde, an den er sich vage erinnerte.[24] Es handelte sich um Hamilton Smith, einen Biochemiker der Johns Hopkins University, der sich 1978 mit seinem Kollegen, dem verstorbenen Daniel Nathans, den Nobelpreis für eine Entdeckung teilte, die im Grunde den Beginn des gentechnischen Zeitalters einläutete. Smith hatte das erste Restriktionsenzym beschrieben, ein natürliches Protein in Bakterien, das speziell kleine palindrome Sequenzen in der Doppelstrang-DNA erkennt und spaltet, zum Beispiel GAATTC (dreht man die Doppelhelix um 180 Grad, liest sich der gegenüberliegende Strang ebenfalls GAATTC). Ende der sechziger Jahre entdeckten Smith und einer seiner Studenten, Kent Wilcox, daß ein Tropfen eines Zellextrakts des Bakteriums *Haemophilus influenzae* virale DNA in kleine Stücke teilen konnte, ohne daß die bakterielle DNA davon berührt wurde. Smith reinigte daraufhin die zerbrochene DNA und identifizierte die Anordnung der Nukleotide an den Überhangenden jedes DNA-Stranges, womit er erstmals die Aktivität eines Restriktionsenzyms auf molekularer Ebene erklärte.

Die Entdeckung dieses Arsenals von DNA-spaltenden Reagenzien versetzte die Forscher in die Lage, menschliche DNA zu schneiden und in Bakterien einzufügen, die sich perfekt für eine Vermehrung der Gene eigneten. Da die meisten Restriktionsenzyme die DNA nicht gleichmäßig durchschnitten, konnten die Forscher die entstehenden »klebrigen Enden« dazu verwenden, zwei fremde DNA-Stücke zu verbinden, die mit dem gleichen Restriktionsenzym gespalten worden waren, indem sie diese mit einem Enzym namens DNA-Ligase zusammenklebten. Smith legte mit seiner eleganten biochemischen Detektivarbeit den Grundstein für das Zeitalter der DNA-Rekombination Anfang der siebziger, für die DNA-Fingerabdruck-Revolution der achtziger und für die Genkartierung der neunziger Jahre. Doch als im Oktober 1979 der Anruf aus Stockholm kam, war niemand überraschter als Smith und seine Familie. Als seine Mutter die Nachricht im Radio hörte, sagte sie zu ihrem Mann: »Ich wußte gar nicht, daß es noch einen Hamilton Smith an der Hopkins University gibt.«[25] Smith bekannte in einem Brief an die Harvard-Wissenschaftler, die ihn zu seiner Entdeckung inspiriert hatten, daß er den Preis hätte teilen sollen.

Nach der Verleihung des Nobelpreises bemühte sich der zurückgezogen lebende Smith, seiner plötzlichen Berühmtheit gerecht zu werden und dennoch Zeit mit seinen fünf Kindern zu verbringen oder seinem älteren Bruder zu helfen, der an Schizophrenie leidet. Daneben versuchte er, nach wie vor produktive Laborarbeit zu leisten.[26] Er beschäftigte sich mit Computerprogrammierung und verschiedenen wenig durchdachten Experimenten, was schließlich in der Blamage gipfelte, daß seine Förderanträge vom NIH abgelehnt wurden.

Venter und Smith erholten sich in einer Bar in Bilbao von der Konferenz und freundeten sich an. Zwar könnten die beiden Männer nicht gegensätzlicher sein, doch der schüchterne Smith fand Gefallen an Venters Selbstvertrauen, während Venter von Smiths ruhiger Intelligenz und seinen Ideen beeindruckt war. Venter beschrieb dies folgendermaßen: »Ich vermute, wir beide wünschen uns, wir könnten ein wenig wie der andere sein.«[27] Wenige Monate später bot Venter Smith eine Stellung im wissenschaftlichen Beratergremium von TIGR an. Ende 1993 schlug Smith bei einem TIGR-Mitarbeitertreffen eine radikale Idee vor. Die Sequenziertechnologie befand sich noch nicht in einem Stadium, in dem eine einzelne Institution wie TIGR daran denken konnte, das gesamte Genom oder auch nur ein einziges Chromosom in Angriff zu nehmen, aber durch die Sequenzierung eines niederen Organismus ließen sich gleichwohl wertvolle Erkenntnisse gewinnen. Und so schlug Smith waghalsig vor, daß TIGR doch einmal darüber nachdenken sollte, das vollständige Genom eines Bakteriums zu sequenzieren.

Im Prinzip wäre *E. coli* der logische Kandidat für ein solches Programm gewesen, jenes Bakterium, das zu Milliarden in den menschlichen Eingeweiden lebt und gelegentlich schwere Lebensmittelvergiftungen verursacht. Nach jahrzehntelanger Forschung ist es – was die Genetik betrifft – das am besten ergründete Bakterium und einer der am besten erforschten Organismen nach dem Menschen. Doch *E. coli* kam nicht in Frage, da dafür Mitte der 80er Jahre bereits ein bescheidenes Sequenzierungsprojekt begonnen hatte, auch wenn es nur langsam vorankam und erst in einigen Jahren beendet sein würde.

Rasch schlug Smith als weitere Möglichkeit sein »Lieblingsbakterium« vor, an dem er vor 20 Jahren die Restriktionsenzyme studiert hatte: *H. influenzae*. Auch wenn diese Wahl zum Teil sentimentale Beweggründe hatte, so läßt sich doch die beträchtliche Bedeutung von *H. influenzae* für die Medizin nicht leugnen. Ein großer Prozentsatz augenscheinlich gesunder Kinder trägt das Bakterium in den Nasenwegen, von wo es sich auf Ohr, Gehirn und Lungen ausbreiten und Mittelohrentzündung, Bronchitis und Meningitis verursachen kann. Außerdem mehren sich die Beweise, daß *H. influenzae* eine wichtige Ursache für Lungenentzündung bei Kindern in Entwicklungsländern darstellt. Doch vermutlich ebenso wichtig ist die Tatsache, daß *H. in-*

fluenzae ein ganz typisches Bakterium ist, von durchschnittlicher Größe und mit einer durchschnittlichen DNA-Zusammensetzung.

Ironischerweise wurde Smiths Vorschlag bei seiner eigenen kleinen Gruppe an der Johns Hopkins University noch kühler aufgenommen als bei der TIGR-Besprechung. Smiths Team hatte bereits einen kleinen Abschnitt des *H.-influenzae*-Genoms sequenziert und war nicht gerade begeistert angesichts der Zeit, die es dauerte, das ringförmige bakterielle Chromosom zu kartieren, ganz zu schweigen von der langweiligen Aufgabe, die ungefähr 1,8 Millionen Einheiten der DNA zu sequenzieren. Doch Smith begnügte sich nicht damit, den Plan einfach verkümmern zu lassen. Er führte einige Computersimulationen durch, die den Verdacht nahelegten, daß ein fast schon lächerlich naives Schrotschußverfahren zum Erfolg führen könnte. Statt Monate oder möglicherweise sogar Jahre damit zu verbringen, das bakterielle Genom zu kartieren (das heißt in diesem Fall, die Reihenfolge überlappender Fragmente zu bestimmen, bevor eine zusammenhängende Sequenz ermittelt wird), favorisierte Smith den Einsatz von roher Gewalt. Zuerst schneidet man die bakterielle DNA in Tausende beliebige Teile, dann wird die DNA jedes Abschnitts bestimmt und schließlich werden die überlappenden Fragmente mit Hilfe eines Computerprogramms aneinandergereiht, um die gesamte zusammenhängende DNA-Sequenz des Organismus zu erstellen.

Das TIGR-Team hatte Mühe, sich mit Smiths exzentrischer Sequenzierstrategie anzufreunden. Doch Venter gefiel die Idee sofort, und Smith erhielt bald die volle Unterstützung seines Instituts.[28] Smith überwachte persönlich und gewissenhaft das Schneiden der gereinigten Bakterien-DNA in beliebig große Teile, wählte dann diejenigen aus, die aus weniger als 2000 Buchstaben bestanden und fügte sie in eine andere bakterielle DNA ein, um sie vor der Durchführung der Sequenzierungsexperimente zu klonieren und zu reinigen. Ein Team von acht TIGR-Mitarbeitern, die 14 ABI-373-DNA-Sequenzierautomaten verwendeten, verbrachte drei Monate mit der Durchführung von 28 000 Sequenzierungsexperimenten mit Klonen, die etwa 500 Buchstaben lang waren. Jeder Buchstabe der DNA wurde durchschnittlich sechsmal sequenziert.

Die etwas entmutigendere Frage lautete jedoch: Würde die TIGR-

Software in der Lage sein, dies alles zusammenzufügen? Die TIGR-Assembler-Software reduzierte die 28 000 einzelnen Sequenzen auf 140 kleine Abschnitte oder Contigs. Langsam, aber sicher wurden dann auch die verbleibenden Lücken in der DNA-Sequenz des Genoms geschlossen.

Als die Sequenzierarbeit schließlich Anfang 1994 in Angriff genommen wurde, entschlossen sich Venter und Smith, beim NIH einen Antrag auf Fördermittel zu stellen, um das Projekt zu finanzieren. Angesichts ihrer jüngsten Erfahrungen mit dem staatlichen Fördergremium war keiner der beiden Männer besonders optimistisch, doch beide freuten sich auf die Genugtuung, die Skeptiker dort eines Besseren zu belehren. Im August 1994 erhielt Venter endlich ein rosafarbenes Formular vom NIH, auf dem sein Fördermittelantrag abgelehnt wurde; die zuständigen Gutachter hielten es für unmöglich, fast zwei Millionen Buchstaben der DNA zu identifizieren.[29] Venter und Smith lachten nur darüber: Ihre *H.-influenzae*-Sequenz war bereits zu 90 Prozent vollständig. (Später bezuschußte das US-Energieministerium das Projekt.)

Es dauerte noch mehrere Monate, ehe die letzten Stücke des Sequenzpuzzles an ihrem Platz lagen. Nach 13 Monaten endlich hatte man Geschichte geschrieben, zu einem Preis von 48 Cents pro Buchstabe. Es handelte sich zwar nicht um die größte zusammenhängende Sequenz, die jemals zusammengefügt worden war – diese Ehre gebührte dem akademischen Konsortium, das die Chromosomen der Hefe und des Fadenwurms sequenziert hatte –, aber doch um die bedeutendste. Venters entscheidendes Glücksspiel hatte sich ausgezahlt. Die erste Genomsequenz eines lebenden Organismus (im Gegensatz zu einem Virus) stand nun in den Büchern und im Internet. Venter hatte den Ring des Lebens entschlüsselt.

Venter präsentierte die *H.-influenzae*-Sequenz erstmals 1995 bei der Konferenz der amerikanischen Gesellschaft für Mikrobiologie in Washington. Die Huldigungen folgten rasch und nicht zu spärlich.[30] Wissenschaftler lobten das Ergebnis als einen Meilenstein der Forschung und als unglaubliche Leistung. Selbst James Watson würdigte Venters Kunststück als »große Stunde der Wissenschaft«. Im Juli, nur zwei Monate vor der Veröffentlichung des Genomverzeichnisses, publizierte

Venters Mannschaft in der Zeitschrift *Science* unter weltweitem Beifall die erste bakterielle Genomsequenz.[31]

Die Schätze des *H.-influenzae*-Genoms erfüllten alle Erwartungen. Das Genom enthält 1 830 137 Buchstaben. Man muß dem TIGR-Team zugute halten, daß es nicht versuchte, die über 100 Fälle zu verbergen, wo es Schwierigkeiten bei der Bestimmung der genauen Base gab. »Pik ist Pik, und besser man sagt es auch«, stimmten einige Kommentatoren zu, »statt die Augen zusammenzukneifen, bis es wie eine Schippe (oder ein G) aussieht.«[32] Das Genom enthält 1743 Gene, was einer bemerkenswerten Dichte von einem Gen pro 1000 Basen entspricht. Dies bedeutet, daß fast alle DNA-Basen einen wichtigen Code tragen und fast keine Füllsel oder Müllsequenzen vorkommen. Über 1000 Gene waren entweder mit bekannten Genen anderer Organismen identisch oder ähnelten ihnen zumindest. Diese konnten schnell zu Familien geordnet werden und lieferten unmittelbare Einblicke in die biochemischen Signalwege. 17 Prozent der Gene spielen bei der Umsetzung der in der DNA-Sequenz enthaltenen Instruktionen in Proteine eine Rolle, zwölf Prozent werden für den Transport benötigt, zehn Prozent sind für die Produktion von Energie notwendig und acht Prozent für die Produktion der äußeren Hülle der bakteriellen Zelle. Dennoch blieben etwa 40 Prozent der Gene übrig, die sich nicht einordnen ließen; sie ähneln keinerlei bekannten Genen, obgleich etwa die Hälfte von ihnen *vorausgesagten* Genen glichen.

Bakteriengenetiker wie Richard Moxon von der Oxford University, ein früher Befürworter der Sequenzierung des *H.-influenzae*-Genoms, lobten die Sequenz in überschwenglichen Worten und feierten, nun, da alle Gene bekannt waren, ihren neuen wissenschaftlichen Fundus. Sie verfolgten den Unterschied zwischen virulenten und nichtvirulenten Bakterienarten auf eine Spanne von acht Genen zurück, die man nur im virulenten Typ B fand. Diese Gene codieren für Proteine, die dem Bakterium dabei helfen, an ihren Wirtszellen zu haften. Sie bemerkten, daß das Chromosom 1465 Kopien eines kurzen, 29 Buchstaben langen DNA-Motivs besaß, eine sogenannte *Uptake*-Sequenz, mit einem erhaltenen Kernstück, dessen DNA-Folge AAGTGCGGT lautet. Das Bakterium erkennt exogene DNA mit dieser Sequenz und nimmt sie bevorzugt auf. Einsichten in die biochemischen Signalwege, die der Energieerzeugung und der Lebenserhaltung dienen, wurden sogleich durch die Anwesenheit oder Abwesenheit von wichtigen Genen für den Stoffwechsel gewonnen, und neue Hinweise auf die Fähigkeit eines Bakteriums, sich an die Veränderungen in seiner Umgebung anzupassen, ergaben sich aus der Entdeckung, daß eine Handvoll wichtiger Gene für die Ausprägung der Virulenz kurze Abschnitte einer vierbuchstabigen Wiederholungssequenz enthalten, die gleichsam absichtlich während der DNA-Replikation Schreibfehler einbaut. Dies führt zu weitverbreiteten Variationen in den Proteinsequenzen und hilft dem Bakterium, mit Veränderungen in seiner Umwelt fertig zu werden.

Nach den Standards der Pharmaforschung waren TIGRs Ausgaben für die Sequenz des ersten lebenden Organismus unbedeutend – nur rund eine Million Dollar. Für diesen Spottpreis hatte TIGR eine gut gefüllte Schatztruhe für die Bakteriengenetiker gehoben. Die Hunderte von rätselhaften Genen, für die es keine bekannte Funktion gab, konnten ganz leicht studiert werden, indem man systematisch jedes Gen entfernte und die Wirkung auf die Bakterien beobachtete. Noch ehrgeiziger war das Vorhaben mancher Forscher, die dazugehörigen Proteine zu reinigen und kristallisieren, um anhand ihrer dreidimensionalen Struktur etwas über ihre Funktion zu erfahren. Und zu guter Letzt waren die Aussichten, Impfstoffe gegen die virulentesten Arten von *H. influenzae* zu entwickeln, nie zuvor so gut gewesen.

Noch während Venter die Lobeshymnen genoß, die der Veröffentlichung der ersten Sequenz eines lebenden Organismus folgten, legten seine Leute bereits letzte Hand an ein zweites sensationelles Projekt und begannen mit der Arbeit an einem dritten. Natürlich hatte schon die erste mikrobielle Sequenz unbestreitbare Folgen für die Wissenschaft gehabt, doch bei Venters nächsten zwei Sequenzen würden sie noch weitreichender sein und die Evolutionsforschung in ihren Grundfesten erschüttern.

Im Januar 1995 begann Venters Gruppe zusammen mit Clyde Hutchison, einem Mikrobiologen von der University of North Carolina, die DNA von *Mycloplasma genitalium* zu sequenzieren.[33] Im Gegensatz zu *H. influenzae* lagen die Gründe für die Untersuchung von *M. geni-*

talium, einem harmlosen Parasiten im menschlichen Genitalbereich, auf der Hand: Er ist nur knapp ein Drittel so groß wie *H. influenzae* und beherbergt mit seinen 58 000 Basen das kleinste lebende Genom. Verglichen mit *H. influenzae* verlief die Sequenzierung problemlos; fünf TIGR-Mitarbeiter brauchten dafür nur zwei Monate und acht ABI-Automaten, um die rohen Sequenzdaten zu sammeln, sowie ein paar zusätzliche Monate, um die Zusammensetzung des Genoms zu vollenden. Für eine Gesamtsumme von nur 200 000 Dollar hatten Venters Leute 517 Gene identifiziert – 480 trugen den Code für Proteine, die übrigen den Code für RNA-Moleküle.

Wie alle Bakterien, die in nährstoffreichen Säugetierzellen leben, teilt sich *M. genitalium* seine genetischen Ressourcen völlig anders ein als *H. influenzae*. Zum Beispiel genügt ihm ein einziges Gen, das bei der Biosynthese von Aminosäuren eine Rolle spielt, während *H. influenzae* dafür fast 70 braucht. Trotzdem stellte sich überraschend heraus, daß fast 100 Gene in *M. genitalium* keinerlei Ähnlichkeit mit den Genen von *H. influenzae* oder irgendeinem anderen Organismus aufwiesen, so daß die Genforscher in bezug auf die Funktion dieser Gene im dunkeln tappten.

Doch Venter, Fraser, Smith und ihre Kollegen ließen die Sache nicht auf sich beruhen. Wenn es *M. genitalium* gelingt, mit nur einem Drittel der Gene von *H. influenzae* und vieler anderer Bakterien zu überleben, wie viele Gene waren dann noch überflüssig? Wäre es möglich, die Mindestzahl an Genen zu bestimmen, die für die Lebenserhaltung notwendig sind? Nun, da das kleinste Genom vollständig katalogisiert vor ihm lag, verfügte Venter über das Mittel, diese kontroverse Frage anzugehen. Venters Gruppe verwendete einen »Top-down«-Ansatz für das bereits sehr dürftige Genom von *M. genitalium*, das heißt, er versuchte so viele Gene wie möglich zu stören und untersuchte die Auswirkungen auf die Lebensfähigkeit des Bakteriums. Der Trick bestand darin, ein mobiles DNA-Element namens Transposon zu verwenden, das sich willkürlich in das bakterielle Chromosom einfügt. Die Störung einiger Gene hatte kaum oder gar keine Auswirkungen auf die Gesundheit der Zelle, aber wenn sich das Transposon seinen Weg in die Mitte eines kritischen *Mycoplasma*-Gens gebahnt hatte, war das Bakterium nicht länger lebensfähig. Ähnliche Experimente wurden auch an *M. pneumoniae* durchgeführt, einem besser ausgestatteten Verwandten von *M. genitalium* mit etwa 200 zusätzlichen Genen.

Es dauerte über ein Jahr und mehr als 2000 Insertionen, bis endlich ein auffallendes Muster sichtbar wurde. Bei 93 verschiedenen *M.-genitalium*-Genen hatten Insertionen von Transposons offenbar keine Auswirkungen auf die Gesundheit der Zellen. Vergleiche mit *M. pneumoniae* offenbarten eine weitere Gruppe von 129 *M.-genitalium*-verwandten Gene, die für die Lebensfähigkeit nicht notwendig waren. Damit blieben etwa 350 Gene in *M. genitalium* übrig, die von den Transposons in den lebenden Zellen niemals beeinträchtigt worden waren, woraus sich ein oberes Limit für das »Minimalgenom« ergab.[34] Auf der anderen Seite ließ sich auch ein unteres Limit für die Zahl lebenswichtiger Gene ableiten, indem man einfach TIGRs erste zwei Bakteriengenome miteinander verglich – woraus sich ergab, daß 256 Gene erhalten geblieben und damit höchstwahrscheinlich lebenswichtig waren. Als ersten Näherungswert schätzten Venter und Fraser, daß das bloße Gerüst der Sequenz des Lebens etwa zwischen 250 und 350 Genen umfaßt, aber dennoch blieb die Funktion von etwa 100 dieser Gene ungeklärt.

Diese Ergebnisse waren zwar sehr interessant, aber es gab eine viel kürzere Methode, um die genetische Minimalausstattung für das Leben zu ermitteln, wie Venter trocken erklärte: »Ein Weg, das Minimalgenom für ein sich vermehrendes Lebewesen zu identifizieren, besteht darin, ein kassettiertes [bausteinartiges, A. d. Ü.] Chromosom zu erzeugen und zu testen – ein Experiment, das bislang noch nicht ethisch bewertet wurde.«[35] Anstatt Gene zu entfernen, um das Minimalgenom zu bestimmen, dachte Venter über den weitaus radikaleren Ansatz nach, das Genom im Labor von Grund auf zusammenzubauen, bei dem im Erfolgsfall wortwörtlich Leben im Reagenzglas erschaffen würde. »Der wesentliche Punkt ist«, sagt Fraser, »daß [die DNA] sich vermehren muß«, doch sie gibt gleichzeitig zu, daß es dabei viele technische Hürden zu überwinden gilt.[36] Der Paläanthropologe Richard Fortey schrieb in diesem Zusammenhang: »Der entscheidende Zündfunke, der unbelebter Materie zum Leben verhalf, entstand nur ein einziges Mal, und jede lebende Existenz verdankt sich diesem Augenblick.«[37] Indem er ein künstliches Floß aus Genen baut, mittels dessen ein Gen nach dem anderen in ein synthetisches Chromosom eingefügt wird, das in einer ruhenden Bakterienhülle sitzt, könnte es Venter vielleicht gelingen, diesen Funken noch einmal zu entzünden.

Auf die Frage, ob er mit seiner Arbeit nicht Gott spiele, antwortete Bill Haseltine einmal allen Ernstes: »Ich wünschte, es wäre so.«[38] Anfänglich schien auch Venter diese unbesonnene Haltung zu teilen. Bei der Präsentation seiner Pläne auf der Jahrestagung der American Association for the Advancement of Science berief er sich salopp auf die Schöpferin Frankensteins und witzelte: »Mary Shelley hätte dies sehr gefallen!« Die möglichen praktischen Anwendungen eines solchen Programms, zum Beispiel die Erzeugung von Designermikroben, um Giftmüll oder Ölteppiche abzubauen oder erneuerbare Energien zu entwickeln, gingen in der ethischen Kontroverse, die Venter entfacht hatte, jedoch unter. Jeremy Rifkin, berühmte Nervensäge der Gentechnik, erzählte der BBC: »Dies ist ein Scheideweg, der uns in eine schöne neue Welt führt – eine Welt, in der die Wissenschaftler und Firmen anfangen können, ihre eigene Genesis zu erschaffen. Doch verfügt auch nur ein einziger der daran beteiligten Wissenschaftler über genügend Weitsicht, um bestimmen zu können, wie die künftige Evolution des Lebens auf diesem Planeten verlaufen soll?«[39]

Venter entschied sich – eher untypisch für ihn – für einen umsichtigeren Ansatz. Den ethischen Feuersturm, den die Ankunft des geklonten Schafs Dolly im Jahr 1997 entfacht hatte, noch gut im Gedächtnis und auch etwas vorsichtig angesichts der berechtigten Angst, maßgeschneiderte Mikroben könnten für finstere Zwecke wie biologische Kriegsführung eingesetzt werden, ließ er das Experiment abbrechen. Statt dessen finanzierte er ein Gremium aus angesehenen Bioethikern und ließ TIGRs Vorhaben, ein Minimalgenom zu konstruieren, lieber vor dem Experiment beurteilen als danach. Das Gremium kam zu dem Schluß, daß Experimente zur Genmindestzahl keine Bedeutung für »die komplexen metaphysischen Fragen zur Stellung des Menschen« hätten, und konnte an Venters reduktionistischen Plänen nichts Schlimmes finden. »Zu oft«, hieß es in der Stellungnahme, »haben die Befürchtungen, jemand könnte ›Gott spielen‹, die Diskussion über die moralisch verantwortliche Veränderung des Lebens nicht gefördert, sondern im Keim erstickt.« Dennoch fügte man hinzu: »Die Versuchung, diese Grundlagenforschung zu dämonisieren, ist vermutlich immer unwiderstehlich«, besonders wenn es keine gültige Definition gebe, was Leben eigentlich sei.[40]

Ganz sicher werden manche Gruppierungen Venters prometheische Pläne als einen abscheulichen Angriff auf die Unantastbarkeit des Lebens verurteilen, als Zeugnis für die entsetzliche Anmaßung der modernen Wissenschaft. Unter den führenden Vertretern der Religionen jedoch überwiegt eher die Haltung, das Unbehagen an Venters Forschungsplänen sei zwar verständlich – doch das Leben sei mehr als ein Haufen Gene, die in einem ausgehöhlten Bakterium zusammenwirken. Venters Experiment dürfe daher nicht mit der wirklichen Schöpfung von Leben verwechselt werden. Ob die öffentliche Reaktion ebenso zurückhaltend ausfallen wird, wenn eine kleine DNA-Sequenz den Lebensfunken erbringt, steht jedoch dahin.

Die ersten zwei Genomsequenzen von Bakterien überzeugten die wissenschaftliche Gemeinschaft weltweit davon, daß Venters diffamierte Sequenzierstrategie der richtige Weg war – zumindest für Bakterien. Auch der Wellcome Trust und das NIH stellten nun Millionen Dollar für die Finanzierung mikrobieller Sequenzierungsprojekte zur Verfügung. Während Venters technischer Zaubertrick sich schnell zur Standardpraxis entwickelte, blickte die wissenschaftliche Welt erneut voller Staunen auf seine nächste Hexerei, als er ein Ergebnis herbeizauberte, auf das hin die Lehrbücher der Evolution buchstäblich neu geschrieben und der Baum des Lebens neu gezeichnet werden mußte.

Die Geschichte nahm im Jahr 1982 ihren Anfang, als ein Forschungs-U-Boot namens *Alvin* den Boden des Pazifischen Ozeans vor der Küste der Halbinsel Baja California auf der Suche nach neuen Lebensformen durchwühlte. In drei Kilometer Tiefe stocherte *Alvin* an einem hydrothermalen Schlot auf dem Meeresboden herum, einer sengend heißen Quelle aus der Unterwelt, auch »Weißer Raucher« genannt.[41] An diesem Tag bestand die Jagdbeute aus den plutonischen Tiefen des Pazifik aus einer methanerzeugenden Mikrobe, die bei milden Temperaturen von 85 °C, in extremen Druckbereichen und ohne einen Hauch von Sauerstoff gedieh. Dieser seltsame, noch nie zuvor gesehene Organismus wurde *Methanococcus jannaschii* getauft, zu Ehren seines Hauptabfallprodukts Methan sowie des Expeditionsleiters Holger Jannasch.

M. jannaschii ist ein merkwürdiges Lebewesen, das sich offenbar über seine eigene Identität nicht ganz im klaren ist. Auf der Zellebene ähnelt es einem typischen Bakterium, dessen DNA nicht in einem Zellkern eingesperrt ist – das wichtigste Unterscheidungsmerkmal zwischen den zwei großen Domänen des Lebens, den Eukaryoten (alle Pflanzen und Tiere) und den Prokaryoten (Bakterien). *M. jannaschii* gehört zu einer besonderen Gruppe, den Archaea (auch Archaebakterien genannt), die nur unter sehr extremen Bedingungen auf unserem Planeten gedeihen. Diese Bakterien sind so abgehärtet, daß sie die Lieblinge der Panspermietheoretiker sind, die glauben, daß das Leben aus dem All auf die Erde kam.

Die genetische Distanz der Archaea enthüllte sich durch die bahnbrechende Studie von Carl Woese, einem Physiker von der University of Illinois, der sich der Evolutionsbiologie zugewandt hatte. Woese begann Ende der 60er Jahre eine umfassende Studie über die genetischen Ähnlichkeiten und Unterschiede bei Dutzenden von verschiedenen Bakterienarten. Seine Gründe waren ganz einfach: Während der Evolution sammeln sich unvermeidlich Mutationen oder Veränderungen in der DNA der verschiedenen Organismen an. Indem Forscher diese Sequenzveränderungen auflisten und die Rate schätzen, mit der sie aufgetreten sind, können sie den evolutionären Zusammenhang zwischen den verschiedenen Arten beurteilen. Organismen mit vielen DNA-Unterschieden in einem bestimmten Gen haben sich vermutlich früher voneinander getrennt als Organismen mit einer nur kleinen Anzahl an Änderungen.

Woese konzentrierte sich auf ein bestimmtes RNA-Molekül, das ein entscheidender Bestandteil der Ribosomen ist, der Proteinmaschinen der Zellen. Diese ribosomalen RNAs (rRNAs) findet man in allen Lebensformen, aufgrund der entscheidenden Bedeutung der Proteinsynthese für die Aufrechterhaltung des Lebens. Anfänglich (Jahre bevor Sanger und Gilbert ihre DNA-Sequenziertechniken vervollkommnet hatten) mußte Woese sich auf eine indirekte Herangehensweise verlassen, um die Sequenzänderungen zu messen.[42] Daher zerlegte er die rRNA-Moleküle mit Hilfe von Chemikalien und überwachte die radioaktiven Spuren, während er die Fragmente auf einem Gel voneinander trennte.

1976 begann Woese damit, die rRNA-Sequenzen von Archaea und Bakterien zu vergleichen und stieß auf eine aufregende Entdeckung. Die rRNA der Archaea war so einzigartig, daß er sie einfach nicht als Bakterium klassifizieren konnte. Für Woese schienen die Sequenzen in Gottes Handschrift verfaßt. Sie schienen einer völlig neuen biologischen Gruppe anzugehören – einer dritten Domäne, die sich von Prokaryoten und Eukaryoten abhob und eine eigene Form darstellte. Ebenso spannend war der Verdacht, der Woese nun kam, die Archaea könnten Rudimente der allerersten Lebensformen auf der Erde darstellen. Schließlich war es der einzige Organismus, der unter den feindlichen Bedingungen überleben konnte, die vor über drei Milliarden Jahren auf der Erde herrschten und die man heute noch in den Quellen des Yellowstone Park vorfindet – laut Fortey »rauchende Schlote des Hades«.[43] Es war ein Organismus, der Sauerstoff mied und statt dessen Kohlendioxid, Stickstoff und Wasserstoff bevorzugte.

Kontroversen sind auf dem Gebiet der Evolutionsforschung gang und gäbe, doch Woeses revolutionäre Idee, daß das Leben nicht aus zwei, sondern aus drei biologischen Gruppen bestehe und daß zwei dieser Gruppen zu den Mikroben gehören, kam der Ketzerei gleich. Seine Ergebnisse, die er 1977 veröffentlichte, fanden ein starkes Echo in den Medien. Die Leitartikler verkündeten, Woese hätte eine dritte Domäne des Lebens auf der Erde entdeckt, einen seltsamen, fremdartigen Organismus, der weder Tier noch Pflanze zu sein schien. Genaugenommen ergänzt dieses dritte Organismenreich, das Woese beschrieb, die beiden Reiche der Bakterien und der Eukaryoten.

Im Gegensatz dazu waren die Reaktionen führender Evolutionsexperten nicht gerade für den Abdruck in Zeitungen geeignet. Woeses phantasievoller Vorschlag wurde laut einem damaligen Beobachter »mit Zorn und Spott aufgenommen, um von Beschimpfungen ganz zu schweigen«.[44] Schlimm genug, daß der Außenseiter Woese mit abstrusen Techniken arbeitete, die nur wenige andere beherrschten. Und nun behauptete er im Grunde auch noch, daß die angeblichen Experten auf dem Gebiet der Evolution einen riesigen Ast am Baum des Lebens völlig übersehen hatten. Doch während der nächsten Jahre enthüllten neue Forschungen an der Biochemie und Physiologie der Archaea eindeutige Unterschiede der Eigenschaften dieser Organismen im Vergleich zu den Bakterien. Unglaublicherweise schienen sie ebenso viele – wenn nicht mehr – Gemeinsamkeiten mit den Eukaryoten zu haben wie mit ihren einzelligen Nachbarn.

Venter fand diese Kontroverse sowohl wissenschaftlich als auch persönlich gesehen ausgesprochen faszinierend. Er konnte gut nachvollziehen, welchen Konflikt Woese austragen mußte – dieser Forscher hatte den Mut, sich der Lächerlichkeit preiszugeben, weil er das zentrale Dogma der Evolution in Frage stellte, und sehnte sich zugleich nach dem Respekt und der Anerkennung seiner Kollegen. Venter wußte überdies, daß sich mit TIGRs Sequenzierkapazitäten diese hitzige Debatte ein für allemal beenden ließe, weil hier die Mittel zur Verfügung standen, um die verschiedenen Organismen auf der Ebene der Nukleotide zu vergleichen, also nicht Gen für Gen, sondern Genom für Genom. Und gemeinsam mit Woese wählte er das Genom von *M. jannaschii* als nächsten Kandidaten für eine Untersuchung bei TIGR.

Venter und Woese waren nicht die einzigen, die sich an die Aufgabe machten, Archaea zu sequenzieren.[45] Im Jahr 1993 hatte sich bereits eine Reihe von Forschern zu einer Interessengruppe zusammengefunden, um Unterstützung für ein Archaea-Sequenzierprojekt namens ARGO – die »Archaeal Genome Organization« – zu fordern (vermutlich in der Hoffnung, daß ihre Unkenntnis der griechischen Mythologie sie nicht irgendwann einholen würde). Später wurden sie daran erinnert, daß *Argo* auch der Name des Schiffes war, auf dem Jason und die Argonauten bei ihrer Suche nach dem Goldenen Vlies reisten – eine Mission, die zwar letzten Endes erfolgreich war, unterwegs aber mit Verrat und Gefahren zu kämpfen hatte. Bald schon liefen mehrere Projekte an, doch schließlich waren es Venter und Woese, ermutigt Anfang 1995 durch einen Fördermittelzuschuß von 1,5 Millionen Dollar, die den ersten Preis für sich beanspruchten.

Die beiden setzten die gleiche bewährte Sequenziermethode ein, die auch bei dem ähnlich großen *H.-influenzae*-Genom so problemlos funktioniert hatte. Nachdem das Genom in Tausende beliebig große DNA-Stücke von etwa 2000 bis 2500 Buchstaben zerteilt worden war, führten sie über 36 000 Sequenzablesungen durch. Die verbliebenen Lücken wurden durch die Verwendung größerer Klone gefüllt, mit denen sich die verschiedenen Fragmente besser zuordnen ließen. Es dauerte fast ein Jahr, dann hatte Venters Gruppe die vollständige DNA des ersten Archaebakteriums entschlüsselt. Nach Ablauf einer sechsmonatigen Frist, die es Haseltine ermöglichte, die Sequenzdaten im Vorfeld zu untersuchen, erschienen die Ergebnisse im August 1996 in *Science*, zwanzig Jahre nachdem Woese die Archaebakterien auf der Landkarte der Evolution eingezeichnet hatte.[46] (Die Forscher warteten bereits so verzweifelt darauf, die Archaea-Sequenz zu begutachten, daß sie um TIGRs Verpflichtung gegenüber Human Genome Sciences wenig Wirbel machten.)

Die Bedeutung von Venters und Woeses Sequenz ging über die 1 664 976 Buchstaben des ringförmigen Chromosoms oder die kleinen extrachromosomalen Elemente, die bei *M. jannaschii* gefunden wurden, hinaus. »Sie sagt uns Dinge über das Leben auf diesem Planeten, die vor ein paar Jahren noch wie pure Science-fiction geklungen hätten«, sagte Venter.[47] Auf dem Hauptchromosom lagen nach den Voraussagen 1682 Gene, doch bemerkenswerterweise entsprachen nur 11 Prozent davon Genen von *H. influenzae*, während man für 50 Prozent keinerlei Entsprechung in den Datenbanken fand. Der Grund für die geringe Übereinstimmung war, daß die Archaeagene eher den Genen von Tieren und Pflanzen ähnelten als den Genen einfacher Bakterien. Vor allem Gene, die den Code für die Proteinkomponenten der Ribosomen (der Proteinfabriken), von RNA-Polymerase und anderen Faktoren tragen, die für die Genaktivierung notwendig sind, ähnelten allesamt den Genen von Eukaryoten und nicht denen von Bakterien. Auch Struktur und Replikation des Archaeachromosoms tragen den Stempel eurkaryotischer Chromosome. Auf der anderen Seite zeigten die meisten Gene, die zum Zellstoffwechsel beitragen, mehr Gemeinsamkeiten mit ihren bakteriellen Gegenstücken als mit Eukaryoten.

Diese erste Sequenz eines Archaeagenoms rechtfertigte Woeses jahrelanges Beharren darauf, daß die Archaebakterien einen dritten Zweig am Baum des Lebens darstellen. Nach dieser Theorie läßt sich das Leben etwa 3,5 Milliarden Jahre in die Vergangenheit bis auf LUCA zurückverfolgen, »the last universal common ancestor«, den letzten gemeinsamen Vorfahren. LUCA teilte sich in zwei Zellen ohne Zellkern, die Bakterien und die Archaebakterien. Jahrmillionen später entwickelten sich aus den Archaea Zellen mit einem Zellkern – die Eukaryoten. In einem Prozeß der Endosymbiose (»endo« bedeutet »innen«, und »Symbiose« beschreibt eine Beziehung verschiedenartiger Lebewesen zum gegenseitigen Nutzen) nahmen diese Zellen kleine Bakterien auf, die als Mitochondrien (energieerzeugende Fabriken) und Chloroplasten (Ort der Photosynthese in Pflanzen) dienten und damit lebenswichtige Bausteine in der Evolution von Tieren und Pflanzen darstellten. Richard Fortey stellt es folgendermaßen dar: »Wir sind eins mit Bakterien, die in heißen Quellen leben, mit parasitären Seepocken, Fledermäusen und Blumenkohl. Wir alle teilen einen gemeinsamen Vorfahren.«[48]

Allerdings räumte selbst Woese ein, daß der Baum des Lebens nicht ganz so geradlinig wächst. Er ist weitaus verzweigter, als wir erwarten würden. Wie wir gesehen haben, besitzen Archaea auch bakterielle Gene, Eukaryoten besitzen bakterielle Gene und Bakterien besitzen Archaeagene. Dies wurde bewiesen, als Venters Gruppe das Genom von *Thermotoga maritima* sequenzierte, einem stäbchenförmigen Bakterium, das erstmals bei dem italienischen Ort Volcano entdeckt wurde, in einem 80 Grad warmen Meeressediment.[49] Die Sequenz dieses Genoms enthüllte einen überraschend archaeaähnlichen Aufbau, wobei etwa ein Viertel seiner Gene mit denen der Archaea verwandt waren. Dieses Beispiel sowie viele weitere legen die Vermutung nahe, daß zusätzlich zum vertikalen Transfer von Genen von Generation zu Generation während der Evolution auch ein hoher Grad an lateralem Gentransfer stattfindet – jener Prozeß, bei dem Bakterien Gene für Antibiotikaresistenz weiterverbreiten. Vielleicht entwickelte sich das Leben aus einer kleinen Gruppe primitiver Zellen mit sich austauschenden Genen. Für manche stellt dies eine unliebsame Komplikation in der Evolutionstheorie dar. So beobachtete der Evolutionsbiologe Ford Doolittle: »Es kommt einem vor, als hätten wir bei der Aufgabe versagt, die Darwin uns stellte – die einzigartige Struktur des Lebensbaumes zu beschreiben.«[50] Doch hat die von Venter angezettelte Sequenzierungsrevolte zu einer weitaus tieferen Erkenntnis des Ursprungs des Lebens und der mikrobiellen Evolution geführt, als man noch vor wenigen Jahren geahnt hätte.

Nach *M. jannaschii* wurden in schneller Folge mehrere weitere Archaeagenome sequenziert. Innerhalb von zwei Jahren war die mikrobielle DNA-Sequenzierung so weit verbreitet, daß die Publikation der sechsten Archaea-Sequenz, die 1999 von einer japanischen Forschergruppe kam, in eine obskure Zeitschrift für Spezialisten namens *DNA Research* verbannt wurde.[51] Dabei war die Sequenz des *Aeropyrum pernix* deswegen bemerkenswert, weil es sich bei ihm um den ersten Vertreter der aeroben Archaea handelte, auch Crenarchaeotes genannt – jungfräuliches Gelände, was die Genomsequenzierung anbelangte. (Alle zuvor sequenzierten Archaea gehören zu der anderen großen Untergruppe, den Euryarchaeotes.) Die 1 669 695 Basen von *A. pernix* scheinen weniger Gene zu enthalten, die Eukaryoten ähneln, und liefern einen weiteren Beweis für die Bedeutung des lateralen Gentransfers in den frühen Stadien der Evolution. Während sich die Wissenschaftler weiter an den Zweigen des Lebensbaums entlanghangeln und nach neuen Mikroben für die Sequenzanalyse suchen, wird sich ein deutlicheres Bild von der Entwicklung des Lebens auf unserem Planeten herauskristallisieren und mit ihm eine neue Einschätzung der Stellung des Menschen in der Hierarchie des irdischen Lebens.

Seit mit TIGR 1995 die mikrobielle Sequenzierrevolution begann, sind mehr als 30 Mikrobengenome veröffentlicht worden, und etwa ebenso viele stehen kurz vor dem Abschluß.[52] Diese Zahl wird sich bis Ende 2000 verdoppelt haben, so daß nicht nur die Sequenz der meisten wichtigen bakteriellen Pathogene bekannt sein wird, sondern auch eine wachsende Zahl wirtschaftlich nutzbarer Mikroben. Das Schrotschußverfahren, das TIGR erstmals einsetzte, wird nun in Lehrbüchern auf der ganzen Welt als die gängigste Methode beschrieben. Venters Veröffentlichungsliste interessanter mikrobieller Genomsequenzen hat ihn in den letzten fünf Jahren zu einem der am häufigsten zitierten Forscher gemacht (eine Auszeichnung, die er mit seinem TIGR-Kollegen Mark Adams teilt).

TIGR hat die DNA von vielen medizinisch wichtigen Mikroorganismen sequenziert, darunter auch *Heliobacter pylori*, der über die Hälfte der Weltbevölkerung chronisch infiziert und für die meisten Fälle von Magengeschwüren verantwortlich ist. Weitere entschlüsselte Organismen sind die Erreger von Tuberkulose, Meningitis, Cholera und Borreliose sowie die Spirochäten, die Syphilis verursachen. Jeder dieser Erfolge verspricht große Fortschritte in der Impfstoffentwicklung. TIGR hat außerdem die Hälfte der Chromosomen des Malariaparasiten sequenziert sowie die Senfpflanze, einen beliebten pflanzlichen Modellorganismus.

Die interessanteste Mikrobe, die TIGR sequenzierte, ist vermutlich eine Form von strahlungsresistenten Bakterien namens *Deinococcus radiodurans*, die sich sogar einen Platz im *Guinness-Buch der Rekorde* verdient haben. Diese bemerkenswerte Mikrobe wurde erstmals 1956 im Innern einer Fleischkonserve isoliert, die angeblich durch Gammastrahlung sterilisiert worden war. *D. radiodurans* (der Name bedeutet soviel wie »seltsame Beere, die der Strahlung widersteht«) überlebt eine Strahlung von bis zu zwölf Millionen rad, vieltausendfach höher als die für einen Menschen tödliche Dosis. Ein solches Strahlungsbombardement läßt die bakterielle DNA in Dutzende von Teilen zersplittern, doch ist *D. radiodurans* problemlos in der Lage, sein Genom wieder zusammenzusetzen, ähnlich wie Tropfen flüssigen Quecksilbers. (In den meisten Organismen führen schon einige wenige Brüche in der DNA zu einer Beeinträchtigung.) Seltsamerweise brachte die *D.-radiodurans*-Sequenz – die in vier ringförmige DNA-Moleküle aufgeteilt ist und 3187 Gene codiert – nicht auch zugleich die Erleuchtung, wie dieser Reparaturmechanismus funktioniert. Es gibt jedoch einige Hinweise. Die Bakterien vermögen kleine Abschnitte beschädigter DNA loszuwerden, so daß sie nicht Gefahr laufen, diese in das neue Chromosomenmaterial einzubauen. Ebenfalls sehr faszinierend ist die Tatsache, daß jede bakterielle Zelle vier bis zehn Kopien des vollständigen Genoms enthält, weswegen spekuliert wurde, ob diese zusätzlichen Kopien möglicherweise wie die Sicherungskopien von Dateien im Computer funktionieren, indem sie es ermöglichen, daß intakte Kopien von Genen in die beschädigten Abschnitte eines Chromosoms eingefügt werden.

Doch wie kam es überhaupt zur Entwicklung dieser außergewöhnlichen selbstheilenden Eigenschaften? Eine interessante Möglichkeit wäre, daß sich diese einzigartige Fähigkeit nicht herausbildete, um massive Strahlungsdosen überstehen zu können (denn solche Mengen würden auf der Erde niemals vorkommen), sondern um der Gefahr der Austrocknung vorzubeugen. Wenn ein Bakterium austrocknet, führt dies zu DNA-Schäden, die an Strahlungsschäden erinnern. Und tatsächlich wurde *D. radiodurans* in Gegenden der Antarktis entdeckt, in denen es seit Hunderten Jahren nicht mehr geregnet hat. Daher ist die Strahlenimmunität vielleicht einfach nur ein glückliches Nebenprodukt der Fähigkeit, mit sehr langen Dürreperioden fertig zu werden – was wiederum die Vertreter der Panspermie-Hypothese befügelte, die annehmen, daß das Leben ursprünglich aus dem Weltraum auf die Erde kam. Die *D. radiodurans*-Sequenz sollte die Entwicklung von Heilmitteln zur Reparatur beschädigter DNA ankurbeln. Neue Bakterienarten werden bereits eingesetzt, um ausgelaufene toxische Chemikalien zu absorbieren, und zweifellos werden sich in Kürze viele weitere neuartige industrielle Einsatzmöglichkeiten auftun.

Im August 2000 feierten Fraser und ihre Kollegen bei TIGR die Vollendung ihrer zwanzigsten mikrobiellen Genomsequenz – die El-Tor-Variante der *Vibrio cholerae*, des Bakteriums, das Cholera verursacht.[53] Das spermienförmige Cholerabakterium führt zu einem katastrophalen Flüssigkeitsverlust des Körpers; man verliert etwa die Hälfte der Körperflüssigkeit pro Tag. Die Franzosen nennen die Krankheit deswegen auch »mort de chien« – den Hundetod. Die erste der sieben Choleraepidemien fand 1827 statt, als sich die Krankheit von Indien aus in Asien verbreitete und später nach Europa und Nordamerika kam.

Zu Frasers großer Überraschung stellte sich heraus, daß das Cholerabakterium zwei ringförmige Chromosomen besitzt (mit über vier Millionen Basen) und doppelt so viele Gene (3885) wie erwartet. Das größere Chromosom enthält überwiegend wirtsverwandte Gene, die anscheinend im Verlauf der Evolution eingefangen wurden. Die Entschlüsselung des genetischen Codes dieses furchterregenden Organismus wird neue Hinweise darauf geben, wie man weitere Ausbrüche der Krankheit verhindern und damit unzählige Leben retten kann.

Während ihrer vierjährigen Geschäftsbeziehung kursierten viele Geschichten über Streitereien und Unstimmigkeiten zwischen Venter und Haseltine.[54] Beide haben nicht nur ein starkes Ego, auch ihre Ziele bei der Sammlung und Verteilung der EST-Daten könnten nicht unterschiedlicher sein. Venter war sehr darauf bedacht, sich in den Augen der wissenschaftlichen Gemeinschaft reinzuwaschen, indem er akademischen Forschern problemlos Zugang zu der vollständigen Sammlung der TIGR-Datenbank gewährte. Haseltine weigerte sich jedoch, die neuen Informationen allzubald einsehen zu lassen, weil er den geistigen Besitz seiner Firma schützen wollte.

Dennoch löste die Nachricht, daß Venter und Haseltine plötzlich ihre Zusammenarbeit beendeten, große Überraschung aus.[55] Bei der Gründung von TIGR war vereinbart worden, daß das Institut über eine Zeitspanne von zehn Jahren 70 Millionen Dollar von Human Genome Sciences erhalten sollte. Doch Venter verzichtete 1997 auf die letzten 38 Millionen Dollar, die Haseltine TIGR noch schuldig war. Trotz der allgemein bekannten Differenzen zwischen Venter und Haseltine schien Venter einen sehr hohen Preis für seine Freiheit zu bezahlen. Doch feierte er seine neue Unabhängigkeit sofort ausgiebig, indem er als erstes den öffentlichen Datenbanken Unmengen an unveröffentlichten DNA-Sequenzen zur Verfügung stellte, unter dem großen Beifall der internationalen Wissenschaftlergemeinde.

Dabei ging ihm jedoch bereits sein nächstes – und riskantestes – Vorhaben durch den Kopf. Er hegte nämlich tief in seinem Innern die Vermutung, daß die Schrotschußmethode auch für weitaus größere Genome funktionieren könnte. Schon im Juli 1995 hatte Venter Rachel Nowak von *Science* erzählt, daß die Veröffentlichung der ersten bakteriellen Sequenz »weltweit den Einsatz für die Sequenzierung des menschlichen Erbguts erhöht« habe.[56] Und tatsächlich hatte Venter seinen kühnen *Science*-Artikel über die erste mikrobielle Genomsequenz mit einem jener köstlichen Understatements beendet, die Wissenschaftler sich für wahrhaft klassische Aufsätze vorzubehalten scheinen. Seiner Litanei von Ratschlägen für die künftigen Erforscher bakterieller Genome folgte ein provozierender Nachsatz: »Schließlich«, überlegte er, »steckt in dieser [Schrotschuß-]Methode auch das Potential, die Sequenzierung des menschlichen Genoms zu erleichtern.«

Damals nahmen ihn nur wenige ernst, doch der verblüffende Erfolg der mikrobiellen Sequenzierprojekte bestärkte Venter darin, daß sein Traum Wirklichkeit werden konnte, wenn erst die richtige Technologie vorhanden wäre. In der Zwischenzeit hegte Venters Vertrauter Hamilton Smith keinen Zweifel daran, was getan werden mußte: »Sequenzieren, sequenzieren, sequenzieren – das ist die Eintrittskarte ins 21. Jahrhundert.«[57]

6. KAPITEL

Schätze der verlorenen Welten Schlüssel zu den menschlichen Krankheiten

> Eine Reinheit der Rasse gibt es nicht. Europa ist ein Kontinent tatkräftiger Mischlinge.
>
> H. A. L. Fisher

Die Insel Tristan da Cunha begrüßt ihre Besucher mit einem Schild, auf dem es in schlichten Worten heißt: WILLKOMMEN AUF DER EINSAMSTEN INSEL DER WELT. Noé Zamel war bei seinem ersten Abstecher zu dieser kargen, 2060 Meter hohen Erhebung aus dem Südatlantik zu sehr damit beschäftigt, die Erde unter seinen Füßen zu küssen, um darauf zu achten. Die siebentägige, 2800 Kilometer lange Reise von Kapstadt nach Tristan da Cunha durch das sturmgepeitschte, »Roaring Forties« genannte Seegebiet stellt das Durchhaltevermögen selbst des erfahrensten Seglers auf die Probe, um so mehr noch die Ausdauer eines 60jährigen brasilianischen Lungenarztes, der nur als Passagier mitgefahren ist. Ein Seegang, der an das berüchtigte Zusammentreffen dreier Wetterfronten vor der Küste von Massachusetts im Jahr 1991 erinnerte, zwang die *SA Agulhas*, ein 100 Meter langes ozeanographisches Forschungsschiff, sich mit einer Schlagseite von 50 Grad durch das Meer zu quälen.

Trotz des Wassers, das in seine Kabine flutete, und der ständigen Angst, das Schiff werde kentern, hätten ihm die Reisen zu jenem entlegenen Stück britischen Territoriums in der Mitte zwischen Kapstadt und Buenos Aires durchaus Spaß gemacht, meint Zamel. Was ihn nach Tristan da Cunha lockte, war nicht die Insel selbst, sondern ihre Bewohner – etwa 300 Nachfahren einer Handvoll Siedler europäischen und afrikanischen Ursprungs. Die Tristanianer genießen das einfache

Leben – Fischfang, Kartoffel- und Kohlanbau, Schafzucht – und nehmen den Rest der Welt kaum zur Kenntnis. Doch nun kommt die Welt zu ihnen, denn in der DNA der 90 Familien liegt ein Schlüssel verborgen, der das Geheimnis des Asthmas lüften könnte.

Im Jahr 1961 hatte Zamel erstmals von den Tristanianern gehört.[1] Er hospitierte damals an einem Londoner Krankenhaus, als der Vulkan auf der Insel ausbrach und die gesamte Bevölkerung von Tristan da Cunha nach England evakuiert wurde. Ein Spalt in der Erde spie Lava, sie begrub die Hummerfabrik der Insel unter sich, richtete jedoch sonst wenig Schaden an. Allerdings mußten die 270 Tristanianer für fast zwei Jahre in Southampton bleiben, wo man sie einer Reihe medizinischer und psychologischer Tests unterzog. Vor allem Ernährungsweise und Dialekt wurden unter die Lupe genommen, doch auch Anthropologen und Asthmaforscher untersuchten die Insulaner. Dabei bestätigten sich frühere Vermutungen, wonach die Hälfte der Inselbewohner unter Asthma litt – die größte Häufung von Asthmafällen weltweit.

Um zu verstehen, weshalb eine Krankheit wie Asthma auf Tristan da Cunha mit solcher Häufigkeit auftritt, müssen wir zunächst erklären, wie alles anfing. Im Jahr 1506 entdeckte der Portugiese Tristao da Cunha die Insel, doch erst 1810 kamen Siedler auf das Atoll. Von diesen lebte nur noch ein einziger, als 1816 eine britische Garnison auf der Insel stationiert wurde, die verhindern sollte, daß die Franzosen sie als Stützpunkt zur Rettung Napoleons benutzten, der nach der Niederlage von Waterloo im Jahr zuvor nach St. Helena, 1600 Seemeilen weiter nördlich gelegen, ins Exil verbracht worden war. Als die Garnison im Jahr darauf wieder abzog, blieben drei Soldaten zurück, darunter der Schotte William Glass, der schließlich 16 Kinder zeugte. Holländer, Dänen und Engländer waren unter den anderen, langsam an Zahl wachsenden Siedlerfamilien, die schiffbrüchig auf die Insel kamen oder aber ganz allmählich von St. Helena aus zuwanderten. Zu den letzteren gehörten auch zwei Schwestern, die, wie vermutet wird, vor über 100 Jahren eine genetische Anfälligkeit für Asthma auf die Insel brachten. Die Bevölkerungszahl wuchs von ungefähr 15 auf über 300 Menschen, und da Ehen unter Cousins und Cousinen unvermeidlich waren, verbreitete sich auch die Anfälligkeit für Asthma. Unter den heutigen Bewohnern gibt es nur sieben verschiedene Nachnamen.

Den ersten schweren Fall von Asthma verzeichnete 1910 ein Missionar, der den Tod eines zwölfjährigen Mädchens schilderte. In mehreren Studien wurde die Häufung der Krankheit festgestellt, zuletzt ganz drastisch in der britischen Untersuchung nach dem Vulkanausbruch.

Anfang der 90er Jahre plante Zamel ein Forschungsprojekt zur Genetik des Asthmas und erinnerte sich in diesem Zusammenhang an den merkwürdigen Fall der Tristanianer. Seine anfänglichen Versuche, die Insulaner zur Teilnahme zu bewegen, schlugen fehl. Zamel mußte zunächst einmal das Londoner Foreign Office bitten, ein Telegramm an die Kapstadter Vertretung zu übermitteln, welche die Nachricht nach Tristan da Cunha weiterleitete, wo sie dann endlich beim vierteljährlichen Ratstreffen erörtert wurde. Zweimal erhielt Zamel eine Abfuhr; erst mit einem eigens produzierten Video, in dem er um die Mitarbeit der Insulaner warb, konnte er sich Zugang verschaffen. Im September 1993 konnte Zamel voll Dankbarkeit seine Füße auf die Insel setzen und einen ersten Überblick gewinnen. An den Fuß des Vulkanberges, umgeben von grasenden Schafen, schmiegt sich die Siedlung Edinburgh: eine Schule, zwei Kirchen, ein Postamt, die Fischfabrik, ein Verwaltungsgebäude mit Swimmingpool, ein Hospital, ein Pub in der Gemeindehalle und ein Supermarkt. Die Inselbewohner, stellte Zamel fest, sprachen einen ungewöhnlichen englischen Dialekt, der mit niederländischen Idiomen durchsetzt war. Sie fügen ferner den mit einem Vokal beginnenden Wörtern ein »h« hinzu, so daß »asthma« wie »hashmere« klingt.

Zamel begann mit einer gründlichen klinischen Studie der Insulaner, diagnostizierte Asthma mittels des sogenannten Methacholin-Inhalation, mit der eine Überempfindlichkeit der Atemwege bestimmt werden kann, und sammelte Blutproben für die genetische Analyse.[2] Es zeigte sich, daß annähernd die Hälfte der Bewohner allergisch auf Hausstaubmilben waren und ein Viertel auf Katzenhaare – obwohl wegen der Toxoplasmosegefahr seit 20 Jahren keine Katzen mehr auf der Insel lebten. Außerdem erstellte er ein vollständiges genealogisches Verzeichnis der Inselbewohner, das bis auf William Glass zurückreichte. Zamel erreichte sein selbstgestecktes Ziel, 90 Blutproben zu sammeln, erst am allerletzten Tag – zwischendurch mußte er sich Morphium gegen die Schmerzen spritzen, die ihm ein Nierenstein bereitete (den er dann zwei Tage später auf dem Weg nach Kapstadt ausschied).

Drei Jahre später kehrte Zamel auf die Insel zurück, diesmal mit Verstärkung. Begleitet wurde er von der Wissenschaftlerin Carrie Le Duc von der Biotech-Firma Sequana Therapeutics aus San Diego, die zehn Millionen Dollar für den Versuch riskierte, jenes Gen zu finden, das die Tristanianer für Asthma anfällig machte. Le Duc brachte ausreichend Gerätschaften mit, um ein Zimmer des Inselhospitals in ein veritables zellbiologisches Labor zu verwandeln. Hier konnte sie Hunderte von Blutproben einfrieren, um später Zell-Linien und damit eine unversiegbare Quelle für tristanische DNA erzeugen zu können. Mit der inzwischen bewährten Technik des positionellen Klonierens wollte Sequana jene Region des Genoms kartieren, die den kleinen Fehler aufwies, der mit Asthma zu tun hat, und dann das entsprechende Gen ausfindig machen. Sie hoffte, daß diese Entdeckung neues Licht auf die bei Asthma ablaufenden chemischen Reaktionen werfen und Anhaltspunkte für die Entwicklung von Medikamenten liefern würde. Sequana verkaufte das Lizenzrecht für das entdeckte Gen für 30,5 Millionen Dollar an das deutsche Pharmaunternehmen Boehringer Ingelheim. Es war ein gewagtes Spiel: Konnte das Gen, das Asthma auf einer einsamen Insel nahe der Antarktis verursachte, auch für die Millionen Asthmafälle rund um den Globus verantwortlich sein?

Nachdem die gefrorenen Zellproben wohlbehalten im Stammsitz von Sequana eingetroffen waren, machten sich die Mitarbeiter unter Leitung von Jeff Hall – einst Mitglied von Mary-Claire Kings Gruppe, die das Brustkrebsgen *BRCA1* kartiert hatte – anhand von Hunderten polymorphen Markern an die Analyse der DNA. Viele der Marker waren dem ersten Anschein nach mit dem vermuteten Asthmagen verknüpft. Die stärksten Hinweise deuteten jedoch auf einen DNA-Abschnitt auf dem kurzen Arm von Chromosom 11, besonders auf zwei benachbarte Gene.

Der Vorstoß von Sequana in die Welt der Asthmagenetik löste empörte Aufschreie an zwei Fronten zugleich aus. Die akademischen Forscher waren empört, weil Sequana sich weigerte, die Asthmaentdekkung wie üblich in einer angesehenen wissenschaftlichen Zeitschrift zu veröffentlichen.[3] Im Mai 1997 gab Sequana die provozierende Erklärung heraus, es sei nun endlich gelungen, die Genmutation ausfindig zu machen, die für das Asthma auf Tristan da Cunha verantwortlich sei. Dieses Exempel einer »Genetik per Presseerklärung« – man verkündet ein Ergebnis, ohne die Daten zur wissenschaftlichen Überprüfung freizugeben – wurde bald gängige Praxis unter Biotech-Firmen und Pharmaunternehmen, die mehr daran interessiert waren, Investoren anzulocken, als Forschern Rede und Antwort zu stehen. (Viele solcher Entdeckungen führten zu enormen Zahlungen vertraglich gebundener Pharmaunternehmen und mußten dann veröffentlicht werden, um mögliche Vorwürfe wegen Insiderhandels zu vermeiden.) Die Identität der verantwortlich gemachten Gene, ursprünglich *»Wheeze-1 und -2«* genannt, heute jedoch formeller als *ASTH1I* und *ASTH1J* bezeichnet, wurde erst bekannt, als der europäische Patentantrag gestellt wurde.[4]

Zugleich erfuhr Sequana scharfe Kritik von Umweltgruppen, weil die Firma eine abgeschiedene Bevölkerungsgruppe aus Profitgründen ausgebeutet habe. Eine kanadische Organisation namens Rural Advancement Foundation (Stiftung zur Förderung des ländlichen Raums) warf Sequana vor, »genetische Biopiraterie« zu betreiben »und dabei die elementaren Menschenrechte der Bevölkerungsgruppe zu verletzen, von der die DNA-Proben genommen wurden«.[5] Sequana konterte jedoch, alle Tristanianer, die an der Studie teilgenommen hatten, hätten die Ziele des Forschungsunternehmens vollkommen verstanden und freiwillig Einverständniserklärungen unterzeichnet. Überdies hätte man den Insulanern für den Erfolgsfall eine lebenslange kostenlose Arzneiversorgung garantiert.

Zamel und seine Kollegen haben inzwischen eine weitere Studie bei 300 Geschwisterpaaren mit Asthma in Kanada unternommen. Dabei konnten sie die Vermutung, es gebe ein für Asthma anfällig machendes Gen auf Chromosom 11, noch einmal unabhängig bekräftigen, obwohl die Belege nicht so überzeugen wie bei den Familien von Tristan da Cunha. Zamel vermutet, daß die statistischen Unterschiede auf den afrikanischen Einschlag der von St. Helena kommenden frühen Siedler von Tristan da Cunha zurückgehen. Doch die Bekräftigung des postulierten genetischen Zusammenhangs bei einer heterogeneren Bevölkerungsgruppe europäischen Ursprungs läßt vermuten, daß der Verursacher von Asthma im Südatlantik auch weltweit für die meisten Fälle der Krankheit verantwortlich ist.

Während Besucher von Tristan da Cunha eine beschwerliche Seereise in Kauf nehmen müssen, kostet sie die Reise nach Tangier Island nur 90 Minuten Fahrt durch das ruhige Wasser der Chesapeake Bay. Trotz der Nähe zum amerikanischen Festland ist die Insel so abgeschieden, daß die meisten der 750 Bewohner ihre Stammbäume bis auf die ersten englischen Siedler im späten 17. Jahrhundert zurückverfolgen können. Mit der kulinarischen Verheißung saftig-fleischiger Krabben und dem Hinweis, die Bewohner sprächen einen wunderlichen elisabethanischen Dialekt, locken Reiseführer die Besucher auf diese kleine Sandbank, die zwischen den östlichen Stränden Virginias und Marylands liegt. Eine Inseltour mit der Golfkarre dauert kaum 15 Minuten, während deren man unweigerlich feststellt, wie häufig sich die Familiennamen auf den Grabsteinen wiederholen: Crocket, Pruitt usw. Was die Reiseführer anbelangt, so sind die Krabben tatsächlich sagenhaft, doch wer hofft, Fetzen des guten alten Englisch aufzuschnappen, wird mit Sicherheit enttäuscht. Vielleicht liegt es ja an der Überfülle an Satellitenschüsseln – zumindest dem untrainierten Ohr fällt auf, daß die Bewohner einfach nur das gedehnte Idiom der Südstaatler sprechen.

Da es auf der Insel keinen Arzt gibt, fährt man zum Arztbesuch mit der Fähre aufs Festland. Im Jahr 1961 wurde ein fünfjähriger Junge an Donald Fredrickson überwiesen, einen renommierten Arzt am NIH (der später Direktor des NIH und Präsident des Howard Hughes Medical Institute wurde).[6] Fredrickson stellte fest, daß die Mandeln des Jungen stark vergrößert waren und merkwürdig orangegelb schimmerten: die Folge eines zu hohen Cholesterinspiegels. Auch die Schwester des Jungen hatte auffällige Mandeln und einige andere merkwürdige Befunde mit ihrem Bruder gemein. Vor allem fehlte fast ganz das Lipoprotein hoher Dichte (HDL), das sogenannte »gute« Cholesterin. Fredrickson taufte das rezessiv vererbte Leiden »Tangier-Krankheit«.

Vielleicht hatte, als zwei Jahrhunderte zuvor britische Truppen auf der Insel stationiert wurden, irgend jemand ahnungslos einen genetischen Defekt in den Genpool der Insulaner eingespeist. Mit der durch Cousinenheirat wachsenden Bevölkerung verbreitete sich dieser Defekt, bis schließlich ein Kind geboren wurde, das zwei Kopien des Gens geerbt hatte – eines von jedem Elternteil. Das fehlerhafte Gen störte offenbar den Mechanismus, mit dem der Körper normalerweise das Cholesterin abbaut.

Nach den ersten Berichten über die Tangier-Krankheit wurden gleichartige Symptome von Erkrankten in Europa, Kanada und anderswo gemeldet, obwohl es weltweit nicht mehr als 40 betroffene Familien gibt. Dennoch war dies für mehrere Forschergruppen Anreiz genug, um Jagd auf das mysteriöse Gen zu machen. Im Jahr 1999 identifizierten drei Teams gleichzeitig das die Tangier-Krankheit auslösende Gen, eine aufregende Entdeckung, welche die Entwicklung von Medikamenten zur Regulierung des Cholesterinspiegels beschleunigen sollte.[7] Beim Tangier-Gen, *ABC1* genannt, wurden eine ganze Reihe unterschiedlicher Mutationen festgestellt, darunter auch jene, die bei der ursprünglichen Familie von Tangier Island aufgetreten war: Zwei fehlende DNA-Basen stoppten vorzeitig die Produktion des ABC1-Proteins auf weniger als halbem Wege und legten es insgesamt lahm. Der ursprüngliche Träger der Mutation hatte vermutlich nur schwache Symptome und wußte gar nicht, daß er krank war.

Im Gegensatz zur Entdeckung vieler anderer Gene, die nur wenige Hinweise auf die Funktion der Gene selbst und die Mechanismen der Krankheit liefern, trat bei der Sequenz des Tangier-Gens sofort die Verbindung mit dem Cholesterinstoffwechsel zutage. Ein flüchtiger Blick auf die Sequenz des ABC1-Proteins zeigte zwölf Sequenzen verdächtig hydrophober (wasserabstoßender) Aminosäuren, was bedeutete, daß das Protein in der fetthaltigen Membranhülle der Zellen sitzen mußte, von wo es nach außen dringen und wieder zurückkommen kann. Zudem hatte die Sequenz verblüffende Ähnlichkeit mit einer wohlbekannten Familie von Membranproteinen, den sogenannten ABC-Transportern, von denen viele mit Erbkrankheiten wie Mukoviszidose und Adrenoleukodystrophie in Verbindung gebracht werden.

Normalerweise hat das Protein ABC1 die Aufgabe, Cholesterin aus den Zellen zu pumpen, wo es dann HDL-Partikel bildet, die wiederum zur Leber transportiert und dort zerlegt werden. Bei Patienten mit der Tangier-Krankheit ist die Cholesterinausscheidung aus den Zellen blockiert, was eine erhöhte Cholesterinablagerung innerhalb der Zellen und den Abbau von HDL verursacht und schließlich zu früher Arteriosklerose und koronaren Arterienerkrankungen führt. Cholesterinablagerungen in anderen Geweben führen zu weiteren Symptomen wie Nervenschäden und Erblindung.

David Mangelsdorfs Gruppe am Southwestern Medical Center der Universität Texas hat gezeigt, daß das ABC1-Transportprotein vor allem in den Zellen entlang des Zwölffingerdarms aktiv ist, wo es dazu dient, aufgenommenes Cholesterin zurück ins Darminnere zu pumpen. Mangelsdorf hat festgestellt, daß bei Mäusen, die mit einem Mittel zur Steigerung der Produktion des Tangier-Proteins behandelt wurden, die Absorption des Cholesterins drastisch eingedämmt wurde, was zu Hoffnungen Anlaß gibt, verwandte Mittel könnten bei der Prävention von Arteriosklerose und bei der Regulierung des Cholesterinspiegels eingesetzt werden.[8]

Allerdings besteht die Gefahr, daß in einigen Jahren, wenn ein solches Medikament entwickelt ist, die winzige Insel, die der Tangier-Krankheit ihren Namen gab, schon unter dem steigenden Wasser der Chesapeake Bay verschwunden sein wird.

Von der eisigen Tundra Westfinnlands zu den tropischen Inseln der Philippinen, von den Beduinenstämmen des Nahen Ostens zu den mexikanisch-nordamerikanischen Eingeborenen am Rio Grande bereisen die Wissenschaftler den Globus auf der Suche nach abgeschiedenen Bevölkerungsgruppen.[9] Die Abgeschiedenheit dieser ethnischen Gruppen, ob nun vorrangig geographisch oder kulturell bedingt, gewährt den Forschern einen entscheidenden Vorteil bei ihren Bemühungen, die Buchstabierfehler in der DNA aufzuspüren, die mit Krankheiten wie Asthma, Fettsucht, Multipler Sklerose, Diabetes, gespaltenem Gaumen, Psoriasis und vielen anderen verknüpft sind. In manchen Fällen, wie etwa in Finnland, dient die geographische Abgeschiedenheit der Bevölkerung dazu, seltene Genmutationen einzugrenzen. Bei anderen Gruppen, wie den Amish People in Pennsylvania, wo die Ehe unter Blutsverwandten noch üblich ist, besteht eine höhere Wahrscheinlichkeit, daß zwei identische rezessive Mutationen zusammenkommen. Bei den Nachkommen zweier Cousins ersten Grades beispielsweise wird dann durchschnittlich ein Sechzehntel der DNA auf beiden Chromosomen identisch sein, was die Wahrscheinlichkeit der Expression einer genetisch bedingten Störung erhöht.

Im Lauf der letzten Jahre haben sich die arabischen Beduinen des südlichen Negev in Israel an den Anblick eines weißen Kleinbusses mit dem Wappen der Universität Iowa gewöhnt. Val Sheffield, ein stattlicher Mann mit dunklen Locken, leitet eine großangelegte Studie dieser arabischen Stämme, bei denen mehr als die Hälfte aller Heiraten unter Blutsverwandten geschlossen werden. Aufgrund dieser kulturellen Isolation kommt es zu ungewöhnlichen Häufungen einiger Erbkrankheiten. Was Sheffield besonders fasziniert, ist das Bardet-Biedl-Syndrom, eine merkwürdige Ansammlung von Störungen, darunter mentale Entwicklungshemmungen, Retinitis pigmentosa, Polydaktylie (überzählige Finger) und Fettsucht. Sheffields Gruppe hat drei verschiedene Formen des Bardet-Biedl-Syndroms bei drei Stämmen auf die drei Chromosomen 3, 15 und 16 zurückverfolgt. Angesichts der auffällig unterschiedlichen Erscheinungsformen dieses Syndroms wird die bald anstehende Identifizierung der entsprechenden Gene bei Forschern auf unterschiedlichen Gebieten sicher mit Spannung erwartet. Die häufigste genetische Erkrankung unter den 90 000 Beduinen ist eine rezessiv vererbte Form der Taubheit. Sheffields Team hat das Taubheitsgen auf Chromosom 13 kartiert, bevor dann ein britisches Team seine Identität als »Connexin 26« geklärt hat, ein Protein, aus dem die sogenannten *gap-junctions* (Verbindungen zwischen Zellen) bestehen, welches daher die Übertragung von Substanzen zwischen benachbarten Zellen ermöglicht. Es gibt über 60 verschiedene Formen nichtsyndromatischen Hörverlusts, doch Mutationen auf Connexin 26 scheinen die häufigste Ursache zu sein.

Finnland ist von der Ostsee im Süden und Westen und vom Arktischen Ozean im Norden umgeben, und so überrascht es kaum, daß die Finnen das Gefühl haben, »am Rande der bewohnbaren Welt zu leben«, wie Leena Peltonen, eine führende Genetikerin des Landes, meint.[10] Eingekeilt zwischen den kulturell so verschiedenen Schweden und Russen, die häufig im Konflikt lagen, blieben die Finnen von der Welt abgeschieden: Wenige gehen fort, noch weniger kommen neu hinzu. Das Land wurde ursprünglich nach der letzten Eiszeit vor etwa 10 000 Jahren bevölkert, doch die Bevölkerung wuchs erst vor etwa 2000 Jahren nennenswert an. Um das 12. Jahrhundert lebten dort 50 000 Menschen, und Ende des 17. Jahrhunderts war die Zahl auf eine halbe Million gestiegen. Viele Bewohner verließen die Küstengebiete des »alten Finnland« und gingen nord- und ostwärts ins Landesinnere, wo sie zahlreiche isolierte Gemeinwesen des »neuen Finnland« bildeten. Mindestens ein Drittel der Bevölkerung starb später in den Jahren der Hungersnot und durch eine Reihe von Seuchen. Die Überlebenden waren die Ahnen der heutigen finnischen Bevölkerung von gut fünf Millionen Menschen, obwohl viele Finnen in kleinen abgelegenen Gemeinden leben, die erst vor 20 Generationen gegründet wurden.

Anfang der 1970er Jahre erkannten Genetiker, daß Finnland ein fruchtbares Feld für die Erforschung der menschlichen Genetik ist.[11] Insgesamt treten über 30 Erbkrankheiten bei den Finnen häufiger auf als bei anderen Bevölkerungen, während Krankheiten, unter denen sehr viele Menschen im übrigen Europa leiden, etwa Phenylketonurie und Mukoviszidose, selten oder gar nicht vorkommen. Die Genetiker schreiben diese ungewöhnliche Häufung so vieler Krankheiten einem durch die Gendrift verstärkten »Gründereffekt« zu. Mit anderen Worten, die Einführung einer Mutation durch einen einzigen »Gründer« in eine kleine, isolierte Untergruppe der Population, gefolgt von einer Periode raschen Bevölkerungswachstums (sowie einigen Fällen von Inzucht in abgelegenen Gebieten), war eine günstige Voraussetzung für die Ausbreitung und Expression der krankheitsassoziierten Gene.

Unter Mitarbeit der Bevölkerung und dank der hervorragenden Chroniken, die der Staat und die Lutherische Kirche seit fast 400 Jahren kontinuierlich führen, machten Peltonen, Albert de la Chapelle und ihre Kollegen große Fortschritte bei der Identifizierung der Gene für die häufigsten rezessiven Krankheiten in Finnland. Einige dieser Leiden, wie etwa das Imerslund-Gräsbeck-Syndrom und der Mulibrey-Nanismus, liegen selbst für ausgewiesene Genetiker noch im dunkeln. Doch haben alle ihre besondere Bedeutung, namentlich Blindheit, Taubheit, Muskelschwund und neurologische Störungen. Viele dieser Krankheiten treten gehäuft in bestimmten Landesteilen auf, ein Zeichen für die Stabilität der dortigen Bevölkerung. Beispielsweise konzentrieren sich die meisten Fälle von Amyloidose (eine Stoffwechselstörung durch Proteinablagerungen im Gewebe) im Südosten, die Sehstörung Retinopathie kommt am häufigsten im Südwesten vor, und eine andere schwere Form der Erblindung, Chorioideremie, häuft sich im nordöstlichen finnischen Lappland. Wie vorausgesagt, trägt bei jeder Krankheit, für die das defekte Gen gefunden wurde, die überwiegende Mehrheit der Patienten die gleiche Mutation, ein überzeugender Beweis für die Weitergabe und Verbreitung einer uralten Mutation durch einen Urahnen der finnischen Bevölkerung.

Während Standardverfahren dazu dienen können, den ungefähren Locus eines Krankheitsgens zu kartieren, indem man die Verteilung (Aufspaltung) polymorpher DNA-Marker in finnischen Familien studiert, bleiben doch immer noch Millionen von Basen und möglicherweise Hunderte von Genen zu durchforsten. Bereits 1992 jedoch machten Eric Lander und de la Chapelle den Vorschlag, daß das exponentielle Wachstum eines Bakterienstamms in einer Flasche als Modell für das rasche, annähernd exponentielle Wachstum einer isolierten Population dienen könnte, die, wie die finnische, mutierte Gene trägt. Im Jahr 1943 hatten Luria und Delbrück einen klassischen Aufsatz veröffentlicht, in dem sie Gleichungen herleiteten, um Mutationen zu kartieren, die bei einer exponentiell wachsenden Bakterienpopulation entstehen. Der mathematisch bewanderte Lander sah dann auch Parallelen bei isolierten Bevölkerungsgruppen wie der finnischen. »Zwar bestehen unsere Populationen aus Menschen, doch liegen die Dinge recht ähnlich«, bemerkte er trocken.[12]

Die Probe aufs Exempel war die rezessiv vererbte Krankheit Diastrophische Dysplasie (DTD), die zu Kleinwuchs führt und mit 200 Betroffenen in Finnland ungewöhnlich häufig vorkommt. Landers Partner, die Gruppe von de la Chapelle in Finnland, hatte das DTD-Gen auf Chromosom 5 kartiert, aber das bedeutete gleichwohl noch jahrelange Arbeit, um eine Region von vielleicht 1,5 Millionen Basen zu durchsuchen. Ich halte mich an Hawking und lasse die mathematischen Einzelheiten beiseite, doch das Ergebnis von Landers Berechnungen war, daß das DTD-Gen vermutlich 60 000 Basen von dem am engsten gekoppelten DNA-Marker entfernt lag.[13] Lander und Kollegen sequenzierten die DNA im Bereich dieses Markers und konnten bald das Gen und die Mutation dingfest machen, die für die Mehrheit der Fälle von DTD in Finnland verantwortlich ist.[14] Zu Landers großem Bedauern lag er mit seiner kühnen Voraussage falsch – wenn auch nur um 10 000 Basen!

Im Jahr 1688 wurden in Kapstadt zwei niederländische Einwanderer getraut: Gerrit Janss aus Veldcamp und Ariaantje Adriaansse aus Amsterdam. Dem Paar gebührt der zweifelhafte Ruhm, eine dominante Mutation für die Krankheit Porphyria variegata (VP, auch Südafrikanische Porphyria) nach Südafrika eingeführt zu haben.[15] Patienten mit VP, welche durch einen Fehler in der Synthese des roten Blutpigments Hämoglobin verursacht wird, sind lichtüberempfindlich und können unter akuten, potentiell tödlich verlaufenden neurologischen Anfällen leiden. Sie scheiden zudem Urin von tiefroter, portweinartiger Farbe aus, der die Krankheit ihren Namen verdankt (nach griechisch *porphyros,* purpurrot). Heute tragen über 10 000 Nachkommen von Janss und Adriaansse denselben C-an-G-Buchstabierfehler im Gen für ein Enzym namens Protoporhyrogenoxidase – das VP-Gen –, und dies ist die Ursache für praktisch alle VP-Fälle in Südafrika, doch für keinen in anderen Ländern.

VP ist auch als die »königliche Krankheit« bekannt, aufgrund bestechender Indizien dafür, daß König George III., der letzte amerikanische Monarch, und andere Nachfahren der Schottenkönigin Maria Stuart an dieser Krankheit litten. Sollte der Wahnsinn von George III. von dieser genetischen Störung hergerührt haben, so ist dieser Zug jedenfalls in den folgenden Generationen verschwunden, während ein noch berühmteres Leiden, die Hämophilie, ihren Auftritt im Hause Windsor hatte. (Königin Viktoria vererbte dreien ihrer Kinder ein defektes Gen für einen Blutgerinnungsfaktor und belastete damit die russischen und spanischen Königsfamilien mit dieser Krankheit, während König Edward III. und seine Nachkommen verschont blieben.)

Vermutungen zu der tieferliegenden Ursache für den Wahnsinn von König George stützen sich nicht nur auf seine fünf schweren Wahnanfälle nach dem 50. Lebensjahr, sondern auch auf die ungewöhnliche Farbe seines Urins.[16] Die Fachleute streiten sich, ob diese Färbung – es ist von »einem blaßblauen Ring auf dem Glas« die Rede – nun symptomatisch für VP oder für eine ganz andere Krankheit war. Der Beweis, daß König Georges Geisteskrankheit auf einem angeborenen Stoffwechselfehler beruhte, könnte im Prinzip durch eine forensische DNA-Analyse erbracht werden. Allerdings scheinen die Chancen relativ gering, daß ein derart heikler DNA-Test der königlichen Familie zugelassen werden wird.

Die Erfolge bei der Suche nach Krankheit auslösenden Genen in abgeschiedenen finnischen Gemeinden, bei Inselbewohnern, kulturell isolierten Gruppen etwa im Nahen Osten, bei den Mormonen in Utah und den Amish People in Pennsylvania reizen zu weiterer Forschung. Nun muß geprüft werden, ob sich die Verfahren, die sich bei der Suche nach einzelnen Genen, die einem einfachen Mendelschen Erbgang folgen, in Finnland und andernorts als so erfolgreich erwiesen haben, daß sie auch bei häufiger auftretenden Leiden, etwa Herzerkrankungen oder Diabetes, angewandt werden können, wo das jeweilige Gewicht von genetischen Faktoren einerseits und Lebensumständen andererseits noch unklar ist.[17] Der Schlüssel zur Erforschung solch isolierter Populationen liegt in den Unterschieden der DNA-Sequenzen verschiedener Individuen und Ethnien. Zwischen zwei beliebigen Menschen gibt es ungefähr eine Million Unterschiede in der Buchstabenfolge des Genoms – durchschnittlich vielleicht ein halbes Dutzend in einem einzelnen Gen. Diese unterschiedlichen Basensequenzen werden, wie bereits erläutert, SNPs genannt. Die Forscher zeichnen die Vererbung Tausender SNPs bei Familien mit einem Erbleiden auf und können dann zügig ein SNP ausfindig machen, das in nächster Nähe zum gesuchten Gen liegt. Biotech-Firmen und Pharmaunternehmen machen sich diesen Forschungsansatz zunutze und legen umfangreiche Sammlungen von SNPs an, um die Suche nach verbreiteten Krankheitsgenen zu unterstützen. Inzwischen melden die Firmen bereits einige Erfolge. Die französische Firma GenSet hat nach eigenem Bekunden ein Gen für

Schizophrenie lokalisiert, und Glaxo Wellcome hat anhand von SNPs drei Gene für Migräne, Diabetes und Psoriasis aufgespürt (allerdings werden die Einzelheiten vorläufig streng geheimgehalten).[18] In kaum einem Jahrzehnt hat sich die Genjagd von einem teuren, mühseligen Fischzug durch unkartierte Chromosomen zu einem schnellen, hochautomatisierten Prozeß fortentwickelt, dem nur durch den beschränkten Zugang zu den einschlägigen interessanten Bevölkerungsgruppen Grenzen gesetzt sind.

Rund 900 Erwachsene leben auf Norfolk Island, das etwa 1600 Kilometer von der Ostküste Australiens entfernt liegt. Etwa drei Viertel von ihnen sind direkte Nachfahren der britischen Meuterer, die einst das Kommando auf der *Bounty* an sich rissen und Captain Bligh aussetzten. Viele dieser Männer ließen sich mit aus Tahiti stammenden Frauen nieder, und viele ihrer Nachkommen sind merkwürdig anfällig für kardiovaskuläre Krankheiten. Mit der Erforschung dieser polynesischen Anlage für solche Erkrankungen sowie einer ähnlichen Tendenz bei den Nachfahren der Briten soll nun Licht nicht nur in die entsprechenden genetischen Faktoren gebracht werden, sondern auch Bluthochdruck, Migräne und andere Krankheiten besser verstanden werden.[19]

Auf der mikronesischen Insel Kosrae führt Jeff Friedman von der Rockefeller-Universität in Zusammenarbeit mit den lokalen Behörden eine großangelegte Studie zu genetischen Faktoren bei Fettleibigkeit durch.[20] Nach Friedmans dramatischer Entdeckung des Leptins im Jahr 1994 war die große Frage, ob die Mutationen im menschlichen Leptingen Formen der Fettleibigkeit verursachen können, die den bei Mäusen auftretenden ähneln. Trotz intensiver Suche scheint nur eine kleine Zahl von Menschen Mutationen im Leptingen zu tragen, auch wenn offenbar die meisten Fälle krankhafter Fettleibigkeit bei Menschen auf Anomalien bei der Leptinausschüttung oder Leptinempfindlichkeit zurückzuführen sind. Um weitere Gene zu entdecken, die bei Fettleibigkeit eine Rolle spielen, hat Friedman eine Zusammenarbeit mit dem Gesundheitsministerium der mikronesischen Insel Kosrae ins Leben gerufen, wo unter der Bevölkerung, meist mikronesischer oder kaukasischer Abstammung, eine hohe Fettleibigkeitsrate vorliegt. Friedman und seine Mitarbeiter haben eine umfassende medizinische Untersuchung von 2500 Erwachsenen abgeschlossen und hoffen, die Gene, die zu Fettleibigkeit, Diabetes und Herzkrankheiten beitragen, bald lokalisieren zu können.

Nicht so isoliert wie andere in diesem Kapitel erwähnte Populationen sind 176 Familien mexikanischer Herkunft, die in der Nähe des Rio Grande im texanischen Starr County leben und stark von Diabetes Typ II (nicht insulinabhängig) betroffen sind. Nach seinem beachtlichen Erfolg bei der Identifizierung von Genen für relativ seltene erbliche Formen des Diabetes, namentlich MODY (*maturity-onset diabetes of the young*, ein bei Eintritt ins Erwachsenenalter beginnender Diabetestyp), begann Graeme Bell von der Universität Chicago mit einer großen Forschergruppe die Suche nach einem Gen, das für diese Krankheit, an der allein in Amerika 16 Millionen Menschen leiden, anfällig macht. Vor einigen Jahren konnte Bells Team seinen Kandidaten auf Chromosom 2 orten, und nach einer mühsamen Suche hat man vor kurzem das Gen identifiziert, das vermutlich maßgeblich für ein Enzym namens Calpain codiert.[21] Wie sich diese Entdeckung in die Pathophysiologie des Diabetes einbinden läßt, bedarf noch der weiteren Klärung.

Während einige kleine Populationen nur zu gerne bereit sind, mit privatwirtschaftlichen Unternehmen zusammenzuarbeiten, zeigt das oben erörterte Beispiel der »französischen« DNA, daß diese Frage durchaus eine politische und damit umstritten ist. Nirgends ist der mögliche Gewinn aus der Erforschung einer abgeschiedenen Population größer, und nirgends tobt auch der Streit darum heftiger als in Island, der ältesten Demokratie der Welt.

Island ist ungefähr so groß wie der amerikanische Bundesstaat Virginia, und doch würde die Bevölkerung – nur 275 000 Menschen – bequem in vier großen Fußballarenen unterkommen. Das Land wurde offiziell 874 n. Chr. besiedelt, nachdem Ingolf Arnarson der tyrannischen Herrschaft von König Harald Schönhaar entflohen war und sich westwärts segelnd von Norwegen entfernte, auf der Suche nach einem neuen Land im Nordatlantik, das ein Landsmann ein paar Jahre zuvor entdeckt und »Eis-Land« getauft hatte, um eine Besiedlungswelle im Keim zu ersticken. Island war 930 die erste europäische Nation, die sich ein Parlament gab (das Althing) – in deutlichem Gegensatz zu den andernorts herrschenden Feudalverhältnissen. Zu den weiteren gesellschaftlichen Errungenschaften zählen die Abschaffung der Sklaverei im Jahr 1117, die Beseitigung des Analphabetismus im 18. Jahrhundert und die weltweit erste Wahl einer Frau zum Staatsoberhaupt.

Das Klischeebild des isländischen Volkes unterscheidet sich kaum von den Bemerkungen Jules Vernes vor fast 150 Jahren in seiner *Reise zum Mittelpunkt der Erde:* »Die Männer wirkten kräftig, aber etwas schwerfällig. Sie waren blond wie die meisten Deutschen und blickten schwermütig, als fühlten sie sich ein wenig ausgegrenzt von der menschlichen Gemeinschaft und auf dieses Eisland, ganz nahe am Polarkreis, verbannt, das besser für Eskimos geeignet wäre.«[22] W. H. Auden hielt nicht sehr viel von der Hauptstadt Reykjavík, die er »lutherisch, trist und entlegen« nannte, doch das Land selbst gefiel ihm – »ein heiliges Land, mit einem magischen Licht wie nirgends sonst auf der Erde«.

Islands Zukunft ist zuinnerst mit seiner erstaunlichen Geschichte verknüpft. Erik der Rote, der wegen Mordes von der Insel verbannt wurde, segelte weiter nach Westen und ließ sich auf Grönland nieder. Sein Sohn Leif gründete die erste Siedlung auf Neufundland, 500 Jahre vor Kolumbus. Die Gründer, ein paar 1000 Wikinger, die rasch einige Clans irischer Mönche verjagt hatten, vermehrten sich bis zum Jahr 1100 auf 70 000 Menschen. Während die Skandinavier die Mehrheit der Bevölkerung stellten, war eine gesunde Minderheit keltischen Ursprungs, darunter als Sklavinnen mitgebrachte Frauen. Doch jedesmal, wenn die Kopfzahl im Laufe des letzten Jahrtausends zu explodieren drohte, trat wie gerufen eine Naturkatastrophe ein und dezimierte die Bevölkerung. Im 15. Jahrhundert war es die Pest, die zwei Drittel der rund 60 000 Inselbewohner auslöschte. Eine Pockenepidemie Anfang des 18. Jahrhunderts ließ die Bevölkerungszahl wiederum auf 30 000 schrumpfen. Und im Jahr 1783 führte ein gewaltiger Ausbruch des Vulkans Lakagigar zu einem der größten je verzeichneten Lavaströme, und so viel Asche und Stickoxide wurden in die Luft geschleudert, daß ein Viertel der Inselbevölkerung in der darauffolgenden Hungersnot starb.

In der gesamten Geschichte Islands wurden insgesamt nur 800 000

Menschen großgezogen. Da es praktisch keine Einwanderung auf die Insel gab (zumindest nicht vor dem Zweiten Weltkrieg), führen die meisten Isländer ihre Herkunft auf die ersten Wikinger-Siedler zurück, auch wenn es historische und genetische Belege für einen beträchtlichen irischen Beitrag zum Genpool dieser Nation gibt. Die Bedeutung des irischen Einschlags ist zwar ungewiß, doch manche Isländer meinen, sie seien eine Kreuzung aus dem langweiligsten Volk der Welt und dem betrunkensten. Aus den genannten Gründen ist Island eine Goldader für die Genetiker, das genetische Erbe ist drauf und dran, für eine Insel im Nordatlantik eine ähnliche Rolle zu spielen wie das Nordseeöl für eine andere. Medizinisch gesehen scheint Island kein besonders attraktiver Landstrich für einen solchen Goldrausch zu sein. Die Häufigkeit der meisten erblichen Erkrankungen entspricht ungefähr der im übrigen Europa und in den Vereinigten Staaten. Degenerative Arthritis kommt in Island ein klein wenig öfter vor, doch gab es nicht die gleiche Zunahme von Asthma und Diabetes des Typs I (die bei Kindern und Jugendlichen auftritt) wie in Westeuropa.

Wegen der Größe und der Zusammensetzung der Bevölkerung, nicht wegen der erblichen Merkmale geraten die Genetiker aus dem Häuschen, wenn es um Island geht. Wenn sie in den Vereinigten Staaten oder in Europa viele Fallbeispiele von Familien mit Erbkrankheiten sammeln, so haben sie doch keine Garantie dafür, daß die zugrundeliegende Mutation bei Menschen mit anderem ethnischen Hintergrund dieselbe ist. In Island liegen die Dinge ganz anders. Die Homogenität der Bevölkerung, Nachfahren der ersten Wikinger-Siedler, und der Einfluß der natürlichen Selektion auf sie während des vergangenen Jahrtausends machen es wahrscheinlich, daß Individuen, die unter erblichen Formen von Alzheimer, Brustkrebs oder Depression leiden, dieselbe »Wikinger-Mutation« tragen. Zudem ist die Aufgabe, den Locus des fehlerhaften Gens aufzuspüren, viel leichter.

Die beeindruckende Macht der Genetik auf Island läßt sich am besten anhand des Brustkrebses zeigen. Nachdem Mary-Claire King die Position des ersten Brustkrebsgens erfolgreich kartiert hatte, gingen die Forscher auf die Suche nach weiteren Genen, die für Brustkrebs anfällig machen. Sie wußten, daß solche Gene existieren mußten, denn viele Fälle von Brustkrebsfamilien, die King über die Jahre gesammelt hatte, wiesen keine Mutation im *BRCA1*-Gen auf. Wofür King bei diesem Gen fast zwei Jahrzehnte gebraucht hatte, gelang bei *BRCA2* in nur zwei Jahren. Die verbesserte Technik spielte dabei eine Rolle, doch der entscheidende Faktor war die starke Verwandtschaft der isländischen Bevölkerung, die es den Forschern ermöglichte, praktisch jeden Brustkrebsfall auf der Insel bis zu einem Mann namens Einar zurückzuverfolgen, der vor über vierhundert Jahren lebte.[23] »Die einzigartige, uralte *BRCA2*-Mutation war der goldene Schlüssel«, meint King. »Island ist einfach ideal für die Genforschung. Die dortige Bevölkerung ist gleichsam ein Geschenk des Himmels.«[24]

Eine der berühmtesten Gestalten der isländischen Überlieferung ist Egil Skallagrímsson, der 910 geboren wurde und sein Leben als skaldischer Dichter, Mörder, Trunkenbold, Geizhals und Bauer verbrachte. Der Egil-Saga zufolge trat sein aufbrausendes Wesen schon im Alter von sechs Jahren zutage, als er einen anderen Jungen bei einem Fußballspiel nach isländischen Regeln verfolgte: »Egil holte ihn ein und schlug ihm eine Axt durch die Schädeldecke mitten ins Hirn.« Bei einem späteren Abenteuer forderte ein gewisser Armod Egil und seine Männer zu einem Wetttrinken heraus. Als Egil klar wurde, daß er nicht mehr konnte, packte er Armod, drückte ihn gegen einen Pfeiler und »übergab sich, so daß sich eine wahre Flut über Armods Gesicht und Brust ergoß, in seine Augen, Nasenlöcher und in den Mund, so daß er fast erstickte«. Später drückte er Armod mit dem Finger ein Auge aus, daß es über seine Wange herabhing. Doch war Egil auch ein berühmter Dichter und rettete in einem berühmten Abenteuer sein Leben, indem er für König Erik Blutaxt, der ihn gefangengenommen hatte, ein langes Reimgedicht schmiedete.[25]

Egils Platz in der isländischen Geschichte ist sicher. Doch nun, 1000 Jahre und mehr als 30 Generationen später, ist ein direkter Nachkomme Egils auf seine Heimatinsel zurückgekehrt, um für sich einen Platz in der Geschichte zu beanspruchen. Sollte er erfolgreich sein, wäre dies die großartigste Sage der Wikingergeschichte.[26]

Selbst in einem überfüllten Hotelfoyer ist es unmöglich, Kári Stefánsson zu übersehen. Er ist über eins neunzig groß, und mit dem stachligen weißen Haar sind es noch ein paar Zentimeter mehr. Mein erstes

Treffen mit ihm begann nicht gerade vielversprechend. Er grunzt, den Blick aufmerksam in die Ferne gerichtet, eine kurze Begrüßung und scheint entschlossen, die Presseberichte über sein rauhbeiniges Wesen bestätigen zu wollen. Doch dann zieht er sich die Kopfhörer seines Handys aus den Ohren, und mir wird klar, daß er ein Auslandsgespräch geführt hat. Ich darf noch hoffen.

»Ich brauche einen Kaffee«, ist seine erste verständliche Äußerung, in einem Ton, der keinen Widerspruch zuläßt. Stefánsson litt bei dieser Begegnung unter Jetlag, da er am Vortag von Island nach Washington geflogen war, wo er um acht Uhr morgens einen Vortrag beim Kongreß der American Association for the Advancement of Science gehalten hatte. Kritische Fragen und ein schmerzendes Bein hatten seine Gereiztheit noch verstärkt (die Verletzung hatte er sich bei einem Basketballspiel mit seiner jugendlichen Tochter zugezogen). Doch er trägt eine weitere Last mit sich herum, die er so schnell nicht los wird: Ganz ähnlich wie Venter sieht sich Stefánsson heftiger Kritik ausgesetzt, seit er 1997 begann, seinen genetischen Traum zu verwirklichen. Doch sobald sein Koffeinspiegel steigt und seine Aufmerksamkeit auf sein Unternehmen und seine Heimat gelenkt ist, erwärmt er sich rasch für das Gespräch. Jede Antwort wird zu einem leidenschaftlichen Monolog, mit Zitaten von Auden und Pope und allerlei Kraftausdrücken gewürzt.

Im Jahr 1997, nachdem Stefánsson 20 Jahre in den Vereinigten Staaten gelebt hatte, gab er seine Stellung als Professor für Neurologie an der Harvard Medical School auf und kehrte nach Island zurück. Ein Grund war sein Heimweh. »Ich hatte vergessen, wie zauberhaft der Sommer ist«, meinte Stefánsson wehmütig. »Zwei bis drei Monate, in denen die ganze Nacht nur aus einem kleinen purpurnen Punkt am Horizont besteht und die Vögel ein paar Stunden lang nicht singen.«[27]

Allerdings gab es noch einen stärkeren Grund – zwölf Millionen Gründe, um genau zu sein. So hoch war der Dollarbetrag an Risikokapital, das sich Stefánsson in drei Monaten beschafft hatte, um seinen Traum zu verwirklichen – den Aufbau einer Biotech-Firma, welche die in der wikingischen DNA codierten Gene durchsuchen sollte. Stefánsson hatte während der späten 80er und frühen 90er Jahre mit Spannung die Bemühungen amerikanischer Forscher verfolgt, isolierte Bevölkerungsgruppen wie die Mormonen in Utah und die Amish People in Pennsylvania für den Versuch zu verwenden, Gene für die bipolar-affektive Störung und andere neurologische Leiden zu kartieren. Allmählich erkannte er das immense Potential, das seine Heimat für ähnliche Studien bot. Im Jahr 1995 besuchte er Island, um DNA von Multiple-Sklerose-Patienten zu präparieren, und nun begann sein Plan Gestalt anzunehmen.

Die Mission von deCODE Genetics sollte darin bestehen, die Gene für Multiple Sklerose und Dutzende verbreiteter Erbkrankheiten zu entdecken. Im Februar 1998 unterzeichnete Stefánsson einen Vertrag mit Hoffmann-La Roche, der auf sagenhafte 200 Millionen Dollar für fünf Jahre lautete und dem Pharmariesen die Lizenzrechte auf die Entdeckungen von deCODE bei zwölf verschiedenen genetischen Krankheiten gewährte. Über den Geldsegen hinaus garantiert der Vertrag dem isländischen Volk die kostenlose Arzneiversorgung. »Ich dachte, es wäre interessant, einen Pharmariesen dazu zu bringen, den Beitrag der Bevölkerung anzuerkennen«, sagt Stefánsson mit einem Grinsen.[28]

Stefánsson wichtigstes Kapital ist das Islendingabók – ein 1100 Jahre umfassendes digitalisiertes Verzeichnis des unvergleichlichen genealogischen Reichtums des Landes. Island hat keine Urgeschichte; seine ersten Besiedler konnten lesen und schreiben und taten dies auch ausgiebig. Die Stammbäume der 430 ersten isländischen Siedler wurden bereits im 12. Jahrhundert im *Landnámabók* verzeichnet. Nach 200 Jahren Siedlungsgeschichte schrieben die Isländer, was weithin als Höhepunkt der mittelalterlichen Literatur anerkannt ist – die Sagas.[29] Diese berühmten Erzählungen, zunächst mit Kalbsblut auf Velinpapier geschrieben, enthalten ausführliche Familienchroniken der wichtigsten Helden, ähnlich wie manche Abschnitte der Bibel. Zwar ging es im isländischen Mittelalter durchaus brutal zu, wie die Dokumente belegen, doch übertreffen die Sagas alle anderen Geschichtsdarstellungen, die während der folgenden Jahrhunderte in den entwickelteren Städten des kontinentalen Europa entstanden, auch die von Chaucer und Dante. Eine eher zeitgenössische Sicht bietet die isländische Popsängerin Björk, die verkündet: »Wir waren die ersten Rapper Europas.« Während des gesamten Mittelalters schrieben die Isländer ihre Familienchroniken fort, eine stark ausgeprägte Tradition bei armen, isolierten Völkern, die wenig anderes zu tun hatten als zu notieren, was ihre Nachbarn so trieben.

Das Islendingabók ist eine Datenbank mit den Familienstammbäumen und anderen genealogischen Informationen von weit über drei Vierteln der 800 000 Isländer, die je gelebt haben und zu denen Aufzeichnungen existieren. (Die Gesamtzahl der je geborenen Isländer beträgt vermutlich 1,2 Millionen; wenn man jedoch die hohe Säuglingssterblichkeit im Laufe der Geschichte des Landes berücksichtigt, kann die Gesamtzahl der Lebendgeburten während der letzten 1000 Jahre bei über zwei Millionen liegen.)

Thordur Kristjansson, einer der Schöpfer der Datenbank, zeigt mir, wie man mit ihr arbeitet. Tippt man einen einzelnen Namen ein, etwa den Stefánssons, erhält man sofort seinen Familienstammbaum. Links über dem blauen Quadrat, das Stefánsson darstellt, ist ein weiteres blaues Quadrat, das für seinen Vater Stefán steht, einem bekannten Radiomoderator und Autor. Rechts von ihm steht ein roter Kreis für seine Mutter Sólveig. Oberhalb der Eltern sieht man ein zunehmend dichteres Gewebe aus blauen Quadraten und roten Kreisen, eine sechs Generationen zurückreichende Ahnentafel von Stefánssons Familie. Erst wenn man auf das Symbol für Ingveldur Guonadottir klickt, der 1776 geboren wurde, geht es mit dieser Linie des Stammbaums nicht mehr weiter; die Äste auf Ingveldurs väterlicher Seite sind kahl. Doch auf mütterlicher Seite setzt sich die Abstammungslinie bruchlos fort, zurück durch das Zeitalter Shakespeares und der normannischen Eroberer, bis schließlich der vertraute Name Egil Skallagrímsson auftaucht. Verblüfft sehe ich Kristjansson an, doch der lacht nur: »Das ist nichts Besonderes, wir alle können unsere Herkunft auf Egil zurückverfolgen!«[30] Er zuckt die Achseln, und mit »alle« meint er natürlich die gesamte isländische Bevölkerung. Kristjansson tippt seinen eigenen Namen ein, und nur wenige Tastaturanschläge führen uns mühelos über ein Jahrtausend zu einem anderen Ahnen zurück, den seine Freunde »Plattnase« nannten.

Hätte sich Stefánsson damit zufriedengegeben, das vorhandene genealogische Wissen zu nutzen und auf die Patientenüberweisungen der isländischen Ärzteschaft zurückzugreifen, hätte es wenig Streit gegeben. Doch seine Pläne reichten sehr viel weiter. Stefánsson schlug vor, bei deCODE Genetics eine mächtige neue Datenbank aufzubauen, die einen ungeheuren medizinischen Datenschatz über die gesamte isländische Bevölkerung enthalten sollte. Um die genealogischen Informationen zu jedem lebenden Isländer zu ergänzen, wollte deCODE detaillierte ärztliche Aufzeichnungen über Patienten nutzen, darunter Besuche beim Hausarzt, Diagnosen und Krankenhausaufenthalte sowie Behandlungskosten – Informationen, die das staatliche isländische Gesundheitswesen seit 1915 aufbewahrt. Die Verknüpfung dieser klinischen Daten mit den unvergleichlich genauen Familienchroniken seiner Landsleute konnte dann überwältigende Möglichkeiten bei der Suche nach Krankheitsgenen bieten, besonders wenn man sie mit den DNA-Genotypen eines Großteils von ihnen abglich. Als Gegenleistung für den mit 150 Millionen Dollar privat finanzierten Aufbau der Datenbank würde deCODE das Exklusivrecht auf die gewonnenen Daten erhalten. Tatsächlich sollte deCODE Genetics die exklusiven Vermarktungsrechte für das komplette genetische Erbe eines Landes gewinnen.

Am 31. März 1998 wurde eine Gesetzesvorlage zur Schaffung der isländischen Gesundheitsversorgungs-Datenbank ins isländische Parlament eingebracht. Sie löste empörte Aufschreie von Politikern und Wissenschaftlern aus, selbst jener, welche die Gründung von deCODE zwei Jahre zuvor noch begrüßt hatten. Die Gegner waren bestürzt von der Aussicht, Stefánsson könnte sich das Monopol auf die genetische Forschung in Island sichern, personenbezogene medizinische Informationen ohne ausdrückliche Einwilligung der Betroffenen sammeln, den Drittmittelzufluß für die akademische Forschung gefährden und mit seinem Unternehmen ein gewaltiges Vermögen erwerben. (Tatsächlich war deCODEs potentieller Wert Schätzungen zufolge doppelt so groß wie das isländische Bruttoinlandsprodukt.) Eine schlagkräftige Widerstandsbewegung entstand, die behauptete, nichts weniger als Islands Souveränität stehe auf dem Spiel.[31]

Was angesichts der Vorschläge von deCODE vor allem Sorgen bereitete, war die Frage des Datenschutzes, auch wenn die vertrauliche Behandlung von Patientendaten in Island weniger problematisch ist als in den meisten anderen Demokratien. Da Island über ein staatliches Gesundheitswesen verfügt, gibt es praktisch keine Angst vor dem Verlust eines privatwirtschaftlich gestalteten Versicherungsschutzes, und da ohnehin jeder Bürger verpflichtet ist, einen Personalausweis mit sich zu tragen, sorgt man sich kaum wegen staatlicher Eingriffe in die Privatsphäre. deCODE versichert, man gewährleiste den Schutz von Patientendaten durch ein strenges Verschlüsselungsverfahren. Einmal monatlich wird die aktualisierte Datenbank ins Datenschutzzentrum geschickt, wo die Informationen verschlüsselt werden. Auch die von Ärzten zur Verfügung gestellten Patientendaten sind verschlüsselt, damit die jeweiligen Personen für die deCODE-Wissenschaftler anonym bleiben. Überdies weist Stefánsson darauf hin, daß auf die Verletzung der Schweigepflicht zwei Jahre Haft stehen.[32]

Der scheinbare Kotau der Regierung vor deCODE bei den Verhandlungen über die Gesundheitsdatenbank führte zu scharfer öffentlicher Kritik und häßlichen Bestechungsvorwürfen, die Stefánsson vehement zurückweist.[33] deCODE darf zwar ohne Zustimmung Daten sammeln, doch jeder Isländer hat das Recht, sich aus dem Verfahren zurückzuziehen und sich nicht in die Datenbank aufnehmen zu lassen. Bis auf weiteres stammen die meisten Daten für deCODE von mitarbeitenden Ärzten, die bestimmte Krankheiten behandeln. »Es gibt Leute, die behaupten, das sei Nötigung«, meint Stefánsson, »doch die meisten wollen freiwillig teilnehmen. Ich sehe nicht ein, was daran falsch sein soll.«[34] Künftig jedoch will Stefánsson dazu übergehen, möglichst viele Blutproben isländischer Bürger für die DNA-Typisierung zu sammeln. Er hält 75 Prozent für ein realistisches Ziel. deCODE hat bereits mehr als 20 000 Menschen DNA-typisiert, und nur fünf Prozent der Bevölkerung haben abgelehnt, was kaum eine Auswirkung auf die statistische Analyse der Familiendaten hat.

Einige der schärfsten Kritiker Stefánssons haben ein Konkurrenzunternehmen namens UVS gegründet.[35] Der Name verdankt sich drei Hexen – Urdur, Verdandi und Skuld –, die der isländischen Überlieferung zufolge das Schicksal des Menschen bestimmen. Stefánsson läßt sich nicht beeindrucken: »Das ist nur ein Versuch, unser Erfolgsrezept auszuschlachten«, meint er. »Aber ich bin froh, daß sie es gemacht haben, weil es mir in vieler Hinsicht hilft.«[36] Bei einer neueren

Umfrage erwies sich deCODE mit einem Abstand von vier zu eins als das beliebteste Unternehmen in Island. »Das Volk unterstützt mich immer noch, und die Ärzte glauben, ich sei der Teufel«, sagt Stefánsson, »also lassen wir die Dinge einfach auf uns zukommen.«[37]

Die isländische Regierung steht fest hinter Stefánsson. Einem Minister zufolge »wäre es unethisch, nicht den Versuch zu unternehmen, die einzigartigen Ressourcen zu nutzen, die wir in Island haben, um den Gesundheitszustand der Isländer und hoffentlich auch anderer Menschen zu verbessern«.[38] Doch abgesehen von dem enormen medizinischen Nutzen, der aus der Forschungstätigkeit von deCODE erwachsen könnte, nennt Stefánsson noch einen weiteren Grund, warum sein Unternehmen florieren sollte. »Wir könnten, sollten wir Erfolg haben, der isländischen Wirtschaft einen beträchtlichen Schub geben. Für eine so kleine Gesellschaft ist es ungeheuer wichtig, ihre bestausgebildeten Leute nicht zu verlieren [...], die Folgen des Verlusts der hellsten Köpfe auch nur einer Generation wiegen schwer und sind von Dauer.«[39] Tatsächlich hat deCODE viele Ausgewanderte zurück auf die Insel gelockt und beschäftigt gegenwärtig über 350 Menschen. Im Juli 2000 ging die Firma an die New Yorker Börse, wo ihr Wert auf über eine Milliarde Dollar veranschlagt wurde. Manche Kritiker verweisen darauf, daß die Firma in Delaware eingetragen ist, was beweise, daß das genetische Erbe Islands in fremder Hand sei, doch Stefánsson hält das für Unsinn: »Die Firma wurde schlichtweg aus Gründen des Marketings in Delaware eingetragen. Sind wir denn noch nicht isländisch genug? Jeder, der hier arbeitet, und alles, was wir tun, wurzelt in der isländischen Kultur und im isländischen Erbe.«[40]

Vom Potential der Datenbank von deCODE überzeugt, planen mehrere andere europäische Länder ähnliche Unternehmen, wenn auch mit einigen Unterschieden. In Estland und Schweden wurden Projekte auf den Weg gebracht, besonders spannend ist jedoch der ehrgeizige Plan des British Medical Research Council und der Stiftung Wellcome Trust, mit 60 Millionen Dollar die »U.K. Population Biomedical Collection« auf die Beine zu stellen. Der weltgrößte klinische Versuch, wie er euphorisch genannt wird, soll eine halbe Million Briten einbeziehen und ihre ärztlichen Krankengeschichten, genaue Auskünfte zu ihrem Lebensstil und DNA-Proben verfügbar machen.[41] Im Gegensatz zu Island dürfen sich beim britischen Projekt Freiwillige bewerben. Sie sollen alle im mittleren Alter zwischen 45 und 65 Jahren sein – dahinter steht die ein wenig heimtückische Hoffnung, daß sie im Lauf der nächsten zehn Jahre krank werden.

Die britische Genomik-Firma Gemini mit Sitz in Cambridge arbeitet mit Forschern in Neufundland zusammen, mit denen sie eine Organisation namens Newfound Genomics gegründet hat. Sie wird die Gene der Neufundländer mit ungefähr dem gleichen Ansatz untersuchen, den deCODE in Island populär gemacht hat. Etwa 25 000 Briten haben sich während der letzten paar 100 Jahre in Neufundland niedergelassen. Die Newfies, wie die Bewohner von Kanadas ärmster Provinz (und beliebte Zielscheiben kanadischer Witze) genannt werden, leiden unter verschiedenen Störungen, darunter rheumatische Arthritis, Diabetes und Psoriasis. Und es wird noch viele andere Projekte geben, wenn auch nur wenige mit dem Umfang, den das französische Unternehmen GenSet vertraglich vereinbart hat, um bei der ländlichen Bevölkerung Chinas nach Krankheitsgenen zu suchen.

Die außergewöhnlichen Umstände und die Kontroverse um den Start von deCODE Genetics haben die eigentliche Forschungsarbeit des Unternehmens ein wenig überschattet. Gegenwärtig zielt man darauf, 40 wichtige Gene zu identifizieren, darunter 39 Krankheitsgene. Zwölf der Krankheiten sind Gegenstand des 200-Millionen-Dollar-Vertrags, den Stefánsson mit Hoffmann-La Roche geschlossen hat, darunter Alzheimer, Herzkrankheiten, Schlaganfälle, Emphysem und Schizophrenie. Die Investition scheint sich bereits auszuzahlen.

Einen Monat bevor Stefánsson im März 2000 bei einer Zürcher Konferenz eine wichtige Erklärung abgab, berichtete er mir, seiner Firma sei es gelungen, ein Gen für den Schlaganfall zu lokalisieren. In Zusammenarbeit mit Ärzten im ganzen Land habe deCODE die DNA von über 2500 Schlaganfallopfern gesammelt und analysiert und sich dabei auf 1200 Patienten aus 180 Großfamilien konzentriert. An diesem Punkt engte Stefánsson die diagnostischen Kriterien ein und konzentrierte sich auf etwa 50 Familien, bei denen Schlaganfälle früher und häufiger als in der Allgemeinbevölkerung auftraten. Die deCODE-Forscher screenten die isländischen DNA-Proben mit einem Arsenal von 1000 DNA-Markern, die über die 23 Chromosomenpaare verteilt sind, und konnten ein kleines Chromosomensegment ausfindig machen, das die Schlaganfallpatienten gemein hatten. »Zum ersten Mal wurde der gewöhnliche Schlaganfall kartiert«, sagt Stefánsson, »dies ist überhaupt der erste Erfolg mit diesem Ansatz bei einem komplexen Leiden.«[42]

Mit ähnlichen Verfahren hat deCODE auch große Fortschritte auf anderen Gebieten gemacht, und beispielsweise mutierte Gene für Präeklampsie (hoher Blutdruck bei Schwangeren), für die Hautkrankheit Psoriasis, die Osteoarthritis (die häufigste Form der Arthritis, die 40 Millionen Menschen weltweit betrifft) und zwei Gene für Multiple Sklerose aufgespürt. Im August 2000 verkündete deCODE einen möglichen Durchbruch bei der Kartierung eines Gens für Alzheimer. Während man zuvor nur Gene mit dem frühen oder späten Ausbruch der Krankheit in Verbindung bringen konnte, faßte deCODE eine breite Gruppe von Demenzerscheinungen bei der Suche nach erblichen Verknüpfungsmustern ins Auge. Es gibt auch Fortschritte bei der Jagd nach Genen, die bei Bluthochdruck und Endometriose eine Rolle spielen. In all diesen Fällen wird die vollständige Genomsequenz die letzten Schritte von den gekoppelten DNA-Markern zur Identifizierung der genauen Mutationen erleichtern, doch auch ohne die Sequenz läßt sich schon ernsthaft arbeiten. Sobald ein Gen kartiert ist, produziert ein Team von Bioinformatikern zahlreiche, dicht beieinanderliegende Marker in der Nähe des Gens, um die kritische Region einzugrenzen. Auf diese Weise kann der Aufwand für die DNA-Sequenzierung verdächtiger Gene bei Patienten und für Kontrollen bei Gesunden auf ein Mindestmaß begrenzt werden.

Zudem berichtet Stefánsson von einer weiteren Neuigkeit, nämlich einer wichtigen Entdeckung bei der Osteoporose, die er noch anhand einer zweiten, nicht verwandten Population bestätigen will, bevor er an die Öffentlichkeit geht. Während wir uns in seinem Haus in Reykjavík unterhalten, wird Stefánsson durch einen Anruf seines Forschungsdirektors Jeff Gulcher auf dem Handy unterbrochen. Der Firmenchef bittet ihn, eine Stunde später noch einmal anzurufen, und lacht. »Jeff ist völlig aus dem Häuschen wegen dieser Sache mit der Osteoporose«, erklärt er. Der Grund sei, daß »wir einen SNP in der Codierungsregion eines Rezeptors gefunden haben, der eine Aminosäure dramatisch verändert. Er will einfach drüber reden, aber ich nicht. Das ist so klar, da gibt's nichts zu bereden!«[43]

Das 40. Projekt bei deCODE ist von allgemeinem Interesse. Die Genetiker träumen schon immer von der Suche nach Genvarianten, die mit dem Alterungsprozeß zu tun haben, und es gibt exzellentes Material aus Experimenten mit Fruchtfliegen und Nematoden, wonach Mutationen bei bestimmten Genen die Lebensspanne eines Organismus beträchtlich verlängern können. Es gibt Hinweise, wonach Polymorphismen bei Menschen den Alterungsprozeß beeinflussen, doch noch niemand war in der Lage, dies bei einer homogenen Bevölkerung wie der isländischen zu überprüfen. Mit der genealogischen Datenbank jedoch verfügt Stefánsson über ein Werkzeug, das eines Tages vielleicht genetische Fingerzeige für eine mögliche Verlängerung des Lebens gibt. Bei der Suche nach den 1500 Menschen, die über 90 Jahre alt sind, fiel Stefánsson eine signifikante Häufung bei bestimmten Familien auf. Zudem gehören Menschen mit einem Geschwister über 90 vergleichsweise häufiger zu jenen, die ebenso alt werden. »Langlebigkeit liegt tatsächlich in der Familie«, schließt Stefánsson, »sie ist genetisch bedingt, und der genetische Mechanismus ist sehr einfach« – vielleicht so einfach wie ein einziges Gen.[44]

Die Softwarewerkzeuge, die Datenbanken und das finanzielle Polster, mit denen deCODE inzwischen ausgestattet ist – ganz zu schweigen von dem unschätzbaren Kapital der Wikinger-DNA –, lassen vermuten, daß die Firma während der nächsten Jahre eine tragende Rolle bei der Identifizierung von Genen für Volkskrankheiten spielen wird. Die Kartierung dieser Gene bei isolierten Bevölkerungen wird der leichtere Teil sein, doch wie so viele andere wartet Stefánsson gespannt auf die endgültige Genomsequenz. »Was Celera und das Humangenomprojekt tun ist nichts weiter, als das Kabel herzustellen, mit dem sich dann Informationen vom menschlichen Genom herunterladen lassen«, meint Stefánsson, »nicht mehr, nicht weniger. Das Kabel kümmert mich nicht die Bohne, solange jemand anderer es anschließt.«

Kommt das Gespräch auf Celera, dann unweigerlich auch auf deren Präsidenten. Ungefragt rückt Stefánsson mit der Ansicht heraus, Venter sei »ein ziemliches Arschloch«, jedoch sagt er das auf eine Art, die vermuten läßt, daß er bei den meisten Leuten zu diesem Urteil kommt. »Ich habe überhaupt nichts gegen ihn«, fügt er rasch hinzu, und ganz kurz flackert Respekt für den Mitgladiatoren in der Arena des genetischen Zeitalters auf. Allerdings gebe es einen entscheidenden Unterschied, meint Stefánsson mit einem letzten Stich seines rhetorischen Floretts: »Wir sind in der Lage, die Sequenz in Wissen über unsere Gesundheit zu verwandeln – und er nicht.«[45]

7. KAPITEL

Preiskampf
Wie Celera Genomics entstand

> Die Welt birgt weiterhin glänzende Preise für jene, die ein tapferes Herz und ein scharfes Schwert haben.
>
> Lord Birkenhead

Wie viele andere Wissenschaftler war auch der Direktor der Marshfield Medical Research Foundation in Wisconsin, James Weber, enttäuscht über die langsamen Fortschritte des staatlichen Genomprojekts. Seine Stärke ist die Kartierung von Genen, die Erbkrankheiten verursachen, eine wichtige, wenn auch eher langweilige Arbeit. Allerdings stellten ihn seine Erfolge häufig vor die entmutigende Aufgabe, Dutzende von Genen in den Millionen von Basen der DNA zu lokalisieren, um das gesuchte Krankheitsgen zu finden.[1] Diese Arbeit wäre um vieles leichter, wenn die DNA schon in einer Datenbank vorhanden wäre, die man sich einfach herunterladen und dann nach der entscheidenden Mutation durchsuchen könnte.

Um das Jahr 1993 begann Weber über einen kühnen neuen Ansatz zur Sequenzierung des menschlichen Genoms nachzudenken, der das pedantische Verfahren der Kartierung und Sequenzierung vorgeordneter Fragmente jedes Chromosoms überflüssig machen würde. Anstatt die Enzyklopädie des Lebens vor der Lektüre des Texts in Kapitel aufzuteilen, so überlegte Weber, sollte man lieber alle Seiten herausreißen, den Text dieser Millionen von Seiten in beliebiger Reihenfolge entziffern und dann mit Hilfe von leistungsfähigen Computern die vollständige Sequenz zusammensetzen. Weber kontaktierte daraufhin Gene Myers, einen Computerexperten an der University of Arizona in Tucson. Myers war zu diesem Zeitpunkt hauptsächlich deswegen bekannt, weil er bei der Entwicklung einer unentbehrlichen Software namens

BLAST mitgewirkt hatte, die sogenannte Sequenz-*Alignments* (Entsprechungen) in DNA und Proteinen aufspürt.[2]

Myers zeigte anhand einiger Computersimulationen, daß das Schrotschußverfahren tatsächlich auch bei Genomen funktionierte, die um einiges größer waren als Bakterien. Überdies würde die Sequenz damit einige Jahre früher vervollständigt werden als mit der zu dieser Zeit praktizierten Klon-für-Klon-Methode, was vermutlich Hunderte Millionen Dollar sparen würde.

Weber schickte dem NIH einen Antrag auf Fördermittel, in dem er sein Vorhaben erläuterte, und bat um zwölf Millionen Dollar für ein Versuchsprojekt zum Schrotschußverfahren. Wenn sich mit Hilfe seiner Strategie eine Kostenersparnis von nur einem Prozent der jährlichen Gesundheitsausgaben (die in den USA damals um die 35 Milliarden Dollar betrugen) erreichen ließe, argumentierte Weber, würde sich das Projekt mehr oder weniger selbst finanzieren. Im Februar 1996 wurde er eingeladen, seinen Vorschlag vor etwa 40 führenden Genomforschern darzulegen, die sich zu einem Arbeitstreffen in Bermuda versammelt hatten. Die Reaktion war kühl. Weber hatte noch nie ein DNA-Sequenzierzentrum geleitet, und die Konzeption des von ihm unterbreiteten Vorschlags schien naiv und nicht durchführbar zu sein.

»Sie verpaßten ihm eine Tracht Prügel«, sagte Myers, »sie sagten, [die Sequenz] werde voller Löcher sein, ein ›Schweizer-Käse-Genom‹.«[3] Weber selbst sieht die Sache etwas nüchterner. »Ein Teil des Widerstands«, erinnert er sich, »kam von der Wissenschaft. Diese großen Genomzentren waren alle dafür eingerichtet, Cosmide und BACs zu sequenzieren. Es hätte eine völlige Umstrukturierung ihrer Labors bedeutet, sich nun etwas völlig anderem zuzuwenden.«[4] Einer der Teilnehmer an diesem Treffen war Craig Venter. Er sagte jedoch nichts zu Webers Vorschlag, der dann auch schleunigst abgelehnt wurde.

Enttäuscht verfaßten Weber und Myers einen Bericht über ihr Vorhaben. Weber unterrichtete Richard Gibbs, Direktor des Baylor Genome Center und Redakteur bei der in Fachkreisen zunehmend beliebten Zeitschrift *Genome Research,* von diesem Artikel, und ein Jahr nach Webers Präsentation in Bermuda wurde er veröffentlicht. Zum ersten Mal hatten auch die einfachen Mitglieder der Forschergemeinschaft Gelegenheit, Webers und Myers' provokante Idee zu beurteilen.

Das Humangenomprojekt bräuchte einen radikal neuen Ansatz, argumentierten Weber und Myers.[5] Die eigentlichen Ziele des Projekts sollten die Sequenzierung aller Gene und ihrer Regulatorregionen, die Identifikation von Polymorphismen und die »Aufdeckung des Unerwarteten« sein. Es solle nicht um »die Vollendung irgendeines willkürlichen, mythischen Zieles gehen, etwa mit 99,99prozentiger Genauigkeit eine (stellenweise) künstliche und nicht repräsentative Kopie des Genoms zu erstellen«. Webers und Myers' letzter Satz lautete schlicht: »Wir sollten möglichst große Mengen an entscheidenden Sequenzinformationen gewinnen und das Ausfüllen von Lücken und problematischen Abschnitten der Zukunft überlassen.«

Dem Weber-Myers-Manifest folgte sogleich ein Widerspruch von Phillip Green, einem hochangesehenen Bioinformatikexperten an der Universität von Washington. In den 90er Jahren hatte Green einige der einflußreichsten Computeralgorithmen für die Analyse des Genoms entwickelt, insbesondere zwei Programme namens PHRED und PHRAP, die mittlerweile zu den Standardwerkzeugen bei der Interpretation von DNA-Sequenzdaten gehören. Green zählte zu den eher zurückhaltenden Mitgliedern des Genomzirkus, und es war eigentlich nicht sein Stil, rechthaberische Artikel in wissenschaftlichen Zeitschriften zu veröffentlichen. Daher hatte seine höfliche, aber schneidende Kritik an der Schrotschuß-Sequenziermethode von Weber und Myers beträchtliches Gewicht.

Green deckte eine Reihe möglicher wissenschaftlicher und wirtschaftlicher Mängel am Vorschlag der beiden auf.[6] Am schwerwiegendsten war aus seiner Sicht das Problem, daß das entscheidende Endstadium – also das Ausfüllen der vielen 1000 Lücken in der DNA-Sequenz, die nach dem Schrotschußansatz noch übrigbleiben würden – sehr teuer sein und zudem aller Voraussicht nach fehlschlagen würde. Ein Mißerfolg würde jedoch im Projektverlauf erst spät offenbar werden. Myers' Computersimulationen seien »viel zu stark vereinfacht«, und es sei naiv, den Erfolg der Schrotschußsequenzierung bei Menschen allein aufgrund einer gelungenen Anwendung der Methode bei Bakterien vorauszusagen. Schließlich sei das menschliche Genom um ein 1000faches größer und von repetitiven DNA-Abschnitten durchsetzt, die das Alignment, bei dem die Abschnitte in die richtige Reihenfolge gebracht werden sollten, nur behindern würden. Schließlich stellte Green auch die organisatorischen Aspekte eines derart gigantischen Unterfangens in Frage: »Unklar bleibt, wie die Anwerbung, die Ausbildung und die Entlassung der erforderlichen Mitarbeiter in solch großem Umfang abgewickelt werden soll. Weiterhin ist unklar, wie man das Projekt auf mehrere Labors verteilen könnte [...]. Es besteht also kein Grund, den Ansatz zu wechseln.«[7]

Nach Greens vernichtender Kritik an ihrer Schrotschußmethode blieben den beiden jungen Genetikern kaum noch Anhänger. Doch unter den wenigen Wissenschaftlern, die zu einem gewissen Grad an ihren Plan glaubten, befand sich auch Craig Venter. Kurz nach Webers Präsentation in Bermuda hatten Venter, Smith und Leroy Hood ihre eigenen Empfehlungen darüber veröffentlicht, wie das Humangenom sequenziert werden sollte. Wie Weber und Myers vertraten auch Venter und Kollegen die Ansicht, das mühselige Kartieren von Genfragmenten entlang jedes einzelnen Chromosoms sei im Grunde überflüssig.[8] Venter hatte schon immer großen Wert auf die Computeranalyse gelegt. Aus Myers' Simulationen konnte man schließen, daß eine Abwandlung von Venters und Smiths Schrotschußmethode eine realistische Möglichkeit darstellte, das menschliche Genom zu sequenzieren, obwohl es 2000mal größer war als ein Bakteriumsgenom. Venter war bereit, die Herausforderung anzunehmen, und dank der Auflösung seines Vertrags mit Haseltine hatte er nun auch die Freiheit, dieses Vorhaben anzupacken. Im Winter 1997 fehlte Venter nur noch ein sehnlichst erwarteter Durchbruch, der die Leistungsfähigkeit der DNA-Sequenzierung steigerte, um das menschliche Genom in Angriff zu nehmen.

Das sollte sich ändern.

Im kalifornischen Forster City starrte Michael Hunkapiller bewundernd auf das Ergebnis von zehn Jahren Arbeit und etwa 100 Millionen Dollar an Investitionen. Die Zukunft der DNA-Sequenzierung war angebrochen, und sie trug das Logo von Hunkapillers Firma Applied Biosystems. Venter übertreibt nicht, wenn er sagt, »die Disziplin der Genomforschung gäbe es heute nicht, wenn Mike Hunkapiller nicht gewesen wäre«.[9]

Anfang der 80er Jahre war Hunkapiller eine wichtige Figur im überfüllten Labor Leroy Hoods am kalifornischen Institute of Technology. Hoods Mission bestand darin, einen DNA-Sequenzierautomaten zu bauen, der, auch wenn er immer noch Fred Sangers Kettenabbruchmethode verwendete, die DNA-Sequenzierung zu einer weniger stumpfsinnigen Plackerei machen würde. Bei Sangers ursprünglichem System verwendete man eine radioaktive Markierung, um die verschiedenen DNA-Abschnitte zu unterscheiden, die dann auf einem Röntgenfilm sichtbar gemacht wurden. Hood, Hunkapiller und Kollegen entwickelten eine alternative Methode, wobei sie jedem der vier Buchstaben in der DNA eine eigene fluoreszierende Farbe zuteilten. Während die DNA-Fragmente über einen Laser hinwegziehen, der sich unter dem Gel befindet, zeigt die Länge der Lichtwellen, die von der Farbe ausgestrahlt werden, die Identität jedes einzelnen Buchstabens in der Sequenz dieses Fragments an. Ein Computer zeichnet die Spuren der vier Farben auf und »benennt« die Sequenz automatisch. Hoods Prototyp hatte viele Vorteile: Zum einen machte der Gebrauch von fluoreszierender Farbe die Arbeit mit radioaktiven Chemikalien überflüssig. Zum anderen konnte man nun, da alle vier Buchstaben eine eigene Markierung trugen, sämtliche DNA-Stränge aus einer Sequenzierreaktion auf eine Bahn des Gels geben, wodurch sich die Kapazität erhöhte.[10]

Hood bot seine Pläne für die Produktion eines kommerziellen Sequenzierautomaten 19 verschiedenen Firmen an – und erhielt von allen eine pauschale Absage. Darum entschloß er sich 1983, eine eigene Firma zu gründen. Er nannte sie Applied Biosystems und betraute Hunkapiller mit der Leitung des Unternehmens. Während der nächsten drei Jahre arbeitete ABI zusammen mit Hoods Labor an der Veredelung und Verbesserung des ersten DNA-Sequenzierautomaten. (Beide Männer werden im Patent als Erfinder der Maschine genannt.) Im Jahr 1986 stand der ABI-377-Sequenzierautomat zur Prüfung bereit. Einer der ersten, der ihn testete, war Craig Venter, der sich einen Prototypen in sein NIH-Labor kommen ließ (es war das erste Abkommen dieser Art zwischen dem NIH und einer Privatfirma). 1988 erwarb Applied Biosystems vom Caltech die Rechte für den Automaten, und der ABI 377 kam auf den Markt.

Im Jahr 1993 wurde Applied Biosystems von der Perkin-Elmer Corporation aufgekauft, einem 60 Jahre alten Maschinenbauunternehmen, das eine breite Produktpalette herstellte, von Bombenzielgeräten bis hin zu Maschinen für die Chipherstellung. Hunkapiller wurde Präsident der Firma. 1995 machte sich der neue Vorstand von Perkin-Elmer Tony White daran, das Unternehmen neu zu beleben, indem er den arg gebeutelten Bereich für analytische Instrumente und sogar den Namen der Firma verkaufte. Der Verkauf wurde 1999 abgeschlossen, und Whites ausgedünntes Unternehmen hieß nun einfach PE Corporation. Heute ist es unter dem Namen Applera Corporation bekannt. Da er das Geschäftsfeld für Analyseinstrumente losgeworden war, konnte White sich nun ganz auf biologische Anwendungen und Hilfsmittel konzentrieren, wozu neben Software und Reagenzien natürlich auch die DNA-Sequenziertechnik gehörte. Die Umstrukturierung war ein voller Erfolg und brachte 1999 Einnahmen von über einer Milliarde Dollar.

Während der 90er Jahre hatte Hunkapiller beim DNA-Sequenzer eine Reihe von nützlichen Verbesserungen eingeführt und beispielsweise Probekapazität und Genauigkeit erhöht. Die Automaten waren unglaublich beliebt; zwischen 1987 und 1997 wurden über 6000 Stück verkauft. Doch von Beginn des Humangenomprojekts an wußten dessen Leiter, daß umfangreiche Verbesserungen in der Sequenziertechnik unabdingbar waren, wenn die Sequenz rechtzeitig vollendet werden sollte. Noch bevor Hunkapiller und Hood ihren ersten Sequenzierautomaten bauten, spielten sie schon mit einer radikalen Idee, wie sich Geschwindigkeit und Effizienz der DNA-Sequenzierung verbessern ließen.[11] Anstatt eine dünne Gelplatte für die Trennung der verschieden langen DNA-Abschnitte zu verwenden, versuchte es Hunkapiller mit sogenannten Kapillaren, die mit einer Polymerlösung gefüllt waren, wobei jede dieser Quarzglasröhren so dünn war wie ein menschliches Haar. Das System schien vielversprechend, doch es war schwierig, vier Reaktionen, die gleichzeitig in vier Röhrchen abliefen, zu standardisieren. Dieses Problem regte die Entwicklung von Farbmarkierungen der DNA-Basen an, was es Hunkapiller ermöglichte, die Idee mit den Kapillaren vorübergehend in der Schublade zu lassen.

Ein Jahrzehnt später gelang es Hunkapiller schließlich, die Kapillarmethode für die Trennung der DNA-Abschnitte mit der Technik der fluoreszierenden Farben zum Ablesen der Fragmente zu verbinden. Das Kapillarsystem hatte viele Vorteile: Die Röhren konnten höhere Temperaturen aushalten als die konventionellen Gelplatten, so daß man die DNA-Proben in der Hälfte der Zeit getrennt hatte. Darüber hinaus konnten die neuen Automaten die Proben automatisch laden, sie brauchten kleinere Mengen an Reagenzien und machten die lästige Arbeit, die Gelplatten für die DNA-Elektrophorese vorzubereiten, überflüssig. Außerdem konnten die neuen Automaten mehrere DNA-Proben am Tag verarbeiten.

Das fertige Produkt wurde auf den Namen ABI PRISM 3700 getauft. In Anbetracht seines Kaufpreises von 300 000 Dollar wirkt der PRISM 3700 eher unauffällig – eine beigefarbene Kiste auf Rädern mit einem getönten Deckel. Eigentlich würde man schon ein etwas spektakuläreres Erscheinungsbild erwarten. Sogar die Konstruktion wirkt täuschend einfach. Links hängt ein Roboterarm über einem Plastiktablett, das 96 kleine Vertiefungen enthält, in der die DNA-Proben untergebracht sind. Rechts befinden sich die kupferfarbenen Kapillare, in denen die verschieden langen DNA-Stücke voneinander getrennt werden. Sobald der Roboter jede DNA-Probe in das dazugehörige Röhrchen gesteckt hat, wandern die Proben durch die Kapillare, bis sie den Laserdetektor passieren, der dann der Reihe nach die fluoreszierenden Etiketten abliest, durch die sich die einzelnen Buchstaben der DNA unterscheiden.

Mit den 96 Spuren und der Fähigkeit, 550 Basen in einer einzigen Bahn abzulesen, übertraf der PRISM 3700 die Sequenzierkapazitäten seiner Vorgänger um ein Vielfaches. Er verkürzte die Sequenzierdauer um 60 und die Laborkosten um 90 Prozent und produzierte die Sequenzen etwa achtmal so schnell. Er benötigt nur noch etwa 15 Minuten manueller Wartung alle 24 Stunden (dagegen mußte der ursprüngliche Automat acht Stunden lang bedient werden) und kann bis zu einer Million DNA-Basen am Tag identifizieren. Dies war endlich ein Gerät, das die notwendige Sequenzierkapazitäten lieferte, um das menschliche Genom rechtzeitig oder vielleicht sogar vor dem Termin fertigstellen zu können.

Angesichts der Tatsache, daß sein neues Spielzeug endlich die Mittel bot, alle drei Millionen Basen des menschlichen Erbguts zu sequenzieren, fragte sich Hunkapiller jedoch, ob seine Firma nicht vielleicht einen Schritt weitergehen und die Hand auch auf die Sequenzdaten legen könnte, anstatt die Automaten einfach einem staatlichen Konsortium zu verkaufen. Wenn wenige 100 Maschinen jeden Tag Millionen DNA-Buchstaben sequenzieren konnten, dann bräuchte man nur noch wenige Jahre, um die drei Milliarden Buchstaben des Humangenoms zu entschlüsseln. Die Sache hatte nur einen Haken: PE hatte keinerlei Erfahrung mit Sequenzierstrategien. »Wir hatten im Unternehmen keine Fachkenntnis, und wir wußten, daß Craig Venter Interesse hatte«, erinnert sich Hunkapiller.[12] Im Januar 1998 lud er Venter und Adams nach Kalifornien ein, damit sie seine neue Sequenziermaschine begutachteten. Venter war zwar angemessen beeindruckt vom Leistungsvermögen des PRISM 3700, aber völlig unvorbereitet auf Hunkapillers unmoralisches Angebot: Wie wäre es, wenn man das ganze menschliche Genom gemeinsam sequenzierte? Venters spontane Reaktion darauf lautete sinngemäß: »Ihr seid ja wahnsinnig!«

Trotz des eindeutigen Erfolgs des Schrotschußverfahrens bei bakteriellen Chromosomen konnten nicht einmal die Pioniere dieser Technik mit Sicherheit sagen, ob es auch beim menschlichen Genom funktionieren würde, das schließlich 1000mal so groß ist. Doch je länger Venter sich die Zahlen durch den Kopf gehen ließ, desto besser gefiel ihm die Idee. Am Ende war er davon überzeugt, man könnte vor einem entscheidenden Durchbruch stehen. Hunkapiller erinnert sich, daß »wir einige Tage damit verbrachten, die ganze Sache durchzurechnen, und dann zu dem Ergebnis kamen, daß es möglicherweise machbar wäre«.[13] Obwohl die Idee von Hunkapiller stammte und das nötige Geld von White, wurde das Projekt nun gänzlich auf Venters Schultern gelegt. Und Venter wußte, daß dies der ideale Augenblick war, die Sicherheit seines Forschungsinstituts zu verlassen und sich auf den größten Schachzug seiner Karriere einzulassen.

Die Gründung des neuen Unternehmens wurde unter einem dichten Schleier der Geheimhaltung vorbereitet. Venter offerierte seinen ranghöchsten Mitarbeitern bei TIGR, unter ihnen Mark Adams, Anthony Kerlavage und Granger Sutton, bei seinem neuen Unternehmen mitzumachen, das eine von zwei getrennten Tochtergesellschaften der PE Corporation werden sollte (die andere Firma war Hunkapillers Applied

Biosystems). Die Frage, wer Venters Nachfolge als Leiter von TIGR übernehmen sollte, war schnell gelöst: die logische Antwort hieß Clare Fraser, Venters Frau und – wichtiger noch – Leiterin vieler mikrobieller Genomsequenzierprojekte des Instituts. Anfang Mai telefonierte James Watson mit Michael Morgan vom Wellcome Trust und warnte ihn, es gebe Gerüchte, daß Venter in wenigen Tagen auf einer Pressekonferenz einen entscheidenden Durchbruch verkünden würde.

Am 8. Mai 1998, nur wenige Stunden nach einem Treffen mit NIH-Direktor Harold Varmus, setzten sich Venter und Hunkapiller im Red Carpet Club der United Airlines am Dulles-Flughafen in Washington mit Francis Collins zusammen und unterrichteten den Genomforscher von ihrem neuen Vorhaben zur Genomsequenzierung. Venter schlug vor, daß seine neue Firma und das staatliche Humangenomprojekt ihre Daten teilen sollten – und wohl auch die Anerkennung, wenn die Sequenz erst einmal vollständig vorlag. Weder Collins noch Varmus waren besonders begeistert von der Aussicht, daß sich ein privates Unternehmen rücksichtslos in die schon lange laufenden staatlichen Bemühungen um die Sequenzierung des Humangenoms hineindrängte, gleich wie schnell es sein mochte, und daß es dann an dem Ruhm teilhaben wollte, für den sie so hart gearbeitet hatten. Der verblüffte Collins sagte daher zu Venter, er brauche noch etwas Zeit, um sich mit seinen Genomprojektleitern zu besprechen.

Doch Venter hatte nicht die Absicht, auf eine Reaktion des NIH zu warten, ebensowenig wie der Aufsichtsrat von PE, der den Geschäftsplan noch am selben Nachmittag offiziell genehmigte. Zwei Tage später, am 10. Mai, explodierte die Bombe, die Venter hatte fallen lassen, auf dem Titelblatt der sonntäglichen *New York Times*. Venter hatte deren erfahrenen Wissenschaftsreporter Nicholas Wade, der regelmäßig über Venters Forschungen während seiner Zeit bei TIGR berichtet hatte, bereits vorab informiert.

In seiner Geschichte skizzierte Wade, wie die neue Firma, die noch keinen Namen besaß, die Sequenz des menschlichen Genoms bis zum Jahr 2001 fertigstellen wollte – vier Jahre früher, als im Zeitplan des öffentlichen Genomprojekts vorgesehen.[14] Dieses Unternehmen würde Venters Sequenziererfahrung mit den etwa 300 PRISM 3700 von

Hunkapiller zusammenbringen, gemeinsam würde man über 100 Millionen Basen am Tag bestimmen und damit zum größten Produzenten von DNA-Sequenzdaten der Welt werden. Dieser Sturzbach an Daten sollte von einem 80 Millionen Dollar teuren Compaq-Computer mit Terabyte-Speicherkapazität verarbeitet werden. Die Gesamtkosten des Projekts wurden auf 200 bis 500 Millionen Dollar geschätzt. Venter sprach später von einem »Frontalangriff« auf das Humangenom.[15]

Im Gegensatz zu den Bedingungen des Bermuda-Abkommens, in dem sich die Genomzentren dazu verpflichtet hatten, alle 24 Stunden ihre DNA-Sequenzdaten zu veröffentlichen, gab Venter an, er würde die Sequenzdaten alle drei Monate zum kostenlosen Gebrauch freigeben, und beharrte darauf, daß er sie nicht unter Verschluß halten würde.[16] Allerdings konnten Pharmaunternehmen und andere Parteien, die sich für einen unmittelbaren Zugang zu einer benutzerorientierten Genomdatenbank interessierten, welche die Suche nach bestimmten Genen und möglichen Kandidaten für die Medikamentenentwicklung erleichterten, eine Lizenz erwerben. Zum Thema Genpatentierung sagte Venter, er würde lediglich für 100 bis 300 Gene Patente beantragen, also für weniger als ein Prozent des gesamten Genoms. Er habe nicht die Absicht, eine Pharmafirma aufzubauen, sondern sehe das Unternehmen vielmehr als eine Art Dienstleistungsapparat, ähnlich wie die Wirtschaftsnachrichtenagentur Bloomberg oder der Lexis-Nexis-Informationsdienst. Zusätzlich zur Rohsequenz der DNA stünde Venters Datenbank auch als reichhaltige Informationsquelle für Fragen im Umkreis der Genidentifikation, zu DNA-Variablen und medizinischer Anwendbarkeit sowie für Vergleiche mit anderen Arten zur Verfügung.

Wades gesamter Artikel suggerierte, daß diese neue Firma ein entmutigendes Hindernis für den damaligen Kurs des öffentlichen Humangenomprojekts darstellen könnte. Es gab nur wenige Hinweise in dem *Times*-Beitrag, daß Venter und Hunkapiller es wirklich ernst gemeint hatten, als sie den Leitern des staatlichen HGP eine Zusammenarbeit vorschlugen. »Wenn das Unternehmen erfolgreich sein sollte«, schrieb Wade schon im zweiten Satz, dann könnte das drei Milliarden Dollar teure staatliche HGP »überflügelt und bis zu einem gewissen Grad sogar überflüssig werden«.[17] Wade ließ außerdem durchblicken, Collins und Varmus seien bereit, nach Möglichkeiten zu suchen, wie man ihre Programme mit Venters Vorhaben verbinden könnte. Eine Möglichkeit bestünde darin, die Arbeit der öffentlichen Genomzentren neu auszurichten, beispielsweise auf die Sequenzierung des Mausgenoms. Schließlich zog Wade in Erwägung, daß es nun seitens des Kongresses einige unangenehme Fragen zur Finanzierung des öffentlichen HGP geben könnte, wenn es von Venters Firma ausgestochen würde. Wades Artikel veranlaßte Varmus zu einem raschen Widerspruch.[18]

In einem Brief, den er noch am Erscheinungstag von Wades Bericht an die *New York Times* schickte, erhob der NIH-Direktor den Einwand, daß der Erfolg von Venters neuer Firma noch keine Tatsache sei und daß die Brauchbarkeit seines Schrotschußverfahrens »sich in frühestens anderthalb Jahren erweisen« werde. Drei Monate später gab Venter bekannt, daß seine Firma auf den Namen Celera Genomics getauft würde (abgeleitet von dem lateinischen Wort *celer*, schnell, flink). Die PE Corporation würde 80 Prozent der Firmenanteile halten, Venter zehn Prozent, und der Rest würde unter den anderen Mitarbeitern und Beratern aufgeteilt werden. Der Slogan der Firma lautete kraftvoll und direkt: »Speed matters. Discovery can't wait« (Geschwindigkeit zählt. Die Forschung wartet nicht). Celeras einfaches Logo bestand aus zwei umeinandergewundenen Strängen – eine subtile Anspielung auf die heilige Doppelhelix –, welche die Gestalt eines Menschen in aufrechter Haltung bildeten.

Einige der Schlußfolgerungen in Wades Artikel über die mögliche Nutzlosigkeit der staatlichen Arbeit am Genom mögen die verantwortlichen Leiter des Projekts erschreckt haben, doch wenigstens unterließ er die Verwendung eines bestimmten Wortes, das die Wissenschaftler der staatlichen Seite während der nächsten zwei Jahre verfolgen sollte. Viele andere angesehene Presseorgane waren jedoch nur zu glücklich, von einem »Wettlauf« berichten zu können. »Auf die Plätze ...«, rief das britische Wochenmagazin *New Scientist* aus. »Das Rennen um das Buch des Lebens kommt nun ernsthaft in die Gänge, und die Spannung steigt.«[19] *Science News* schrieb: »Betrachten Sie es als das moderne biologische Gegenstück zu dem legendären Wettlauf zwischen dem Hasen und dem Igel.«[20] Selbst das *Wall Street Journal* benutzte den Ausdruck, obgleich es das Wettrennen eher zwischen Venter und den anderen Biotech-Firmen ansiedelte. Diese Geschichten bestimmten größtenteils den Tonfall der nachfolgenden Berichterstattung über Celera und das staatliche Humangenomprojekt, obwohl die Protagonisten immer vehementer widersprachen.

Am Montag, den 11. Mai, traten Venter, Hunkapiller, Varmus, Collins und Ari Patrinos, Leiter der Abteilung für biologische Forschung und Umweltschutz beim Energieministerium, gemeinsam bei einer außerordentlichen Pressekonferenz in Washington auf, um über das neue Unternehmen und die Auswirkungen, die es auf das öffentliche HGP haben würde, zu diskutieren. Die Genomprojektleiter des NIH äußerten höfliche Zustimmung, und Varmus gab zu, daß die neue Firma »die Dinge etwas schneller vorantreiben« würde. Collins schien sich mit Venters Versprechen, die »grundlegende Sequenz« viermal im Jahr zu veröffentlichen, zufriedenzugeben, erklärte jedoch, es sei »viel zu früh«, den Kurs des Genomprogramms zu ändern, und trug den Reportern auf, Phil Greens kritische Beurteilung des ursprünglichen Schrotschußvorhabens von Weber und Myers zu lesen. Venter sah die Sache ein wenig anders und wiederholte seinen Standpunkt, die Genomzentren sollten lieber darüber nachdenken, die Genome von Mäusen und anderen experimentellen Organismen zu sequenzieren. In der Zwischenzeit sagte der PE-Geschäftsführer Tony White, er halte es für möglich, daß Celera »[aufgrund] einer Genomsequenzieranlage, deren geplante Kapazität den derzeitigen weltweiten Datenausstoß übertrifft, [...], zur maßgeblichen Quelle genomischer und damit verwandter medizinischer Informationen« werden würde.[21]

Am folgenden Morgen rief Collins im staatlichen Labor von Cold Spring Harbor auf Long Island die führenden Wissenschaftler und Mitarbeiter des Genomzentrums zu einer Notstandssitzung zusammen, um zu entscheiden, wie sich die 1,9 Milliarden Dollar, die während der vergangenen zehn Jahre in das öffentlichte HGP investiert worden waren, am besten schützen ließen. An diesem Morgen brachte die *New York Times* noch einen reißerischen Artikel von Wade, in dem er »von einer Übernahme des Humangenomprojekts« durch Venters neue Firma sprach und erneut die Finanzierung und den Kurs des staatlichen HGP in Frage stellte: »Es könnte den Kongreßabgeordneten möglicherweise nicht ganz einleuchten, daß sie nun, nachdem man sich den Großen Preis der Humangenomsequenz verscherzt hat, über die Ehre, ein ähnliches Forschungsprojekt an Mäusen zu finanzieren, ebenso erfreut sein sollen.«[22]

Während sich die Konferenzteilnehmer auf dem urtümlichen Campus des Cold-Spring-Harbor-Laboratoriums versammelten, beherrschte Venters schockierender Vorschlag die Unterhaltung. Die Wissenschaftler stürzten sich eifrig auf die vermeintlichen Fehler von Venters Vorschlag: Dieses Schrotschußverfahren war noch nie an einer DNA ausprobiert worden, die auch nur annähernd die Größe des menschlichen Genoms hatte. Die heftig beworbenen PRISM-3700-Sequenzierautomaten waren noch nicht getestet und könnten sich als unzuverlässig erweisen. Die endgültige Sequenz könnte Tausende von Lücken aufweisen, dazu eine unannehmbare Zahl von Fehlern in der Basenfolge, womit sie praktisch unbrauchbar wäre. Das Schreckgespenst einer zügellosen kommerziellen Ausbeutung des Genoms und der Genpatentierung lief den Überzeugungen der meisten akademischen Forscher zuwider, die fest daran glaubten, daß der genetische Code des Menschen jedem zugänglich sein sollte. Und selbst wenn Venter es schaffen sollte, die Hindernisse zu überwinden, wie würde sein Geschäftsmodell aussehen? Wenn es ihm wirklich Ernst war mit seinem Versprechen, die Sequenz kostenlos alle drei Monate zu veröffentlichen, wie wollte er dann damit Geld verdienen?

All dies waren zwar berechtigte Fragen, doch die meisten Wissenschaftler wußten auch, daß sie es sich nicht leisten konnten, Venters Weitblick und Talent zu unterschätzen. Jeder andere, der die Behauptung aufgestellt hätte, er könne fast im Alleingang das menschliche Genom sequenzieren, hätte sich damit nur lächerlich gemacht. Doch Venter hatte bereits zweimal – mit der Entwicklung der EST-Strategie und dem Schrotschußverfahren bei der Sequenzierung von Mikroorganismen – überzeugend demonstriert, daß er den Bogen raushatte, um die Skeptiker zu widerlegen. Dennoch waren die Hunderte versammelter Wissenschaftler nicht in der Stimmung, das Genomprojekt irgend jemandem zu überlassen – schon gar nicht Venter. Zornig nannten sie ihn den »Bill Gates der Biotechnologie«, der drohe, fast die Alleinherrschaft über die Sequenz des menschlichen Genoms zu erlangen, so wie es Microsoft in der Softwareindustrie gelungen war (zumindest, bis die Regierung damit drohte, das Unternehmen zu teilen). James Watson, Direktor des Cold-Spring-Harbor-Laboratoriums, ging sogar noch weiter. Er verglich Venters Angriff auf das Genomprojekt mit Hitlers Annexion von Polen und fragte, ob Collins lieber die Rolle Churchills oder Chamberlains übernehmen wollte.[23]

Doch die wichtigste Stellungnahme in jener Woche kam von Michael Morgan, dem Direktor des Genetikprogramms des Wellcome Trust, der reichsten gemeinnützigen medizinischen Organisation der Welt. Morgan wandte sich an den überfüllten Saal und verkündete die Nachricht, daß der Trust entschieden hatte, die Unterstützung für das Sanger Centre, Englands Flaggschiff in der DNA-Sequenzierung, auf einen Gesamtbetrag von etwa 350 Millionen Dollar zu verdoppeln. Diesen Schachzug, so betonte Morgan, habe man entgegen dem Anschein schon seit sechs Monaten geplant. Diskussionen über ein zweites Fünfjahresbudget für das Sanger Centre hätten schon 1996 begonnen, wobei der ursprüngliche Plan vorgesehen habe, daß der Wellcome Trust und das Medical Research Council jeweils etwa 170 Millionen Dollar beisteuern sollten, bis sich das MRC wieder aus dem Projekt zurückzog. Ende des Jahres 1997 entschied der Wellcome Trust, diesen Fehlbetrag auszugleichen. »Es war reiner Zufall«, erklärt Morgan, »daß sich der Trust zwei Tage nachdem Craig seine Ankündigung machte zusammensetzte und den Antrag des Sanger Centre auf Erhöhung des Budgets verhandelte. Nachdem ich die Ankündigung gehört hatte, fürchtete ich, das Direktorium könnte nun zu der Auffassung gelangen, man müsse das Geld nicht mehr investieren. Statt dessen nahm es einen durchaus radikalen Standpunkt ein, und der Rest ist Geschichte.«[24]

Diese Budgeterhöhung würde es dem Sanger Centre erlauben, wenigstens ein Drittel der Sequenzierarbeit für das staatliche HGP zu übernehmen, was schon lange das Ziel von John Sulston gewesen war. Morgan verkündete außerdem, daß der Trust gegen jeden Patentantrag auf DNA-Sequenzen, den er als ungerechtfertigt ansah, Widerspruch einlegen würde. Der Zeitpunkt von Morgans entschiedener Reaktion hätte nicht besser gewählt sein können. »Diese Sache einem Privatunternehmen zu überlassen, das Geld verdienen muß, scheint mir vollkommener Blödsinn zu sein«, verkündete Morgan.[25] Seine Rede wurde mit stehenden Ovationen aufgenommen. Heute scherzt er: »Der Jubel galt nicht mir.«[26]

Am Ende des Treffens in Cold Spring Harbor schlugen die Leiter des öffentlichen Projekts doch noch einen äußerst giftigen Ton an. Auf die Lücken anspielend, die Venters endgültige Sequenz beeinträchtigen würden, bemerkte Sulston: »Ich halte dies für keinen sonderlich bemerkenswerten Fortschritt. Wir werden das vollständige Archivprodukt vorlegen und nicht bloß eine vorläufige Arbeitsversion.«[27] Ein enger Kollege Sulstons, Robert Waterston von der Universität Washington, sagte, Venters Version der Sequenz sei vergleichbar mit einer »Enzyklopädie, die in Stücke zerrissen auf dem Boden herumliegt«.

Venter nahm die wachsende Entschlossenheit der staatlichen Wissenschaftler gelassen auf. »Würde ich auf der anderen Seite stehen, wäre ich auch wütend und fühlte mich bedroht«, gab er zu.[28] Doch die Kritik enttäuschte und ärgerte ihn auch und löste zwiespältige Gefühle in ihm aus. Daß man sich über Tausende von Lücken die Hände rieb, sei leichtfertig, weil die endgültige Sequenz zu 99,9 Prozent vollständig sein würde und die Löcher auf Chromosomenregionen liegen würden, die keine Gene enthielten.

Doch auch von seinen Kollegen auf dem Gebiet der Biotechnologie kamen harte Worte. Randy Scott von Incyte Genomics tat Celeras Chancen auf wirtschaftlichen Erfolg als unrealistisch ab. »Craig Venter ist doch nur hinter dem Nobelpreis her«, mutmaßte er.[29] Bill Haseltine zweifelte zwar nicht am Erfolg seines ehemaligen Partners, fand aber, daß der Plan, jeden einzelnen Buchstaben der menschlichen DNA zu sequenzieren, ein wenig wie Kosmologie sei – vom wissenschaftlichen Standpunkt aus faszinierend, aber kommerziell von geringem Wert. Dennoch war es seiner Meinung nach sinnvoller, die Sequenzierung des Humangenoms in den privaten Sektor zu verlagern, statt die ohnehin knappen staatlichen Finanzquellen trockenzulegen. In einem Leitartikel in der *New York Times* drängte Haseltine das NIH, seine Prioritäten neu zu setzen. »Es sollte Schluß sein mit der Ära staatlich finanzierter Großforschung, in der wenige Laboratorien bis zu 10 Millionen Dollar im Jahr erhalten, um hauptsächlich Schrott-DNA zu analysieren, während Wissenschaftler, die an der Erforschung von Krankheiten arbeiten, um Finanzierung betteln müssen. Lassen wir Privatunternehmen und gemeinnützige Organisationen die Arbeit an der Sequenzierung des Genoms abschließen. Unser Nationalstolz sollte sich aus dem Sieg über Krankheiten speisen, nicht aus dem Sieg in einem Rennen, das es nicht wert ist, gewonnen zu werden.«[30]

Doch einige Wissenschaftler begrüßten Venters Plan, das Genom privat zu sequenzieren, weil er die Vollendung der Sequenz, die damals nur zu vier Prozent entschlüsselt war, beschleunigen würde. »Von seiner Egomanie einmal abgesehen, glaube ich, daß Venter recht hatte, als er Celera gründete. Ich finde es ziemlich erfrischend, gegen das monolithische Gebilde zu rebellieren, in das sich das Genomprogramm verwandelt hat. [Doch] die Konsequenzen waren absehbar.«[31]

Einen Monat nach ihrer verblüffenden Ankündigung veröffentlichten Venter, Hunkapiller und vier von Venters leitenden Mitarbeitern eine Grundsatzerklärung zu ihrem Projekt in *Science*. Der Artikel war in jenem trockenen, emotionslosen Stil gehalten, der für wissenschaftliche Publikationen charakteristisch ist, doch die Zahlen sprangen einem förmlich vom Blatt entgegen: »230 ABI-PRISM-3700-DNA-Sequenzierautomaten [...], 1000 Proben [...], etwa 100 Millionen Basen an Rohsequenz [...] und um die 200 000 Sequenzierungsreaktionen am Tag [...], 99,9 Prozent des Genoms [...], zehnfache Überdeckung der Sequenz [...], weniger als ein Fehler pro 10 000 Basen.«

Venter und seine Kollegen bemühten sich nach Kräften, alle falschen Vorstellungen über seine Pläne für die Freigabe ihrer Daten zu zerstreuen. »Ein grundlegender Teil des Geschäftsplans beruht auf dem uneingeschränkten Zugriff der Öffentlichkeit auf die Sequenzdaten«, schrieben sie.[32] Die Daten sollten mindestens alle drei Monate veröffentlicht werden. Sie hatten auch nicht vor, Patente auf wichtige menschliche Genomsequenzen zu beantragen, sondern wollten sich auf 100 bis 300 »neuentdeckte Gensysteme« konzentrieren. Venters Team versuchte, den Artikel mit einer versöhnlichen Note abzuschließen:

> Wir hoffen, daß dieses Programm die umfassenden wissenschaftlichen Bemühungen zur Bestimmung und Analyse der Informationen, die unser Genom enthält, ergänzen wird. Es verdankt vieles den Anstrengungen der Pioniere aus der universitären Forschung

und den staatlichen Stellen, die das HGP [Humangenomprojekt] entwickelten und ins Leben riefen [...].
Wir freuen uns auf eine für alle Seiten lohnende Partnerschaft zwischen öffentlichen und privaten Institutionen, die jeweils entscheidend dazu beitragen, die Wissensschätze der Molekularbiologie zum Nutzen aller anzuwenden.[33]

Das wöchentlich erscheinende Fachmagazin *Science* hat eine Auflage von etwa 180 000 Exemplaren und eine Leserschaft von weit über einer halben Million Menschen, dennoch läßt sich nicht genau sagen, ob Venters Artikel überhaupt gelesen wurde. Und selbst wenn, waren nur wenige bereit, ihn beim Wort zu nehmen.

Am 17. Juni berief der parlamentarische Unterausschuß für Energie- und Umweltfragen eine Anhörung ein, um die Bedeutung von Venters Eintritt in das Humangenomprojekt zu diskutieren.[34] Die lebhafteste Stellungnahme kam von Maynard Olson, dem Direktor des Genomzentrums an der Universität von Washington in Seattle. Während Olson über sein dickes Brillengestell spähte, rügte er Venters Ankündigung vom Mai als »Wissenschaft per Pressemitteilung« und forderte ihn auf: »Zeigen Sie mir die Daten!« Er sagte voraus, daß die von Celera zusammengefügte Sequenz »über 100 000 gravierende Lücken« enthalten werde, also weitaus mehr als die 5000, von denen Venter gesprochen hatte. Abschließend ersuchte er den Ausschuß, »die Entwicklung einer Sequenz, die die Zeit überdauern wird«, zu gewährleisten.

Mit beachtlicher Selbstbeherrschung widerstand Venter der Versuchung, sich provozieren zu lassen, und ignorierte Olsons Stichelei. Statt dessen drängte er den Kongreß, »die Fördergelder für das Humangenomprojekt nicht zu kürzen, sondern vielmehr über eine Erhöhung nachzudenken«. Und er sagte einen Satz, der für viele Humangenomforscher zum Mantra geworden ist: »Die Erfassung der Sequenz ist erst der Anfang.«

Collins verteidigte in seiner Aussage die Leistungen des Genomprogramms, und in einer für die Kongreßabgeordneten verständlichen Sprache zählte er die Herausforderungen auf, die vor Venter lagen: »Um den Maßstäben zu genügen, auf die sich die internationale Genomforschung verständigt hat, muß die erstellte Sequenz vier Merkmale aufweisen. […] Die Sequenz muß [zu mindestens 99,9 Prozent] richtig sein […], die Sequenz muß zusammengefügt sein […], die Sequenz muß überdies preiswert sein […], und schließlich muß die qualitativ hochwertige, komplette DNA-Sequenz allgemein zugänglich sein.«

Collins spielte etwaige Rivalitätsgefühle zwischen den beiden Seiten herunter, indem er betonte, wie sehr er sich darauf freue, mit Venters privater Initiative zusammenzuarbeiten. Er versuchte sogar einen Scherz. »Beachten Sie, daß Dr. Venter und ich heute unabsichtlich sogar die gleiche Kleidung tragen«, sagte er dem Ausschuß. »Wir möchten in jeder Hinsicht Partner sein […], dies ist kein Wettlauf.«

Collins' Beteuerung, das staatliche Bündnis könne harmonisch mit Celera zusammenarbeiten, schien mit den realen Gegebenheiten nicht ganz übereinzustimmen. Den Beleidigungen in der Presse, den Dringlichkeitssitzungen und der Steigerung der Zuschüsse nach zu schließen, handelte es sich vielmehr um ein erbittertes Wettrennen, bei dem sehr viel auf dem Spiel stand. Nur eine Woche vor der Kongreßanhörung hatte Collins Venters Plan noch ganz anders beurteilt, als er nämlich der Zeitung *USA Today* sagte, daß das Ergebnis von Venters Ansatz einer Ausgabe des Nonsense-Magazins *Mad* ähneln würde.[35] (Collins beteuert seitdem, daß er diese Aussage bereut.)

Die wirkungsvollste Methode, der ständigen Kritik entgegenzutreten, würde für Venter die Produktion einer Modellsequenz sein, um die Leistungsfähigkeit des Schrotschußverfahrens an einem größeren Genom zu demonstrieren – eine Art Trockenübung für das Humangenom. Nachdem einige der anfänglichen Befürchtungen über die Leistung der neuen PRISM-3700-Sequenzer abgeklungen waren, blieb nur noch die Frage, ob das Schrotschußverfahren, das bei kleinen Bakteriengenomen so gut funktionierte, auch auf ein 1000fach größeres Genom anzuwenden war. Da die Genome von Hefe und Fadenwurm bereits bekannt waren, wählte Venter den berühmtesten Modellorganismus von allen aus – die Fruchtfliege *Drosophila melanogaster* – und schwor, ihr Genom zehnmal so schnell zu sequenzieren wie Sulston und Waterston das des Fadenwurms. Die Fruchtfliege hat ein Genom von knapp fünf Prozent der Größe des menschlichen Genoms und stellte damit eine ideale Brücke zwischen den Millionen Basen der Bakteriengenome und den Milliarden des menschlichen Genoms dar. Die Strategie blieb die gleiche: Zunächst wurden Millionen von DNA-Fragmenten von den 300 3700-DNA-Automaten sequenziert, dann setzte der Computer die endgültige Sequenz zusammen. Doch die Bedeutung der Arbeit an der Fruchtfliege wies über den Beweis für die Tauglichkeit des Schrotschußverfahrens hinaus. *Drosophila*-Genetiker brüsten sich gerne damit, daß »eine Fruchtfliege ein Mensch mit Flügeln« ist – und damit einer der wichtigsten Modellorganismen der Biologie.

Die Faszination der Fruchtfliege faßte bereits vor einem halben Jahrhundert Curt Stern, einer der besten Studenten des *Drosophila*-Forschers und Nobelpreisträgers Thomas Hunt Morgan, in lyrische Worte:

> Seit über 25 Jahren schon betrachte ich die kleine Fliege *Drosophila*, und jedesmal bin ich aufs neue erfreut [...]. Ich bewundere die klare Form des Kopfes mit den riesigen roten Augen, die Fühler und die elegante Mundpartie; die Wölbung des Brustkorbs, an dem ein Paar wunderschön schillernder, transparenter Flügel und drei Paar Beine anliegen; das Muster des einfachen Hinterleibs, der sich aus einer Reihe ringförmiger Segmente zusammenfügt.[36]

Im Jahr 1866, als der österreichische Mönch Gregor Mendel seine klassischen Zuchtexperimente mit Erbsen veröffentlichte, wurde Thomas Hunt Morgan in Lexington, Kentucky, geboren. Vier Jahrzehnte später arbeitete Morgan als angesehener Embryologe an der Columbia University und hoffte, die physische Grundlage der Erbfaktoren zu identifizieren. Er begann mit Dutzenden verschiedener Tierarten zu experimentieren, doch die Spezies, für die er bekannt werden sollte, wurde erst durch ein paar Bananen, die auf dem Fensterbrett vor seinem Labor lagen, zum obersten Stockwerk von Columbias Schermerhorn Hall gelockt.

Die Fruchtfliege hat viele Vorteile, vor allem einen Lebenszyklus, der kurz (eine neue Generation alle zwölf Tage) und fruchtbar ist (ein Weibchen legt durchschnittlich etwa 1000 Eier). Die Fruchtfliege läßt sich billig vermehren und erforderte dafür nur einen ständigen Nachschub an Milchflaschen, die Morgans Studenten von den Veranden der Umgebung und aus der Mensa stibitzten. Eines Tages Anfang 1910 bemerkte Morgan durch sein einfaches Vergrößerungsglas eine männliche Fliege mit auffallend weißen statt der üblichen roten Augen. Diese Eigenschaft wurde, wenig überraschend, *white* genannt, und damit hatte *Drosophila* ihren ersten Ruhmesflug angetreten. Als Morgan seine Frau im Krankenhaus besuchte, wo sie sich von der Geburt ihres dritten Kindes erholte, fragte sie gleich nach der weißen Fliege. Morgan stürzte sich in einen detaillierten Bericht, bevor ihm schließlich doch noch einfiel, sich nach dem Baby zu erkundigen.[37]

In den beengten Räumlichkeiten des »Fliegenlabors« kreuzte Morgan sein weißäugiges Männchen mit einem normalen rotäugigen Weibchen und stellte fest, daß die Nachkommen alle rote Augen hatten. Doch als er die »Kinder« (wie er die Nachkommen gerne nannte) wieder kreuzte, tauchte das weißäugige Merkmal bei den Männchen wieder auf. Dieses eindeutig geschlechtsgekoppelte Erbmuster erinnerte Morgan an die Farbenblindheit, die nur Männer betrifft. Morgan wußte, daß *Drosophila* vier Chromosomenpaare besitzt, darunter ein Paar Geschlechtschromosomen (weibliche Fliegen haben zwei X-Chromosomen, während Männchen ein X- und ein Y-Chromosom haben). Morgan schloß daraus, daß geschlechtsgekoppelte Eigenschaften wie *white* auf dem X-Chromosom sitzen müssen und sich nur bei Männchen zeigen, weil diese nur ein X-Chromosom besitzen. Im Sommer veröffentlichte Morgan seine Ergebnisse über die weißen Augen[38] und beschrieb in einem Brief an einen Mitarbeiter zusätzliche geschlechtsgekoppelte Mutationen, die er gefunden hatte, wobei er trocken bemerkte: »Sie könnten weiteres Licht auf den Prozeß der Vererbung werfen.«[39] Morgan vermutete zudem, daß die geschlechtsgekoppelten Merkmale sich nicht immer gemeinsam aufspalteten (segregierten), weil die Chromosomen während der Meiose DNA austauschen. Dieser Austauschprozeß wird auch »Crossing-over« genannt und ist der wichtigste Katalysator der Evolution.

Morgans Fliegenlabor enthielt acht Arbeitstische, die in einen Raum gepfercht waren, der nicht größer war als ein durchschnittliches New Yorker Apartment. Es war erbärmlich ausgestattet und unglaublich dreckig (die Legende berichtet von Kakerlakenbefall und plündernden Mäusen).[40] Die menschlichen Bewohner waren dagegen immer makellos mit Weste und Krawatte bekleidet, und die intellektuelle Atmosphäre war berauschend. Die Studenten arbeiteten bis spätabends, diskutierten laut über ihre Experimente und tauschten Ideen aus. »Ich habe mich manchmal darüber gewundert, daß überhaupt etwas gearbeitet wurde, so viel wurde dort immer geredet«, sagte Alfred Sturtevant, einer von Morgans Studenten. Am meisten redete jedoch Morgan selbst. Obwohl er eigentlich ein eher schüchterner Mensch war (seine Studenten mußten eine versteckte Kamera benutzen, um ihn zu fotografieren), hatte er einen ausgeprägten Sinn für Humor. Einmal riet er zwei guten Freunden nach der Geburt ihres ersten Kindes: »Ich kann euch keine väterlichen Ratschläge geben, außer das kleine Mädchen nicht auf den Namen Drosophila zu taufen. Wir selbst haben der Versuchung dreimal widerstanden.« Ein anderes Mal sollte Morgan für einen seiner Studenten ein Empfehlungsschreiben für eine Dozentenstelle an einer Universität im Mittleren Westen verfassen, worin er den religiösen Glauben besonders hervorheben sollte. Sofort ließ Morgan ein Foto von sich und zwei Studenten beim Gebet im Labor machen, das er seinem Brief beilegte.

Fruchtfliegenliebhaber witzeln gerne, daß Morgans drei größte Entdeckungen seine drei Studenten Alfred Sturtevant, Calvin Bridges und Hermann Muller waren. In den fünf Jahren nach 1910 führte Morgans Bande, wie sie genannt wurden, Mendels Erbe weiter, indem sie die strengen statistischen Methoden von Mendel mit Morgans sorgfältiger mikroskopischer Analyse verbanden. Im Jahr 1911 erklärte Morgan seinem Lieblingsstudenten Sturtevant das Konzept des »Crossing-over« und behauptete, je näher zwei Gene auf dem X-Chromosom beieinanderlägen, desto seltener würden sie sich während der Meiose trennen. Doch Sturtevant entdeckte noch etwas anderes. Wenn man von einem halben Dutzend Faktoren wußte, daß sie auf dem X-Chromosom sitzen, würde eine Untersuchung der Häufigkeit des Crossing-over zwischen ihnen ihre jeweilige Position in Relation zueinander ergeben – mit anderen Worten, die erste einfache genetische Karte. In dieser Nacht schob Sturtevant seine anderen Kursaufgaben beiseite und studierte die Kreuzungsunterlagen von weit über 25 000 Fliegen – den »Kindern« aus besonderen Paarungen zwischen Fliegen mit geschlechtsgekoppelten Merkmalen. Indem er verglich, wie oft diese Merkmale bei den Nachkommen auftraten, konnte Sturtevant die relative Nähe der einzelnen X-Chromosom-Gene zueinander abschätzen und die Entfernungen in bezug auf die Häufigkeit der Rekombination aufzeichnen. Bei Tagesanbruch hatte Sturtevant eine Linie mit den Loci von fünf Merkmalen der Fruchtfliege gezeichnet, die etwa so aussah[41]:

Gelb	weiß	zinnoberrot	klein	rudimentär
Körper	Auge	Auge	Flügel	Flügel

Sturtevant, damals noch ein Teenager, hatte die erste Genkarte eines einzelnen Chromosoms erstellt – eine Leistung, die sein Chef als »eine der erstaunlichsten Entwicklungen in der Geschichte der Biologie« bezeichnete.[42] In einem Artikel darüber schrieb Sturtevant: »Wir wissen nicht, ob Chromosomen überall einheitlich stark sind, und wenn es schwächere oder stärkere Stellen auf ihnen geben sollte, wäre unser Diagramm nicht in der Lage, echte relative Entfernungen darzustellen – aber ich glaube, dies wird seinen Wert als Diagramm nicht schmälern.« Und das tat es tatsächlich nicht. Sturtevants genetische Karte trug dazu bei, 75 Jahre später den Grundstein für das Genomprojekt zu legen.

Sturtevants Geistesblitz, mit dem er die erste genetische Karte erstellt hatte, hätte für sich genommen ausgereicht, um Morgan einen Platz in der Geschichte zu sichern, doch war dies erst der Anfang einer Welle von Entdeckungen, die dem Fliegenlabor in den nächsten Jahren gelingen sollte. Sturtevant und Bridges erstellten Karten von drei weiteren Chromosomen, die Dutzende von Genen enthielten, und entwickelten die These, daß sich einige Merkmale aus der Kombination mehrerer unterschiedlicher Gene ergaben, wobei manche Gene die Aktivität anderer veränderten – was auch als polygenetische Vererbung bezeichnet wird. Muller zeigte, daß Crossing-over auch paarweise vorkam – das sogenannte doppelte Crossing-over –, wodurch die Gene auf einem Chromosom vor der Bildung von Sperma und Eizellen vertauscht wurden. Und Bridges beobachtete, daß es den Chromosomen gelegentlich nicht gelang, sich während der Meiose richtig zu trennen, so daß einige Eizellen zwei X-Chromosomen statt nur eines erhielten (die entsprechende Nichttrennung des menschlichen Chromosoms 21 verursacht das Down-Syndrom). Zum 50. Jubiläum von Mendels berühmten Experimenten hatte sich die Chromosomentheorie der Vererbung schon fast etabliert, und eine wissenschaftliche Revolution war im Gange.

Im Oktober 1933 erhielt Morgan einen Anruf und lauschte schokkiert. Stockholm war am Apparat: »Ich möchte Sie darüber informieren, daß der Nobelpreis für Physiologie und Medizin für das Jahr 1933 an Sie verliehen wird, für Ihre Entdeckungen über die Funktion der Chromosomen bei der Vererbung.«[43] In der Laudatio zu Morgans Nobelpreis hieß es: »Es ist oftmals schwer zu unterscheiden, welches Morgans Arbeit ist und welche die seiner Mitarbeiter. Doch Morgan ist ohne Zweifel der geniale Führer [...]. Die Ergebnisse der Morgangruppe sind kühn, ja sogar phantastisch, sie sind von einer Großartigkeit, welche die meisten anderen biologischen Entdeckungen in den Schatten stellt.«[44]

Morgans Studenten gelangen noch weitere aufsehenerregende Entdeckungen.[45] Bridges veröffentlichte eine wunderschöne Zellkarte der Riesenchromosomen aus den Speicheldrüsen der Fliege, bei der er erstmals die genetische und die physikalische Karte eines Chromosoms miteinander verband. In der Zwischenzeit führte Muller erfolgreich Mutationen bei der *Drosophila* herbei, indem er die Fliegen mit Röntgenstrahlen beschoß, wofür er im Jahr 1946 ebenfalls den Nobelpreis erhielt. Mullers Lehrtätigkeit an der Universität von Indiana lockte auch einen jungen Studenten namens James Watson an. Die Einheit für den genetischen Abstand zwischen zwei Markern auf einem Chromosom wurde zu Morgans Ehren »Centimorgan« (cM) genannt.

Das Interesse an der *Drosophila* schwand um die Zeit der Entdekkung der Doppelhelix. Bakterien und ihre Viren wurden zu beliebten Labororganismen, an denen die Natur des Erbmaterials untersucht, der genetische Code zerlegt und die rudimentären Mechaniken der Genregulation studiert wurden. Doch mit jedem dieser wichtigen Schritte rückte der Tag näher, an dem man auf molekularer Ebene begreifen sollte, wie sich komplexere Organismen entwickeln. 1979 isolierte David Hogness' Gruppe an der Stanford University einen Genkomplex namens Bithorax, eine homöotische Mutation (die Verwandlung eines Körperteils in einen anderen), die zur Ausbildung von zwei Flügelpaaren führt. Gleichzeitig machten sich zwei junge deutsche Wissenschaftler, Christiane Nüsslein-Volhard und Eric Wieschaus, auf die Suche nach Mutanten, die die Entwicklung des *Drosophila*-Embryos beeinträchtigten. 1980 veröffentlichten sie einen klassischen Artikel in *Nature*, in dem sie zeigten, wie 15 verschiedene Mutanten die Segmentmuster der Fruchtfliegenlarven verändern.[46] Ihre Arbeit wurde 1995 mit dem Nobelpreis belohnt – der damit zum drittenmal für genetische Pionierstudien an Fruchtfliegen verliehen wurde – und trug außerdem dazu bei, der *Drosophila* erneut ihre angestammte Position als ideal geeigneter Organismus für die Suche nach Genen zu verleihen, die bei Wachstum und Verhalten, Entwicklung und sexueller Orientierung sowie Alterungsprozessen und Sucht eine Rolle spielen. *Drosophila* war daher ein naheliegender Kandidat für die Genomsequenzierung.

Die Sequenzierung des *Drosophila*-Genoms begann 1994 unter den Fittichen zweier Forschungsgruppen: des *Drosophila*-Genomprojekts in Berkeley unter Leitung von Gerry Rubin und des europäischen *Drosophila*-Genomprojekts. Die Fruchtfliege enthält 180 Millionen DNA-Basen, doch etwa ein Drittel davon besteht aus stark repetitiven DNA-Abschnitten, im Chromosomenbild Heterochromatin genannt, die keinen bekannten Zweck erfüllen und äußerst schwierig zu sequenzieren sind. Daher wollten sich die Forscher auf die 120 Millionen Basen konzentrieren, die auch als Euchromatin bezeichnet werden und proteincodierende Gene enthalten. Anfangs sei die Unterstützung eher mäßig gewesen, berichtet Rubin, weil die Fruchtfliegenforscher durch Jahrzehnte der klassischen Forschung an *Drosophila*-Varianten und die Verfügbarkeit von Hilfsmitteln verwöhnt waren, welche die Genidentifikation und die Manipulation bei Fruchtfliegen leichter machte als bei jedem anderen Organismus. Bis zum Frühjahr 1998 hatten die beiden *Drosophila*-Arbeitsgruppen beachtliche 30 Millionen Basen identifiziert, etwa 20 Prozent des Genoms, doch mittlerweile verzehrten sich die Wissenschaftler allerorten nach der Sequenz, nachdem sie gesehen hatten, welche entscheidenden Vorteile sich aus der Kenntnis des Hefegenoms ergaben.

Venter war sich dessen völlig bewußt, weshalb er sich 1998 an Rubin in Cold Spring Habor wandte und ihm ein außergewöhnliches Angebot machte. Celera wollte sein Schrotschußverfahren am *Drosophila*-Genom erproben und lockte Rubin und die gesamte *Drosophila*-Forschergemeinschaft mit der Aussicht, das vollständige genetische Skript der Fruchtfliege schon zwei Jahre vor dem geplanten Zeitpunkt in Händen zu halten. Celera würde die Kosten übernehmen. Es war, so Rubin, »ein Angebot, daß ich nicht ausschlagen konnte«.[47] Viele seiner Kollegen waren empört, daß Rubin einer Zusammenarbeit mit Venter zustimmte, doch Rubin sah die Angelegenheit rein pragmatisch. Da das Berkeley-Projekt vermutlich nicht vor Ende 2001 abgeschlossen sein würde, wäre Celeras Hilfe bei der Vollendung des Genoms ein wahres Geschenk für die Fruchtfliegenforscher in der ganzen Welt und würde den Steuerzahlern geschätzte 10 bis 15 Millionen Dollar ersparen.

Venters Ankündigung löste viele Befürchtungen aus – sie betrafen die Sicherheit der etablierten Genomprojektzentren ebenso wie die Qualität der Rohsequenz –, doch das dornigste Thema war das der Genpatentierung. Venter verkündete, er sei höchstens an der Patentierung von 300 Genen interessiert, doch dies war eine gänzlich willkürliche Begrenzung seinerseits. Wenn es ihm tatsächlich gelang, das Genom so schnell zu sequenzieren wie geplant, also möglicherweise Jahre vor dem staatlichen Genomprogramm, dann hätte er die unerhörte Gelegenheit, für vielleicht Tausende wertvoller Gene Patente zu beantragen. Diese Rechte könnten dann wiederum für Riesensummen an Pharmafirmen verkauft werden. Venter erklärte jedoch, eine rasche Veröffentlichung der grundlegenden Sequenz würde der aggressiven Spekulation mit menschlichen Genen durch gewisse Firmen ein Ende bereiten. Bei der Kongreßanhörung im Juni sagte er:

> Indem wir die Sequenz des kompletten menschlichen Genoms zur Verfügung stellen, ist es für eine einzelne Organisation nicht mehr möglich, das gesamte geistige Gut des Genoms in Besitz zu nehmen. Dem spekulativen Wesen, das derzeit mit der Patentierung von DNA-Sequenzinformationen verbunden ist, wird dadurch ein Ende bereitet. Forscher müssen nun die Biologie einer Sequenz verstehen, ehe sie einen Patentantrag stellen. Unser Vorhaben wird das Humangenom unpatentierbar machen.[48]

Das Patentieren von Genen ist vor allem in Europa ein äußerst heikles Thema, und die herrschende Meinung lautet, daß das menschliche Erbe des Genoms nicht monopolisiert werden darf. Sulston glaubt leidenschaftlich daran, daß die Öffentlichkeit die volle Verantwortung für die Rechte am Genom übernehmen und es keinesfalls dem privaten Sektor überlassen sollte. In einem Leitartikel im *Guardian* hieß es: »Unternehmer spielen durch die Gründung von Firmen in jeder Wirtschaft eine wichtige Rolle, aber nicht dadurch, daß sie Profit aus etwas ziehen, was die meisten Menschen in der Welt verständlicherweise als öffentliches Eigentum betrachten. Alle Forschungsergebnisse zu menschlichen Genen sollten daher ohne Patentschutz veröffentlicht werden.«[49] Mit solch pauschalen Aussagen wird jedoch gerne die wichtige Rolle übersehen, die der Patentschutz in der medizinischen Forschung spielt. Ohne Patentschutz hätte die pharmazeutische Industrie keinen Anreiz, die Hunderte Millionen Dollar und vielen Jahre an Forschung zu investieren, die für gewöhnlich nötig sind, um ein Produkt auf den Markt zu bringen. Außerdem ist das Gebiet der Patente längst nicht mehr der Wirtschaft vorbehalten. Seit Anfang der 80er Jahre wurden auch Forscher, die Forschungsgelder vom NIH erhielten, verpflichtet, auf potentiell wichtige Genentdeckungen Patente zu beantragen.

Ein eindrückliches Beispiel bietet das Brustkrebsgen *BRCA1*, das 1994 von Myriad Genetics identifiziert wurde. Daß die Rechte auf ein so wichtiges und wirtschaftlich lukratives Gen einer neugegründeten Biotech-Firma gehörten, löste bei vielen Forschern inner- und außerhalb der Universitäten Empörung aus. Allerdings gab es über 700 Veröffentlichungen über *BRCA1* seit Entdeckung des Gens, und zwar größtenteils von universitären Forschern. Tatsächlich stammen die vielversprechendsten Fortschritte in unserem Verständnis der normalen Funktion des *BRCA1*-Proteins bei der Reparatur beschädigter DNA von akademischen Forschern, die sich von Myriads Besitz des Genpatents nicht abschrecken ließen.

Dennoch wächst die Besorgnis, daß durch Patente auf Gene, die bei genetischen Tests eingesetzt werden, manchen Menschen möglicherweise lebensrettende Informationen vorenthalten werden. »Wir müßten einigen Frauen diesen wertvollen neuen [Brustkrebs-]Test verweigern«, sagt John Burn, Direktor des Northern Genetics Service in

Großbritannien, das etwa 200 Brustkrebsgentests im Jahr durchführt.[50] »Eben solche Situationen werden entstehen, wenn genetische Informationen weiterhin patentiert werden.« In den USA verursachte ein Ansinnen des Miami Children's Hospital einen ähnlichen Aufschrei: Es wollte Gebühren für einen Gentest für die Canavan-Krankheit verlangen, eine tödliche neurologische Erkrankung, die vor allem unter den aschkenasischen Juden verbreitet ist.[51] In den New Yorker Randbezirken drohen die Hoffnungen, einen erfolgreichen Test für die Tay-Sachs-Krankheit einzusetzen, mit dem sich potentielle Träger der Krankheit vor einer Heirat identifizieren lassen, wegen der Gengebühren zu platzen.[52]

In vielen Diskussionen über das Genomprojekt wird Celera als der schlimmste Übeltäter im Streit über die DNA-Patentierung dargestellt, mit der etwas absurden Anschuldigung, Venter würde die Menschheit oder das komplette Genom patentieren wollen. Obwohl Celera sicherlich über das Potential verfügt, für eine große Anzahl menschlicher Gene Patente zu beantragen, ist das Unternehmen dennoch nicht der führende Sammler von Patenten auf menschliche Gene und wird es vermutlich auch niemals sein. Die berüchtigtsten Grundbesitzer des Genoms sind Firmen wie Incyte Genomics und Human Genome Sciences, die während der letzten Jahre Hunderte Patente auf menschliche Gene (ESTs) erhielten, die mittels ihrer Expression in verschiedenen Geweben charakterisiert wurden.[53] Incyte liegt derzeit mit über 500 Patenten in Führung – doppelt soviel wie der nächste Konkurrent SmithKline-Beecham –, oftmals für Gene, die nur durch die Sequenzanalyse vorhergesagt wurden, und hat noch Tausende von Anträgen auf weitere Patente laufen. Tatsächlich betrachten viele Unternehmer des Biotechnologiesektors Celeras späte Ansätze zur Genpatentierung als relativ bedeutungslos. Haseltine meinte selbstgefällig: »Wenn das Humangenomprojekt abgeschlossen ist, wird [Celera] nur noch eine unbedeutende Fußnote einer Revolution darstellen, die schon lange im Gange ist.«[54]

Eine verärgerte Bürgerin äußerte ihren Protest über die Genpatentierungsflut unter recht bizarren Umständen. Donna MacLean, eine englische Kellnerin und Dichterin, reichte Patentantrag GB000180.0 ein, indem sie ein Patent auf »mich selbst« beantragte. Sie schrieb:

»Ich habe 30 Jahre harter Arbeit gebraucht, um mich selbst zu entdecken und zu erfinden, und nun möchte ich meine Erfindung vor unbefugter Ausbeutung, genetischer und sonstiger Natur, schützen. Ich bin neu; ich habe eine private Existenz geführt, und habe die Erfindung meiner selbst nicht öffentlich bekanntgemacht. Ich bin auch nicht offensichtlich.«[55] MacLean erklärte, die »Atmosphäre der Habgier« im Umkreis der Humangenomforschung habe sie wütend gemacht, daher habe sie sich entschieden, ihre eigenen Gene schützen zu lassen. Eine gerichtliche Entscheidung steht noch aus.

Der rechtzeitige Beschluß des Wellcome Trust, die Finanzierung für das Sanger Centre aufzustocken, gab dem geplagten staatlichen Konsortium starken moralischen Auftrieb. Doch Collins hatte zu entscheiden, welche Veränderungen – wenn überhaupt – in den amerikanischen Genomzentren vorgenommen werden sollten, die immer noch in der Verantwortung standen, zwei Drittel der Genomsequenz zu entziffern. Es gab immer noch über ein Dutzend Laboratorien in den USA, die an der Sequenz arbeiteten, allerdings unterschiedlich produktiv und kosteneffizient. Zudem waren erst etwa fünf Prozent des Humangenoms sequenziert. Bei einer Tagung in Virginia kurz nach dem Treffen in Cold Spring Harbor im Mai 1998 überdachten viele führende Vertreter des Genomprogramms den Vorschlag, eine »Rohfassung« der Sequenz zu erstellen. Dies war jedoch eine radikale Abkehr vom langfristigen Ziel des Humangenomprojekts, das immer noch in der fast vollkommen buchstabengetreuen Wiedergabe aller drei Milliarden Basen des menschlichen Genoms bestand. Eilig versicherte Collins seinen Kollegen, dies sei »kein Ersatz für die Vollendung des ganzen Projekts«. Doch die Verfügbarkeit von wenigstens 90 Prozent der Sequenz bis Ende 2001 würde selbst in einer nicht ganz perfekten Form unmittelbaren Gewinn bringen, besonders für jene Forscher, die sich auf der Jagd nach krankheitsauslösenden Genen befanden.

Der Plan wurde kontrovers aufgenommen. Einige Wissenschaftler waren der Ansicht, das eilige Zusammenschustern einer Rohfassung würde vom wahren Ziel des Humangenomprojekts, der Erstellung einer Genomsequenz von höchster Qualität, ablenken. Doch andere begrüßten die Idee als Segen für die Genidentifikation. Bei einem Treffen des Beratergremiums des Genomzentrums im September wurde die Strategie einer vorläufigen Arbeitsversion offiziell genehmigt. Collins feierte die Pläne als »groß und ehrgeizig, sogar wagemutig [...], dies ist nicht die Zeit, konservativ und vorsichtig zu sein oder sich im Leerlauf zu bewegen«.[56] Zehn Millionen Dollar würden zusätzlich bereitgestellt werden, um die Sequenzierungsarbeit zu unterstützen.

Sechs Monate später waren die Termine schon wieder nach vorne verschoben worden. Nun, da zusätzliche Gelder verfügbar waren und sich die Produktivität der öffentlichen Genomzentren aufgrund der Einführung der neuen PRISM-Sequenzierautomaten erhöht hatte, stoppten das NIH und der Wellcome Trust die Pilotphase des Sequenzierungsprogramms und gaben das Startsignal für eine umfassende Kampagne zur Vollendung der Sequenz. Der neue Termin für den Abschluß des Projekts war auf Frühjahr 2000 festgelegt worden, anderthalb Monate vor dem bisherigen Datum. »Der beste Dienst an der wissenschaftlichen Gemeinschaft«, erklärte Eric Lander, »besteht darin, schnell eine vorläufige Sequenz vorzulegen und ihr dann in höchstens anderthalb Jahren den letzten Schliff zu geben.«[57] Collins stritt nachdrücklich ab, daß die Arbeitsversion eine Antwort auf Venters Zeitplan sei – er bezeichnete den neuen Plan als »Aktion, nicht Reaktion« – und versicherte, die Diskussion darüber hätte schon vor der Gründung Celeras stattgefunden.

Für die Arbeitsversion sollte jedes DNA-Fragment des Genoms durchschnittlich nur viermal sequenziert werden, das heißt nicht zehnmal, wie man es für die endgültige Sequenz geplant hatte, was zu einer weit höheren Fehlerquote in der Sequenz führen würde. Doch die Arbeit würde auf jeden Fall weitergehen, um die gültige Sequenz bis 2003 zu vollenden, zwei Jahre vor dem ursprünglichen Zeitplan.

Collins und seine Berater wußten, daß der Erfolg nicht allein dadurch garantiert sein würde, daß man Geld in den damaligen lockeren Arbeitsverbund von Laboratorien pumpte. Als Leiter eines schwunglosen amerikanischen Laboratoriumsverbunds mußte Collins nun die schwierige Entscheidung fällen, den Großteil der verfügbaren Gelder an die drei produktivsten Genomzentren umzuverteilen. Er verkündete, daß er in den nächsten fünf Jahren über 80 Millionen Dollar an nur drei Zentren vergeben würde, und zwar an die von Robert Waterston (St. Louis), Eric Lander (Cambridge, Massachusetts) und Richard Gibbs (Houston).[58] In der Zwischenzeit verkündete der Wellcome Trust, er werde dem Sanger Centre weitere 77 Millionen Dollar zur Verfügung stellen. Gemeinsam mit dem Genominstitut des US-Energieministeriums würde damit der Löwenanteil der Humangenomsequenz von nur fünf Genomzentren entschlüsselt werden – die von da an unter dem Namen G5 firmierten.

Nun war es an den Leitern des öffentlichen Humangenomprojekts, Venter den Olivenzweig zu reichen und ihm anzubieten, ihrer Vereinigung beizutreten, obgleich die Chancen dafür bei null lagen. Die zusätzlichen Gelder, die für das öffentliche Projekt bereitgestellt wurden, waren ein Beweis dafür, wie ernst man Venters neues Unternehmen nahm. Venter wies das Angebot jedoch wie erwartet zurück. Dabei tat er Collins' überarbeiteten Zeitplan mit den Worten ab, er habe »nichts mit der Realität zu tun«, und beschuldigte ihn, »die Menschheit in einen Mixer zu werfen und eine Flickendecke wieder herauszuziehen«.[59] Dies paßte Collins natürlich gar nicht, der zurückschoß, Celeras Programm sei »die Abc-Schützen-Fassung« des Genoms.[60]

Collins bezeichnete sich selbst als »Geschäftsführer und Feldmarschall« des »Sequenzteams«[61], wie er die umgestaltete transatlantische Allianz nannte. Seine Hoffnung, die Sequenz mehr oder weniger gleichzeitig mit Celera abliefern zu können, lag nun in den Händen von fünf großen Genomzentren. Etwa die Hälfte der Sequenz würde in enger Zusammenarbeit zwischen dem Sanger Centre und der Washington-Universität in St. Louis erarbeitet werden. Das Bündnis zwischen John Sulston und Bob Waterston, die die Sequenz des *C. elegans*-Genoms so meisterlich entschlüsselt hatten, konnte zu Recht von sich behaupten, das erfolgreichste Sequenzierunternehmen des öffentlichen Genomprojekts zu sein.

Das Team des Baylor College of Medicine in Houston, das von dem Australier Richard Gibbs geleitet wurde, sollte sich auf drei Chromosomen konzentrieren, darunter auch das X-Chromosom. Etwas mehr als zehn Prozent des Genoms würde vom Joint Genome Institute in Kalifornien bearbeitet werden. Deutsche, französische und japanische Gruppen arbeiteten an weiteren fünf Chromosomen, darunter die beiden kleinsten, 21 und 22. Wenige Monate später belohnte Collins drei weitere Gruppen – an der Stanford-Universität, der Universität von Washington und eine Biotech-Firma in Massachusetts namens Genome Therapeutics –, die ebenfalls an der Chromosomensequenzierung und der Technologieentwicklung mitwirken sollten.

Chromosomenzuteilung
an öffentliche DNA-Sequenzierzentren des HGP

Labor	Leiter	Chromosomen
Sanger Centre	John Sulston	1, 6, 9, 10, 13, 20, 22, X
Washington-Universität	Bob Waterston	2, 3, 7, 11, 15, 18, Y
Baylor College of Medicine	Richard Gibbs	3, 12, X
Joint Genome Institute (DOE)	Elbert Branscomb	5, 6, 19
Whitehead Institute/MIT	Eric Lander	17 (und andere)
Universität von Washington	Maynard Olson	7
Genome Therapeutics	David Smith	10
Frankreich	Jean Weissenbach	14
Deutschland	André Rosenthal	8, 21
	Helmut Blöcker	
	Hans Lehrach	
Japan	Yoshiyuki Sakaki	8, 18, 21, 22
	Nobuyoshi Shimizu	

Eric Lander vom Whitehead Institute hatte sich sein persönliches Lieblingschromosom 17 geschnappt – die 17 war seine Glückszahl, weil ihre einzigartigen mathematischen Eigenschaften ihn faszinierten – und hatte zudem hilfsbereit »alles« übernommen, »was so anfällt«. Angesichts seines außergewöhnlichen Lebenslaufs hatte Lander sich das Recht verdient, seine Projekte selbst auszuwählen. Schon früh interessierte er sich für Mathematik; mit 17 gewann er die Westinghouse Science Competition (für einen zahlentheoretischen Aufsatz), ein Rhodes-Stipendium für Oxford, gefolgt von einem MacArthur »Genius« Award.[62] Als er Anfang der 80er Jahre an der Harvard Business School Mathematik unterrichtete, begann er nebenher am MIT zu arbeiten, wo er unter anderem von seinem jüngeren Bruder Arthur, einem Neurowissenschaftler, in Molekularbiologie unterrichtet wurde. 1989 trat Lander dem Lehrkörper des Whitehead Institute bei, das mit dem MIT verbunden war, und wurde später zum Leiter des dortigen Genomzentrums ernannt. Lander spürte, daß seine mathematische Erfahrung auf dem boomenden Feld der Humangenetik durchaus hilfreich sein könnte, suchte man hier doch nach Wegen, Krankheitsgene zu kartieren. Mit seinen Fähigkeiten hat er zur Bestimmung geeigneter Kriterien für den gerichtsmedizinisch relevanten DNA-Fingerabdruck[63] beigetragen und überdies zur Kartierung von Genen für komplexe Eigenschaften,[64] indem er eine umfassende genetische Karte der Maus erstellte.[65]

In den vergangenen Jahren entwickelte sich das Genomzentrum des Whitehead Institute, wo Lander über ein Heer von über 200 Forschern und Technikern gebot, zum Flaggschiff der Genomentzifferung in den USA und entzifferte etwa ein Drittel der menschlichen Sequenz. Trotz seines Unternehmergeistes (1993 war er Mitbegründer von Millennium Pharmaceuticals) gehörte seine Loyalität stets entschieden dem öffentlichen Genomprojekt – oder, wie er scherzend sagt, »den himmlischen Heerscharen«.

Venter richtete seinen neuen Unternehmenssitz in einer knapp 20 Hektar großen Fabrik am nördlichen Stadtrand von Rockville in Maryland ein, nur 30 Kilometer vom Weißen Haus und wenige U-Bahn-Stationen von Collins' Büro im NIH entfernt.[66] Das Bürogebäude gehörte früher einer Firma, die für das Verteidigungsministerium arbeitete, und lag zwischen einer Elektrofirma und einer Wohnsiedlung. Es war zwar nicht gerade eine exotische Gegend, aber Venter konnte es sich nicht leisten, Zeit zu verschwenden. Im August 1998 zog sein Team ein.

Während die 300 000 Dollar teuren Sequenzierautomaten aufgestellt und geprüft wurden, tauften die Celera-Wissenschaftler jede Maschine nach einer berühmten Science-fiction-Figur und klebten die neuen Spitznamen mit Tesafilm fest. Es gab Leia und Skywalker aus *Star Wars*, Ripley und Hicks aus *Alien* und viele weitere. Die Maschinen waren feinsäuberlich in Reihen aufgestellt und warteten geduldig auf die ersten Proben. Auf einem anderen Stockwerk wurden allgemeine Laboratorien eingerichtet, in denen Smith und seine Kollegen sorgfältig menschliche DNA für die Sequenzierung vorbereiteten. Die monatliche Stromrechnung für den Betrieb der Sequenzer, Computer und der Klimaanlage belief sich auf 100 000 Dollar.

Anfang 1999 war das Datenzentrum einsatzbereit. Compaq hatte einen der beiden größten zivilen Rechner der Welt gebaut, dem nur eine Maschine von Intel Konkurrenz machen konnte, die von der amerikanischen Regierung für geheime Simulationen nuklearer Explosionen verwendet wurde. Der Computer enthielt etwa 800-Alpha-EV6- und EV67-Prozessoren mit einer 64-Bit-Architektur und über 80 Terabyte Speicherkapazität (was etwa fünfmal dem Umfang der U.S. Library of Congress in Washington, D.C., entspricht) und stand in eigens dafür eingerichteten Räumen von der Größe eines Basketballfeldes. Der Computer konnte 1,3 Billionen Fließkomma-Rechenoperationen pro Sekunde durchführen und reduzierte somit Abläufe, die früher Jahre dauerten, auf 15 Sekunden. Über 600 Kilometer glasfiberoptische und Kupferkabel wurden verlegt, um die Daten zu bewältigen. Doch selbst mit diesen Kapazitäten würde es nach Venters Einschätzung drei Monate dauern, bis der gewaltige Computer die Milliarden Basen als Rohdaten zu einer fertigen Humansequenz zusammengesetzt hatte. In einer Ecke des Datenzentrums befanden sich die Server für Celeras pharmazeutische Kunden. In einem anderen Flügel des Gebäudes richtete sich Venter ein Kommandozentrum ein, das an die Brücke von *Raumschiff Enterprise* erinnert. Die gebogene Wand enthält zwei riesige Monitore und eine Reihe von 30 weiteren Bildschirmen, auf denen sich der Strom der Sequenzinformationen und die Genomzusammensetzung ständig überprüfen lassen.

Außer seinem Kader aus loyalen TIGR-Mitarbeitern hatte Venter andere führende Wissenschaftler angeworben, darunter auch Sam Broder, den ehemaligen Direktor des Nationalen Krebsforschungsinstituts, der nach eigenen Worten bei Celera für »medizinische Dinge« zuständig war. Zum wissenschaftlichen Beratergremium gehörten unter anderem Koryphäen wie Arnold Levine, Präsident des Rockefeller Institute, der das berüchtigte Krebsgen *p53* entdeckt hatte, Victor McKusick, ein Genetiker von der Johns Hopkins-Universität, der den Katalog erblicher Krankheitsbilder begründet hatte, sowie Mel Simon, ein Caltech-Forscher, der BACs entwickelte, ein wichtiges Hilfsmittel für die Handhabung von DNA bei großangelegten Sequenzierprojekten.

Die wichtigste Neuerwerbung war der auf den passenden Namen Gene Myers getaufte Bioinformatikexperte aus Arizona, der erstmals öffentlich vorgeschlagen hatte, das Humangenom mittels des Schrotschußverfahrens zu sequenzieren, was damals von der Mehrheit der Genetiker abgewiesen worden war. Myers bat Venter um die Chance, die Computeralgorithmen zu entwickeln, mit denen die Millionen zufälliger DNA-Sequenzen zum »Buch des Menschen« zusammengesetzt werden sollten. Myers war tatsächlich so erpicht darauf, bei Celera zu arbeiten, daß Venter rückblickend scherzt: »Das hat ihm keine besonders starke Verhandlungsposition eingebracht!« Kurz nachdem Myers blauäugig eingewilligt hatte, bei Celera weiterhin für sein akademisches Gehalt zu arbeiten, rief er bei Venter an und fragte verlegen: »Was sind eigentlich Aktienoptionen?«[67]

Myers ist eine extravagante Persönlichkeit. Er trägt normalerweise einen Ohrstecker und ein Halstuch, kümmerte sich aber nicht um die gärenden Spannungen zwischen dem öffentlichen und dem privaten Lager. Das ungeheure Ausmaß der vor ihm liegenden Aufgabe nahm ihn völlig gefangen – sie war etwa vergleichbar mit der Zusammensetzung der kompletten Bibel aus zehn Ausgaben, die zuvor in kleine Schnipsel zerfetzt wurden.

Allgemein herrschte die Meinung, die Aufgabe, das Humangenom zusammenzusetzen, sei millionenfach komplizierter als bei einem Bakteriengenom. Das Humangenom sei nicht nur 1000mal so groß wie das eines durchschnittlichen Bakteriums, auch würde der höhere Anteil an repetitiver DNA die Versuche, jedes Sequenzstück an seinen richtigen Platz im Genom einzuordnen, beträchtlich erschweren. Myers war jedoch zuversichtlich, eine Strategie entwickelt zu haben, mit der er die Tausende repetitiver DNA-Stücke, die über das gesamte Genom verteilt waren und die das Schrotschußverfahren zu sabotieren drohten, vom Rest des Genoms unterscheiden konnte. Ob sein Selbstvertrauen auch gerechtfertigt war, würde sich noch früh genug herausstellen.

Collins' Entscheidung, die Erstellung einer Rohfassung der Sequenz voranzutreiben, verärgerte anfangs einige seiner europäischen Mitstreiter, die sich von den Strategieberatungen ausgeschlossen fühlten. Doch nach einigen privaten Treffen in der Folge der Konferenz im Mai 1999 in Cold Spring Harbor waren alle Parteien des öffentlichen HGP mit an Bord, und Collins verkündete: »Die einhellige Meinung der internationalen Sequenziergemeinschaft ist die, daß es der Forschung schadet, wenn genetische Informationen in einer Form aufbewahrt werden, die nicht zugänglich ist [wie Celera es tut].«[68]

Ironischerweise sollten Hunderte von PRISM 3700 entscheidend für die Produktionssteigerung des öffentlichen HGP sorgen – die gleichen Maschinen also, die auch Celera einsetzte und die von seinem Schwesterunternehmen Applied Biosystems produziert wurden. »An dem Tag, als wir die Gründung von Celera verkündeten«, sagte der Präsident der PE Corporation Tony White, »haben wir ein Wettrüsten entfacht, und plötzlich waren wir im Rüstungsgeschäft. Jeder, auch die Regierung, mußte sich neu ausstatten, und das bedeutete, unsere Geräte mußten gekauft werden.«[69] Da Celera plante, bis zu 300 PRISM-3700-Sequenzer einzusetzen, hatten die Genomzentren keine andere Wahl, als nachzuziehen. Im März 1999 hatte Applied Biosystems schon 500 Bestellungen erhalten, darunter 36 vom Sanger Centre. Dem folgten bald Bestellungen aller G5-Zentren, außer dem JGI, das sich für ähnliche Maschinen von Amersham Pharmacia entschied. Ende 1999 hatte Applied Biosystems 1000 PRISM-3700-Sequenzierautomaten verschickt und sie in 250 verschiedenen Labors aufgestellt.

Obwohl es noch einige technische Probleme zu beseitigen galt, waren die Leiter der Genomzentren ebenso begeistert von den neuen Maschinen wie der PE-Vorstand. Richard Gibbs vom Baylor College of Medicine bezeichnete die Roboter als »ausgezeichnete Ingenieurleistung«. Paradoxerweise stellte dieser Erfolg PE vor ein Problem, weil die Firma zwar Celeras Bestellung zuerst erfüllen, gleichzeitig jedoch die universitären Teams beeindrucken wollte. Während Venter und Lander, die 300 beziehungsweise 120 Roboter bestellt hatten, unruhig auf ihre Maschinenlieferungen warteten, saßen sie beide Hunkapiller im Nacken und beschwerten sich, er würde die jeweils andere Seite bevorzugen.

Sobald die Maschinen bei Celera aufgestellt worden waren, begannen Adams, Smith und Venter, mit den PRISM 3700 zu arbeiten. Im Sommer 1999 hatten sie die gesamte DNA-Sequenz von *Drosophila melanogaster* abgelesen – insgesamt 120 Millionen Buchstaben. Im September wurde die Sequenzierungsphase für beendet erklärt. Sie hatte nur vier Monate gedauert, also ein Zehntel der Zeit, die für die Sequenzierung des bislang größten Genoms notwendig gewesen war – genau wie Venter es vorausgesagt hatte. Es sah so aus, als wäre die Schrotschußsequenzierung ganzer Genome, jene Strategie, die nach Vorhersage der Experten nur ein Fehlschlag hätte werden können, ein eindeutiger Erfolg.

In den letzten Monaten des Jahres 1999 gab es aber noch mehr gute Nachrichten für Venter. Celeras Aktien, die zu einem ungünstigen Kurs von 20 Dollar pro Stück ausgegeben worden waren (womit sich der Wert der Firma auf etwa 400 Millionen Dollar belief), begannen sich zu regen und stiegen allmählich auf über 50 Dollar, obwohl die Firma für das Fiskaljahr 1999 einen Verlust von 40 Millionen Dollar bekanntgegeben hatte.

8. KAPITEL

Woher wir kommen
Die Rätsel unserer Urgeschichte

> Welch ein Meisterwerk ist der Mensch! Wie edel durch Vernunft! Wie unbegrenzt an Fähigkeiten! In Gestalt und Bewegung wie bedeutend und wunderwürdig! Im Handeln wie ähnlich einem Engel! Im Begreifen wie ähnlich einem Gott! Die Zierde der Welt! Das Vorbild der Lebendigen! Und doch, was ist mir diese Quintessenz von Staube?
>
> William Shakespeare, *Hamlet*

Im Jahr 1975 veröffentlichte die Genetikerin Mary-Claire King in der Zeitschrift *Science* einen verblüffenden Artikel.[1] Unter der Leitung des inzwischen verstorbenen Allan Wilson (des Vaters der molekularen Anthropologie) an der Universität Kalifornien in Berkeley und mit den damals verfügbaren grobrastrigen Vergleichsverfahren hatte King entdeckt, daß Menschen und Schimpansen genetisch viel enger verwandt sind, als bis dahin angenommen. Obwohl sich die Wege der beiden Spezies vor fünf Millionen Jahren trennten, fand King heraus, daß sie sich in ihren Proteinen und Genen nur um etwa ein Prozent unterscheiden. »Andauernd dachte ich, dieses Projekt wird ein Desaster, weil ich keinen Unterschied finden konnte«, erinnert sich King, »aber Allan sagte immer: ›Das ist großartig – es zeigt, wie ähnlich wir den Schimpansen wirklich sind!‹ Er spann Stroh zu Gold, und ich schrieb eine völlig vernünftige Dissertation, die auf der Titelseite von *Science* landete.«[2]

Während sich King weiter einen Namen machte, indem sie das *BRCA1*-Gen kartierte und mittels des DNA-Fingerabdrucks half, entführte Kinder in Argentinien zu ihren Familien zurückzubringen, bestätigten und erweiterten andere Forschergruppen ihre Ergebnisse.[3] Sie zeigten, daß Menschen und Schimpansen auf der DNA-Ebene zu mehr als 98,5 Prozent identisch sind. (So hat jüngst eine detaillierte Studie von 10000 Basen an »Müll-DNA« auf dem X-Chromosom erwiesen, daß sich diese Sequenz bei Menschen und Schimpansen nur um 0,94 Prozent unterscheidet.) Im Gegensatz dazu ist die DNA von Schimpansen und Gorillas nur zu 97 Prozent identisch, das heißt, daß Menschen mehr mit den Schimpansen gemein haben als diese mit den Gorillas. Mensch und Schimpanse trennten sich vor fünf Millionen Jahren von einem gemeinsamen Vorfahren; der Gorilla zweigte schon vor rund acht Millionen Jahren von diesem Stammbaum ab.

Man braucht keinen Doktortitel in Anthropologie, um zu dem Schluß zu kommen, daß es einige ziemlich folgenreiche Unterschiede in Körperbau und Verhalten zwischen dem *Homo sapiens* und dem *Pan troglodytes* (oder gar dem *Gorilla gorilla*) gibt.[4] Der Mensch geht im allgemeinen aufrecht auf zwei Füßen, hat große, opponierbare Daumen und hat das dichte Körperfell abgelegt. Schimpansinnen entwickeln nur in der Stillzeit Brüste; die Männchen haben Knochen im Penis. Wir haben die Gabe des Sprechens und das Bewußtsein erworben, besitzen die geistige Raffinesse, unseren eigenen genetischen Bauplan zu sequenzieren (und, wie ein früher Skeptiker bemerkte, die Einfalt, dafür zu bezahlen!) sowie die Dreistigkeit zu glauben, daß die wesentlichen Unterscheidungsmerkmale der Menschen von anderen Arten durch ein paar Buchstaben seines Genoms erklärt werden könnten.

So einfach wird es natürlich nicht sein. Doch gibt es gute Gründe für die Hoffnung, daß der Schlüssel zur Lösung der Frage, wie sich diese wesentlichen Eigenschaften entwickelten, aus einem sorgfältigen Vergleich der vollständigen Genomsequenzen des Menschen und des Schimpansen hervorgehen wird. Diese verheißungsvolle Möglichkeit wird in nur wenigen Jahren Wirklichkeit sein, denn das Schimpansengenom wird fast sicher eines der ersten Tiergenome sein, das sich die Forscher nach Abschluß des Humangenomprojekts vornehmen werden. »Die Kenntnis der genetischen Basis dieser Veränderungen«, erklärte der ehemalige Chefredakteur von *Nature*, John Maddox, »wird uns eine aufschlußreichere Geschichte unserer Spezies und ein tieferes Verständnis unserer Stellung in der Natur ermöglichen.«[5]

Die auffälligste Differenz zwischen dem Genom des Menschen und dem des Schimpansen ist die Zahl der Chromosomen. Der Mensch besitzt 23 Chromosomenpaare, der Schimpanse 24. 18 Paare scheinen praktisch identisch zu sein, doch vor Jahrmillionen wuchsen zwei Schimpansenchromosomen an ihren Enden zusammen und bildeten das, was wir heute als menschliches Chromosom 2 bezeichnen. Noch ist nicht bekannt, welche Vorteile, wenn überhaupt, diese cytogenetische Verschmelzung in der Evolution der Primaten brachte. (Obwohl der Autor Matt Ridley vorwitzigerweise andeutet, daß, gemäß einer Botschaft von Papst Johannes Paul II., wonach ein »ontologischer Sprung« während der Primatenevolution zum Menschen geführt habe, auf dieser Chromosomenverbindung die Gene für die Seele lägen[6]).

Einige weitere bedeutende Unterschiede zwischen den beiden Arten fallen auf, wenn man die Chromosomen mit jeweils auf sie abgestimmten fluoreszierenden DNA-Proben »einfärbt«. So zeigt sich, daß das Humanchromosom 9 länger ist als das Schimpansenchromosom 9, das Humanchromosom 12 jedoch eine Spur kürzer, und daß es Umstellungen auf Chromosom 4 gab. David Nelson und Elisabeth Nickerson vom Baylor College of Medicine haben herausgefunden, daß ein Leukämie mitverursachendes Gen namens *AF4* bei Schimpansen an einen anderen Ort gewandert ist als bei allen anderen Affen, was zum Teil erklären könnte, warum Schimpansen für Leukämie weniger anfällig sind.

Es liegt auf der Hand, daß man bei diesen chromosomalen Verschmelzungen und Neuordnungen nach den physiologisch wesentlichen DNA-Unterschieden zwischen Mensch und Schimpanse sucht. Ergiebiger jedoch könnte die Suche nach jenen entscheidenden DNA-Sequenzänderungen sein, die die Expression einflußreicher Gene variieren, etwa jener für die Transkriptionsfaktoren, die wiederum die Genexpression regulieren. Eine Gesamtdifferenz von 1,5 Prozent zwischen dem Genom des Menschen und dem des Schimpansen entspricht etwa 50 Millionen einzelnen Sequenzunterschieden, die meisten davon werden jedoch innerhalb der Müll-DNA auftreten. Die Zahl der signifikanten Unterschiede in den jeweiligen Codes, die für die Struktur und/oder Expression eines bestimmten Gens verantwortlich sind, wird nur einen Bruchteil davon betragen. In Denver hat ein Biotech-

Unternehmen namens GenoPlex damit begonnen, systematisch nach solchen Sequenzunterschieden zu suchen, in der Hoffnung, Schlüssel für das unterschiedliche Verhalten von Menschen und Schimpansen zutage zu fördern. Die Firma wurde von zwei Forschern der Universität Colorado gegründet, von Tom Johnson, einem Experten für die Genetik des Alterungsprozesses, und James Sikela, (mit Venter) einem der ersten Verfechter der EST-Sequenzierung. Ein Ansatz bei GenoPlex besteht darin, die Sequenzen Tausender potentiell interessanter menschlicher und Schimpansengene zu vergleichen und dabei jene Gene herauszufischen, die eine signifikante Zahl von Aminosäureunterschieden in den entsprechenden Proteinen bewirken. Das Unternehmen hat nach eigenem Bekunden auf diese Weise menschliche Gene identifiziert, die für die Gedächtnisleistung und für die HIV-Anfälligkeit eine Rolle spielen. Man mag es kaum glauben, doch die Wissenschaftler bei GenoPlex sind überzeugt, daß die kognitiven Unterschiede zwischen den beiden Arten sich auf nicht mehr als 50 Gene gründen.[7]

Detailliert beschrieben wurde bislang nur ein einziger wichtiger biochemischer Unterschied auf der DNA-Ebene zwischen Mensch und Schimpanse, doch wirft er ein faszinierendes Schlaglicht auf die Folgen eines winzigen Defekts im genetischen Code.[8] Fast alle Zellen des Körpers sind an der Oberfläche von Glykoproteinen umgeben, besonderen Proteinen, die mit langen Zuckermolekülketten verändert sind. Eines der häufigsten Glykoproteine ist die Sialinsäure. Schimpansen besitzen ein Enzym, das den Sialinsäuremolekülen ein Sauerstoffatom hinzufügt und sie damit in eine hydroxylierte Form namens Neu5Gc verwandelt. Bei Menschen hingegen wird diese modifizierte Form der Sialinsäure nicht produziert. Die Ursache dafür kam 1998 ans Licht, als Ajit Varki von der Universität Kalifornien in San Diego zusammen mit Kollegen die Sequenzen des sialinsäuremodifizierenden Enzyms beim Menschen und beim Schimpansen verglichen. Wie sich zeigte, ist das entsprechende Gen (auf Chromosom 6) bei allen Menschen weltweit lahmgelegt, inaktiviert durch den Verlust von 92 Basen. Hingegen besitzen Schimpansen wie auch alle anderen afrikanischen Affen eine voll funktionsfähige Version dieses Gens.

Die strukturelle Änderung eines solchen häufig vorkommenden

Moleküls hat wahrscheinlich eine ganze Reihe physiologischer Folgen. Beispielsweise steckt hier eine wissenschaftliche Erklärung für die fehlgeschlagenen Nierentransplantationen Anfang der 60er Jahre, als man Schimpansennieren verwendete, die das menschliche Immunsystem sofort als Fremdkörper erkannte.[9] Viele krankheitserregende Viren und Bakterien hängen sich an die Glycoproteine, mit denen die Zelloberfläche versehen ist, und die Gendeletion (Verkürzung) beim Menschen kann die höhere Resistenz von Schimpansen gegen Infektionen teilweise erklären oder auch Aufschluß darüber geben, welche Unterschiede zwischen Schimpanse und Mensch hinsichtlich der gegenseitigen Beeinflussung der Zellen eine Rolle spielen. Eigentümlicherweise entfernt die Mutation die letzten Spuren von hydroxylierter Sialinsäure aus dem menschlichen Gehirn, doch die Bedeutung dieser Tatsache ist noch nicht klar. Eine japanische Forschergruppe züchtet Mäuse, denen dieses Enzym fehlt, um festzustellen, welche Folgen dies für ihr Wachstum oder Verhalten hat. »Vielleicht fangen ihre Mäuse an zu sprechen«, bemerkt Varki trocken.[10]

Können die wesentlichen Unterschiede zwischen den Menschen und unseren nächsten Verwandten, den Primaten, wirklich auf einer Handvoll Gene beruhen? Ich habe bereits eine mexikanische Familie mit einer atavistischen Mutation beschrieben, die dazu führt, daß ihre Körper mit dichtem Haar bewachsen sind. Variationen bei einzelnen Genen, die für Transkriptionsfaktoren codieren, können Polydaktylie, das Wachsen überzähliger Finger, verursachen, daher können Veränderungen des Zeitpunkts oder des Orts der Expression solcher Gene starke Auswirkungen auf die Gliederentwicklung haben. Die relative Immunität von Schimpansen gegen Krankheiten wie Aids könnte ebenfalls auf Veränderungen bei einzelnen Proteinrezeptoren zurückzuführen sein. Und Nelson spekuliert, daß eine einzelne genetische Veränderung die Zahl der Vorläuferstrukturen für Neuronen erhöhen könnte, was wenigstens teilweise das größere Gehirn bei Menschen erklären würde. Der letztgültige Nachweis der Funktion solcher Gene könnte durch die Beobachtung ihrer Wirkung auf Affen erbracht werden – technisch gesehen eine Routineaufgabe, doch ist bis auf weiteres niemand bereit, sich in dieses ethische Sumpfgebiet vorzuwagen.

Die jüngste starke Beschleunigung bei der Genomsequenzierung rückt auch einen systematischen Vergleich des menschlichen und des Schimpansengenoms in Reichweite. »Solange wir über kein genaues Verständnis der genetischen Diversität zwischen uns und unseren nächsten evolutionären Verwandten verfügen, können wir nicht wissen, wer wir sind«, sagen Morris Goodman und Edwin McConkey und treten dafür ein, ein Projekt zur Evolution des Humangenoms auf den Weg zu bringen, sobald die menschliche Sequenz komplett vorliegt.[11] Ein Primatengenomprojekt würde dazu beitragen, einzig beim Menschen vorkommende erbliche Verhaltensmuster und anatomische Eigenschaften zu bestimmen.[12] Zudem würde es Licht auf die Anfälligkeit des Menschen für Krankheiten wie Aids, Krebs und Malaria werfen und die Öffentlichkeit für die Gefährdung von Arten sensibilisieren, ein Thema, das durch die Ausrottung des roten Stummelaffen (»Miss Waldrons Colubus«) in Westafrika noch an Bedeutung gewinnt.[13] Neben vielen anderen prominenten Wissenschaftlern unterstützen Mary-Claire King und Francis Crick ein solches Primatengenomprojekt, und auch Venter und Collins sind durchaus angetan. Venter ließ durchblicken, daß Celera sich bald vorrangig mit dem Schimpansengenom befassen wolle, und Collins hat sich bereits mittels DNA-Chips an das Studium von Polymorphismen der Schimpansen-DNA gemacht.[14] Doch sieht Bob Waterston beim Vergleich von menschlichen und Schimpansensequenzen Probleme auf die Forschung zukommen. »Ich scheue davor zurück«, gibt er zu. »Man kann weder mit dem einen noch mit dem anderen Organismus Experimente anstellen – und das sollten wir auch bleiben lassen.«[15]

Die DNA wurde als größter archäologischer Fund aller Zeiten bezeichnet, und dies aus gutem Grund. Mit der DNA-Sequenz läßt sich die Identität eines Menschen letztgültig bestimmen, sie findet zahllose Anwendungen in der modernen Kriminalistik, schreibt die Geschichte amerikanischer Präsidenten um, führt Familien zusammen, die durch eine Entführung entzweigerissen wurden, und liefert klare Fingerzeige zum Ursprung des Menschen. Noch bevor die komplette Sequenz des menschlichen Genoms katalogisiert war, nutzten Wissenschaftler die Unterschiede in der Sequenz mit erstaunlichem Erfolg und vertieften damit unser Verständnis der Ursprünge und der globalen Wanderungsmuster menschlicher Bevölkerungsgruppen während der letzten 100 000 Jahre.[16]

Die meisten Untersuchungen der molekularen Anthropologie konzentrieren sich auf zwei einzigartige Chromosomen, die auf stark komplementäre Weise vererbt werden. Die DNA, über die wir am meisten wissen, findet sich in einem kleinen (nur 16 600 Basen großen) kreisförmigen Chromosom in den Mitochondrien, den Organellen, welche ein wichtiges Molekül namens ATP (Adenosyntriphosphat), den Brennstoff des Zellinneren, produzieren. Die Mitochondrien stammen von Bakterien ab, die vor Milliarden Jahren eine Symbiose mit Urzellen eingingen, weshalb sie ein winziges Chromosom besitzen. Weil Spermienzellen während der Befruchtung keine Mitochondrien beisteuern, stammen die Mitochondrien jedes Organismus ausschließlich von der Mutter. Daher liefert die mitochondriale DNA eine unverfälschte Aufzeichnung der mütterlichen Vererbungslinie.[17] Unsere mitochondriale DNA stammt ausschließlich von unserer Mutter, die ihre wieder von der Großmutter, und so weiter, über Hunderte Generationen in die Vergangenheit zurück.

Im Gegensatz zu den 23 Chromosomen, die wir von jedem Elternteil erben, unterliegt die mitochondriale DNA nicht der Verschiebung und dem Austausch von genetischem Material zwischen Chromosomenpaaren, welcher der Produktion von Spermien- und Eizellen vorausgeht (Meiose). Die einzige Variationsquelle sind Mutationen, die sich im Lauf der Zeit in der mitochondrialen DNA häufen. Indem die Molekularanthropologen die Zahl der Sequenzveränderungen in verschiedenen DNA-Proben vergleichen und die entsprechende Mutationshäufigkeit abschätzen, können sie die Verwandtschaft zwischen zwei beliebigen Proben und den ungefähren Zeitpunkt taxieren, zu dem sich die jeweiligen Linien trennten.

Die zweite Fundgrube der Humanevolutionsforschung ist das Y-Chromosom, welches das »männliche Geschlechtsgen« trägt und nur von Vater zum Sohn weitervererbt wird.[18] Daher werfen Untersuchungen dieses Chromosoms Licht auf die Weitergabe der Gene in der väterlichen Erblinie und ergänzen die Forschungen zur mütterlichen Mitochondrien-DNA. David Page vom Whitehead Institute und Bruce Lahn von der Universität Chicago haben hierzu elegante Analysen vorgelegt. Sie verfolgten die unglaubliche evolutionäre Reise, die das Y-Chromosom während der letzten 300 Millionen Jahre zurückgelegt hat und in deren Verlauf sich das einst gutausgestattete Chromosom in ein klägliches Schrumpfprodukt verwandelte, das nur etwa 30 Gene besitzt.[19] Allerdings sind einige dieser Gene ziemlich wichtig, namentlich dasjenige, welches den Signalweg (Entwicklungsgang) zum männlichen Geschlecht auslöst (SRY),[20] sowie eine Familie von Genen, die für die Spermienentwicklung nötig sind.[21]

Page und Lahn stellen die These auf, daß vor 300 Millionen Jahren das heutige Y-Chromosom der Säugetiere einer Mutation unterworfen wurde, die zur Existenz des männlichen geschlechtsbestimmenden Gens führte. (Bei einigen unserer vierbeinigen Vorfahren wurde das Geschlecht nicht von den Genen, sondern durch Umweltfaktoren wie die Außentemperatur festgelegt.) Über Jahrmillionen war Y den Schüben von Genumgruppierungen und Gendeletionen ausgesetzt, bei denen nicht benötigte Gene beseitigt wurden.[22] Daher ist die Ähnlichkeit zwischen dem X- und dem Y-Chromosom (dem 23. menschlichen Chromosomenpaar) in solchem Maße verlorengegangen, daß die beiden Chromosomen nicht mehr in der Lage sind, während der Meiose Material auszutauschen, mit Ausnahme von zwei kleinen Regionen an den jeweiligen Spitzen. So stellen die Mutationen der eigenen DNA-Sequenz die einzige wichtige Variationsquelle beim Y-Chromosom dar. Wenn die Forscher spezielle Segmente der DNA identifizieren, auf denen häufig Variationen vorkommen, können sie die Muster dieser Sequenzen, den Haplotyp, vergleichen und damit die Evolutionsstammbäume väterlicherseits nachzeichnen. Diese Erkenntnisse lassen sich dann auf fruchtbare Weise mit den Resultaten zur mitochondrialen DNA verknüpfen.

Im Jahr 1856 wurde in der Kleinen Feldhofer Grotte im Neandertal bei Düsseldorf eine folgenreiche archäologische Entdeckung gemacht.[23] Die Schädeldecke und der Skelettrest, die an jenem Sommertag in ihren Lehmgräbern freigelegt wurden, waren die ersten geborgenen Fossilien der Hominiden, die wir heute Neandertaler nennen – *Homo sapiens neanderthalensis*.

Die Neandertaler, gebeugt, aber kräftig und mit einem großen Gehirn ausgestattet, mit fliehender Stirn und einem starken Überaugenwulst, lebten über mehrere 100 000 Jahre in Westasien und Spanien. Vor etwa 40 000 Jahren kam der moderne Mensch nach Osteuropa und lebte dort 10 000 Jahre oder länger mit dem Neandertaler zusammen, bis dieser verschwand. Ian Tattersall vom Amerikanischen Museum für Naturgeschichte ist der Auffassung, der Schlüssel für den Erfolg unserer unmittelbaren Vorläufer sei der Gebrauch ihrer Gehirne gewesen: »Kunst, Symbole, Musik, Schriftzeichen, Sprache, Schauder vor dem Unheimlichen, Beherrschung verschiedener Materialien und schlichte Klugheit: All diese Eigenschaften und noch mehr waren den Neandertalern fremd und sind uns angeboren.«[24] Die vielleicht wichtigste dieser Errungenschaften war die Sprache. Man stelle sich vor, wie heillos verwirrt der Neandertaler gewesen sein muß, als er die ersten gestotterten Silben der Sprache des modernen Menschen hörte. Der englische Autor William Golding hat es gut beschrieben: »Die Laute gaben ihm ein Bild ein: ineinandergreifende Formen, dünn, vielgestaltig, fließend und verworren, nicht wie der weite Bogen des Falkenrufes, sondern durcheinander wie Seegras am Strand nach einem Sturm, aufgewühlt wie Wasser.«[25]

Obwohl es archäologische Hinweise darauf gibt, wann die Neandertaler aus Europa verschwanden, bleibt ungeklärt, ob sie durch den modernen Menschen ausgerottet wurden oder zum *Homo sapiens* evoluierten.[26] Im Jahr 1997 berichtete ein Forscherteam unter der Leitung von Svante Pääbo, einem führenden Molekularanthropologen, der heute am Leipziger Max-Planck-Institut für evolutionäre Anthropologie arbeitet, daß man Spuren erhalten gebliebener Neandertaler-DNA isoliert habe, genug, um deren Sequenz zu bestimmen. Thomas Lindahl hat errechnet, daß DNA, die den Elementen ausgesetzt ist, im Laufe von etwa 10 000 Jahren zersetzt wird. Ist die DNA jedoch an eine Substanz wie Hydroxyapatit gebunden, wie sie in Knochen und Zähnen vorkommt, könnte sie zwei- bis dreimal länger erhalten bleiben.[27]

Pääbo, der schon einige Jahre zuvor die Extraktion alter DNA an einer Probe aus der Bronzezeit geübt hatte, legte mit einem Sandstrahlgebläse ein paar Gramm des Armknochens des ursprünglichen Neandertalerskeletts frei, wobei er sorgfältig darauf achtete, eine Verschmutzung mit Fremd-DNA zu vermeiden.[28] Die so gewonnenen

Spurenmengen der fossilen DNA wurden mittels der Polymerase-Kettenreaktion amplifiziert (das heißt, es wurden zusätzliche Kopien produziert), bis man genug intaktes Material hatte, um 379 Basen der mitochondrialen DNA des Neandertalers zu sequenzieren. (Vielleicht war dieses technische Meisterstück auch deshalb möglich, weil das Fossil aus dem kühlen deutschen Norden stammte; Versuche, DNA derselben Epoche aus im Nahen Osten gefundenen Knochen zu gewinnen, waren deutlich weniger erfolgreich.) Das entsprechende Stück Mitochondrien-DNA unterscheidet sich in der Basensequenz von Mensch zu Mensch normalerweise an acht verschiedenen Stellen, doch Pääbo stellte fest, daß es zwischen der Sequenz des Neandertalers und der des modernen Menschen 27 Unterschiede gibt.[29] Dieses Ergebnis läßt vermuten, daß die Neandertaler keine DNA zum heutigen menschlichen Genpool beigesteuert haben und daß Neandertaler und Menschen sich vor etwa 500 000 Jahren auf dem evolutionären Stammbaum trennten. Auf der Titelseite der Zeitschrift *Cell,* in der Pääbos Artikel erschien, hieß es denn auch mit Nachdruck: »Die Neandertaler waren nicht unsere Vorfahren.«

Selbst Pääbos Anhängern wäre es wohl schwergefallen, eine solch pauschale Schlußfolgerung aufgrund einer einzigen Probe zu ziehen, doch drei Jahre später lieferte ein Team unter William Goodwin von der Universität Glasgow die nötige Untermauerung von Pääbos Ergebnissen.[30] Goodwin extrahierte und sequenzierte DNA aus einem 29 000 Jahre alten Neandertaler-Fossil, das in der Mesmaiskaja-Höhle im nördlichen Kaukasus gefunden wurde, über 3000 Kilometer von der Feldhofer Grotte entfernt. Die Sequenz, die man durch die Amplifikation von DNA aus einem Rippenknochen gewann, unterschied sich an 12 Stellen (3,5 Prozent) von der ursprünglichen Neandertaler-Probe, doch an 22 Stellen von einer menschlichen Probe. Damit kann praktisch ausgeschlossen werden, daß eine der »Neandertaler«-Sequenzen kontaminiert oder ein Artefakt war – womit mit ziemlicher Sicherheit bewiesen ist, daß die Menschen keine direkten Nachfahren der Neandertaler sind. Pääbo glaubt vielmehr, daß sich Mensch und Neandertaler vor etwa 500 000 Jahren von ihrem letzten gemeinsamen Vorfahren trennten (wobei die exakte Zahl zwischen 300 000 und 700 000 Jahren liegen kann).

Andere Stimmen meinen jedoch, das über Jahrhunderttausende währende Zusammenleben von modernen Menschen und Neandertalern müsse zu einer gewissen Vermischung geführt haben. Diese Position wurde 1999 durch die Entdeckung des Skeletts eines ungewöhnlichen vierjährigen Jungen in Portugal gestützt, der ein vielfältiges Mosaik aus modernen und Neandertaler-Zügen aufwies, vor allem einen menschenähnlichen Kiefer mit Zähnen und Unterschenkelknochen, die eher typisch für den Neandertaler sind.[31] Die Autoren behaupteten, ihr Fund sei das Ergebnis »einer Kreuzung zwischen auf der Iberischen Halbinsel ansässigen Neandertalern und frühmodernen Menschen, die sich, beginnend etwa 30 000 Jahre vor unserer Zeit, auf der ganzen Iberischen Halbinsel ausbreiteten«. Es wurde sogar die These laut, daß eine solche Vermischung häufig vorkam. »Für ihre Zeitgenossen waren die Neandertaler nur eine weitere Gruppe von Jägern und Sammlern, genauso menschlich wie sie selbst.« Diese Kontroverse läßt sich wohl erst dann lösen, wenn eine DNA-Analyse die Existenz von »menschlichen« Sequenzen in einem Skelett erweist, das die anatomischen Kriterien für einen Neandertaler erfüllt, oder umgekehrt. Tattersall lobte die portugiesische Untersuchung als »kühn, einfallsreich und mutig«, doch seiner persönlichen Meinung nach handelte es sich »nur um ein untersetztes Kind aus dem Gravettien, einen Abkömmling der modernen Invasoren, die die Neandertaler einige Jahrtausende zuvor von der Iberischen Halbinsel vertrieben hatten«.[32] Eines Tages wird man wohl mit Sequenzanalysen weiterer Knochenfunde dieses faszinierende Kapitel der menschlichen Evolution klären.

Die Analyse der Neandertaler-DNA ist der wohl dramatischste Durchbruch in der Evolutionsgenetik, einem Forschungszweig, den Allan Wilson, Rebecca Cann und Mark Stoneking am Neujahrstag 1987 mit einem maßgeblichen Artikel in *Nature* eröffneten, der unsere Sicht auf die menschliche Evolution nachhaltig ändern sollte. Wilson führte einen gründlichen Vergleich mitochondrialer DNA-Sequenzen von 147 Menschen durch, die fünf Populationen verschiedener Gebiete der Erde repräsentierten: die afrikanische, asiatische, australische, kaukasische und neuguineische.[33] Er konzentrierte sich auf die mitochondriale DNA, weil sich bei ihr viel schneller Mutationen anhäufen als bei Zellgenen und sie ausschließlich über die mütterliche Linie weitergegeben wird. Wilsons Gruppe konnte Sequenzvariationen bei etwa neun Prozent des Mitochondrienchromosoms feststellen, indem sie die Aufspaltung der DNA mit einer Batterie von Restriktionsenzymen untersuchte.

Wilson verglich die Zahl der Sequenzunterschiede zwischen den fünf großen Populationsgruppen und konnte die Sequenzen dann nach der Häufigkeit der jeweiligen Unterschiede ordnen. Zwei Sequenzen, die sich nur um ein paar Basen unterscheiden, müssen enger verwandt sein als Proben, die viel mehr Unterschiede enthalten. Anders gesagt, je kleiner die Zahl der Sequenzunterschiede, desto kürzer liegt der Zeitpunkt zurück, an dem die beiden Linien wahrscheinlich voneinander abzweigten. Zentraler Punkt von Wilsons Artikel war ein hufeisenförmiges Diagramm, auf dem die Mitochondrien-DNA-Proben gemäß ihrer Verwandtschaft untereinander angeordnet waren. Die Sequenzen ließen sich in zwei große Gruppen einteilen: Die afrikanischen Sequenzen gehörten zur einen und die übrigen vier zur anderen Gruppe, was darauf hindeutete, daß die ältesten Sequenzen in Afrika entstanden sind. Dagegen hatten alle nichtafrikanischen Populationen mehrfache Ursprünge. Indem Wilsons Gruppe schließlich annahm, daß die Mutationen mit einer konstanten Rate von zwei bis vier Prozent pro Jahrmillion auftreten, ergab sich eine dramatische Schlußfolgerung: »All diese Mitochondrien-DNAs stammen von einer Frau ab, die vor etwa 200 000 Jahren gelebt haben muß, vermutlich in Afrika.«[34]

Wilsons Ergebnisse wurden als Beweis dafür gefeiert, daß die menschliche Evolution von einer einzigen Frau ihren Ausgang genommen hatte – von der afrikanischen Eva. Das sollte nicht heißen, daß damals nur eine Frau gelebt hätte; wahrscheinlich gab es eine kleine Population von wenigen tausend Menschen, doch nur die Nachkommenschaft einer Frau konnte sich erfolgreich vermehren. Wilsons klassischer Aufsatz zog während des letzten Jahrzehnts eine Unmenge Kritik auf sich, doch hat seine wichtigste Schlußfolgerung erstaunlich unbeschadet überlebt. »Die frühesten Divergenzen im gegenwärtigen mitochondrialen Genpool traten in Afrika auf«, sagte Svante Pääbo.

Nach dieser Zeit hätten »einige, aber nicht alle mitochondrialen Abstammungslinien an der Kolonisation der übrigen Welt teilgenommen«.[35] Interessanterweise erbringen analoge Studien anhand von Markern auf dem Y-Chromosom erstaunlich ähnliche Resultate, die sowohl über die Epoche (bis zu 200 000 Jahre vor unserer Zeit) als auch über den Lebensraum (Afrika) unseres frühesten Vorfahren Übereinstimmung erzielen. Doch der Vergleich der Daten aus mitochondrialer DNA und aus dem Y-Chromosom zeigt auch einige interessante Unterschiede. Der »Y-Chromosom-Adam« scheint tatsächlich etwas später als die »Mitochondrien-Eva«[36] gelebt zu haben.

Während der letzten Jahre haben Forschungen zu den Markern des Y-Chromosoms ebenfalls Licht auf die Wanderungsbewegungen menschlicher Populationen geworfen, besonders seit der Identifizierung von Dutzenden neuer, variabler DNA-Marker auf dem Y-Chromsom. Beispielsweise liegt bei einem Großteil der Weltbevölkerung, auch der afrikanischen, an einer Stelle auf dem Chromosom, die auch als M42 bezeichnet wird, ein T. Doch in bestimmten Regionen Afrikas findet sich an dieser Stelle eine seltene Form mit einem A, vor allem bei 15 Prozent der San, die früher »Buschmänner« genannt wurden. Ein anderer Marker, den Michael Hammers Gruppe an der Universität Arizona untersuchte, hat in seinem frühesten Zustand ebenfalls ein A (und dies auch bei Schimpansen). Wiederum tritt dies am häufigsten bei den San auf, während die übrige Weltbevölkerung ein G trägt. (Hammers Studie verweist auch auf die Wahrscheinlichkeit, daß manche Asiaten vor etwa 100 000 Jahren mit einer neuen Mutation auf dem Y-Chromosom nach Afrika zurückkehrten.[37])

Douglas Wallace, ein angesehener Mitochondriengenetiker an der Emory University in Atlanta, kann diese Forschungsergebnisse mit seinen eigenen Resultaten gut untermauern. Während der letzten Jahre hat Wallace' Gruppe die Diversität mitochondrialer DNA-Sequenzen bei der Weltbevölkerung systematisch katalogisiert. Die Ergebnisse lassen vermuten, daß die Mitochondrien-Eva 18 »Töchter« hatte, jede mit einer einzigartigen mitochondrialen DNA-Sequenz, die sich dann auf verschiedene Gebiete der Erde ausbreitete.[38] Jedes mitochondriale DNA-Muster – das heißt jede Abstammungslinie – wird mit einem Buchstaben bezeichnet. Die amerikanischen Ureinwohner haben die Linien A bis D. Es gibt sieben europäische Linien, die in zwei Gruppen zerfallen, H bis K und T bis X. Die asiatische Abstammungslinie ist M und teilt sich in E bis G und A bis D auf. Die afrikanische Linie heißt L, mit den drei Ästen L1–L3. Wallace hat vor kurzem die mitochondrialen DNA-Sequenzen von 74 Khoisan – die Sprache der San sprechende Menschen – aus der nordwestlichen Kalahariwüste in Südafrika verglichen und herausgefunden, daß diese Population eine der ältesten in Afrika ist, was die Vermutung untermauert, daß die afrikanische Mitochondrien-DNA etwa 145 000 Jahre alt ist.[39]

Vergleiche der Variationen auf Mitochondrien-DNA und Y-Chromosomen führen zu einigen überraschenden Folgerungen über das historische Migrationsverhalten von Männern und Frauen. Eine jüngere Studie von Luca Cavalli-Sforzas Gruppe in Stanford zeigt, daß es eine viel größere Varianz bei Y-Chromosomen-Markern verschiedener Populationen gibt als bei Mitochondrien-DNA.[40] Eine attraktive Erklärung für diese überraschenden Differenzen wäre die sogenannte Patrilokalität: Frauen legen meist einen weiteren Weg zurück, wenn sie mit ihrem Ehemann zusammenziehen, und daher schleift sich die mitochondriale DNA-Varianz zwischen den Populationen im Vergleich zu Männern ab. Dies paßt kaum zu dem herkömmlichen Bild marodierender männlicher Rohlinge (man denke an Dschingis-Khan), die die Völker Europas und Asiens in der jüngeren Geschichte terrorisierten. Doch wenn die Männer in den vergangenen Jahrtausenden auf der Suche nach einer Frau (oder auch zweien) tatsächlich weite Strecken zurücklegten, dann läßt die Sequenzanalyse vermuten, daß sie die Frauen schließlich zu sich nach Hause brachten.

Die Erforschung der Varianz von Mitochondrien-DNA und Y-Chromosom-DNA ist zwar von beträchtlichem Nutzen, doch ergeben solche Studien unweigerlich nur eine Teilansicht der menschlichen Geschichte, da sie ihrer Anlage nach nur Informationen über den Ursprung der Frau oder des Mannes und deren Wanderungsbewegungen zutage fördern können. Dank der verbesserten Sequenzierungstechnik gewinnen die Wissenschaftler jedoch wertvolle Erkenntnisse über die Varianz bei Kerngenen. So hat Pääbos Gruppe mehr als 10 000 Basen an Müll-DNA des X-Chromosoms von 69 Individuen verschiedener Rassen sequenziert und die Varianzmuster verglichen. Dieses DNA-Segment, das selten rekombiniert wird und über eine Million Basen vom nächsten Gen entfernt liegt, wird wohl kaum von irgendeinem Selektionsdruck durch Veränderungen in benachbarten Genen beeinflußt werden.

Bei verschiedenen afrikanischen Typen finden sich mehr Sequenzvariationen als bei Nichtafrikanern – 24 Basenunterschiede im Vergleich zu nur 17 bei der übrigen Weltbevölkerung. Alles in allem ist dies ein weiterer Fingerzeig auf einen afrikanischen Ursprung des Polymorphismus, der auf diesem kleinen Abschnitt des X-Chromosoms auftritt, doch ist diese Erkenntnis vermutlich auf das gesamte menschliche Genom anwendbar. Mit Pääbos Ergebnissen läßt sich der letzte gemeinsame Vorfahre auf 535 000 Jahre vor unserer Zeit datieren (wenn auch mit einer 20prozentigen Fehlermarge), was gut mit den geringeren Schätzungen übereinstimmt, die für die mitochondriale DNA und das Y-Chromosom errechnet wurden. (Man erwartet, daß die errechneten Zeiträume bis zurück zu einem gemeinsamen Vorfahren in den Studien, die auf dem X-Chromosom beruhen, drei- bis viermal größer sind, und zwar aufgrund der größeren Zahl von Chromosomen, die hier im Vergleich zur Mitochondrien-DNA oder dem Y-Chromosom untersucht werden.)[41]

Studien von Cavalli-Sforza und anderen zeigen, daß es einen viel höheren Grad an genetischer Diversität unter den Angehörigen einer bestimmten Rasse gibt – in einer Größenordnung von 80 Prozent – als zwischen verschiedenen Populationen. Zudem hat Pääbos Gruppe festgestellt, daß die drei Unterarten des gemeinen Schimpansen rund viermal mehr Sequenzunterschiede aufweisen als eine Gruppe nichtverwandter Menschen aus verschiedenen Populationen. Dies läßt vermuten, daß der Großteil der Unterschiede im menschlichen Genpool vor der Ausbreitung von Menschen aus Afrika und der Evolution ethnischer Gruppen entstanden ist und daß die Menschen erst vor relativ kurzer Zeit aus einer kleinen Population von einigen 1000 in Afrika lebenden Ahnen entstanden sind, die vor etwa 200 000 Jahren lebten.

Dasselbe Prinzip, das Wilson bei der Entwicklung des Konzepts einer »Mitochondrien-Eva« leitete, kann auch Licht auf jüngere Migrationsbewegungen rund um den Globus werfen. Einer der führenden Vertreter dieser Forschungsrichtung ist Bryan Sykes, Genetiker am Institut für Molekularmedizin in Oxford, der vor einigen Jahren Aufsehen erregte, als er DNA-Tests an einem Zahn vornahm, der einer 9000 Jahre alten, in den Cheddar Caves im englischen Somerset gefundenen Leiche entstammte. Verblüffenderweise entsprach die mitochondriale Sequenz des Cheddar-Menschen der von Adrian Targett, einem örtlichen Lehrer.[42] Sykes hat die DNA-Sequenzierung der Mitochondrien auf das Studium der genetischen Diversität und Migration von Menschen angewandt und gezeigt, daß die Polynesier mit Menschen aus Südostasien verwandt sind. Er dehnt seine Arbeit jetzt auf ganz Europa aus. Durch die Sequenzierung von 500 Basen aus mitochondrialer DNA von 6000 Freiwilligen des ganzen Kontinents konnte er die Sequenzen in sieben gut abgegrenzte Cluster oder Häufungsmuster einteilen – jene oben erwähnten europäischen Haplotypen, die als H-K und T-X bezeichnet werden. Doch mit einer sympathischen Tendenz zur Anthropomorphisierung hat er kleine Skizzen der sieben glücklichen Mütter angefertigt oder, wie er sie vergnügt nennt, der sieben Töchter Evas.[43] »Jedesmal, wenn ein Europäer Atem holt, nutzt er oder sie die gleichen Gene, um den Sauerstoff zu verarbeiten, wie eine dieser sieben Frauen«, erklärt Sykes begeistert.

Ursula, die älteste, lebte vor etwa 45 000 Jahren im nördlichen Griechenland.[44] Zu ihren Nachfahren, die nach Süden und westwärts nach Frankreich und Britannien zogen, gehörte der Cheddar-Mensch. Xenia lebte vor 25 000 Jahren in der Nähe des Schwarzen Meers. Tara lebte vor 17 000 Jahren in der Toskana, ihre Nachfahren (darunter Sykes) drangen nach Norden durch Frankreich bis nach Britannien und Irland vor. Helena lebte nahe den Pyrenäen; ihre Nachfahren verbreiteten sich in ganz Europa. Katrine lebte vor 10 000 Jahren nahe Venedig; ihre Nachfahren lebten im Umkreis der Alpen. Valda, eine Spanierin, lebte vor 17 000 Jahren; ihre Nachfahren zogen nordwärts nach Skandinavien und waren die Ahnen der Lappen. Jasmine wurde vor der letzten Eiszeit in Syrien geboren, und ihre Nachfahren zogen nach England und zur Ostsee. Sykes hat eine Firma namens Oxford Ancestors gegründet, bei der man DNA-Proben einreichen kann (dazu nimmt man mit einem Baumwolltupfer einen Abstrich in der Mundhöhle) und dann erfährt, mit welcher der sieben Töchter Evas man am engsten verwandt ist.[45]

Sykes' Firma bietet den Briten auch die Möglichkeit, eine Verbindung zwischen ihrem Y-Chromosom-Haplotyp und ihrem Nachnamen aufzuspüren. Als Sykes Marker auf dem Y-Chromosom von über 60 Männern verglich, die ebenfalls seinen Nachnamen trugen, stellte er überrascht fest, daß die Hälfte von ihnen einen einzigartigen Haplotyp aufwies. Sein Schluß lautet, daß alle britischen Sykes' von einem Mann abstammen, der diesen Namen erstmals vor 700 Jahren annahm. Die Sykes, die diese besonderen Y-Marker nicht tragen, könnten durch gelegentliche Seitensprünge der Frauen, die etwa einmal pro Generation vorkamen, erklärt werden. »Das ist erstaunlich wenig«, meint Sykes zur Untreuequote. »Im Kern heißt das, 99 Prozent der Mrs. Sykes' waren sehr wohlanständig.«[46]

Die Untersuchungen von polymorphen Markern warfen zudem Licht auf die Muster globaler Migrationsbewegungen in vergleichsweise jüngerer Zeit. Vor einigen Jahren führten Cavalli-Sforza und Kollegen eine umfassende Studie von fast 100 Markern bei mehr als zwei Dutzend europäischen Bevölkerungsgruppen durch.[47] Die Häufigkeit dieser Marker unterscheidet sich graduell je nach Lebensort auf dem Kontinent, und die entsprechenden Muster liefern wertvolle Hinweise auf Ursprung, Alter und spätere geographische Ausbreitung verschiedener Gruppen. Ein Beispiel ist die Häufigkeit schwerwiegender Mutationen, etwa der meist verbreiteten bei Mukoviszidose-Patienten, die am häufigsten in Nordeuropa und Dänemark vorkommt und nach Süden hin abnimmt. Cavalli-Sforzas klassische Studien zeigen Muster von DNA-Polymorphismen, die bei den Kelten und den Basken auftreten und dank deren relativer genetischer wie geographischer Isolation erkennbar werden. Verteilungskurven von Polymorphismen entsprechen den Wanderwegen neolithischer Bauern nach Westen und Norden, vom Nahen Osten nach Spanien, Italien und Nordeuropa. Eine zweite Gruppe stellen die Lappen Nordfinnlands und Rußlands dar. Eine dritte Migrationsbewegung könnte die der Nomaden sein, die das Pferd domestizierten.

Es überrascht nicht, daß ähnlich gelagerte Untersuchungen des Y-Chromosoms ebenfalls fruchtbar waren. Bei einer davon geht es um die Ursprünge der Japaner. Hammer hat gezeigt, daß die gegenwärtige Bevölkerung Japans aus einer Mischung zweier Kulturen entstand: aus dem alten Volk der Jomon – Jäger und Sammler, deren Geschichte 10 000 Jahre in die Vergangenheit reicht – und den Yayoui, Bauern, die vor 2300 Jahren von der koreanischen Halbinsel herüberkamen.[48]

Die verblüffendste Anwendung der Y-Chromosomen-Marker findet sich jedoch in der Erforschung jüdischer Populationen im Nahen Osten und anderswo. Das Buch Exodus beschreibt, wie Gott Moses' Bruder Aaron und seine Söhne zu Priestern erhebt: »Das soll ihm und seinem Namen nach ihm eine ewige Weise sein.« Aaron war somit der erste jüdische Priester oder Cohen, ein Vermächtnis, das seither von den Vätern an die Söhne weitergereicht wird. Hammer, Karl Skorecki, David Goldstein und Kollegen untersuchten Y-Marker von 300 Juden, darunter mehr als 100 Cohanim, und stellten fest, daß die Hälfte der jüdischen Priester dieselbe genetische Signatur hatte, aber weniger als fünf Prozent der jüdischen Laienbevölkerung.[49] Zudem liegt der Ursprung dieses Chromosoms etwa 3000 Jahre in der Vergangenheit, was mit der biblischen Geschichte übereinstimmt.

Diese beeindruckende Bestätigung mündlicher Überlieferung verblaßt jedoch neben der verblüffenden Geschichte der »schwarzen Juden Südafrikas«, die Tudor Parfitt ans Licht brachte, ein 75jähriger walisischer Protestant, der, was ihm allerdings peinlich ist, als walisischer Indiana Jones bezeichnet wird.[50] Parfitt, ein Judaistik-Dozent an der Universität London, fesselten die Geschichten der Lemba, eines Bantu sprechenden Stammes von etwa 50 000 Menschen, die in Südafrika und Simbabwe leben und behaupten, einer der verlorenen Stämme Israels zu sein. Die Lemba erzählten Parfitt Legenden über ein lange verlorenes Heimatland namens Sena und eine mysteriöse Reise über den Ozean, die sie in ihr neues Land führte. Zudem schilderten sie ihm, wie treu sie die jüdischen Gebote befolgten, auch die Beschneidung, wie sie den Sabbat achteten und die Riten der Tieropferung einhielten. In seinem Buch *Journey to the Vanished City* geht Parfitt in umgekehrter Richtung der langen Reise der Lemba nach Südafrika nach, durch die Ruinen von Groß-Simbabwe und zur Ostküste Afrikas, wo seiner Überzeugung nach die Vorfahren der Lemba vor etwa 1000 Jahren aus dem Jemen ankamen. Schließlich entdeckte er ein kleines Dorf im Südjemen namens Sena, das wahrscheinlich die frühere Heimstatt der Lemba war.[51]

Parfitt hat diese erstaunliche Reise in Zusammenarbeit mit Goldstein und Neil Bradman nachgezeichnet, einem britischen Medientycoon und Gründer des Zentrums für Genetische Anthropologie in London. Bei einer nochmaligen Reise nach Südafrika sammelte er Blutproben bei den Lemba und erklärte den Stammesleuten höflich, daß er Sorge tragen müsse, ihre »Lemba-Y-Chromosomen« nicht mit seinen »walisischen Y-Chromosomen« zu kontaminieren. Die Ergebnisse der DNA-Studien verblüfften: Ein signifikanter Teil der Lemba-Y-Chromosomen weist die charakteristische genetische Signatur auf, die bei den Cohanim festgestellt wird, und bei den Buba, einem der zwölf Lemba-Clans, beträgt der Anteil gar 50 Prozent.[52] Diese Marker sind auch bei den Bene Israel, der ältesten jüdischen Gemeinde Indiens, aufgetaucht. Neueste Studien ergaben überraschende Ähnlichkeiten bei den Y-Chromosomen von Juden, Palästinensern und anderen arabischen Bevölkerungsgruppen im Nahen Osten. So erweist sich die DNA als ein unschätzbares Werkzeug zur Erforschung der Geschichte der Juden und vieler anderer Populationen.[53]

Parfitts Arbeit zeigt, wie die DNA-Analyse erstaunliche Beziehungen zwischen Afrika und dem Nahen Osten zutage fördern kann. Und nun hoffen einige Forscher, daß sie den afrikastämmigen Amerikanern durch die Untersuchung ihrer DNA die Chance bieten können, etwas über ihre afrikanischen Wurzeln in Erfahrung zu bringen. Rick Kittles, ein Genetiker an der Washingtoner Howard-Universität, hat eine Datenbank aus 3200 DNA-Sequenzen von 40 westafrikanischen Populationen aufgebaut. Die meisten Afrikaner, die in die Vereinigten Staaten verschleppt wurden, kamen aus dieser Region, vor allem aus Ghana, Nigeria, Sierra Leone und Angola. Kittles bietet seinen Kunden für rund 300 Dollar an, die von ihnen eingereichten DNA-Proben mit der Datenbank abzugleichen, um Hinweise auf die Heimat der jeweiligen Vorfahren zu finden.[54] Ein Washingtoner Fernsehreporter erfuhr beispielsweise, daß die Vorfahren seines Vaters aus Nigeria stammen, die seiner Mutter aus Somalia und benachbarten Regionen. Hingegen führt Kittles' eigene väterliche Abstammungslinie nach Deutschland zurück – ein sicheres Zeichen dafür, daß ein weißer Sklavenbesitzer sich eine seiner Sklavinnen unterworfen oder sie vergewaltigt haben muß. (Etwa ein Drittel der afroamerikanischen Männer haben irgendwo auf ihrem Stammbaum einen weißen Vorfahren.) Kittles' Programm steckte noch in den Kinderschuhen, als er bereits heftige Kritik dafür einstecken mußte. Man warf ihm vor, aus dem Unglück anderer Profit zu schlagen: »Hier geht es um die amerikanische Sklaverei, erzwungene Migration und Kriegsgefangene«, meint die Anthropologin Fatimah Jackson von der Universität Maryland. »Ich glaube nicht, daß man von den Nachkommen der Verschleppten Geld verlangen sollte, damit sie etwas herausfinden, worauf sie ein gottgegebenes Recht haben.«[55] Kittles entgegnet jedoch, daß viele Afroamerikaner verzweifelt nach Informationen über ihre Abstammung suchen, über verwandtschaftliche Bande, die während der Sklaverei meist durchschnitten wurden.

Viele Wissenschaftler hoffen, daß die Genomsequenz das Fundament für eine planmäßigere und genauere Analyse der Variationen im menschlichen Genom liefern wird, für das sogenannte »Human Genome Diversity«-Projekt.[56] Dessen Ansatz soll darauf abzielen, das genetische Material vieler Dutzend abgeschiedener Ethnien rund um den Globus zu vergleichen, mit dem Ziel, die menschliche Geschichte und ihre Wanderungsbewegungen besser zu verstehen – einen Schnappschuß der erstaunlichen genetischen Vielfalt des Menschen zu liefern, bevor eine gefährdete Population für immer verschwindet. Allerdings hat dieses Vorhaben Zorn und Widerwillen bei den Vertretern vieler Ethnien ausgelöst, die solche Pläne als »unmoralisch« und »rassistisch« verurteilen und eine Verschwörung zur Ausbeutung ihres genetischen Erbes wittern.[57]

In der DNA stecken offensichtlich gewaltige Möglichkeiten, bis zu 100 000 Jahre alte Wanderungsbewegungen rund um den Globus aufzudecken, und sie erhellt auch jüngere Bevölkerungsbewegungen, deren Aufzeichnungen aus verschiedenen Gründen dem Zahn der Zeit zum Opfer gefallen sind. Doch wird die DNA in wachsendem Maße auch zur Untersuchung einzelner Menschen eingesetzt, und auch hier gibt es eine Reihe erfolgsträchtiger Anwendungen, etwa in der Strafverfolgung – einige der heimtückischsten Verbrechen des letzten Jahrhunderts konnten auch mit Hilfe solcher Techniken aufgeklärt werden.

Der genetische Fingerabdruck wurde Mitte der 1980er Jahre von Sir Alec Jeffreys an der Universität Leicester erfunden.[58] Seine Entdekkung stark variabler repetitiver Bereiche der menschlichen DNA entsprach in mancher Hinsicht dem eines genetischen Strichcodes. Vergleicht man Proben aus fünf oder sechs derartigen Regionen, stehen die Chancen äußerst hoch, daß zwei nichtverwandte Personen unterschiedliche Muster aufweisen. Die Methode war so gut wie der herkömmliche Fingerabdruck, hatte jedoch den Vorteil, daß selbst das kleinste Stück Material – ein einziges Haar, ein Blutstropfen, Spermaspuren – ausreichend DNA für die Analyse bot.

Es dauerte nicht lange, bis Jeffreys das beeindruckende Potential des DNA-Fingerabdrucks demonstrieren konnte. Im Jahr 1987 wurde Dawn Ashworth in dem englischen Dorf Narborough bei Leicester vergewaltigt und ermordet.[59] Das Verbrechen ähnelte einem anderen Mord an einem Schulmädchen drei Jahre zuvor, und die Polizei verhaftete bald einen 17jährigen Küchengehilfen in einem nahe gelegenen Krankenhaus. Doch konnten die Ermittler seine Schuld nicht beweisen, und so nahmen sie 5000 Männern der Umgebung Blutproben ab, um sie mit dem am Tatort gesicherten DNS-Material abzugleichen. Der Mörder, Colin Pitchfork, überredete einen Freund, an seiner Stelle zur Blutabnahme zu gehen, doch die Polizei erfuhr schließlich von dem Tausch, und Pitchfork legte binnen kurzem ein Geständnis ab.

Jeffreys zeigte in einem weiteren Schritt, daß auch bei Skelettresten eine DNA-Analyse möglich ist. Im Dezember 1989 entdeckten Arbeiter im walisischen Cardiff die in einen Teppich gewickelten sterblichen Überreste eines jungen Mädchens, das mehrere Jahre zuvor ermordet worden war. Ein plastischer Mediziner fertigte mittels eines Gipsabdrucks ihres Schädels ein Modell des Gesichts, und eine Sozialarbeiterin aus Cardiff erkannte darin sogleich Karen Price, eine junge Ausreißerin. Jeffreys entnahm DNA aus dem Oberschenkelknochen des Opfers und verglich die Größe von sechs verschiedenen polymorphen Mikrosatellitenmarkern des Mädchens und ihrer mutmaßlichen Eltern. Wie er feststellte, stimmten sie vollkommen überein, und zum ersten Mal wurde die Analyse von Knochen-DNA vor einem britischen

Gericht als Beweismaterial anerkannt.[60] Jeffreys' Gruppe gelangen noch weitere bemerkenswerte forensische Identifikationen, darunter die Analyse der Leiche von Wolfgang Gerhard, der 1979 in Brasilien ertrunken war. Jeffreys Team entnahm DNA aus dem Oberschenkelknochen des Toten und kam zu dem Schluß, daß es sich tatsächlich um den »Todesengel«, den KZ-Arzt Josef Mengele handelte.[61]

Als unschätzbare Hilfe bei der Zusammenführung von Opfern der argentinischen Militärjunta in den 70er Jahren mit ihren Familien hat sich die mitochondriale DNA erwiesen. Im Jahr 1976 putschten sich die argentinischen Generäle an die Macht, und in der Folgezeit ermordeten ihre Soldaten schätzungsweise 9000 junge »Rebellen«. Etwa 200 verwaiste oder entführte Kleinkinder wurden kinderlosen Ehepaaren in der Armee ausgehändigt, die sie als ihre eigenen ausgaben. Nachdem die Junta 1983 verjagt worden war, bemühte sich die Organisation *Las Abuelas* (Die Großmütter) darum, diese Kinder wieder mit ihren biologischen Familien zusammenzuführen. Mary-Claire King verglich Proben mitochondrialer DNA der Kinder mit ihren Verwandten und konnte auf dieser Grundlage Dutzende von Familien wieder vereinigen. Der erste Fall war der eines achtjährigen Mädchens, Paula Eva Logares, die bei einem ehemaligen Polizeichef und dessen Freundin lebte. Die »Großmütter« behaupteten, sie sei ihren Eltern mit kaum zwei Jahren entrissen worden. Kings Gruppe bewies zweifelsfrei, daß Paula tatsächlich mit den drei noch lebenden Großeltern verwandt war, die das Sorgerecht beanspruchten. »Als sie wieder ins Haus ihrer Großeltern kam, das sie das letzte Mal im Alter von zwei Jahren gesehen hatte, lief sie schnurstracks in das Zimmer, wo sie einst als Baby geschlafen hatte, und fragte nach ihrer Puppe.«[62]

In der Nacht des 16. Juli 1918 setzten die Kugeln eines bolschewistischen Hinrichtungskommandos auf brutale Weise den drei Jahrhunderten Romanowscher Zarenherrschaft ein Ende.[63] Eine Lokalzeitung berichtete, daß Zar Nikolaus II. und seine Familie, die im Ipatjew-Haus in Jekaterinburg gefangengehalten worden waren, »ohne bürgerliche Formalitäten, aber in Übereinstimmung mit unseren neuen demokratischen Prinzipien erschossen wurden«. Die Leichen wurden mit Schwefelsäure übergossen, um die Identifizierung zu erschweren, und hastig in einem flachen Grab verscharrt, dessen Lage mehr als 70 Jahre lang geheim blieb. Nachdem ein russischer Filmemacher das Grab im Jahr 1989 aufgespürt hatte, ordnete Präsident Boris Jelzin die Exhumierung der sterblichen Überreste an. Die 1000 ausgegrabenen Knochenstücke setzte man zu neun Skeletten zusammen, fünf weiblichen und vier männlichen. Es waren die Knochen von Zar Nikolaus, Zarin Alexandra, dreien ihrer fünf Kinder sowie von drei Dienern und dem Hofarzt. (Die Leichen von zwei Kindern waren verbrannt worden.) Fachleute bezweifelten, daß es sich tatsächlich um die Zarenfamilie handelte, wobei einige darauf hinwiesen, daß Zarewitsch Alexis und Marie fehlten, und andere, daß man Anastasia nicht gefunden hätte.

Im September 1992 flog ein russischer Experte für genetische Fingerabdrücke nach London. Im Gepäck hatte er kleine Knochenproben der sterblichen Überreste. In Heathrow traf er einen Fernsehregisseur der BBC, der einen Leichenwagen gemietet hatte, weil er es für »unangemessen« hielt, »die kaiserliche russische Familie im Kofferraum meines Volvos« zu transportieren.[64] Peter Gill führte dann in seinem Labor beim British Forensic Science Service die DNA-Tests durch. Der erste Test zeigte, daß fünf Skelette von Frauen stammten und drei der Toten Geschwister waren. Die Untersuchung der Mitochondrien-DNA der mutmaßlichen Knochen von Zarin Alexandra paßte zu einer Probe, die der Herzog von Edinburgh, ihr Großneffe, beisteuerte (beide sind mütterlicherseits mit Alice von Hessen, der Tochter von Königin Viktoria, verwandt). Doch war es nicht so einfach, einen hilfsbereiten mütterlichen Verwandten des Zaren zu finden. Ein Geweberest von einem blutigen Taschentuch des Zaren war zu verschmutzt, und der Neffe des Zaren verweigerte die Zusammenarbeit, weil die Briten sich nach der Revolution geweigert hatten, Nikolaus' Familie Zuflucht zu gewähren.

Als man die Proben endlich von zwei entfernteren mütterlichen Verwandten erhalten hatte, waren die Resultate enttäuschend uneindeutig. Die mitochondrialen DNA-Sequenzen waren identisch bis auf Position 16 169.[65] Bei den beiden Verwandten wies die Sequenz ein T auf, während die vermeintlichen Überreste des Zaren eine Mischung aus 70 Prozent C und 30 Prozent T aufwiesen. Gill und Kollegen hielten dies für einen Fall von Heteroplasmie, einer natürlich vorkommenden Mischung von DNAs derselben Person, und bezifferten die Wahrscheinlichkeit, daß es sich um die Überreste des Zaren handelte, auf fast 99 Prozent.

Da es jedoch immer noch möglich war, daß die Proben kontaminiert waren, mußte ein letzter Test durchgeführt werden. Auf Drängen der russisch-orthodoxen Kirche wurde die Leiche des Bruders des Zaren, des 1899 an Tuberkulose verstorbenen Großherzogs Georgij Romanow, aus seinem Sarg in St. Petersburg exhumiert. Iwanow überbrachte die Knochenproben einem pathologischen Institut der amerikanischen Armee in Maryland. Unfaßlicherweise wies Georgijs mitochondriale DNA an Position 16 169 ebenfalls Heteroplasmie auf.[66] Die geringe Häufigkeit einer solchen Heteroplasmie im Bevölkerungsdurchschnitt, zusammen mit der bewiesenen Übereinstimmung zwischen der Zarin und einer lebenden Verwandten, ergaben mit einer Wahrscheinlichkeit von 100 Millionen zu eins, daß die Überreste tatsächlich von der Zarenfamilie stammten. In Anwesenheit des bewegten Präsidenten Jelzin wurde die Zarenfamilie der Romanows 1998 offiziell in St. Petersburg bestattet. Immer noch gibt es Menschen, die behaupten, daß eines der Kinder des Zaren das Massaker von 1918 überlebt habe, doch die Ansprüche der letzten Thronprätendentin, einer Frau namens Anna Anderson, wurden durch eine DNA-Analyse zunichte gemacht.[67]

»Die am längsten laufende Seifenoper der amerikanischen Geschichte«,[68] wie Eric Lander sie nennt, geht auf das Jahr 1802 zurück, als der *Richmond Recorder* die heimliche Beziehung enthüllte, die Präsident Thomas Jefferson mit seiner Mulattensklavin Sally Hemings unterhielt, der außerehelichen Halbschwester seiner Frau Martha Wayles. Der Verdacht, Jefferson könnte der Vater eines der sieben Kinder von Sally Hemings sein, beruhte auf mehreren vagen Hinweisen, darunter der äußerlichen Ähnlichkeit von Hemings Kindern und dem Präsidenten sowie der Tatsache, daß sich Jefferson um die Zeit, da die Kinder gezeugt wurden, in seinem Haus in Monticello aufhielt.

Die Jefferson-Saga erregte die Neugier von Eugene Foster, eines emeritierten Professors aus Charlottesville in Virginia.[69] Foster begann Freiwillige aus den Familien der Jeffersons und Hemings zu rekrutieren, auf der Suche nach Verwandten väterlicherseits, bei denen eine direkte männliche Abstammungslinie bis zu Jefferson und Hemings' Sohn nachgewiesen werden konnte. Es gibt schätzungsweise über 2000 lebende Nachkommen Jeffersons und seiner Frau, doch keiner trägt sein Y-Chromosom, weil sein einziger ehelicher Sohn bereits im Kindesalter starb. Foster konnte jedoch Blutproben von männlichen Nachfahren Field Jeffersons, Jeffersons Onkel väterlicherseits, auftreiben. Auch vergewisserte er sich der Mitarbeit von John Weeks Jefferson, des Urururenkels von Eston Hemings, Sallys jüngstem Sohn.

Foster sammelte insgesamt 19 DNA-Proben, die er sicher in seinem Handgepäck verwahrt nach England brachte, wo er sie dem Genetiker Chris Tyler-Smith von der Universität Oxford aushändigte. Jede Probe wurde auf 19 polymorphe Marker auf dem Y-Chromosom hin analysiert, und es stellte sich heraus, daß die Muster der Polymorphismen bei den männlichen Nachfahren von Field Jefferson und einem männlichen Nachfahren von Eston Hemings vollkommen übereinstimmten.[70] Zugleich konnte ausgeschlossen werden, daß Jefferson der Vater von Hemings ältestem Kind, Thomas Woodson, war.

Die Entdeckung löste einen Aufschrei unter den amerikanischen Präsidentschaftshistorikern aus, die schon lange über den Wahrheitsgehalt der Behauptungen der Familie Heming gestritten hatten. Auch war der Zeitpunkt der Veröffentlichung des Berichts erstaunlich. Lander und der Historiker Joseph Ellis schrieben über die außereheliche Beziehung zwischen dem Autor der amerikanischen Unabhängigkeitserklärung und seiner jungen Sklavin, sie »tauche wieder auf, um uns an eine Wahrheit zu gemahnen, die eigentlich selbstverständlich sein sollte. Unsere Helden – und besonders die Präsidenten – sind keine Götter oder Heilige, sondern Menschen aus Fleisch und Blut, mit allen Schwächen und Unvollkommenheiten, die diesen eigen sind«.[71] Lander und Ellis spielten natürlich auf einen aktuelleren Sexskandal im Weißen Haus an.

Der Ausgang der Seifenoper mit Namen »Lewinsky-Affäre« war am 3. August 1998 von Menschenhand nicht mehr zu ändern. An diesem Tag teilte das FBI dem Sonderermittler Kenneth Starr mit, man habe zwei Spermienflecken auf Beweisstück Q3243 identifiziert – einem dunkelblauen GAP-Kleid aus dem Besitz von Monica Lewinsky, die im Weißen Haus als Praktikantin gearbeitet hatte.[72] Am selben Abend noch nahm Clintons Arzt im Kartenraum des Weißen Hauses dem Präsidenten eine kleine Blutmenge ab, welche das FBI als Beweisstück K39 bezeichnete. Genau zwei Wochen später teilte man Clinton mit, daß die beiden DNA-Tests bei den Beweisstücken K39 und Q3243 erwiesen hätten, daß die DNA-Proben »mit wissenschaftlich hinreichend erwiesener Wahrscheinlichkeit« identisch seien.[73] Die Wahrscheinlichkeit, daß die DNA auf Lewinskys Kleid von einem anderen Weißen als Clinton stammen könnte, wurde auf bescheidene 1 zu 7820000000000 (7,8 Billionen) veranschlagt. Daraufhin erhielt der Impeachment-Antrag gegen Präsident Clinton im Senat eine Mehrheit. Auf der Suche nach Vergleichen zwischen den Skandalen um die beiden Präsidenten empfahl der Autor eines Leserbriefs in der *New York Times* sarkastisch, der Sonderermittler »sollte die Befugnis erhalten, eine posthume Impeachment-Anklage gegen unseren dritten Präsidenten anzuleiern. Um den Makel der Unmoral aus der Geschichte unserer Nation zu tilgen, sollten keine Kosten gescheut werden«.[74]

Der historischen Reichweite des genetischen Fingerabdrucks scheinen kaum Grenzen gesetzt, und offenbar ist man kaum anderswo so erpicht darauf zu erfahren, wie groß diese Reichweite wirklich ist, als in Frankreich. Am 8. Juni 1795 starb ein zehnjähriger Junge namens Louis-Charles in einem Pariser Kerker an Tuberkulose, zwei Jahre nachdem seine Eltern, König Ludwig XVI. und seine Gemahlin Marie Antoinette, im Zuge der Französischen Revolution unter der Guillotine gestorben waren. Während der Autopsie schmuggelte der Hofarzt das Herz des Jungen in einem Taschentuch nach draußen und behielt es als Andenken an die Monarchie (die Leiche des jungen Königs wurde umstandslos in ein Massengrab geworfen). Das Herz wurde auf abenteuerliche Weise durch die Geschichte weitergereicht, bis es 1975 schließlich der Basilika von St. Denis übergeben wurde, wo es zusammen mit anderen königlichen Reliquien in einer Kristallkugel aufbewahrt wird.[75] Die französischen Historiker stritten sich leidenschaftlich über die Herkunft des Herzens. Viele glaubten, der Junge, der in dem Pariser

Gefängnis starb, sei ein Doppelgänger gewesen und der wahre König sei von treuen Monarchisten in Sicherheit gebracht worden. Dutzende von Anwärtern erhoben während der letzten beiden Jahrhunderte Ansprüche auf den Thron.

Daß ein königliches Organ seziert werden sollte, war ein historisch unerhörtes Ereignis. Doch im Jahr 1999 bedeckte man die Urne mit einem purpurnen Tuch und brachte sie in ein Pariser Labor, wo man mit einer Rasierklinge dünne Scheiben des jungen Herzens abschnitt, zerteilte und an die Labors von Jean-Jacques Cassiman in Belgien und Bernd Brinkmann in Deutschland weiterschickte. Trotz des schlechten Gewebezustands konnten die beiden Labors mitochondriale DNA-Sequenzen aus dem Herzen mit Haarproben von Marie-Antoinette und zwei lebenden mütterlichen Verwandten vergleichen, darunter Königin Anna von Rumänien.[76] Zwar beweist die Analyse nicht endgültig, daß das Herz Ludwigs XVII. und nicht einem anderen engen Verwandten gehörte, doch die historischen Umstände geben kaum Anlaß zu Zweifeln. Den sterblichen Überresten des niemals gekrönten Königs wurde inzwischen ein würdigeres Begräbnis zuteil.

Auch andere historische Fragen könnten mit einer sorgfältigen Anwendung von DNA-Tests geklärt werden, wenngleich man darüber streiten kann, ob die Fälle derlei Eingriffe wert sind. Angeblich starb Napoleon Bonaparte 1821 auf St. Helena an Magenkrebs, doch gibt es Stimmen, die behaupten, er sei von den Briten vergiftet worden.[77] Diese wurden ein Fünkchen glaubhafter, als die FBI Spuren von Arsen in einer Haarlocke Napoleons fand, die nach seinem Tod abgeschnitten worden war. Phantasiebegabte Historiker vermuteten daraufhin, Napoleons Leiche sei mit einer anderen vertauscht worden, bevor sie 1840 zurück nach Frankreich verschifft wurde. Als die französischen Behörden den Sarg öffneten, fanden sie eine bärtige Leiche vor (Napoleon soll nach seinem Tod rasiert worden sein) und keine Spur von seinen silbernen Sporen.

In den Vereinigten Staaten wurde jüngst die Leiche eines Mannes, den manche für den geächteten Jesse James halten, zwecks DNA-Analyse exhumiert. Den historischen Aufzeichnungen zufolge wurde James 1882 erschossen, doch manche behaupten, James habe seinen Tod vorgetäuscht, unter dem Namen J. Frank Dalton weitergelebt und sei erst mit 104 Jahren gestorben. Unter Daltons Namen auf dem Grabstein ist in kleinen Lettern eingraviert: »Angeblich im Jahre 1882 getötet«.

In anderen Fällen werden DNA-Tests vorgeschlagen, um die Krankheiten historischer Berühmtheiten zutage zu bringen und die Geschichte damit um eine Fußnote zu ergänzen. Das bekannteste Beispiel ist Präsident Abraham Lincoln, dessen schlaksige Gangart verdächtig an das Marfan-Syndrom erinnert.[78] Dem Washington-Korrespondenten der Londoner *Times* zufolge hatte Lincoln »hängende Schultern, lange, schlaksige Arme und Hände von außerordentlicher Größe, die jedoch von seinen Füßen noch weit übertroffen wurden«. Das für das Marfan-Syndrom ursächliche Gen wurde 1991 entdeckt, und es wäre möglich, Lincolns DNA – die man aus Blut, Knochen oder in Museen aufbewahrten Haaren gewinnen kann – auf eine mögliche Mutation zu testen.[79] Am anderen Ende des Spektrums liegt der Fall des zwergwüchsigen französischen Malers Toulouse-Lautrec, bei dem einige Wissenschaftler vermuten, daß er an Pyknodysostosis litt.[80] Robert Desnick und Bruce Gelb, Forscher am New Yorker Mt. Sinai Hospital, haben die entsprechende Genmutation bei Familien mit dieser Krankheit ausfindig gemacht, doch bislang weigern sich die Nachfahren Lautrecs, die Leiche des berühmten Künstlers exhumieren zu lassen.[81]

Kein Zweifel, in der forensischen DNA-Analyse stecken gewaltige Möglichkeiten, Kriminelle dingfest zu machen und unschuldig Verurteilten die Freiheit wiederzugeben.[82] Der bekannte Anwalt Barry Scheck, Mitbegründer des »Innocence Project« (Projekt Unschuld), nennt die DNA »die Goldwaage der Unschuld«,[83] und sein Team hat mit Hilfe von Tests mehr als 70 zu Unrecht verurteilten Menschen in den USA, darunter acht Todeskandidaten, die Freiheit erkämpft. »Von jeweils sieben Menschen, die in den USA hingerichtet werden, ist einer unschuldig«, sagt Scheck. Diese Zahlen, fügt er hinzu, seien erschrekkend. Natürlich kommt die statistische Macht des genetischen Fingerabdrucks nur dann zur Geltung, wenn die Geschworenen überhaupt begreifen, welche Wahrscheinlichkeitsverhältnisse vorliegen, und es keine anderen entlastenden Faktoren gibt. Scheck erlangte Berühmtheit als Mitglied jener Phalanx von Anwälten, die O. J. Simpson verteidigten, der angeklagt war, seine Exfrau und einen Mann ermordet zu haben. Unter einem wahren Hagel von Rassismus- und Unfähigkeitsvorwürfen vor allem gegen die Polizei von Los Angeles ging der potentiell vernichtende Beweis, der in 45 der Jury vorgelegten Proben aus Blutflecken steckte, praktisch unter. In ihrem Schlußplädoyer stellte die Staatsanwältin Marcia Clark fest, daß die Wahrscheinlichkeit, daß eine andere Person als Simpson das gleiche genetische Profil aufweise, das bei einem Blutfleck am Tatort gefunden wurde, 1 zu 57 Milliarden betrage (das Zehnfache der gegenwärtigen Weltbevölkerungszahl).[84]

In Großbritannien, dem Geburtsland des DNA-Fingerabdrucks, enthält eine landesweite Datenbank rund 700 000 Profile. Sie wurde bislang für Ermittlungen gegen 75 000 Kriminelle in Anspruch genommen, etwa 500 pro Woche.[85] Doch stellt Scheck fest, daß nur eine Handvoll Verurteilte mittels DNA-Tests entlastet wurden. In den Vereinigten Staaten enthält das DNA-Indexsystem des FBI DNA-Fingerabdrücke von über 250 000 Kriminellen und Tausende von nichtzugeordneten Proben, die an Tatorten gesichert wurden.[86]

Den möglichen Anwendungen des genetischen Fingerabdrucks sind offenbar kaum Grenzen gesetzt. In Frankreich wurde die Leiche von Yves Montand exhumiert, um einen Vaterschaftsstreit zu klären. Heraus kam, daß er nicht der Vater war. Ein noch bemerkenswerterer Fall stammt aus dem Jahr 1996, als das friedliche englische Dorf Bruntingthorpe von einer gräßlichen Verbrechenswelle überrollt wurde: Als einer der Bürger es versäumt hatte, die Hinterlassenschaften seines Hundes auf dem Gehweg zu beseitigen, schlug der örtliche Gemeinderat vor, eine DNA-Datenbank der 30 Hunde im Dorf zu erstellen, mittels deren der Missetäter identifiziert werden könnte. Die Idee wurde nach heftigen öffentlichen Protesten wieder fallengelassen.

Doch hat der genetische Fingerabdruck von Haustieren bereits Eingang in die Annalen der Strafverfolgung gefunden. Im Jahr 1996 stellte die Polizei während ihrer Ermittlungen zum Mord an einer Kanadierin in der Nähe ihres Hauses eine blutbefleckte Lederjacke sicher, in deren Futter auch einige Katzenhaare steckten. Aufgrund eines richterlichen Beschlusses nahm Stephen O'Brien vom Nationalen Krebsforschungszentrum bei »Snowball«, der Katze des getrennt lebenden Gatten des Opfers, einige DNA-Tests vor. Die Proben stimmten haargenau mit den Proben aus der Jacke überein und halfen, den Verdächtigen zu überführen.[87]

9. KAPITEL

Der Krösuscode
Leidenschaften, Persönlichkeiten, Profite

Wißt ihr nicht, daß die Läufer in der Rennbahn zwar alle laufen, daß aber nur einer den Siegespreis empfängt?
1. Korinther, 9,24

Die Sequenzierung der DNA ist heute ungefähr so leicht wie Hamburger essen.
Kary Mullis, Nobelpreisträger

Im Herbst 1999 zahlte sich der radikale Wechsel der Strategie des öffentlichen Genomprojekts, den Collins in die Wege geleitet hatte, allmählich aus. Die zusätzliche Geldspritze von zehn Millionen Dollar ermöglichte es den Genomzentren, ihre angestrebte Leistungsfähigkeit zu erreichen, und die Anschaffung von Hunderten neuer DNA-Sequenzierautomaten brachte die benötigten technischen Impulse. Die G5-Zentren verbesserten ihre Organisation auf der Grundlage der Einsicht, daß die DNA-Sequenzierung aufgrund der repetitiven und langwierigen Arbeit kaum das intellektuelle Umfeld darstellte, das junge und ehrgeizige Doktoranden motivieren konnte. Und schließlich bedeutete die Entscheidung für eine vorläufige Arbeitsversion der Sequenz, daß keine Zeit mehr mit Bemühungen verschwendet würde, widerspenstige DNA-Abschnitte perfekt zu sequenzieren.

Im November hatte das öffentliche Humangenomprojekt endlich einen greifbaren Grund zum Feiern. Der Thanksgiving-Tag wurde um eine Woche vorverlegt, auf den 17. November, denn an diesem Tag kam ein einfaches »G« als einmilliardster Buchstabe im Sequenzdepot des öffentlichen HGP, der GenBank, zu Ehren.[1] Die transatlantischen

Feierlichkeiten fanden wenige Tage später statt, als der britische Wissenschaftsminister, David Sainsbury, John Sulston vom Sanger Centre einen Preis überreichte, während gleichzeitig Francis Collins Hunderte von Wissenschaftlern ins Hauptquartier der National Academy of Sciences in Washington zu einer Feier einlud.[2] Durch eine Liveschaltung im Internet konnten die Mitarbeiter der großen Genomzentren in den Vereinigten Staaten und Großbritannien die Festlichkeiten der jeweiligen Partner verfolgen. »Das 21. Jahrhundert beginnt sechs Wochen früher!« verkündete die amerikanische Gesundheitsministerin Donna Shalala strahlend, bevor sie den Vertretern der amerikanischen G5-Gruppen die Auszeichnungen überreichte. Shalala verglich den Erfolg des Sequenzierprojekts mit einem Roman von Toni Morrison: »Was ihm an Struktur fehlt, wird durch den inhaltlichen Reichtum mehr als ausgeglichen.« Collins beendete schließlich die Zeremonie mit einem Appell an die Forscher, sich noch mehr ins Zeug zu legen: »Eine Milliarde und noch kein Ende in Sicht – klettern wir also weiter!«

In der Zwischenzeit veranstaltete Venter bei Celera ein ungewöhnliches Treffen von Wissenschaftlern aus Privatunternehmen und Universitäten. Er hatte 45 führende *Drosophila*-Forscher aus der ganzen Welt zu einem »Forschermarathon« eingeladen, bei dem die rohen DNA-Daten, die von der firmeneigenen Batterie aus DNA-Sequenzern entschlüsselt und anschließend von Gene Myers' Software zu »Gerüsten« zusammengefügt worden waren, genau untersucht werden sollten.[3] Elf Tage (und Nächte) untersuchten Experten für fast jeden Aspekt der Fruchtfliege die Sequenzen von Tausenden neuen Genen nach Hinweisen auf ihre Funktion. Die Forscher prüften die Vorhersagen, die von Computerprogrammen wie Genie oder Genscan erstellt wurden, während die Bioinformatiker nächtelang an der Optimierung ihrer Algorithmen arbeiteten, um die Genauigkeit der sogenannten Annotationen, der Identifikation funktioneller Einheiten, zu erhöhen.

Die Identifizierung neuer Gene im *Drosophila*-Genom stellte sich als schwieriger heraus als bei der Hefe oder dem Fadenwurm: Die Gene liegen weiter auseinander und sind von längeren Introns unterbrochen, und die charakteristischen Sequenzmotive, die den Beginn eines Gens anzeigen, sind weniger deutlich zu erkennen. Die größte Überraschung trat bei der endgültigen Genzählung auf: *Drosophila* besitzt nur 13 601 Gene, verglichen mit den 18 000 des *C. elegans*. Warum ein primitiver Wurm fast 5000 Gene mehr haben soll als eine Fliege, läßt sich nicht mit Sicherheit beantworten. Zum Teil ist diese Differenz wohl durch die Größe der verschiedenen Genfamilien in beiden Arten erklärbar. So enthält *C. elegans* beispielsweise 1000 olfaktorische Rezeptoren, verglichen mit nur etwa 60 bei *Drosophila*. Es ist auch erwiesen, daß etwa ein Drittel der *Drosophila*-Gene alternativ gespleißt werden und damit für mehrere Proteinsequenzen codieren, so daß *Drosophila* vermutlich den Code für über 20 000 verschiedene Proteine enthält.

Gestandene *Drosophila*-Genetiker schwärmten von der produktiven Zusammenarbeit mit Celera, dank deren nun die vollständige Sequenz ihrer geliebten Fruchtfliege über das Internet frei verfügbar war. Und schon waren die Forschungspapiere in Arbeit, die der überragenden Leistungsfähigkeit von Venters Schrotschußmethode Tribut zollten.

Unter einem Ausschnitt aus Michelangelos *Erschaffung des Adam*, der die Hände Gottes und Adams zeigt, prangte am 2. Dezember 1999 auf dem Titelblatt von *Nature* die stolze Ankündigung: »Die erste menschliche Chromosomensequenz«.[4] Der größte internationale Wissenschaftlerverbund aller Zeiten – bestehend aus über 200 Forschern des Sanger Centre, die mit Gruppen der Universität von Oklahoma, der Washington-Universität in St. Louis und der Keio-Universität in Japan zusammenarbeiteten – beschrieb die praktisch vollständige Sequenz von Chromosom 22. Obwohl dies nur 1,1 Prozent des gesamten Humangenoms ausmachte, bejubelten die Wissenschaftler die Leistung als wichtigen Meilenstein in der Geschichte der biomedizinischen Forschung und als rechtzeitige Bestätigung der von der öffentlichen Genomallianz verfochtenen Kartierungsstrategie.[5]

Da es sich hier um ein internationales Gemeinschaftswerk handelte, wurden in England, Japan und Washington Pressekonferenzen abgehalten. In Cambridge konnten sich die normalerweise so reservierten Briten nicht mehr bremsen. Der Leiter des Sanger Centre, John Sulston, feierte die Arbeit als »einen so entscheidenden Erfolg wie die Entdeckung, daß die Erde um die Sonne kreist oder daß wir vom Affen abstammen«.[6] Michael Dexter vom Wellcome Trust verglich die

Leistung mit der Erfindung des Rads.[7] In Washington drängten sich Reporter in einem kleinen Raum im Willard-Hotel, einen Steinwurf vom Weißen Haus entfernt. Dieser stolze Anlaß, bei dem die technischen Fähigkeiten des Menschen geehrt wurden, zeichnete sich zunächst vor allem dadurch aus, daß es unmöglich war, eine verläßliche Audioverbindung nach Cambridge herzustellen, wo Projektleiter Ian Dunham darauf wartete, eine Erklärung abzugeben. (Irgendwann lauschten die Washingtoner Pressevertreter staunend, wie Dunham und Sulston, die nicht wußten, daß ihre Stimmen plötzlich 5000 Kilometer entfernt zu hören waren, über die Fußballspiele des kommenden Wochenendes plauderten.)

Die amerikanischen Partner sparten ebensowenig mit großen Worten wie ihre britischen Kollegen. Bruce Roe von der Universität von Oklahoma war philosophisch gestimmt: »Eine neue Ära ist angebrochen: Nun, da wir die nahezu vollständige Struktur des ersten menschlichen Chromosoms kennen, haben wir die Träume von Mendel, Morgan, Watson, Crick und Sanger erfüllt.«[8] Collins räumte ein: »Ich nehme nicht oft einen wissenschaftlichen Aufsatz zur Hand und bekomme dann eine Gänsehaut, wie bei der Betrachtung dieser Chromosomenlandschaft.«[9] Es sei ungefähr so, als ob man »einen Ozeandampfer aus dem Nebel auftauchen sieht, wenn man zuvor nur Ruderboote kannte«. Mark Patterson, ein leitender Redakteur der Zeitschrift *Nature*, sagte, es sei, wie wenn man »die Oberfläche oder die Landschaft eines neues Planeten zum ersten Mal sieht. Es ermöglicht uns, etwas über seine Geographie [und] seine Geschichte zu sagen«.[10]

Im Gegensatz zu dem etwas willkürlich anberaumten Festakt aus Anlaß der einmilliardsten Base wirkte die Feier der ersten, nach den Bestimmungen des Bermuda-Abkommens »gebrauchsfähigen« Sequenz eines menschlichen Chromosoms überhaupt nicht aufgesetzt. Dunham und Kollegen berichteten von der Assemblierung der über 33 400 000 DNA-Buchstaben, darunter auch eine zusammenhängende Strecke von 23 Millionen Basen, die bis dahin längste Basenfolge.[11] Doch Roes Wort von einer »nahezu vollständigen« Sequenz ließ einen wichtigen Umstand deutlich werden: Die Sequenz des langen Chromosomenarms enthielt ein Dutzend Lücken (die sich auf etwa eine Million Basen summierten), die man aus technischen Gründen nicht hatte schließen können.[12] Zudem hatten die Forscher absichtlich den kurzen Stummelarm des Chromosoms beiseite gelassen, der aus Heterochromatin besteht und wenige oder keine codierenden Gene enthält. Trotz dieser unvermeidlichen Lücken war die Qualität der Sequenz ausgezeichnet und wies nur etwa eine Diskrepanz pro 50 000 entzifferte Buchstaben auf. Die veröffentlichte Sequenz ist nicht die eines bestimmten Individuums, sondern aus mehreren DNA-Quellen zusammengefügt. Die endgültigen Kosten wurden auf 15 Millionen Dollar veranschlagt, also weniger als 50 Cents pro Buchstabe. Doch wie viele Informationen ließen sich dieser beispiellosen Menge an Rohsequenzdaten überhaupt entnehmen?

Während die Sequenzierer des Sanger Centre das Skript des 22. Chromosoms entzifferten, untersuchte Dunhams Team die Sequenz auf das Vorkommen von Genen. Bereits identifizierte Gene waren durch einen Vergleich der chromosomalen Sequenz mit allen verfügbaren DNA- und Proteindatenbanken leicht zu erkennen. Um neue Gene ausfindig zu machen, analysierte Dunhams Team die Sequenz mit einer Reihe von Computerprogrammen, die erstellt worden waren, um die Wahrscheinlichkeit zu schätzen, mit der ein bestimmter DNA-Abschnitt den Code eines Gens enthält. Doch selbst die besten dieser Softwareprogramme sind nicht perfekt: Mindestens 30 Prozent der Genfragmente, die das Programm Genscan vorhersagte, können falsch sein, während zugleich 20 Prozent echter Exons durch die Verwendung computergestützter Methoden übersehen werden können. »Darum«, so die zögernde Aussage Dunhams und seiner Kollegen, »sind wir nicht der Ansicht, daß derzeit eine Software zur Genvoraussage *ab initio* brauchbar ist, Gene in der menschlichen Sequenz verläßlich zu identifizieren.«[13]

Dennoch gelang es Dunhams Team, andere Tricks anzuwenden, um die Gene zu finden, die auf Chromosom 22 lauern. Eine Strategie bestand darin, nach DNA-Abschnitten zu suchen, die vermehrt die Buchstaben G und C enthielten. Adrian Bird von der Universität Edinburgh hat bewiesen, daß diese sogenannten CG-Inseln häufig in der Nähe von Genen zu finden sind. Die Anwesenheit einer CG-Insel – auf Chromosom 22 gibt es 550 – ist daher ein ausgezeichneter Indikator für ein nahe gelegenes Gen. Ein anderes Mittel zur Überprüfung der Sequenz war ein Vergleich mit der EST-Datenbank, die Hunderttausende Genfragmente enthält.

Inmitten der öden, repetitiven DNA-Abschnitte ohne bekannte Funktion konnte Dunhams Mannschaft 545 Gene sicher identifizieren: 217 stimmten mit bekannten menschlichen Genen überein, 150 waren in ihrer Sequenz mit Genen anderer Spezies verwandt (wie etwa mit der Maus, der Fruchtfliege oder der Hefe) und 148 wiesen deutliche Ähnlichkeiten mit ESTs auf. Es gab auch 134 Pseudogene, das heißt Sequenzen, die einem funktionsfähigen Gen ähneln, aber nicht mehr funktionieren, weil die Information durcheinandergeraten ist. Doch wies die Sequenz auch eine erstaunliche Menge an Müll-DNA auf. Etwa 42 Prozent von Chromosom 22 besteht aus über 55 000 repetitiven DNA-Elementen.

Die Suche nach zusätzlichen Genen ergab interessante Ergebnisse. Die Genscan-Software beispielsweise sagte die Existenz von zusätzlichen 300 Genen voraus. Auch wenn man die Wahrscheinlichkeit berücksichtigt, daß viele davon falsche Positive darstellen, so befinden sich vermutlich dennoch wenigstens 100 echte neue Gene darunter. Wieviel mehr es sein könnten, ist derzeit immer noch unklar. Der Geschäftsführer von Incyte Genomics, Roy Whitfield, beharrt darauf, seine Firma habe dem Chromosom 22 über 1000 Gene zugeordnet.[14] Eine andere kalifornische Bioinformatikfirma namens Double Twist verwendete eine Kombination verschiedener Softwareprogramme und sagte damit 1485 Gene und 2700 alternativ gespleißte Produkte voraus. Die endgültige Zahl der Gene könnte damit bei etwa 1900 liegen. Allerdings tut Richard Durbin vom Sanger Centre diese übertriebenen Schätzungen als »Blödsinn« ab.[15] In den neun Monaten seit der Veröffentlichung der Sequenz von Chromosom 22 haben seine Kollegen nur knapp 20 neue Gene entdeckt.

Selbst ein flüchtiger Blick auf die Genbeute des öffentlichen Forschungsverbunds vermittelt einen atemberaubenden Eindruck davon, wie verschieden die Gene sind. Die durchschnittliche Größe der Gene auf Chromosom 22 liegt bei 19 000 Basen – das kürzeste ist nur 1000 Basen lang, während das längste (das dementsprechend auch *LARGE* getauft wurde) mehr als 580 000 Buchstaben enthält. Es gibt Gene, die nur aus einem codierenden Abschnitt oder Exon bestehen, während ein anderes Gen in 54 getrennte Stücke unterteilt ist. Das Gen, das bei einer erblichen Krankheit des Augenhintergrunds namens Sorsbys Fundusdystrophie mutiert ist und eine Länge von 60 000 Basen hat, sitzt mitten in einer riesigen Lücke in einem anderen Gen.

Der wichtigste kurzfristige Nutzen dieses neuen genetischen Nachschlagewerks liegt vor allem darin, die individuellen Gene für die Dutzende von Krankheitsmerkmalen aufzuspüren, die man zuvor auf Chromosom 22 zurückverfolgt hatte. Darunter befinden sich die Gene, deren Sequenzen bei Gehirntumoren deletiert (verkürzt) und bei Neuroblastomen vergrößert sind oder bei Knochenkrebs (Ewing-Sarkom) und bestimmten Formen der Leukämie unterbrochen wurden. Andere Gene sind bei Patienten mit geistigen Entwicklungsstörungen und Herzkrankheiten mutiert, darunter auch Menschen mit dem DiGeorge-Syndrom,[16] einer relativ häufigen kongenitalen Erkrankung, die durch den Verlust mehrerer benachbarter Gene verursacht wird.

Doch die aufregendste Genjagd überhaupt bezieht sich auf die Schizophrenie. In der erhitzten Debatte über die Rolle der Genetik bzw. der Umwelt bei komplexen Merkmalen und insbesondere bei psychischen Krankheiten nimmt die Schizophrenie eine besondere Stellung ein. Über mehrere Jahrzehnte hat eine Vielzahl von Studien gezeigt, daß bei Verwandten von Schizophrenie-Patienten das Erkrankungsrisiko zehnmal höher liegt, während sich gleichzeitig das Risiko bei eineiigen Zwillingen nur zu 50 Prozent und nicht zu 100 Prozent deckt. Diese Befunde zeigen eindeutig, daß bei dieser Krankheit, die über ein Prozent der Weltbevölkerung trifft, erbliche und Umweltfaktoren zusammenwirken. Aufgrund der Tausenden von neuen DNA-Markern, die in den letzten Jahren verfügbar wurden, haben Forscher mutmaßliche Schizophreniegene auf nicht weniger als der Hälfte der verschiedenen menschlichen Chromosomen kartiert.[17] Einige dieser Zusammenhänge werden sich vermutlich nicht aufrechterhalten lassen, doch andere könnten zur Identifikation von Genen führen, welche die Anfälligkeit für Schizophrenie beeinflussen. Die Verbindung zwischen Schizophrenie und Chromosom 22 spielt auch bei einer seltenen Krankheit namens VCFS (Velokardiofaziales Syndrom) eine Rolle, die von Deletionen bzw. Verlusten bestimmter Bereiche in einem Abschnitt auf Chromosom 22 verursacht wird. Bei den meisten Patienten fehlt ein wichtiger Abschnitt, der rund 500 000 Basen umfaßt und Dutzende in Frage kommender Gene enthält. Auffallend ist auch ein erhöhtes Auftreten von Schizophrenie unter VCFS-Patienten und ihren Angehörigen. Zudem weisen einige Schizophrenie-Patienten ähnliche Deletionen an Chromosom 22 auf wie an VCFS Erkrankte. Die Identifizierung mutmaßlicher Schizophreniegene wäre an sich schon Rechtfertigung genug für das Sequenzierprojekt von Chromosom 22.

Dunham und seine Mitautoren schlossen ihren aufsehenerregenden Bericht über das Chromosom 22 in *Nature* mit einem kaum verhüllten spöttischen Seitenhieb gegen Celera. »Im Verlauf des Projekts wurde die zum Vorschein kommende Sequenz von Chromosom 22 vor ihrer endgültigen Vollendung über die Internetseiten der Gruppen des Konsortiums verfügbar gemacht«, schrieben sie.[18] Diese Daten hätten die Identifikation eines halben Dutzends wichtiger Gene lange vor der Veröffentlichung der Sequenz erleichtert, darunter mindestens ein Krankheitsgen.

Die Vollendung von Chromosom 22 war laut *Guardian* ein Moment »ungezügelter Begeisterung, gewiß – doch auch des ernsten Nachdenkens«.[19] Ähnlich lautete auch Collins' Reaktion, obgleich er nicht direkt an dem Projekt beteiligt gewesen war. In einem Interview an diesem Abend auf CNN sagte er: »Niemand wußte, ob es nicht unüberwindbare Probleme geben würde, welche die Assemblierung, die Zusammenstellung der Sequenz [von Chromosom 22] verhindern würden. [...] Nun wissen wir, daß wir das Humangenom in weiteren zwei oder drei Jahren fertigstellen können.«

Dunham drückte sich etwas knapper aus: »Dieses war der erste Streich ...« *Nature* veröffentlichte einen enthusiastischen Kommentar von Peter Little, einem führenden englischen Molekularbiologen, der mittlerweile an der Universität von Sydney lehrt und offenbar vom Millenniumfieber angesteckt war: »Während sich das Jahr 1999 dem Ende zuneigt und wir uns dem dritten Jahrtausend nähern, wird ein neues Buch geschrieben. Es wird die Art und Weise, wie wir uns selbst sehen, ebenso tiefgreifend verändern wie die bedeutenden Bücher der ersten beiden Jahrtausende – die großen Bücher der Religionen und [Darwins] *Über den Ursprung der Arten*. Das erste Kapitel dieses Buches [...] enthält den Großteil der DNA-Sequenz des Chromosoms 22.«[20]

Ironischerweise brachte der Triumph für das öffentliche Genomprojekt nicht nur Collins Glück, sondern auch Venter – und zwar in einem weit wörtlicheren Sinne. Die Nachricht von dieser wissenschaftlichen Großtat veranlaßte eine wahre Investitionsflut in die Genom- und Biotech-Industrie, von der auch Celera profitierte. Am 16. Dezember rief der bekannte Internet-Finanzinformationsdienst *Motley Fool* dazu auf, in großem Stil in Celera zu investieren, obwohl man Venters Firma für »stark überbewertet« hielt.[21] Diese Meldung löste einen Massenansturm aus, und Ende 1999 wurden Celera-Aktien für 190 Dollar gehandelt. Celera hatte nun einen Wert von annähernd drei Milliarden Dollar.

Während sich die Konkurrenz zwischen Celera und den öffentlichen Sequenzierzentren verschärfte, waren beide Seiten darauf bedacht, die Möglichkeiten einer Zusammenarbeit auszuloten. Vorbild war das höchst erfolgreiche Zusammenspiel von Venter und Rubin bei der *Drosophila*-Sequenz, das überzeugend demonstriert hatte, daß Celeras Schrotschußverfahren auch bei komplexen Organismen funktionierte. Nachdem Celera in nur knapp einem Monat durch 1,2 Milliarden Buchstaben der menschlichen DNA gefegt war, sahen Venters Gewinnchancen immer besser aus. Doch einige Wissenschaftler im Umkreis von Celera sorgten sich wegen der langfristigen Folgen, sollte Venter das öffentliche Humangenomprojekt deutlich überrunden. Der Vorsitzende von Celeras wissenschaftlichem Forschungsbeirat, Richard Roberts, bekannte: »Es wäre nicht gut, wenn es so aussähe, als würden die öffentlichen Bemühungen scheitern. Der Kongreß könnte fälschlicherweise annehmen, die Arbeit der öffentlichen Stellen sei Verschwendung, und sich möglicherweise dazu entschließen, die Finanzmittel des NIH zu kürzen.«[22] Ende 1999 fanden dringliche Gespräche zwischen Wissenschaftlern beider Seiten statt, unter anderem mit Eric Lander als Vertreter des öffentlichen Programms und dem Präsidenten der Rockefeller-Universität, Arnold Levine, einem weiteren Mitglied von Celeras Forschungsbeirat.

Am 29. Dezember nahm Francis Collins mit einer Delegation von Wissenschaftlern an einem Treffen mit Venter und seinen leitenden Beratern teil.[23] Das öffentliche Genomprojekt war vertreten durch

Collins, Waterston, den scheidenden NIH-Direktor Harold Varmus und Martin Bobrow, den Leiter der klinischen Genetik am Addenbrooke's Hospital im englischen Cambridge. Zu Venters Truppe gehörten der PE-Geschäftsführer Tony White, der Manager von Celera, Paul Gilman, und Levine. Das Treffen war ein Versuch in letzter Sekunde, die Möglichkeit einer Kooperation bei der abschließenden Erstellung und Veröffentlichung der Humangenomsequenz auszuloten. Collins brachte einen Entwurf über »Gemeinsame Richtlinien«[24] zur Tagung mit, den er im Falle eines erfolgreichen Ausgangs veröffentlichen wollte. Diese Erklärung enthielt acht Punkte, in denen alle übereinstimmen sollten:

- Das öffentliche Humangenomprojekt und Celera Genomics verfügen beide über die Kapazitäten, beträchtliche Teile des Humangenoms zu entschlüsseln.
- Der Menschheit ist mehr gedient, wenn wir einen gangbaren Weg der Zusammenarbeit finden, um ein besseres Produkt zu einem früheren Zeitpunkt fertigzustellen.
- Die verwendeten Methoden (Klon-für-Klon-Methode und Schrotschußverfahren am ganzen Genom) ergänzen sich im Grunde. Sie bieten uns daher die Möglichkeit wechselseitiger Kontrolle.
- Eine Zusammenarbeit wäre die Grundlage für eine gemeinsame Optimierung der experimentellen Ansätze und analytischen Methoden.
- Die derzeitige Gegnerschaft und die übertriebene Konkurrenz sollten einem eher gemeinschaftlich orientierten Denken Platz machen.
- Das öffentliche Humangenomprojekt ist verpflichtet, die vollständige Sequenz der Humangenoms der Öffentlichkeit frei zugänglich zu machen.
- Das öffentliche Humangenomprojekt geht davon aus, daß Celera Genomics seine abschließende und mit allen Daten in Übereinstimmung gebrachte Version des Humangenoms allgemein verfügbar machen wird.
- Celera Genomics kann im Gegenzug die assemblierten Daten der öffentlichen Labors einsehen und sie für seine geschützten

Datenbanken verwenden, allerdings sollte eine wissenschaftliche Veröffentlichung, die wesentliche Daten aus beiden Quellen enthält, nach allgemeiner wissenschaftlicher Praxis eine gemeinsame Publikation darstellen, an der Autoren beider Gruppen mitwirken.

Der letzte Punkt gab der Debatte eine interessante Wendung. Die ganze Zeit über hatte Celera uneingeschränkt auf die Sequenzdaten des öffentlichen Humangenomprojekts zugreifen können, die alle 24 Stunden im Internet veröffentlicht wurden. Doch war die öffentliche Freigabe dieser Daten bereits gleichbedeutend mit einer Publikation? Natürlich konnte Celera die öffentlichen Daten in seine eigene Humangenomsequenz integrieren. Anders lag die Sache jedoch, wenn die Firma tatsächlich erwog, Daten, die sich aus den Informationen ihrer Konkurrenten ergaben, in einer Fachzeitschrift zu veröffentlichen, und dies ohne ausdrückliche Genehmigung und ohne direkten Zugang zu den ursprünglichen Sequenzaufzeichnungen zum Zweck der Verifikation. (Merkwürdigerweise gab es jedoch keine diesbezüglichen Beschwerden, als Venter 1995 Tausende öffentlich freigegebener EST-Sequenzen in sein Genomverzeichnis aufnahm.) Collins' Gegenvorschlag lautete, Celera und das öffentliche HGP sollten eine gemeinsame Publikation in Erwägung ziehen, die Wissenschaftler beider Seiten Zugang zu den Daten der jeweils anderen bat.

In den direkten Verhandlungen zwischen den Beteiligten bei diesem Treffen konnten allerdings einige ernsthafte Meinungsverschiedenheiten nicht ausgeräumt werden. So beharrte Venter darauf, für eine Zeitspanne von bis zu fünf Jahren über die exklusiven Verwertungsrechte für die gemeinschaftlichen Daten zu verfügen, wohingegen Collins bereits sechs bis zwölf Monate für angemessen hielt (bis dahin würde das Humangenomprojekt seine Sequenz im wesentlichen vollendet haben). Zudem bestand Celera auch auf den Rechten für andere Anwendungen der Sequenz, beispielsweise für DNA-Chips, sowie auf den exklusiven Vertriebsrechten für die Sequenzdaten im Internet. Das Treffen endete ohne eine Übereinkunft und ohne die Veröffentlichung von Collins' »Gemeinsamen Richtlinien« nur mit dem vagen Vorhaben, sich im neuen Jahr erneut zusammenzusetzen.[25]

Monate im voraus hatte Francis Collins das Frühjahr 2000 als Termin genannt, zu dem das öffentliche Konsortium seine Arbeitsversion vorstellen wollte. Doch am 10. Januar bewies Venter sein Talent, anderen immer eine Nasenlänge voraus zu sein: Bei einer Pressekonferenz verkündete er, er habe dieses Ziel bereits erreicht. Celera hatte laut Venter 90 Prozent des Humangenoms sequenziert – zehn Millionen DNA-Fragmente, jedes etwa 500 Basen lang, insgesamt 5,3 Milliarden DNA-Buchstaben. Obgleich dies nur eine knapp zweifache Überdekkung des Genoms bedeutete, hatte Celera auch die frei zugänglichen öffentlichen Sequenzdaten analysiert. Damals waren etwa 50 Prozent des Humangenoms entschlüsselt, so daß Celera die Sequenzen für etwa die Hälfte der 20 Prozent des Genoms fand, die man selbst noch nicht in Angriff genommen hatte, und schließlich auf einen Gesamtanteil von 90 Prozent kam. Außerdem behauptete Venter, Celera hätte mindestens 97 Prozent aller menschlichen Gene entdeckt und sei auf dem besten Weg, die neun Milliarden Basen der menschlichen DNA bis zum Sommer vollständig sequenziert zu haben. Natürlich wurden die Sequenzdaten gut gehütet, doch Venter konnte es nicht lassen, die Entdeckung eines neuartigen Alpha-Interferon-Gens herauszustreichen, die mögliche Basis für ein antivirales Medikament, das bereits das Interesse eines Kunden von Celera aus der Pharmabranche geweckt hatte.

Obwohl das öffentliche Konsortium doppelt soviel menschliche DNA sequenziert hatte wie Celera, gab es in den Augen der Medien keinen Zweifel, wer das Rennen gewinnen würde. Im Gegensatz zu Celeras Hasen bezeichnete *Time* das öffentliche Genomprojekt als den sprichwörtlichen Igel.[26] Die negative Presse für das NIH wäre vermutlich noch weitaus schlimmer ausgefallen, wenn AOL und Time Warner nicht ausgerechnet zu diesem Zeitpunkt ihre Fusion bekanntgegeben hätten.

Die jährliche Konferenz der American Association for the Advancement of Science ist eine der buntesten Zusammenkünfte im wissenschaftlichen Jahreskalender. Die Themen reichen von der Frage, wie Vögel in Sonatenform komponieren, bis zu neuartigen Methoden der Wirbelsturmvorhersage. Einer der unbestrittenen Höhepunkt der Konferenz des Jahres 2000 in Washington war die erste öffentliche Präsentation der *Drosophila*-Genomsequenz, wenige Wochen vor der Publikation in *Science*.

Das Treffen stellte für die beiden wichtigsten Celera-Wissenschaftler nach Venter, Mark Adams und Gene Myers, die erste Gelegenheit dar, ihren Ansatz, das Schrotschußverfahren, darzulegen. Adams war bereits seit den ersten Tagen des EST-Projekts zehn Jahre zuvor Venters treuer Stellvertreter, daher begnügte sich dieser damit, entspannt im Publikum zu sitzen, während Adams Celeras Sequenzierstrategie vorstellte. Über drei Millionen Sequenzablesungen waren notwendig gewesen, jede etwa 500 Basen lang, um die Sequenz zu entschlüsseln. Adams bezeichnete sie als »Version 1.0«, weil die Bemühungen weitergingen, Hunderte widerspenstige Lücken im Genom zu schließen. Ihm folgte Celeras Bioinformatikexperte Gene Myers, der erklärte, das Schrotschußverfahren sei ein voller Erfolg gewesen und könne problemlos mit den vielen Abschnitten stark repetitiver DNA fertig werden, die nach Vorhersage vieler den Zusammenbau der endgültigen Sequenz gefährden würden.

Die Schlußrede hielt Gerry Rubin, der Vertreter der akademischen Seite der *Drosophila*-Genom-Allianz. Die *Drosophila*-Sequenz, so Rubin, habe bereits erste Einblicke in ihr enormes Potential für Analyse und Modellvorstellungen menschlicher Krankheiten erbracht, auch wenn noch Jahre weiterer Forschung benötigt würden. Ein Vergleich der 13 600 Gene in *Drosophila* mit den Sequenzen von fast 300 Genen, von denen man wußte, daß sie bei menschlichen Erbkrankheiten mutiert, nicht vorhanden oder erweitert waren, ergab, daß über 60 Prozent der menschlichen Krankheits- oder Krebsgene eine verwandte Sequenz im Fruchtfliegengenom besaßen.[27] Die Liste der Übereinstimmungen liest sich wie ein medizinisches Wörterbuch: Dickdarmkrebs, Leukämie und Hautkrebs; Alzheimer, Chorea Huntington, Lou-Gehrig-Krankheit und Parkinson-Syndrom; erbliche Taubheit, Blindheit, Herzkrankheiten, Bluthochdruck und Diabetes; Mukoviszidose, Muskeldystrophie und zahlreiche angeborene Geburtsschäden. Am spannendsten war wohl die Entdeckung eines zuvor unbekannten Fliegengegenstücks zu *p53*, dem am häufigsten mutierten Gen bei menschlichen Krebserkrankungen. Der Reichtum an Genen, die mit Krankheiten verbunden sind, verspricht, daß sich *Drosophila* auch lange nach ihrem hundertjährigen Jubiläum als wissenschaftliches Studienobjekt anhaltender Beliebtheit erfreuen wird.

Drosophila ist auch ein ausgezeichnetes Modell für die Erforschung des Verhaltens und komplexer Merkmale. Fliegen sind wichtige Tiere für das Studium biologischer Tagesrhythmen, des Alterungsprozesses, des Sexualverhaltens und der Sucht. Als Beispiel hob Rubin die Untersuchungen von Ulrike Heberlein von der Universität Kalifornien in San Francisco über Alkoholempfindlichkeit hervor. Dazu bedarf es eines Apparates namens »Inebriometer« – ein hoher Glaszylinder mit einer Art Treppe, die im 45-Grad-Winkel nach oben steigt.[28] Während Ethanoldampf durch das Inebriometer geleitet wird, werden an dessen Spitze Fliegen freigelassen. Die Fliegen werden immer benommener vom Alkohol, sie haben Schwierigkeiten, in der Luft zu bleiben, und fallen daher Treppe um Treppe nach unten, bis sie schließlich am Boden angelangt sind. Die Fliegen mit dem größten Rausch hatten einen Alkoholgehalt von 0,2 Prozent im Blut, weit über dem gesetzlichen Grenzwert unserer Straßenverkehrsordnung. Doch nach 20 Zuchtgenerationen können Fliegen entstehen, die eine dreimal höhere Alkoholresistenz aufweisen (das heißt, diese Fliegen brauchen über 30 Minuten, bis sie durch das Inebriometer gefallen sind, verglichen mit den zwölf Minuten einer durchschnittlichen Fliege). Fliegen, die sehr empfindlich auf Alkohol reagieren, haben Mutationen in Proteinen, die bei einem gutbekannten Signalweg eine Rolle spielen, der durch Alkohol auf der Zelloberfläche ausgelöst wird. Eines dieser Gene ist amüsanterweise auch unter dem Namen *cheapdate* bekannt.

Rubin beendete seinen Vortrag mit einer überraschend freimütigen Bemerkung über die hitzige Kritik, der er sich wegen seiner Zusammenarbeit mit Venter ausgesetzt sah. »Die Arbeit mit Celera«, sagte er, »war eine der erfreulichsten wissenschaftlichen Erfahrungen in meiner 30jährigen Karriere. Es war sehr lustig – einfach großartig! Selten habe ich Menschen getroffen, die so engagiert waren und so hart arbeiteten [...]. Sie haben alle Verbindlichkeiten, die sie mir gegenüber eingingen, weit übertroffen. Ihr Benehmen entsprach den höchsten Maßstäben persönlicher Integrität und wissenschaftlicher Sorgfalt.«

Einen Monat später, am 24. März, widmete *Science* fast die Hälfte seiner normalen Ausgabe der *Drosophila*-Genomsequenz.[29] Das Titelbild zeigte zwei wunderschöne Farbzeichnungen der *Drosophila* aus den dreißiger Jahren von Edith Wallace, der langjährigen Assistentin Thomas Hunt Morgans: Die Fliegen krabbelten über Reihen von DNA-Buchstaben. Die Sonderausgabe enthielt zahlreiche Artikel und Kritiken, in denen die Vollendung des *Drosophila*-Genomprojekts gefeiert wurde. Die Begeisterung der Drosophilisten ist nur allzu verständlich. Mark Krasnow und Thomas Kronberg sagten dazu: »Die *Drosophila*-Sequenz ist eine wichtige Hilfsquelle und wird dafür sorgen, daß dieser winzige Tauliebhaber uns weiterhin den Weg zu neuen biologischen Signalwegen und Prinzipien aufzeigen wird. Wenn die *Drosophila* für Wissenschaftler aus anderen Bereichen ein wenig schwierig war, aufgrund einer geheimnisvollen Nomenklatur und besonderen Haltungserfordernissen, so bietet die Sequenz nun Zugang über eine universelle Sprache – die DNA-Sequenz.«[30]

Als netten Werbetrick ließ Celera eine CD-ROM mit der Fruchtfliegensequenz auf die Plätze der teilnehmenden Wissenschaftler legen. Auf einer Konferenz, die wenige Tage vor der Veröffentlichung in *Science* stattfand, verlautbarte Venter, er habe immer noch vor, eine Kopie der *Drosophila*-Sequenz auszudrucken, obgleich sie selbst bei Verwendung einer 8-Punkt-Schrift 27 000 Blätter bis auf den letzten Quadratzentimeter füllen würde.[31] Wissenschaftler auf der ganzen Welt begannen sofort die *Drosophila*-Sequenz zu untersuchen und nach besonders interessanten Genen Ausschau zu halten. Dabei stellte sich jedoch heraus, daß 0,1 Prozent (etwa 150 000 Basen) der Sequenz mit menschlicher DNA kontaminiert waren (obwohl diese nicht in die letztlich zusammengestellte Genomsequenz aufgenommen worden war). Einige Wissenschaftler griffen diesen Fehler sogleich auf und beschuldigten Celera, überhastet zu arbeiten und unkontrollierte oder unverifizierte Daten zu veröffentlichen. »Leute, die im Glashaus sitzen, sollten nicht mit Steinen werfen«, sagte Richard Wilson, ein enger Mitarbeiter Bob Waterstons an der Universität Washington.[32] Rubin entgegnete, die Kontamination sei »völlig unbedeutend«, vergleichbar mit einem gewöhnlichen Druckfehler, und klagte, die Politisierung der Sequenz kränke ihn. Obwohl die Episode für den Moment peinlich war, verursachte sie keinen bleibenden Schaden. Angesichts des beispiellosen Umfangs der Sequenzassemblierung kam die versehentliche Ablagerung einer kleinen Menge Fremd-DNA nicht gänzlich unerwartet.

Der englische Dichter Samuel Johnson schrieb: »Eine Fliege, Sir, mag ein stattliches Pferd stechen, daß es zusammenzuckt; dennoch bleibt das eine ein Insekt, das andere ein Pferd.« Doch in der postgenomischen Ära, in der von der *Drosophila*-Sequenz weitere Erkenntnisse über die menschliche Biologie zu erwarten sind, kommen mir eher die Zeilen von Johnsons Zeitgenossen William Blake in den Sinn: »Bin ich denn nicht eine Fliege gleich dir? Bist du ein Mensch nicht gleich mir?«

In scharfem Gegensatz zu der harmonischen Zusammenarbeit zwischen einer akademischen Institution und Celera am *Drosophila*-Genom führten die Verhandlungen über das Humangenom zu keinem Ergebnis. In den Wochen, die seit dem Treffen zwischen Collins, Venter und ihren leitenden Mitarbeitern verstrichen waren, wuchs bei Collins die Enttäuschung über das, was er als Verschleppungstaktik empfand. Bei einem Telefongespräch mit dem PE-Geschäftsführer Tony White war lediglich Celeras Standpunkt noch einmal bekräftigt worden, und Venter selbst weigerte sich, Collins' Anrufe und E-Mails zu beantworten. Am 28. Februar schließlich faxte Collins einen »vertraulichen« Brief an Venter, White, Levine und Gilman, der von Collins, Varmus, Waterston und Bobrow unterschrieben war und die wichtigsten Streitpunkte zwischen dem Humangenomprojekt und Celera noch einmal auflistete.[33] »Es mag vielleicht im geschäftlichen Interesse Celeras liegen, ein Monopol auf die wirtschaftlichen Anwendungen der menschlichen Genomsequenz aufzubauen, doch ist dies nicht zum Besten der Wissenschaft oder der Allgemeinheit.« Collins schloß mit den Worten: »Auf seiten von Celera scheint es kein wirkliches Interesse zu geben, dieses besondere Kooperationsmodell weiterzuverfolgen«, und bot Venter eine Woche Zeit an, um die Verhandlungen wiederaufzunehmen. Falls dies nicht geschähe, kündigte er an, »gehen wir davon aus, daß der ursprüngliche Vorschlag, die Daten des öffentlichen Humangenomprojekts und Celeras zusammenzulegen, nicht länger praktikabel ist«.

Am Tag vor Ablauf der von Collins auf den 6. März festgelegten

Frist leitete der Wellcome Trust den Brief an die Presse weiter, vermutlich um Celera unter Druck zu setzen. [34] Der Schuß ging jedoch nach hinten los, denn Celera hatte nun eine gute Gelegenheit, die hinterhältige Taktik seiner Gegner anzuprangern. Zornig attackierte White den Schachzug des britischen Trust als »schmierig« und »dumm«.[35] Venter dagegen gab sich als unschuldiges Opfer und sagte: »Ich möchte jetzt nur nach Hause gehen und mich unter die Dusche stellen.« Selbst Collins, der sich gerade im Haus seiner Eltern erholte, als er von der Weitergabe des Briefes erfuhr, drückte sein Verständnis für Celeras Unmut aus. Dennoch bezeichnete er die Anschuldigungen als »ziemlich aus der Luft gegriffen«, die Veröffentlichung des Briefes ausgerechnet zu diesem Zeitpunkt diene dazu, die Verhandlungen mit Celera zu sabotieren, damit das Humangenomprojekt Pläne für eine neue öffentliche Datenbank nach dem Vorbild Celeras unterstützen könne. Justin Gillis von der *Washington Post* beschrieb diese häßliche Auseinandersetzung treffend: »Das Humangenomprojekt, angeblich eine der ehrenvollsten Unternehmungen der Menschheit, ähnelt mittlerweile einer Schlammschlacht.«[36] Zwei Tage nach der Enthüllung von Collins' Ultimatum antwortete Celera öffentlich und verkündete: »Wir sind auch weiterhin daran interessiert, vertrauensvolle Gespräche über eine Zusammenarbeit zu führen« – vorausgesetzt, die kommerziellen Interessen der Firma würden gewahrt.[37] »Für reine Forschungsanträge sehen wir vor, daß Informationen zu geringen oder gar keinen Kosten an den Endnutzer freigegeben werden [...]. Den Forschern steht es frei, die veröffentlichen Daten kostenlos für ihre Arbeit zu verwenden.«

Am 9. März wurde, wie an Hunderten Tagen zuvor, ein weiterer Stapel menschlicher DNA-Sequenzen in die GenBank, die öffentliche Genomdatenbank, eingespeist. Die Bedeutung dieses besonderen Datums wurde erst eine Woche später klar, als Greg Schuler vom NIH eine neue Software ausprobierte, die er entwickelt hatte, um die Sequenz auf Wiederholungen zu prüfen. Die folgenden Berechnungen zeigten, daß am 9. März der zweimilliardste Buchstabe der DNA sequenziert worden war (ein »T«).[38] Beeindruckend daran war vor allem, daß das öffentliche Konsortium nur vier Monate gebraucht hatte, um die zweite Milliarde DNA-Buchstaben zu sequenzieren, verglichen mit den vier Jahren für die erste Milliarde. Die lang erwartete »Arbeitsversion« des Humangenoms steuerte auf ihre Veröffentlichung im Juni 2000 zu.

Am 14. März 2000 gaben der amerikanische Präsident Bill Clinton und der britische Premierminister Tony Blair eine auf den ersten Blick recht harmlose, 200 Seiten lange Erklärung über das Humangenomprojekt heraus. Die zweite Hälfte der Erklärung lautete wie folgt:

> Damit das Potential dieser Forschung ausgeschöpft werden kann, müssen die Basisdaten des Humangenoms einschließlich der DNA-Sequenz und ihrer Varianten kostenlos den Wissenschaftlern auf der ganzen Welt zur Verfügung gestellt werden. Ungehinderter Zugang zu dieser Information wird neue Entdeckungen fördern, die den Kampf gegen Krankheiten unterstützen, die Gesundheit der Menschen in der ganzen Welt verbessern und die Lebensqualität der Menschheit steigern werden. Der Schutz des geistigen Eigentums bei Erfindungen, die auf Genforschung beruhen, wird bei der Entwicklung neuer medizinischer Produkte ebenfalls eine wichtige Rolle spielen.
> Wir begrüßen die Entscheidung der Wissenschaftler, die am Humangenomprojekt arbeiten, grundlegende Rohdaten der menschlichen DNA-Sequenz und ihrer Varianten rasch für die Öffentlichkeit freizugeben, und wir empfehlen anderen Wissenschaftlern weltweit, es ihnen gleichzutun.[39]

Obgleich diese Erklärung keine Firmen beim Namen nannte, war sie eindeutig an Celera und einige andere Unternehmen gerichtet, vor allem Human Genome Sciences und Incyte, die bereits aggressiv die Patentierung von Genen betrieben hatten. Doch obwohl Clinton und Blair im Grunde das Recht von Biotechnologie- und Pharmafirmen bestätigt hatten, Entdeckungen aus der Genomforschung zu patentieren, gerieten die Märkte in Panik und schickten den Technologiesektor der amerikanischen Börse auf Talfahrt. Celeras Aktien stürzten von einem Höchstwert von 290 Dollar auf 100 Dollar und zogen die übrige Biotech-Branche mit nach unten.[40]

Der Zeitpunkt der Erklärung, nur eine Woche nachdem das Scheitern der Verhandlungen zwischen Celera und dem NIH durchgesikkert war, schien – vorsichtig ausgedrückt – ein wenig merkwürdig gewählt. Einige Berater im Weißen Haus hatten aus diesem Grunde auch dafür plädiert, die Erklärung zu verschieben, allerdings ohne Erfolg. Tatsächlich war sie schon mindestens ein halbes Jahr in Arbeit gewesen. Im September 1999 hatte Tony Blair Gespräche mit dem Weißen Haus aufgenommen, um sicherzustellen, daß alle Daten des öffentlichen Genomprojekts innerhalb von 24 Stunden in der öffentlichen Datenbank abgelegt wurden.[41] Es gab große Befürchtungen, besonders beim Wellcome Trust, daß das amerikanische Energieministerium ein Abkommen mit Celera treffen könnte, um sich bei der Sequenzierung der drei menschlichen Chromosomen, für die es verantwortlich war, helfen zu lassen. Der britische Wissenschaftsminister Lord Sainsbury führte Verhandlungen mit Neal Lane, dem wissenschaftlichen Berater des Weißen Hauses, um das Bermuda-Abkommen über die sofortige Freigabe der DNA-Sequenzdaten in ein offizielles internationales Abkommen zu verwandeln. Lane bestätigte, daß das Energieministerium zwar »eine Vereinbarung mit Celera« getroffen hatte, diese »allerdings widerrufen« habe, und nun mit dem NIH und dem Wellcome Trust gemeinsam bei künftigen Abkommen mit der Industrie verhandeln werde.

Celera und die Chefs anderer Biotech-Unternehmen versuchten vergeblich, den Schaden zu begrenzen. Venter verfaßte einen Leitartikel für das *Wall Street Journal* mit dem Titel »Clinton und Blair dürfen unsere Forschung nicht vernichten«.[42] Wieder einmal schwor er feierlich, die Humangenomsequenz zu veröffentlichen, sobald sie vollständig sei. »Als ein Informationsunternehmen«, fuhr Venter fort, »beabsichtigen wir, wissenschaftliche Informationen großflächig in einem nutzerfreundlichen Format [unter Verwendung] allerneuester Softwareprogramme zu verbreiten.« Dann verglich er Celera mit Bloomberg und Lexis-Nexis, zwei höchst erfolgreichen Nachrichtendiensten. Bill Haseltine schaltete sich in der *Washington Post* ebenfalls in die Debatte ein. »Wir sind nicht im Geschäft der Patentierung des menschlichen Lebens, sondern der Patentierung genetischer Medikamente«, schrieb er und stellte der unpatentierbaren Rohsequenz des Genoms das Bedürfnis nach Patentschutz für genbasierte und experimentell überprüfte Erfindungen gegenüber.[43]

Ironischerweise war Haseltine selbst erst wenige Wochen zuvor ins Kreuzfeuer eines häßlichen Genpatent-Streits geraten, nachdem Human Genome Sciences ein umstrittenes Patent auf ein Gen namens *CCR5* zugesprochen worden war.[44] 1995 hatte die Firma für eine Familie von 150 verwandten Genen (die als ESTs in den Datenbanken identifiziert waren) Patentanträge gestellt, die für Oberflächenrezeptoren an Zellen des Immunsystems codieren. Obwohl Haseltine den Verdacht hegte, daß diese Rezeptoren möglicherweise verschiedenen Viren als Andockstationen dienten, fehlten in den Anträgen genauere Einzelheiten, und zusätzliche Belege waren ebenfalls nicht publiziert worden. Einer der Patentanträge lautete auf das Gen *CCR5*.

Einige Monate später beantragte eine belgische Gruppe ohne Wissen Haseltines ebenfalls ein Patent auf den CCR5-Rezeptor, den sie auf der Oberfläche von T-Zellen gefunden hatte, den natürlichen Angriffszielen des Aids-Virus. In diesem Antrag wurde ausdrücklich auf die potentielle Bedeutung von CCR5 für Aids verwiesen, eine Vermutung, die im Juni 1996 experimentell bestätigt wurde, als vier Gruppen unabhängig voneinander zeigten, daß CCR5 das Portal ist, das HIV verwendet, um in die T-Zellen einzudringen. Zudem zeigte sich, daß homosexuelle Männer, die wider Erwarten negativ auf HIV getestet wurden, Varianten des CCR5-Rezeptors in ihrem Erbgut trugen, die den Vireneinlaß blockierten. Doch Human Genome Sciences beanspruchte für seinen Antrag Vorrang, obwohl einer der Entdecker von CCR5 behauptete, daß dieser Antrag eine Reihe von Sequenzfehlern enthielt. Haseltine gab sogar zu, daß diese Sequenz – und die der meisten anderen Patentanträge – nicht perfekt sei.

Der Aufruhr gab all jenen neue Munition, die der Meinung waren, die derzeitigen Richtlinien für Genpatente seien zu weitgefaßt.[45] Venter unterscheidet in diesem Zusammenhang zwischen der Art von Patenten, die Human Genome Sciences und Incyte beantragen, und den Patentanträgen, die Celera einreicht. Seine Rivalen forderten nicht nur Tausende Patente auf kaum untersuchte Gene, so Venter, überdies nutzten sie die Daten aus, die täglich vom öffentlichen Genomprojekt freigegeben wurden. Venters Daumenregel lautet ganz einfach: »Wenn Patente das Wörtchen ›wie‹ im Titel tragen, dann haben [die Firmen] das Gen durch eine schnelle Computersuche gefunden [...], und jemand anderes hat es entdeckt.«[46]

Obwohl Venter, Haseltine und andere sich offen gegen die Clinton-Blair-Erklärung zur Wehr setzten, blieben die Märkte seltsam unbeeindruckt. In den folgenden zwei Wochen verloren führende amerikanische Firmen fast 50 Milliarden Dollar ihres Aktienwerts. Die britische Presse dagegen pflichtete der Erklärung bei, mahnte jedoch, sie sei unzureichend. »Vor uns liegt ein Kampf, der das 21. Jahrhundert entscheidend mitprägen wird«, verkündete der *Guardian* und verlangte eine »Unterscheidung zwischen der Entdeckung genetischen Materials und den Erfindungen, die sich daraus ergeben [...]. Regierungen müssen sicherstellen, daß ersteres der Menschheit insgesamt gehört.«[47] Zwei führende Akademiker veröffentlichten sofort eine weitere angloamerikanische Breitseite gegen die ungezügelte Genpatentierung durch die Biotech-Industrie. Bruce Alberts, Präsident der National Academy of Sciences, und Sir Aaron Klug, Präsident der Royal Society of London, kritisierten das wirre Patentieren von Gensequenzen ohne genaues Verständnis ihrer Funktion und wandten ein, daß die Vollendung der Genomsequenz nur den ersten Schritt zum Verständnis dessen darstellte, wie die Tausende von Genen zusammenwirken, um die Abläufe im menschlichen Organismus zu steuern. »Es ist unabdingbar, daß alle Forscher Zugang zum vollständigen Genom erhalten, und zwar ohne Kosten oder andere Hindernisse. Das Humangenom an sich muß der gesamten Menschheit frei verfügbar sein.«[48]

Am 30. März, eine Woche nach der Veröffentlichung der *Science*-Ausgabe mit dem kompletten *Drosophila*-Genom, hatte Venter über 150 Journalisten zu einem Tag der offenen Tür bei Celera eingeladen, der von der D. C. Science Writers Association veranstaltet wurde. Die Reporter wurden in der Fabrik herumgeführt und spähten in die Sequenzierlabors und Computerräume. In den Labors, wo die DNA gereinigt wurde, herrschte eine unheimliche Stille; nur ein paar junge Wissenschaftler in weißen Kitteln überwachten die Geräte und kümmerten sich um große Tabletts mit DNA-Proben. Hingegen stand an jeder Ecke ein Wachmann, der neugierige Reporter davon abhielt, sich zu weit von ihrer Gruppe zu entfernen.

In einem provisorischen Konferenzraum neben der Kantine (Venter scherzte, daß sich sein armes kleines Start-up-Unternehmen keinen Vortragssaal leisten könne) brachte Venter eine Stunde damit zu, Fragen zu beantworten. Seine erste Aufgabe bestand darin, Celeras Geschäftsmodell zu erläutern. »Die Leute halten uns für eine Biotech-Firma«, erklärte er den versammelten Journalisten. »Das sind wir nicht. Wir sind ein Informationsunternehmen. Wir sind in der gleichen Branche tätig wie die meisten von Ihnen, und wie Sie versuchen wir, dafür bezahlt zu werden!«[49] Die Einkünfte stammten nicht von den Genpatenten, beteuerte Venter, obgleich er zugab, daß Celera 6500 provisorische Patentanträge gestellt hatte. Diese würden eine Art Platzhalter darstellen und es der Firma gestatten, bis zu zwölf Monate nach dem Datum des provisorischen Antrags für sich (oder einen ihrer Klienten) einen Patentantrag zu stellen. Doch Celera würde nur unter strengen Bedingungen einen Antrag einreichen, erklärte Venter. »Wir haben mit unseren Kunden die Vereinbarung getroffen, daß wir nur Patentanträge stellen, wenn es sich um eine Entdeckung handelt, die sie für die Medikamentenentwicklung brauchen.«

Der sichtlich entspannte und gutgelaunte Venter machte sich sogar über seinen wohlbekannten schlechten Ruf lustig: »Wenn Sie im Internet meinen Namen eingeben, werden Sie sehen, daß Celera angeblich mit dem Verteidigungsministerium ein Abkommen getroffen hat, um spezifische Waffen gegen jede Volksgruppe der Welt herzustellen – außer die Amerikaner natürlich! Es gibt eine Webseite, auf der behauptet wird, wir hätten einen geheimen Pakt mit den Israelis geschlossen, um antiarabische Waffen zu produzieren, während anderswo steht, wir hätten eine geheime Abmachung mit den Arabern [...]. Die Leute fragen uns immer, wie wir unser Geld verdienen. Vermutlich mit diesen ganzen geheimen Geschäften.«

Die heitere Stimmung erfuhr einen Dämpfer, als ein Reporter von *Nature* Venter fragte, warum er universitäre Wissenschaftler daran hindern wolle, die Gene aus Celeras Datenbank zu annotieren [das heißt die Sequenz mit bekannten Markern sowie anderen biologischen Informationen zu verknüpfen, A. d. Ü.] und diese Annotationen mit ihren

Kollegen zu teilen. Venter umging die Frage geschickt, indem er sich auf die *Drosophila*-Zusammenarbeit mit dem Genomzentrum in Berkeley konzentrierte, doch eine sarkastische Bemerkung konnte er sich nicht verkneifen: »Vielleicht haben Sie deswegen nichts von dem Forschermarathon, der hier stattfand, gehört, weil darüber in *Science* berichtet wurde und nicht in *Nature*.«

Die erstaunlichste Äußerung dieses Abends kam jedoch nicht von Venter, sondern von einem Celera-Forscher. An der Tür des Labors, in dem die menschliche DNA vor der Sequenzierung in Millionen Teile zerschnitten wurde, verriet er, daß Celera soeben die Sequenzierung des gesamten Genoms eines Menschen abgeschlossen und die Reihenfolge der Buchstaben durchschnittlich dreimal bestimmt habe. Damit war die erstmalige Sequenzierung des Humangenoms Geschichte.

Am 6. April sagte Venter gemeinsam mit Neal Lane, Rubin und Bob Waterston von der Washington-Universität noch einmal vor dem Unterausschuß für Energie und Umweltfragen des Repräsentantenhauses aus. Er durfte gut gelaunt sein, denn am Tag zuvor hatte Präsident Clinton seine frühere Erklärung über die Genpatentierung relativiert. »Tony Blair und ich haben für ein, zwei Tage die Märkte zusammenbrechen lassen, und das war nicht meine Absicht«, sagte ein demütiger Clinton bei einer im Weißen Haus stattfindenden Konferenz zur New Economy. »Wenn jemand eine Entdeckung macht, die einen besonderen kommerziellen Nutzen hat, dann sollte er dafür auch ein Patent bekommen.« Clinton bestätigte nur noch einmal, was sowieso im amerikanischen Gesetz steht und auch jedem Analysten bekannt ist, aber in der von der Clinton-Blair-Erklärung ausgelösten Panik offenbar vergessen worden war. Die Aktienkurse Celeras und anderer Genomfirmen erholten sich denn auch unverzüglich.

Mit perfektem Timing hatte Celera nur Stunden vor Venters Aussage offiziell bekanntgegeben, man habe das vollständige Genom eines anonymen Mannes sequenziert, wobei jeder Buchstabe der rund 30 Millionen Fragmente im Durchschnitt dreimal gelesen worden sei. Innerhalb von vier bis sechs Wochen, so das Unternehmen, würde es die Millionen Fragmente zur vollständigen Sequenz aller 24 verschiedenen Chromosomen zusammenfassen. Außerdem werde auch die Sequenzierung einer weiblichen DNA-Probe bald abgeschlossen sein.

Die Aussage des Celera-Chefs an diesem Morgen zeigte Venter in Bestform – energisch, bestimmt und geradezu beißend direkt. Venter erinnerte an Maynard Olsons höhnische Herausforderung – »Zeigen Sie mir die Daten!« – bei der Anhörung zwei Jahre zuvor und erklärte: »Er hatte unrecht, und ich freue mich darauf, dem Ausschuß und der Welt die Daten vorzulegen.«[50] Er versicherte dem Komitee, man werde die »assemblierte, exakte, annotierte [Human-]Sequenz, so wie wir es mit *Drosophila* getan haben«, veröffentlichen. Außerdem bekräftigte er: »Eines der Prinzipien von Celera lautet, daß wir die gesamte, vollständige Konsens-Sequenz auf Celeras Internetseite den Forschern frei zur Verfügung stellen werden.« Es würde keine Einschränkungen hinsichtlich Publikation oder Patentierung dieser Daten durch dritte Parteien geben, doch Celera würde nicht all seine Daten in der öffentlichen Datenbank GenBank deponieren, um nicht zu riskieren, daß andere Firmen den vollständigen Inhalt noch einmal verkauften.

Hingegen brachte er seine Zweifel über die Qualität der Sequenzdaten des öffentlichen Konsortiums zum Ausdruck: »Ich befinde mich nun in der seltsamen Lage, Sie warnen zu müssen, daß das öffentlich geförderte Humangenomprogramm im Wettrennen um die Vollendung einer vorläufigen Arbeitsversion einen Punkt erreicht hat, an dem Qualität und wissenschaftliche Maßstäbe der Ehre geopfert werden.« Auf die geäußerten Befürchtungen, Celera könne seine Genomschätze auf die eine oder andere Weise monopolisieren, erwiderte Venter geschickt: »Es gibt gar nicht genug Forscher auf der Welt, um all die Informationen zu analysieren, die in der vergangenen Woche gewonnen wurden, ganz zu schweigen vom kommenden Jahrzehnt.« Venter spielte auch auf die Patentkontroverse an, die den Börsenwert seiner Firma (und ihn persönlich) schwer getroffen hatte. »Wir müssen uns mehr bemühen, Ihnen und der Öffentlichkeit unsere unternehmerischen Ziele zu vermitteln«, gab er zu. »Celera ist als Informationsunternehmen zentral darauf ausgerichtet, Forschern zu helfen, und nicht auf die Entwicklung neuer pharmazeutischer Produkte.« Dies könnte sich jedoch ändern, da Fragen zur langfristigen Rentabilität dieses Modells Celera weiterhin bedrängten.

Da Collins nicht anwesend war, um das NIH zu verteidigen, rückte die Anhörung ungenannter Dritte am NIH in ein schlechtes Licht. Ein Fragensteller erhob den Vorwurf, das NIH habe öffentliche Universitäten davon abgehalten, Abonnementsvereinbarungen für Celeras Datenbank zu unterzeichnen, mit dem Hinweis auf mögliche Konsequenzen für künftige Förderungsanträge. »Mehrere Universitäten haben Angst davor zu unterzeichnen«, erwiderte Venter, ohne Namen zu nennen, »weil dies möglicherweise Vergeltungsmaßnahmen und den Verlust staatlicher Förderung bedeuten könnte.« Es gab auch eine Diskussion über Celeras Pläne, mit dem etwas ins Hintertreffen geratenen Genomprogramm des Energieministeriums zusammenzuarbeiten. »Wir hatten eine Einverständniserklärung zur Zusammenarbeit, um die drei Chromosomen [des Energieministeriums] zu vervollständigen«, sagte Venter, doch die Verhandlungen seien in letzter Minute geplatzt. »Soweit ich weiß, geschah dies aufgrund von Druck seitens des NIH und des Wellcome Trust – diese wollten nicht, daß Teile der Regierung ein eigenes Abkommen treffen, darum wurde diese Übereinkunft nicht unterzeichnet.«

Die Sitzung des Parlamentsausschusses wurde mit den vorsichtigen Worten des kalifornische Kongreßabgeordneten Ken Calvert vertagt. Er verteidigte Celera im besonderen und die Biotech-Industrie im allgemeinen mit der Überlegung: »Dr. Venter und andere sind dafür verantwortlich, daß die Sequenzierung des Humangenoms fünf Jahre früher abgeschlossen wurde. Aus diesem Grund zumindest scheint mir das Problem einer Einmischung des privatwirtschaftlichen Sektors in das Gebiet des Humangenoms eher wünschenswert. Einige Probleme haben auch ihre Vorteile, und ich finde, dies ist einer davon.«[51]

In einem Interview für das öffentliche Fernsehen versuchte Venter am selben Abend noch einmal, Celeras Geschäftsmodell zu erläutern. »Es ist ein außergewöhnliches Konzept«, äußerte er. »Wir sequenzieren das Genom kostenlos für die Welt, nicht auf Kosten der Steuerzahler, und wir geben es der Welt, weil es die Forschung derartig vorantreiben wird, daß unsere Datenbanken und unsere Software und unsere Computerkapazitäten viel stärker benötigt werden als heute.«[52] So wie Galileis Teleskop »die Wissenschaft und unsere Sicht auf die Welt veränderte«, sagte Venter, hätten die von Michael Hunkapiller entwickelten neuen DNA-Sequenzer Celera ein neues Werkzeug an die Hand gegeben, um das Humangenom zu verstehen.

Natürlich taten führende Mitarbeiter des öffentlichen Genomprojekts Venters unbelegte Behauptungen verächtlich ab und beschwerten sich, daß durch das Aufbauschen eines unwichtigen Ereignisses der gesamten Genomforschung ein schlechter Dienst erwiesen würde. Eric Lander erklärte, Laien könnten getäuscht werden und glauben, Celera habe nun tatsächlich das Humangenom sequenziert, obwohl die Firma in Wirklichkeit weniger Daten produziert habe als das öffentliche Konsortium. Waterston schätzte, daß Celeras bescheidene Überdekkungsrate bis zu 40 000 Lücken in der DNA-Sequenz offenlassen könnte.[53] Francis Collins nahm Celeras Zielbestimmung aufs Korn, die von einer ursprünglich zehnfachen Überdeckung (bei der Gründung des Unternehmens) auf eine vierfache Überdeckung (Anfang 2000) und womöglich noch weiter nach unten korrigiert worden sei. Während einer Rede bei der Konferenz der Humangenomorganisation in Vancouver einige Tage später warnte er: »Man sollte nicht jede Behauptung einer Gruppe, die sagt, sie hätte die Sequenzierung des Humangenoms abgeschlossen, für bare Münze nehmen. Sie wird nicht stimmen.«[54]

Collins' Bemerkung hatte einen ernüchternden Effekt auf die Börseneinschätzung von Celera und ließ den labilen Aktienwert ebenso schnell wieder schrumpfen, wie er die Woche zuvor gestiegen war. Es war, als habe Alan Greenspan persönlich gesprochen.

Während Celera sich hektisch an die Zusammenfügung seiner Humansequenz machte, verkündeten die Wissenschaftler des öffentlichen Humangenomprojekts eine Reihe weiterer Sequenzierungserfolge im Vorfeld der »Arbeitsversion«. Im April gab das Energieministerium bekannt, sein Joint Genome Institute habe die »vorläufige Version« der drei menschlichen Chromosomen vollendet, die ihm zugeteilt waren, nämlich die Chromsomen 5, 16 und 19. Es war ein beglückender Moment für die Behörde, die 15 Jahre zuvor das Humangenomprojekt ins Leben gerufen hatte, aber schon seit langem vom Programm des NIH in den Schatten gedrängt worden war. Unter Verwendung von Sequenzierautomaten der Firma Pharmacia (anstelle des PE-Modells, das die meisten universitären und Biotech-Wissenschaftler bevorzugten) hatte das Joint Genome Institute etwa 300 Millionen Basen sequenziert (zum Vergleich: vier Monate zuvor waren die 33 Millionen des Chromosoms 22 veröffentlicht worden) – grob geschätzt elf Prozent des Humangenoms – und zwischen 10 000 und 15 000 Gene identifiziert.[55] Darunter befanden sich aller Wahrscheinlichkeit nach Gene, deren Mutation für Nierenerkrankungen, Prostata- und Dickdarmkrebs, Bluthochdruck und Arteriosklerose anfällig machen. In der Sequenz gab es noch mehrere Lücken, die später aufgefüllt werden sollten.

Nur zwei Tage vor dem Treffen zur DNA-Sequenzierung in Cold Spring Harbor im Mai veröffentlichte *Nature* die elektronische Version eines weiteren Meilensteins: die Sequenzierung der 33 546 361 Basen von Chromosom 21, dem kleinsten menschlichen Chromosom.[56] Die Sequenz war in erster Linie von einem Konsortium aus japanischen und deutschen Forschern zusammengefügt worden. Trotz James Watsons Beschwerden über die kühle japanische Reaktion während der Inangriffnahme des Genomprogramms hatte Japan eine wichtige Rolle bei der Sequenzierung der beiden ersten menschlichen Chromosomen gespielt – und dies trotz der Tatsache, daß die Ausstattung in Shimizus Kellerlabor an der Keio-Universität in Tokio, wo ein Großteil der Daten entstand, an den Standard eines Entwicklungslands erinnerte.

Die Nachricht vom japanischen Beitrag zu Chromosom 21 fand ein starkes Medienecho in Japan, das allerdings neben dem kämpferischen Ton der Deutschen verblaßte. Die auftrumpfende Sprache der vom deutschen Humangenomprojekt herausgegebenen Pressemitteilung heizte die Spannungen zwischen den rivalisierenden Parteien noch an:

> Sehr geehrte Damen und Herren,
> Herr Craig J. Venter [*sic*] und seine Firma Celera haben die Öffentlichkeit in den letzten Wochen in Atem gehalten; die Angst, eine Person alleine könne sich die Rechte am Menschen sichern, ging um. Doch die Aussage, er habe das gesamte menschliche Erbgut entschlüsselt, war und ist falsch. Er hält lediglich Millionen von Bruchstücken in der Hand, die erst noch im Computer zusammengesetzt werden müssen.
> Somit ist der Wettlauf um die Entschlüsselung des Menschen noch nicht beendet!

> Das in diesem Zusammenhang belächelte öffentliche Sequenzierungsprojekt antwortet prompt. Nach Chromosom 22 liegt jetzt als zweites die vollständige Buchstabenabfolge (Sequenz) des Chromosoms 21 vor. [...]
> Die vier deutschen an dem Konsortium beteiligten Projektleiter Prof. Helmut Blöcker, Braunschweig; Prof. Hans Lehrach, Berlin; Prof. André Rosenthal, Jena, sowie Dr. Marie-Laure Yaspo, Berlin, werden Ihnen Chromosom 21 [...] vorstellen.[57]

Der Sequenzierung von Chromosom 21 ging ein fünfjähriger Marathon voraus, der mit einer detaillierten physikalischen Karte des Chromosoms begann, in welche die DNA-Fragmente vor der Sequenzierung eingeordnet wurden. Das Ergebnis war die exakteste und ausführlichste humane DNA-Sequenz, die bis dato veröffentlicht wurde. Jeder DNA-Klon wurde mindestens achtmal sequenziert, um eine Genauigkeit von über 99,995 Prozent zu erreichen. Nur drei kleine Lücken, die sich insgesamt auf 100 000 Basen beliefen, blieben offen, was bedeutete, daß über 99,7 Prozent des Genoms entschlüsselt waren. Die DNA-Sequenz von nicht miteinander verwandten Spendern variierte im Durchschnitt alle 700 Buchstaben.

Die meisten Wissenschaftler hatten vorhergesagt, daß Chromosom 21 etwa 1000 Gene enthalten würde. Verblüffenderweise erbrachte die abschließende Analyse jedoch nur ein Viertel dieser Zahl. Selbst wenn man die Gene mit einbezog, die *in silico* von verschiedenen Computerprogrammen vorhergesagt worden waren, enthielt der endgültige Katalog nur 225 Gene, die sich aus 127 zuvor bekannten und 98 vorhergesagten neuartigen Genen zusammensetzten. Obwohl einige Gene zweifellos übersehen wurden – vielleicht zehn Prozent –, ist die geringe Anzahl an Genen, besonders in der Umgebung des Centromers, verblüffend. In einem öden Abschnitt, auch »schwarzes Loch« genannt, gibt es eine Abfolge von sieben Millionen Basen, die lediglich sieben Gene enthält. Wenn man am Chromosom entlangwandert, nimmt die Gendichte jedoch zu. Gleich hinter dem schwarzen Loch liegt das berühmteste Mitglied des Chromosoms: *APP* codiert für ein Amyloidvorläuferprotein, das bei Patienten mit Alzheimer fehlerhaft weiterverarbeitet wird, was zu einer Ablagerung von kleinen

Amyloidproteinfragmenten in Form von Plaques im Gehirn führt, dem pathologischen Merkmal der Altersdemenz. In einigen Familien führen vererbte *APP*-Mutationen zu einer frühen Form von Alzheimer. Außerdem finden sich auf dem Chromosom Gene, die in mutierter Form Muskeldystrophie (Lou-Gehrig-Krankheit), Epilepsie, Taubheit, Autoimmunerkrankungen, Geburtsschäden und manische Depression verursachen.

Die größte Hoffnung ist, daß dieser neue Katalog wichtige neue Hinweise für das Verständnis und die potentielle Behandlung des Down-Syndroms liefern könnte, der häufigsten genetischen Form von geistiger Unterentwicklung. Das Down-Syndrom, das etwa eine von 700 Lebendgeburten betrifft, wurde nach dem englischen Arzt John Langdon Down benannt, der seine Beobachtungen von geistig zurückgebliebenen Insassen eines Heims 1866 in einem Aufsatz mit dem unglücklichen Titel »Beobachtungen über die ethnische Klassifizierung von Idioten« festhielt.[58] Down glaubte, daß diese Krankheit auf irgendeine Weise die Grenzen zwischen den Rassen zusammenbrechen ließe, und schlug vor, sie in vier Untergruppen einzuteilen – kaukasisch, äthiopisch, malaysisch und mongolisch. Darin sah er den Beweis für die Einheit der menschlichen Spezies. In den folgenden Jahrzehnten wurde der Downsche Begriff des Mongolismus häufig gebraucht, obwohl Downs Sohn dann zu einer angemesseneren Bezeichnung der Krankheit aufrief.

Im Jahr 1958, nur zwei Jahre nachdem die Wissenschaft endlich herausgefunden hatte, daß die Menschen 23 Chromosomenpaare besitzen, bewies Jérôme Lejeune, daß Zellen von Kindern mit Down-Syndrom ein 47. Chromosom enthalten. (Dieses Chromosom wurde irrtümlich für das zweitkleinste gehalten und daher Chromosom 21 statt 22 genannt.) Die Anwesenheit eines zusätzlichen Chromosoms, Trisomie genannt, ist für etwa zehn Prozent der spontanen Fehlgeburten verantwortlich. Die dritte Kopie eines Chromosoms führt zu einer schwerwiegenden Überproduktion von Hunderttausenden Proteinen und zerstört damit das empfindliche biochemische Gleichgewicht einer Zelle. Die häufigste Fehlbildung ist die Trisomie 21, und das Risiko dafür steigt dramatisch mit dem Alter der Mutter (besonders bei Schwangerschaften von Frauen über 40). Trisomien der Chromosomen 13 und 18 sind weniger verbreitet, und die betroffenen Babys sterben gewöhnlich schon wenige Monate nach der Geburt. Die relative Gesundheit von Menschen mit Trisomie 21 ist vermutlich auf die geringe Zahl der Gene auf dem kleinsten menschlichen Chromosom zurückzuführen.

Neben einer mentalen Entwicklungshemmung leiden Kinder mit Down-Syndrom unter kongenitalen Herzkrankheiten, erhöhtem Leukämierisiko, der frühen Form der Alzheimer-Erkrankung und vielen weiteren Entwicklungsstörungen. Die Vermutung liegt nahe, daß jedes dieser Merkmale auf die zusätzliche Kopie eines bestimmten Gens auf Chromosom 21 zurückzuführen sein könnte. Zum Beispiel könnte eine zusätzliche Dosis eines Gens namens *minibrain* (benannt nach dem entsprechenden Fruchtfliegengen) zu den kognitiven Aspekten des Down-Syndroms beitragen, während eine dritte Kopie des *APP*-Gens vermutlich bei den Alzheimer-Symptomen eine Rolle spielt.

Wissenschaftler haben bereits ein Mäusemodell des Down-Syndroms entwickelt, indem sie Mäuse mit einem zusätzlichen Abschnitt des Mäusechromosoms 16 züchteten (eines von drei Mauschromosomen, das homologe Sequenzen zu den Genen auf Chromosom 21 birgt). Mit dem vollständigen Genverzeichnis von Chromosom 21 werden Wissenschaftler in der Lage sein, diese Tiermodelle zu verfeinern und allmählich bestimmte Elemente des Down-Syndroms einzelnen Genen zuzuordnen. Der Optimismus von Down-Syndrom-Experten wie Julie Korenberg ist verständlich: »Wie viele IQ-Punkte wären nötig, um einer großen Zahl von Kindern mit Down-Syndrom die Möglichkeit zu geben, in unserer Gesellschaft normal zu funktionieren? Nicht viele.«[59]

Während Venter entschied, die Ankündigung von Celeras erster vollständiger Assemblierung einer menschlichen Genomsequenz zu verschieben, sah sich Celera mit einigen unwillkommenen Ablenkungen konfrontiert. Eine Gruppe von Anwaltskanzleien reichte eine Reihe von Gemeinschaftsklagen gegen die Firma ein, mit der Behauptung, daß Kunden, die während Celeras zweitem Börsengang, bei dem im Februar 2000 über vier Millionen Anteile ausgegeben wurden, Aktien zu 225 Dollar das Stück kauften, über Celeras geheime Verhandlungen mit staatlichen Vertretern hätten informiert werden müssen.[60] Von seinem Höchstwert kurz vor der berüchtigten Clinton-Blair-Patenterklärung sackte Celeras Aktienkurs auf ein Tief von etwa 70 Dollar. Doch im April gab es eine erfreuliche Nachricht, als die Vanderbilt-Universität der erste Abonnent für Celeras Humangenomdatenbank wurde. Jeder Forscher von der Universität würde 5000 Dollar für das unbeschränkte Zugangsrecht zu Celeras Daten oder 1000 Dollar für eine Drei-Stunden-Sitzung bezahlen. Ein Fakultätsmitglied nannte es ein »verwegenes Experiment«, bezweifelte jedoch, daß Vanderbilt aus seinem kurzlebigen Monopol Nutzen ziehen würde. Die Kosten seien zu hoch, die Information überdies nur schwer zugänglich oder sowieso schon öffentlich. Und tatsächlich erhielt Celera Konkurrenz in Gestalt der Firma DoubleTwist, die, unterstützt von Sun Microsystems, eine Reihe von Softwarewerkzeugen zur Verfügung stellte, mit denen die Forscher durch die öffentlichen Genomsequenzdaten manövrieren und neben vielem anderen auch Gene identifizieren und Wechselwirkungen zwischen Proteinen untersuchen konnten. Nach Lander war dies eine »eine echte Bestätigung des öffentlichen Sequenzierungsprojekts«.[61] DoubleTwist behauptete, 65 000 Gene gefunden zu haben, und sagte weitere 40 000 voraus, wodurch die Gesamtzahl auf weit über 100 000 getrieben wurde.

Doch was passierte indessen beim Wettlauf um das Genom selbst? Noch während das öffentliche Humangenomprojekt sich hektisch auf die Veröffentlichung seiner Arbeitsversion vorbereitete, versuchten führende Mitglieder der Allianz die Erwartungen zu dämpfen, indem sie den Aspekt der »Konkurrenz« herunterspielten. »Dieses ganze Zieliniendenken ist einfach dumm«, sagte Lander und wies durchaus zu Recht darauf hin, daß Celera immer im Vorteil sein würde, weil es die öffentlich zugänglichen Sequenzdaten einsehen konnte.[62] Zudem befanden sich mittlerweile weit über drei Viertel der Humansequenz in der GenBank, und Forscher ersannen bereits Experimente, um die Informationen zu analysieren, ohne auf die vollständige Genomsequenz warten zu müssen. Eine bessere Metapher als ein zweidimensionales Straßenrennen, sagte Harold Varmus, sei das Bild von der Kartierung eines neuen Kontinents.

Die schwelende Spannung und das öffentliche Gezänk zwischen

den beiden Parteien drohten jeden Moment zu einem Eklat zu führen. *Nature* mahnte zur Ruhe: »Bislang sind der gesunde Menschenverstand und die guten Manieren nur gelegentlich von wilden gegenseitigen Anschuldigungen und Täuschungen besiegt worden.«[63] Doch wo immer dies der Fall war, drohte das gesamte Sequenzierunternehmen in eine Folge des Zeichentrickklassikers *Wacky Races – Das völlig verrückte Autorennen* auszuarten – wobei unschwer zu erraten war, wer in die Rolle des »Fred Fiesling« schlüpfen würde. »Es steht viel auf dem Spiel«, mahnte *Nature*, »nicht zuletzt der Ruf der Wissenschaft als eines der wenigen Gebiete, auf dem trotz aller internen Intrigen und persönlichen Rivalitäten das Allgemeinwohl im Vordergrund steht.«

Ähnlich besorgte Stimmen hörte man auch in den Gängen des Westflügels des Weißen Hauses, wo der Präsident selbst jene Handlungskette in Gang setzte, die dem Humangenomprojekt dann doch eine gewisse Würde zurückgeben sollte.

10. KAPITEL

Der achte Tag
Die neue Welt der Designergene

Ich glaube nicht nur, daß wir an Mutter Natur herumbasteln werden, ich glaube sogar, sie will, daß wir es tun.

Willard Gaylin

Inzwischen wird wohl deutlich geworden sein, daß Craig Venter und Francis Collins in vielem unterschiedlicher Ansicht sind. Doch noch bevor die Sequenz des Humangenoms komplett vorlag, stimmten die beiden Männer in einem völlig überein: Die Sequenz wird die medizinische Praxis tiefgreifend verändern.

Craig Venter: In zehn Jahren wird man bei jedem Baby, das in einem Krankenhaus geboren wird, das vollständige Genrepertoire bestimmen. Bevor die Eltern das Krankenhaus verlassen, bekommen sie das Genom auf einer DVD – oder einem anderen Datenträger der Zukunft – in die Hand gedrückt. Für mich ist es eine phantastische Vorstellung, meinen eigenen genetischen Code zu besitzen, weil es jede Woche neue Artikel in *Science* und *Nature* gibt, in denen etwas über die Zusammenhänge zwischen Änderungen im genetischen Code und Krankheiten steht. Ich würde mich in die Celera-Datenbank einloggen und versuchen, sie zu verstehen.[1]

Francis Collins: In zehn Jahren sollten wir in der Lage sein, Voraussagen darüber zu treffen, für welche Krankheiten Sie und ich am anfälligsten sind, und allein dies würde es uns ermöglichen, einige medizinische Vorsorgemaßnahmen aufgrund unserer individuellen Risiken zu treffen. Geben Sie uns 20 Jahre, und ich glaube, Sie werden die Medizin nicht mehr wiedererkennen, wenn Sie sehen, wie Therapien dann entwickelt und angewandt werden.[2]

Trotz aller Debatten darüber, ob die Sequenz des menschlichen Genoms nun wichtiger sei als die Atomspaltung oder die Mondlandung, steht fest, daß keine historisch frühere technische Leistung so tiefgreifende Folgen für das Leben des Menschen haben wird. Die Explosion des genomischen Wissens, welche die Sequenz auslöst, wird die Diagnose und Behandlung zahlloser Krankheiten von Grund auf umwälzen. Wir stehen vor einer neuen Ära, in der das jeweilige Genom und nicht die Symptome Grundlage für Diagnose und Behandlung der Menschen sein wird. Wir kennen bereits zahlreiche Beispiele für Gene, die unser Risiko beeinflussen, an Krebs, Herzleiden, Diabetes oder Alzheimer zu erkranken. Um 2010, wenn nicht schon früher, wird diese Liste noch um einiges gewachsen sein und auch Asthma, Migräne, Bluthochdruck usw. enthalten. So stellt Collins vollkommen überzeugt fest: »Es gibt keine Krankheit, außer einigen Fällen von Traumata, bei der Erbfaktoren keine Rolle spielen. Ich kenne kein einziges Beispiel.«[3]

Die genetische Revolution, die mit Riesenschritten auf uns zukommt, ist die unvermeidliche Folge des Humangenomprojekts, das die Sequenz jedes menschlichen Gens offenbaren wird. Doch beruht sie auch auf leistungsfähigen neuen Techniken wie den DNA-Chips, die es ermöglichen werden, Tausende von Krankheitsgenen rasch zu überprüfen, vielleicht, wie Venter vermutet, schon von der ersten Lebenswoche an. Die entsprechenden Informationen werden nicht nur eine umfassende Analyse von Krankheitsrisiken und Lebenserwartung ermöglichen, sondern den Ärzten auch die Mittel an die Hand geben, um die medikamentöse Behandlung aufgrund des einzigartigen genetischen Profils jedes Menschen genau auf den Patienten ausrichten zu können. Diese sogenannte Pharmakogenomik ist gegenwärtig ein faszinierender Arbeitsschwerpunkt der Pharmaindustrie. Im Prinzip könnten diese neuen Techniken auch beim Ungeborenen angewandt werden, und zwar mittels der Präimplantationsdiagnostik, die es den Ärzten ermöglicht, die genetische Struktur von Embryos drei Tage nach der In-vitro-Fertilisation zu überprüfen (der sogenannte Gencheck).

Die raschen Fortschritte bei der Entschlüsselung des Humangenoms und bei der Entwicklung von Werkzeugen zur Deutung dieser Informationen wird die medizinische Praxis unwiderruflich verändern. Jeder wird davon betroffen sein, sofern er auf diesem Planeten Zugang zu einer modernen Gesundheitsversorgung hat. In diesem Kapitel diskutieren wir die schöne neue Welt, die gleich hinter der Genomsequenz auf uns wartet, und die erstaunlichen Folgen dieser Technologie.

»Wenn das gesamte Humangenom auf CD-ROMs verfügbar ist«, sagt Eric Lander voraus, »dann können wir anfangen herauszufinden, wie die 100 000 Gene in Wechselwirkung stehen und miteinander sprechen, wie sie auf verschiedene Krankheiten und Entwicklungsschwierigkeiten reagieren.«[4] Die systematische Zerlegung der menschlichen Genomsequenz in den folgenden Jahren wird in hohem Maße dank neuer Werkzeuge möglich sein, welche die gleichzeitige Analyse Zehntausender von Genen ermöglichen – himmelweit entfernt von der Situation vor fünf Jahren, als die Funktion von Genen jeweils Schritt für Schritt analysiert werden mußte. Fortschritte beim Verständnis der Funktion von Genprodukten werden Licht auf die chemischen Signalwege werfen, die Verhalten und Interaktion der Zellen steuern, und auch Hinweise darauf geben, was im Krankheitsfall bei diesen Genen schiefgeht. Der Schlüssel zu diesem Neuland wird ein Plättchen sein, das nicht größer als eine Briefmarke ist: Es handelt sich um die leistungsfähige neue Technik der sogenannten DNA-Mikroarrays, besser bekannt als DNA-Chips.[5]

Als Herz dieser Revolution mag ein unauffälliges Gebäude in der Nähe der Route 1 südlich von San Francisco gelten, wo Stephen Fodor, der Direktor von Affymetrix, in Laborkittel, Schutzmaske und Handschuhen einen mit dem Firmenlogo versehenen schwarzen Plastikbehälter von der Größe einer Mikroaudiokassette inspiziert. In diesen Behälter eingeklemmt liegt der Schlüssel zur Zukunft der genetischen Diagnostik und molekularbiologischen Forschung. Es handelt sich um einen waschechten Mikrochip, nicht größer als Fodors Daumennagel, doch statt Siliziumschaltkreisen enthält er Millionen von winzigen, maßgefertigten DNA-Streifen. Diese DNA-Chips haben unter Molekularbiologen größte Aufregung hervorgerufen, seit Kary Mullis vor gut 15 Jahren die Technik der Polymerase-Kettenreaktion zur Amplifikation winziger Spuren von DNA entwickelte.

Die Chips von Affymetrix ähneln einem mikroskopisch kleinen Schachbrett, jedoch nicht mit 64, sondern mit Hunderttausenden von Quadraten.[6] Jedes Quadrat enthält einen ganzen Wald von speziell zugeschnittenen DNA-Proben, nur 20 oder 30 Buchstaben lang und am einen Ende an das Plättchen fixiert. Die Sequenz auf jeder Position des Gitters ist so gestaltet, daß sie einem Teil eines bestimmten Gens entspricht; jede Probe wird Buchstabe für Buchstabe mittels derselben, aus der Herstellung von Halbleitern stammenden Technik (Photolithographie) synthetisiert. Ein typischer Chip kann 400 000 verschiedene DNA-Proben enthalten, wobei eine Reihe von vielleicht zehn Proben verschiedenen Regionen eines einzigen Gens entspricht. So kann ein Chip die Aktivität und die Sequenz von etwa 40 000 Genen gleichzeitig abfragen.

Ein zweiter Typ des DNA-Chips bietet die Möglichkeit, statt mit einzelnen DNA-Proben zu arbeiten, vollständige Gene oder cDNAs auf solche Platten zu bringen. Dieser von Patrick Brown und Kollegen an der Universität Stanford vorangetriebene Ansatz ist viel kostengünstiger, es gibt jedoch weniger Anwendungen.[7] Für Brown ist ein DNA-Chip »eine Art Mikroskop, mit dem man ein lebendes Gen in Aktion beobachten kann«. Er ist Pionier einer neuen Ära der genetischen Analyse, in der es möglich sein wird, die Expression Tausender Gene gleichzeitig zu überwachen. Beispielsweise können Genbotschaften aus einer Brustzelle mit einer fluoreszierenden Farbe gekennzeichnet und über einen Chip geführt werden. Jede Botschaft bleibt an der entsprechenden Sequenz auf dem Chip haften; je mehr Kopien dieser Botschaft vorhanden sind, desto heller ist das Fluoreszenzsignal. Die Wiederholung des Experiments mit Proben aus einer Brustkrebszelle, die mit einer anderen Farbe gekennzeichnet sind, ermöglicht dann den Vergleich beider Signale und läßt erkennen, ob bestimmte Gene im Tumor »angeschaltet« (rotes Signal) oder »ausgeschaltet« sind (grünes Signal).

In diesen molekularen Porträts – Schnappschüssen von der Tätigkeit Tausender Gene in einem Gewebe – liegt die Zukunft der Gendiagnose, sie werden es den Ärzten ermöglichen, fundiert über Operation oder Chemotherapie zu entscheiden. Sie können dazu beitragen, verschiedene Krebsklassen zu unterscheiden, da sie zeigen, daß jeder Krebs in Wahrheit eine Ansammlung verschiedener Krankheiten ist. So enthüllte eine von Brown und Kollegen durchgeführte Untersuchung der Aktivität von 8000 Genen in Dutzenden von Brusttumoren verblüffende Unterschiede in der Expression verschiedener Gencluster.[8] Brustkarzinome können auf dieser Grundlage als Östrogenrezeptor-positiv oder -negativ klassifiziert werden, wobei letztere Gruppe noch einmal in Basalzelltumore oder Herceptin-(HER2-)positive Tumore zerfällt. Ähnliche Studien zeigen, daß die verbreitetste Form von Nicht-Hodgkin-Lymphomen im Grunde aus zwei Krankheiten besteht.[9] Künftige Untersuchungen werden noch genaueres Wissen über diese und andere Krebsarten bringen.

Die von Affymetrix und anderen Firmen hergestellten DNA-Chips können auch dazu eingesetzt werden, die genaue Sequenz bestimmter Gene abzufragen und nach Mutationen zu durchsuchen. Der Grund dafür ist, daß selbst ein 1-Basen-Unterschied zwischen der Probe und der Testsequenz auf dem Chip die Bindung beeinträchtigt und die Signalstärke verräterisch abschwächt. Heute können Chips hergestellt werden, die Hunderttausende von einzelnen Nukleotidpolymorphismen (SNPs) enthalten, jener Variationen an bestimmten Sequenzstellen, die auf einer Strecke von 1000 Basen etwa einmal vorkommen. Durchschnittlich treten vier bis acht SNPs in jedem Gen auf, und die Hälfte davon wird die Sequenz und potentiell die Funktion oder Aktivität dieses Gens verändern.[10] Chips mit SNPs können bereits eingesetzt werden, um Tausende kritischer Genvariationen in der DNA eines Menschen aufzuspüren, und bahnen so den Weg zur routinemäßigen Überprüfung des genetischen Profils eines Menschen und zu persönlichen Gencheck-Karten, auf denen beispielsweise Erkrankungsrisiken eingetragen sind.[11]

In 20 Jahren – vielleicht auch früher – wird es beim Arztbesuch gleichermaßen darum gehen, Ihre genetische Konstitution (den Genotyp) abzuklären wie Ihre physische Konstitution (den Phänotyp).[12] Einige Tage vor dem Termin werden Sie einen Mundhöhlenabstrich einsenden, mittels dessen Ihre DNA präpariert wird. Diese Probe wird dann mit einem DNA-Chip analysiert, der Sequenzen Tausender krankheitsauslösender Gene enthält. Dann wird ein Ausdruck Ihrer Sequenz für die jeweiligen DNA-Abschnitte erstellt, die Wissenschaftler mit verschiedenen Krankheiten in Verbindung bringen. Sie können erfahren – vorausgesetzt, Sie wollen dies –, mit welcher Wahrscheinlichkeit Sie an Alzheimer erkranken, an Diabetes, Bluthochdruck, Brust-, Eierstock- oder Darmkrebs, Asthma und Herzleiden sowie an einigen hundert klassischen Erbleiden wie Mukoviszidose, Thalassämie oder Tay-Sachs. Und in ein bis zwei Jahrzehnten wird man auch genetische Faktoren dingfest gemacht haben, die Depression, Aufmerksamkeitsstörungen, Suchtverhalten, Schizophrenie und viele weitere komplexe Krankheiten verursachen.

Die Pharmaindustrie hofft, daß die neue Technologie nicht nur Licht auf die Erkrankungsrisiken wirft, sondern auch Hinweise auf die besten Behandlungsmethoden liefert. Die chromosomale Kristallkugel wird die besten Medikamente für einen Menschen aufgrund des Profils seiner SNPs bei einer Gruppe von Genen zeigen, die für die Medikamentenverträglichkeit wichtig sind. Der Forschungszweig der Pharmakogenomik ist einer der meistversprechenden Bereiche der gegenwärtigen Pharmaforschung.[13] Aufgrund solcher Informationen wird Ihr Arzt in der Lage sein, Medikamente nicht nur aufgrund seiner Bewertung der Symptome zu verschreiben, sondern anhand der Überprüfung Ihres genetischen Codes, der es ihm erlaubt zu bestimmen, welches Medikament am wirksamsten für Ihr spezifisches Leiden ist. Beispielsweise würde ein Test auf Varianten des Enzyms Cytochrom P450 klären, ob Sie auf eine wichtige Gruppe von Antidepressiva ansprechen. Andere Tests könnten die Reaktionen auf häufig verschriebene Medikamente für Asthma, Bluthochdruck oder Migräne voraussagen sowie die Risiken ernster Nebenfolgen, wie sie etwa vor einigen Jahren auftraten, als es bei dem in den USA beliebten Diätmittel Phen-fen zu Todesfällen kam.

Zwar läßt sich Collins nicht auf wilde Spekulationen ein, wonach die Menschen in einigen Jahren nur noch mit ihrer DVD zu winken bräuchten, auf der ihr genetischer Code gespeichert ist, doch hat er eine kühne Vision für die Zukunft der genbasierten, individualisierten Präventivmedizin.[14] Um das Jahr 2010, so sagt er voraus, werden Tests für 25 verbreitete Krankheiten weithin verfügbar sein und es den Menschen ermöglichen, ihren Lebensstil entsprechend zu ändern.[15] Zum Beispiel könnte man sich regelmäßigen Endoskopien unterziehen, wenn man durch Kolorektalkrebs gefährdet ist, oder mit dem Rauchen aufhören, wenn man für Lungenkrebs anfällig machende Gene trägt. Um das Jahr 2020, so Collins weiter, werden dann genbasierte Designermedikamente für Diabetes, Bluthochdruck und viele andere Volkskrankheiten verfügbar sein. Bis 2030 werden die Forscher Gene aufgespürt haben, die den Alterungsprozeß kontrollieren, und die individuelle DNA-Sequenzierung auf Nachfrage wird weniger als 1000 Dollar kosten. Und für 2040, so Collins, wird eine genbasierte Medizin die Norm sein, welche die meisten Krankheiten erkennt, bevor überhaupt Symptome auftreten, und individuell zugeschnittene medikamentöse und Gentherapien ausarbeitet.

Vielleicht wird es bald Hunderte von Tests geben, doch wir können bereits voraussagen, welche als erste allgemein verfügbar sein werden.[16] Für Herzkrankheiten, Diabetes und Alzheimer gibt es eine wachsende Liste von Genen, die mit im Mendelschen Erbgang übertragenen Formen der Krankheiten verknüpft sind. Dazu gehören die familiäre Hypercholesterolämie, das Liddle-Syndrom, im Reifealter einsetzende Diabetes und spät einsetzende Alzheimer-Krankheit. Festgestellte häufige Variationen in diesen und anderen Genen werden zur Bestimmung des individuellen Erkrankungsrisikos beitragen. Beispielsweise tragen 25 Prozent der Bevölkerung eine bestimmte Variante des *APOE*-Gens, *APOE4,* auf Chromosom 19, welches das Alzheimer-Risiko um das Dreifache erhöht; ein Prozent der Bevölkerung trägt zwei E4-Kopien, die das Risiko sogar um das 20fache steigern. Andere Tests auf Parkinson, Venenthrombose, Osteoporose, Glaukom und viele Krebsarten, darunter Brust-, Eierstock-, Darm- und Lungenkrebs, sind bereits heute oder in Kürze erhältlich. In manchen Fällen hängt die Aussagekraft des Tests vom ethnischen Hintergrund ab. Zum Beispiel tritt bei aschkenasischen Juden ein erhöhtes Risiko auf, daß sie bestimmte mutierte Formen der Gene *APC* und *BRCA1* tragen, die für Darm- und Brustkrebs anfällig machen. In 10 bis 20 Jahren werden dann wohl auch Tests für Depression und Schizophrenie verfügbar sein.

Die Entscheidung, sich einem Test zu unterziehen, wird davon abhängen, ob überhaupt eine vernünftige Behandlung möglich ist. Manche Frauen, bei denen eine *BRCA1*-Mutation diagnostiziert wurde, unterziehen sich einer vorbeugenden Brustamputation, und bei Kindern mit einem fehlerhaften *APC*-Kolorektalkrebsgen wird häufig der Dickdarm entfernt. Ein positiver Test auf Parkinson könnte Sie veranlassen, die Möglichkeit einer Fötalgewebs- oder Xenotransplantation abzuwägen. Hingegen ist ein positiver Test auf Alzheimer und viele andere Krankheiten mangels wirksamer Therapien nur von begrenztem Nutzen.

Dieser Ausblick auf eine verbreitete Testpraxis wirft gravierende Fragen zum Recht auf genetischen Datenschutz auf. Krankenversicherungen könnten argumentieren, es sei unfair, wenn gesunde Menschen höhere Prämien zahlen, um die anderen, die einen prädisponierenden genetischen Fehler tragen, mitzufinanzieren. Doch ist es ethisch gerechtfertigt, Menschen für ihr genetisches Erbe zu bestrafen? Ohne eine wirksame Gesetzgebung ist das Risiko, bei der Suche nach einer Krankenversicherung und einem Arbeitsplatz diskriminiert zu werden, durchaus real. »Wir alle tragen wohl vier oder fünf wirklich verkorkste Gene mit uns herum und noch ein halbes Dutzend weitere, die nicht so toll sind und uns irgendein Risiko eintragen«, erklärt Francis Collins. »Die Menschen können sich ihre Gene ja nicht aussuchen, und die Gene sollten daher auch nicht gegen sie verwendet werden.«[17]

Die vollständige Genomsequenz des Menschen wird eine wahre Schatztruhe für die Medikamentenentwicklung sein. Sie wird sich auch als der lang erwartete Impuls für die arg gebeutelte und doch vielversprechende Gentherapie erweisen. Auf keinem anderen Forschungsgebiet hat es in den letzten zehn Jahren so hohe Erwartungen und bittere Enttäuschungen gegeben wie in der Gentherapie.[18] Tatsächlich ist es äußerst merkwürdig, daß es den Wissenschaftlern gelungen ist, ein Schaf zu klonen, bevor sie verkünden konnten, daß sie mit gentherapeutischen Mitteln eine einzige Krankheit heilen können. Doch trotz tragischer Rückschläge gibt es doch einen Hoffnungsschimmer am Horizont.

Im September 1990 führten W. French Anderson, Michael Blaese und Kenneth Culver am NIH den ersten offiziell erlaubten Versuch einer Gentherapie an einem vierjährigen Mädchen namens Ashanthi

DeSilva durch, das an einer äußerst seltenen Form von Immunschwäche litt, der Adenosindeaminase-(ADA-)Mangels – in den USA auch »Bubble-Boy«-Krankheit genannt.[19] (Die Krankheit ist so selten, daß unter Wissenschaftlern oft gescherzt wird, es gebe mehr Ärzte, die sie studieren, als Patienten.) ADA ist ein wichtiges Enzym für eine wesentliche Komponente des Immunsystems, die T-Zellen. Ashanthis Organismus war nicht in der Lage, dieses Enzym herzustellen, und das Mädchen war ab dem Alter von zwei Jahren von teuren Präparaten aus reinem ADA-Protein abhängig. Bei Andersons historischem Versuch wurden deaktivierte Viren, die das gesunde ADA-Gen enthielten, in eine Milliarde gereinigte T-Zellen eingeschleust und dann dem Kind injiziert. Während der folgenden zwei Jahre waren Ashanti und eine zweite Patientin, Cindy Cutshall, in ständiger Behandlung. Zur Vorsicht verabreichte Andersons Team ihnen weiterhin geringe Dosen an ADA-Protein. Fünf Jahre später kam das NIH-Team zu dem Befund, daß einige der transplantierten Zellen zwar aktiv ADA produzierten, die Therapie jedoch keine dauerhafte Heilung für Ashanthi und alle anderen Patienten gebracht hatte. Italienische Forscher kamen aufgrund eines eigenen Versuchs zu einem ähnlichen Schluß.[20]

Ein anderer bemerkenswerter Versuch wurde von James Wilson, dem Direktor des Instituts für Humangentherapie der Universität Pennsylvania, durchgeführt.[21] Wilson konzipierte eine radikale Ex-vivo-Therapie, um Patienten mit familiärer Hypercholesterämie zu behandeln, einer erblichen Herzkrankheit, die durch Mutationen im Gen für den LDL-Rezeptor verursacht wird, der Cholesterin aus dem Blutkreislauf entfernt. Diese Krankheit kann aufgrund massiv erhöhter Cholesterinwerte zum vorzeitigem Tod führen. Wilson schnitt etwa 15 Prozent der Leber eines Patienten heraus, schleuste das gesunde LDL-Rezeptorgen in die Leberzellen ein und injizierte die so behandelten Zellen in die Pfortader. Die ersten Indikatoren waren vielversprechend – der erste Bericht über den Versuch enthielt in seinem Titel kühnerweise sogar das Wort »erfolgreich« –, doch ein dauerhafter Erfolg stellte sich nicht ein.

Trotz dieser Rückschläge suchten die Forscher fieberhaft nach neuen Genen zur Behandlung anderer Krankheiten, überzeugt, daß irgendwann etwas funktionieren würde. In den 90er Jahren wurden etwa 3000

Patienten gentherapeutisch auf Mukoviszidose, Hämophilie, Muskelschwund, Aids, Krebs und andere Krankheiten hin behandelt. Doch immer wieder brachten die Therapien nur vorübergehend Linderung. Viele Probleme wurden durch natürliche Immunabwehrreaktionen auf Viren verursacht, mittels deren man die therapeutischen Gene einschleuste, namentlich Adenoviren, die natürlich Infektionen der Atemwege verursachen. Der Körper hat keine Möglichkeit, die Fracht eines potentiell hilfreichen Virus von der eines heimtückischen zu unterscheiden. Unweigerlich traten Entzündungen, Schwellungen, Fieber und andere Symptome auf, und manchmal mußten die Versuche abgebrochen werden.

Im September 1999 kam es zu einer Tragödie. Jesse Gelsinger, ein 18jähriger junger Mann aus Arizona, flog zum Medical Center der Universität Pennsylvania und meldete sich freiwillig für die Gentherapie einer seltenen Erbkrankheit, des Ornithin-Transcarbamylase-(OTC-) Mangels, der durch die Anhäufung giftigen Ammoniaks im Körper gekennzeichnet ist. Wilsons Gruppe verabreichte ihm Millionen viraler Partikel mit dem normalen OTC-Gen. Bei Gelsinger trat eine schwere Entzündungsreaktion auf, die zum Versagen mehrerer Organe führte, und er starb binnen weniger Wochen.[22]

Wilson bezeichnete den Vorfall als »tragisch« und »unerwartet«, während Gelsingers Vater den »Tod eines Helden« betrauerte. Collins, einer der ersten Verfechter der Gentherapie, sprach vielen aus dem Herzen, als er erklärte: »Diese Tragödie hat das Forschungsgebäude bis auf die Grundfesten erschüttert. Es ist ernüchternd, wenn man bedenkt, daß dieser Ansatz in den letzten zehn Jahren nicht nur keine Heilungserfolge gebracht hat, sondern tatsächlich Schaden anrichten kann.«[23] Mehrere andere Todesfälle von Patienten, die an gentherapeutischen Versuchen teilgenommen hatten, kamen in der Folge ans Licht, allerdings läßt sich nicht mit Bestimmtheit sagen, daß es einen Zusammenhang gab.

Gerade als die gentherapeutische Forschung praktisch am Boden lag, kam die Meldung vom ersten greifbaren Erfolg auf diesem heftig beworbenen Feld, und zwar von einem französischen Forscherteam unter Leitung von Alain Fischer.[24] Die fragliche Krankheit war die schwere kombinierte X-chromosomale Immundefizienz (SCID-X1), ein ähnliches Leiden wie das von Ashanthi DeSilva, das durch eine Blockade in der Entwicklung von T-Zellen bestimmt ist. Drei Kleinkinder, alle unter einem Jahr, wurden mit einem Ex-vivo-Ansatz behandelt, bei dem extrahierte Knochenmarkzellen mit dem funktionsfähigen Gen repariert und dann den Patienten wieder zugeführt werden. Zehn Monate nach der Behandlung arbeiteten die Immunsysteme der Patienten normal, und die Kinder waren wieder zu Hause, ohne Medikamente einnehmen zu müssen. Anscheinend hatte die Gentherapie Wirkung gezeigt.

Obwohl das französische Experiment offenbar Erfolg gehabt hatte, erkundeten die Forscher energisch eine Reihe alternativer Strategien zur Einschleusung therapeutischer Gene.[25] Ein besonders vielversprechendes Vehikel ist eine stark veränderte Version des Aids-Virus, der von Inder Verma am Salk Institute erforscht wird. Verma hat dieses Virus so verändert, daß es in der Lage ist, ein breites Spektrum menschlicher Zellen zu infizieren, wobei jedoch die Gene entfernt sind, die das Virus pathogen machen. Das Ergebnis ist ein Virus, das »leicht herzustellen ist, das Gene mit sehr hoher Effizienz einschleust, das eine nichtteilende Zelle infizieren kann und es seinem therapeutischen Gen ermöglicht, integraler Bestandteil des Chromosoms zu werden«.[26] Andere raffinierte Einschleusungsstrategien verwenden keine Viren, sondern Liposome, Kugeln aus Fettmolekülen, um die therapeutischen Gene unterzubringen, oder schlichtweg nackte DNA. Jeffrey Isner hat gereinigte Kopien des *VEGF*-Gens eingesetzt, um bei Patienten mit verstopften Blutgefäßen in den Beinen und im Herzen das Wachstum neuer Blutgefäße zu stimulieren. In Kürze wird es auch künstliche menschliche Chromosomen geben. Es handelt sich um größere, auf den Patienten abgestimmte DNA-Bruchstücke, die normale Chromosomen imitieren sollen. Sie liegen stabil im Zellkern, können jedes gewünschte Gen tragen und haben nicht die mit Viren einhergehenden Nebenwirkungen.

Bei den bislang beschriebenen Ansätzen werden verschiedene Vehikel verwendet, doch bei allen geht es darum, ein gesundes Gen zum Ausgleich eines kranken Gens in den Organismus einzuführen. Die Wissenschaftler würden natürlich am liebsten den ererbten Defekt im betroffenen Gen direkt im Kern reparieren. Kimeragen, eine von dem

Forscher Eric Kmiec von der Penn-State-University gegründete Biotech-Firma, will bereits ein solches Verfahren entwickelt haben. Statt »die ganze Küche umzubauen, um einen tropfenden Wasserhahn zu reparieren«, erkundet Kmiec eine Technik namens Chimäraplastik, die einen speziell gestalteten DNA-Strang verwendet, um einen DNA-Abschnitt zu reparieren, der eine Mutation enthält.[27] Der Gedanke ist, ein kleines DNA-Segment in die Zelle einzuführen, das sich mit dem mutierten Gen verbindet. Die Flickensequenz paßt genau zum Gen, nur enthält sie die normale Sequenz statt der Mutation. Weil sich die beiden Sequenzen unterscheiden, kommt es zu einer Störung der Doppelhelix, welche die Aufmerksamkeit des normalen DNA-Reparaturmechanismus weckt, und dieser näht die korrekte Base in das Gen ein.

Die Chimäraplastik war bei Menschen noch nicht erfolgreich, doch Untersuchungen an Tieren waren ermutigend.[28] Inzwischen werden klinische Versuche mit mennonitischen Kindern erwogen, die am Crigler-Najjar-Syndrom leiden, einer rezessiven Krankheit, bei der der Körper nicht in der Lage ist, den Gallefarbstoff Bilirubin auszuscheiden, ein Abbauprodukt der roten Blutzellen, was schließlich zu Leberversagen führt.[29] Die Standardbehandlung ist die Phototherapie, bei der die Patienten auf Bräunungsliegen unter gleißend blauen Strahlern schlafen müssen, um eine schwere Gelbsucht zu verhindern. Mit dieser neuen Therapie können die betroffenen Familien auf einen Rettungsanker hoffen, und sie bietet auch die Chance, den Gemeinschaften der Amish und anderer Mennoniten aus Pennsylvania, die jahrzehntelang Unschätzbares für die Genforschung geleistet haben, Dank zu erweisen.

Das Konzept der Gentherapie ist an sich so simpel, daß es schwerfällt zu glauben, Forscher würden sich noch länger abschrecken lassen. In 10 oder 20 Jahren könnte die Gentherapie das Mittel der Wahl für Dutzende von Erbkrankheiten sein. Wenn die Technik Erfolg hat, werden auch diejenigen auf den Plan treten, die sich für gentherapeutische Eingriffe in die Keimbahn – in Spermien- und Eizellen – aussprechen, um zu verhindern, daß das fehlerhafte Gen an künftige Generationen weitergegeben wird. Manche Wissenschaftler würden sogar noch weiter gehen: Sie träumen von der Erweiterung des Gedächtnisses oder der Verzögerung des Alterns.

»Wagen wir es, die Verantwortung für die Verbesserung der Resultate von Jahrmillionen darwinscher natürlicher Auslese auf uns zu nehmen?« fragt James Watson. »Ist die Keimzelle der Rubikon, den die Genetiker nie überqueren dürfen?« Er selbst beantwortet seine rhetorischen Fragen mit emphatischer Zustimmung zu Eingriffen in die Keimbahn. »Wir alle wissen, wie unvollkommen wir sind. Warum sollten wir uns nicht ein wenig aufbessern?«[30] Ein Argument dagegen, warnt Lander, ist die entsetzliche Möglichkeit, daß etwas schiefgeht: »Die Aussicht auf einen ›Produktrückruf‹ aus dem menschlichen Genpool ist zu haarsträubend, um überhaupt darüber nachzudenken.«[31] Ein weiterer Grund ist, daß wir nicht wußten, was uns womöglich entgeht. Einige der berühmtesten Menschen der Geschichte litten unter schweren Erbkrankheiten: Abraham Lincoln hatte das Marfan-Syndrom, Vincent van Gogh war Epileptiker, Albert Einstein litt unter Dyslexie, Lou Gehrig und Stephen Hawking unter Amyotrophischer Lateralsklerose, Ray Charles unter Glaukom. Die manische Depression, eine kräftezehrende Krankheit, ist unter Künstlern und Schriftstellern stark überrepräsentiert.

Die Keimbahntherapie wird noch viele Jahre auf sich warten lassen, doch eine andere genetische Prüftechnik hat bereits starken Einfluß auf die Zusammensetzung der nächsten Generation. Eine der ersten von Francis Collins vorgenommenen Ernennungen für das neue Genomzentrum des NIH-Campus im Jahr 1994 war Mark Hughes, ein frühreifer junger Wissenschaftler vom Baylor College of Medicine. Hughes hatte sich mit Feuereifer auf das Potential eines In-vitro-Befruchtungsverfahrens gestürzt, sobald er von den bahnbrechenden Experimenten Alan Handysides und Robert Winstons am Londoner Hammersmith Hospital 1990 gehört hatte, zwölf Jahre nach der Geburt von Louise Brown, dem ersten Retortenbaby. Es ging um die Familiengeschichte einer X-Chromosom-Störung, bei der ein Sohn mit 50prozentiger Wahrscheinlichkeit die Krankheit bekommen würde. Die Familie wollte keine Abtreibung für den Fall, daß der Fötus betroffen war, sondern bemühte sich um die genetische Präimplantationsdiagnostik, die zum ersten Mal einem Paar eine Teilherrschaft über das Schicksal ihres Neugeborenen ermöglichte.

Die Präimplantationsdiagnostik verläuft wie folgt.[32] 10 bis 20 oder mehr Eier werden mittels Ultraschalltechnik aus den Follikeln des Eierstocks herausgelöst und dann in einer Petrischale befruchtet. (Die Wahrscheinlichkeit einer Befruchtung kann durch eine intracytoplasmatische Spermainjektion erhöht werden.) Die befruchteten Embryos werden zwei bis drei Tage inkubiert, während deren sie sich dreimal teilen, bis sie mikroskopisch kleine Bündel von etwa acht Zellen sind. In diesem Stadium wird ein kleines Loch in die umgebende Zona pellucida gebohrt, und ein oder zwei Zellen oder Blastomere werden mit einer dünnen Glasnadel vorsichtig aus dem Embryo entfernt. (Das schadet dem Embryo nicht, weil die Zellen noch nicht begonnen haben, sich zu spezialisieren.) DNA aus dem Blastomer wird dann mittels der Polymerase-Kettenreaktion amplifiziert (vermehrt), bis genug Ausgangsmaterial vorhanden ist, um es auf die Präsenz des zu diagnostizierenden Gens hin zu testen. Wenn die Ergebnisse der Biopsie feststehen, werden gesunde Embryos – meist nicht mehr als drei zugleich – in den Uterus der Mutter eingepflanzt.

Beim ersten Fall von 1990 bestimmte Handysides Team das Geschlecht des *in vitro* befruchteten Embryos, indem man nach DNA aus dem Y-Chromosom suchte.[33] Weil Y-Chromosomen-Krankheiten nur männliche Kinder betreffen, konnten jene Embryos, bei denen der Test negativ verlief (diese also weiblich waren), reimplantiert werden, was den Eltern ein gesundes kleines Mädchen garantierte. Hughes begann eine transatlantische Zusammenarbeit mit Handyside, um eine Testreihe für Mukoviszidose und mehrere andere rezessive, dominante und mit dem X-Chromosom verknüpfte Krankheiten zu entwickeln.[34] Den Paaren konnte nicht nur eine gesunde Schwangerschaft zugesichert werden, auch die quälende Entscheidung über eine Abtreibung wurde ihnen erspart.

Als Hughes zum NIH kam, richtete er ein weiteres Labor in einem Privatkrankenhaus ein, damit er seine Embryonenforschung fortsetzen konnte, ohne bundesstaatliche Verbote zu verletzen. Doch zwei Jahre später gab es eine Kollision mit deren Vorgaben, als Hughes NIH-Geräte in sein Krankenhauslabor verlagerte und es NIH-finanzierten Kollegen erlaubte, dort Tests vorzunehmen.[35] Im Oktober 1996 wurde er entlassen, wegen, wie Harold Varmus es später nannte, »heimlich betriebener verbotener Forschung«. Das NIH beteuerte, man habe Hughes mitgeteilt, alle Embryonenforschung, auch an einzelnen Zellen, sei verboten. Hughes erklärte, er hätte angenommen, die DNA-Analyse an einzelnen Zellen sei erlaubt. Nachfolgende Untersuchungen erbrachten, daß In-vitro-Befruchtungstests auch in Hughes' NIH-Labor vorgenommen wurden, wobei es in einem Fall zur Reimplantation eines Embryos kam, der irrtümlich negativ auf Mukoviszidose getestet worden war.[36]

Hughes nahm schließlich eine neue Stelle an der Wayne State University in Detroit an, wo seine Dienste mehr denn je gefragt sind. Er bietet Genchecks auf mehr als zwei Dutzend Erbkrankheiten an und hat dazu beigetragen, daß 25 Babys ohne das Huntington verursachende Gen geboren werden konnten.[37] Im Jahr 1999 gelang ihm gemeinsam mit Forschern von der Cornell-Universität im Bundesstaat New York die erste erfolgreiche Präimplantationsdiagnose von Sichelzellanämie.[38] Sein Team barg 16 Eier, acht davon wurden befruchtet, und bei sieben begann die Zellteilung. Bei vier Blastomeren verlief der Test auf Sichelzellanämie negativ, doch nur zwei Embryos waren gesund genug für die Implantation. Ein dritter Embryo mit einer Kopie des Sichelzellgens wurde ebenfalls implantiert, weil die Mutter bereit war, einen gesunden Träger des Gens zu akzeptieren, doch der Embryo entwickelte sich nicht. Im Frühjahr 1998 wurden gesunde zweieiige Zwillingsmädchen geboren.

Trotz Preisen um die 20 000 Dollar gewinnt die Präimplantationsdiagnostik in den Vereinigten Staaten rasch an Beliebtheit, und weltweit kam es im vergangenen Jahrzehnt dank ihrer zu mehreren 1000 Geburten.[39] Während Hughes und andere Forscher immer mehr Paaren Hoffnung machen können, muß er auch zunehmend Vorwürfe einstecken, er schaffe »Designerbabys«.[40] In den letzten Jahren hat Hughes seinem Repertoire einen weiteren Test hinzugefügt, der kranken Kindern, die bereits geboren sind, einen Hoffnungsschimmer bietet. Paaren, die bereits ein Kind mit einer schweren Erbkrankheit haben, bietet die Präimplantationsdiagnostik die Möglichkeit, künftigen Kindern das gleiche Schicksal zu ersparen. Doch während Hughes die Embryos auswählt, die das Krankheitsgen nicht haben, kann er auch einen Embryo mit einem kompatiblen Gewebe auswählen und damit eine potentiell lebensrettende Knochenmarktransplantation für das betroffene Geschwister ermöglichen. Die Entscheidung, ein Kind zu bekommen, um das Leben eines bereits geborenen Kindes zu retten, ist höchst umstritten. Doch ließ sich Hughes von den verzweifelten Eltern, die zu ihm kommen, überzeugen, und bietet seine Dienste nun auch bei Krankheiten wie schwere kombinierte Immundefizienz und Beta-Thalassämie an, unter der Bedingung, daß die Eltern wirklich ein zweites Kind wollen und daß der Gewebetyptest dem genetischen Haupttest untergeordnet ist.

Wenn die Präimplantationsdiagnostik weithin verfügbar sein wird und alle menschlichen Gene identifiziert sind, wird auch die Nachfrage für Tests über jene Gene hinausgehen, die einfache Erbkrankheiten verursachen. Eine wachsende Zahl von Genen trägt zu einem hohen, doch keineswegs 100prozentigen Krankheitsrisiko bei. Die Hammersmith-Gruppe hat Tests auf ein Gen für Dickdarmkrebs durchgeführt, das eine 90prozentige Wahrscheinlichkeit für diese Krankheit mit sich bringt, und andere Kliniken bieten Tests auf das *BRCA1*-Brustkrebsgen an, obwohl viele seiner Trägerinnen dennoch ein langes, gesundes Leben führen. Die wachsende Zahl von Tests wird im allgemeinen begrüßt, auch wenn Hughes warnt, daß »die Technologie noch einen langen, langen Weg vor sich hat«, bevor der »Gencheck« auf polygene Krankheiten Wirklichkeit wird. Das ist vollkommen richtig. Befürchtungen, die neue Technologie könnte uns in eine schöne neue Welt von Designerbabys führen, sind zumindest vorläufig aus vielen Gründen unberechtigt. Doch wenn in 20, 50 oder 100 Jahren die Nachfrage hinreichend groß ist, könnten die Kliniken ihr Angebot an Gentests erweitern und reichen Paaren nicht nur die Möglichkeit bieten, das gesündeste Embryo auszuwählen, sondern überdies eines, das die gewünschten Verhaltens- und/oder körperlichen Eigenschaften aufweist.

Es dürfte kein Zweifel daran bestehen, daß die Menschen, wenn es erst soweit ist, Schlange stehen werden, um diese Chance zu nutzen, das genetische Potential ihrer Kinder zu steigern. Vom Gebet über die Psychoanalyse bis zur plastischen Chirurgie tun die Menschen fast alles, um die Erfolgschancen für sich und ihre Kinder zu maximieren.

Nobelpreisträger-Samenbanken und Fotomodelle, die ihre Eier über das Internet verkaufen, mögen zwar lächerlich anmuten, doch private Fertilisationskliniken bieten bereits heute die Wahl des Geschlechts an, um dem »familiären Gleichgewicht« zu dienen. James Watson schrieb: »Wenn wir jungen Paaren aufrichtig versprechen könnten, ihnen zu Nachkommen mit höherwertigen Eigenschaften zu verhelfen, warum sollten wir dann glauben, sie würden es ablehnen? Wenn die Wissenschaftler Mittel und Wege finden, um die Fähigkeiten des Menschen in gewaltigem Maße zu verbessern, dann wird man die Allgemeinheit nicht davon abhalten können, diese Möglichkeiten mit Freude beim Schopf zu packen.«[41]

Vor einigen Jahren, bevor er der Liebling Hollywoods wurde, weil er das Skript für den Film *The Truman Show* schrieb, entwarf und drehte der Neuseeländer Andrew Niccol einen anderen Film, *GATTACA,* der in der »nicht allzu fernen Zukunft« spielt (der Titel verdankt sich den vier Buchstaben der DNA).[42] Der Film zeigt eine Gesellschaft, in der durch die Beseitigung von Krankheitsgenen und die Verbesserung der charakterlichen und körperlichen Eigenschaften genetisch bevorzugte Individuen erzeugt werden und DNA-Apotheken vollständige Sequenzprofile aufgrund von Haar- oder Speichelproben anbieten. Niccol führte zwar etwas gemächlich Regie, und auch Uma Thurmans Rolle als Frau mit einem kleineren Herzleiden war merkwürdig (»Na ja, wenn sie schon kein genetisches Musterstück ist, was sollen wir andern dann noch hoffen?« sagte Niccol). Dennoch war Niccols Vision von einer »nicht allzu fernen Zukunft« in vieler Hinsicht beunruhigend plausibel.

In einer Szene in *GATTACA* muß ein junges Paar in einer Fertilisationsklinik eines seiner vier genetisch typisierten Embryos auswählen, die auf Leiden wie Kurzsichtigkeit oder Fettsucht hin untersucht wurden. Ein Junge würde durchaus einen guten Spielkameraden für ihren kleinen Sohn hergeben, doch (in einer Szene, die in der Endfassung herausgeschnitten ist) hätten sie gerne auch eine Garantie dafür, eines Tages Enkel zu haben. »Dafür habe ich bereits gesorgt«, antwortet der Arzt nonchalant. Dem Paar kann zugesichert werden, daß es einen gesunden heterosexuellen Sohn bekommt, doch die angebotenen Extras kann es sich nicht leisten – Gene für höhere musikalische oder mathematische Fähigkeiten. Der Film wirft auch einen Blick auf die Möglichkeit, daß die menschliche Anatomie manipuliert wird, ob nun durch einen Extrafinger für einen Konzertpianisten oder durch die Vergrößerung anderer Körperglieder. (»Das ist ein Prachtexemplar – ich weiß nicht, warum meine Eltern für mich keinen davon bestellt haben!«) In seinem Buch *Das geklonte Paradies* geht der Genetiker Lee Silver von der Universität Princeton sogar noch weiter und spekuliert, in 1000 Jahren könnte sich die Menschheit in zwei verschiedene Spezies aufgeteilt haben, in die Gen-Reichen und die Natürlichen, die sich nicht mehr kreuzen können.[43]

Doch kehren wir zur unmittelbaren Zukunft zurück. Einige technische Entwicklungen wären nötig, bis eine Ära der Embyroselektion möglich würde, doch keine liegt jenseits des Machbaren. Die Forscher werden Methoden entwickeln, um die Zahl der reifen Eier zu erhöhen, die von der Mutter zu erlangen sind, und damit wird sich den Paaren die Möglichkeit bieten, Merkmale Dutzender verschiedener Embryos und nicht nur die einiger weniger zu vergleichen. Mit den DNA-Chips stehen schon die Mittel bereit, um Tausende Genvariationen gleichzeitig zu überprüfen und sofort ein Profil der Krankheitsrisiken und der Lebenserwartung zu erstellen. Um welche Variationen es sich handelt, wird die Analyse der menschlichen Genomsequenz rasch zeigen.

Doch die größte Frage zum künftigen Einsatz der Gendiagnostik bleibt das alte Rätsel: In welchem Maße prägen die Gene das Verhalten und die Persönlichkeit des Menschen?

In den 90er Jahren gab es immer wieder erstaunliche Beispiele für den Grundsatz »Ein Gen – eine Krankheit« (in manchen Kreisen auch als OGOD bezeichnet). Gewiß, der Trend führte manchmal zu weit und erzeugte den falschen Eindruck, Gene würden noch den letzten Schnörkel des menschlichen Charakters erklären. Ein gutes Beispiel dafür stammt aus dem Jahr 1999. Ein besonders reißerischer Aufmacher von *Time* war ein Kleinkind mit einem Modell der Doppelhelix in Händen und darüber die provozierende Schlagzeile: »Das IQ-Gen?«[44] Das Magazin berichtete, daß Joe Tsien, Professor an der Universität Princeton, eine Unterart superintelligenter Mäuse erzeugt hatte, indem er ihnen ein paar zusätzliche Kopien eines einzigen Gens injizierte, das für ein Protein mit einer wichtigen Rolle in den neuronalen Prozessen des Gehirns codiert. Mit der Nagetierversion des Rorschachtests – verborgene Plattformen in Wasserbehältern finden, unbekannte Gegenstände erschnüffeln und so weiter – stellte Tsien fest, daß seine Supermäuse Informationen viel besser speichern und abrufen konnten als ihre ungeschickten Mitmäuse.[45] Die Supermaus-Unterart erhielt den Kosenamen »Doggie« nach dem frühreifen Teenagerhelden aus einer amerikanischen Fernsehserie namens *Doogie Howser M. D.* und war ein großer Hit bei einem »Tag der offenen Tür« im Kinderzimmer von Tsiens Sohn.[46]

Stephen Jay Gould und viele andere haben die Vorstellung, ein einziges Gen bestimme den IQ, scharf kritisiert.[47] Und so wurden die Doggie-Mäuse zu weiteren Schachfiguren in der gereizten – und ermüdenden – Debatte zwischen jenen, die behaupten, das Verhalten sei genetisch verankert, und den Gegnern, die darauf beharren, daß die kognitive Entwicklung des Menschen durch das soziale Umfeld und nicht durch die Natur bestimmt ist.[48] Diese Kontroverse köchelt schon seit Jahren vor sich hin, befeuert durch eine Folge marktschreierischer Schlagzeilen über Gene für fast jede Facette der menschlichen Entwicklung und des Verhaltens.

Die Wahrheit ist, daß alle Krankheiten eine genetische Komponente haben. Unsere Anfälligkeit für Infektionskrankheiten beispielsweise, auch für Aids, Tuberkulose und Malaria, wird von der Zusammensetzung unserer Gene stark beeinflußt, ebenso unser Risiko, an Krebs zu erkranken. Tatsächlich sind wir so sehr daran gewöhnt, Krebs mit Genen in Verbindung zu bringen, daß es überrascht, daran erinnert zu werden, daß Krebs nicht allein durch Vererbung bestimmt ist. Dies kam auf dramatische Weise zur Geltung, als die Ergebnisse der bislang größten Zwillingsstudie zum Krebs im *New England Journal of Medicine* veröffentlicht wurden.[49] Sie zeigten – für manche überraschend –, daß Umweltfaktoren insgesamt wichtiger sind als genetische Faktoren. Bei der vom Stockholmer Karolinska-Institut durchgeführten Studie wurden staatliche Unterlagen zur Häufigkeit von 28 verschiedenen Krebsarten bei fast 90 000 Zwillingen ausgewertet. Manche der Zwillinge waren eineiig und besaßen genau dieselbe DNA, andere waren zweieiig mit bis zu 50 Prozent gemeinsamer DNA und damit ihrem Zwillingsgeschwister nicht ähnlicher als ein anderes Geschwister. Die Resultate verblüfften: Umweltfaktoren wie Zigarettenrauch, Umweltverschmutzung, Ernährung und Lebensweise verursachten doppelt soviel Krebs wie erbliche Faktoren. Am stärksten erblich waren laut der Studie Prostatakrebs (42 Prozent), Darmkrebs (35 Prozent) und Brustkrebs (27 Prozent). Und wenn ein eineiiger Zwilling Krebs bekam, so die vielleicht erstaunlichste Feststellung, blieb der andere in 90 Prozent der Fälle verschont.

Collins und andere reagierten darauf, indem sie noch einmal betonten, daß Krebs eine Erbkrankheit sei – durch Schäden an Genen verursacht –, selbst wenn eine erbliche Anfälligkeit für Krebs nur für eine Minderzahl der Fälle verantwortlich sei. Die Identifikation der Schlüsselgene, die das gesunde Wachstum und die Teilung der Zellen bestimmen, sei der richtige Weg zur Heilung von Krebs. Tatsächlich läßt die Untersuchung der Gene, die während der letzten 20 Jahre mit Krebs in Verbindung gebracht wurden, vermuten, daß sie in sechs Klassen eingeteilt werden können, welche die entscheidenden Stufen bei der Tumorgenese ziemlich klar markieren.[50] Es sind (nicht unbedingt in dieser Reihenfolge): die Aktivierung eines Onkogens, der Verlust eines Tumor-Suppressor-Gens, Metastasenbildung und Gewebeinvasion, die Entstehung unsterblicher Zellen, das Wachstum neuer Blutgefäße und die Verhinderung des programmierten Zelltods.

Das relative Gewicht von Genen und Umwelt – ob Elternhaus, Schule oder Gebärmutter – bei der Prägung des menschlichen Verhaltens und der Persönlichkeit ist eine außerordentlich schwierige und umstrittene Frage. Zwillingsstudien deuten üblicherweise auf einen ungefähr gleichgewichtigen Beitrag von Genen und Umwelt bei einer Vielzahl von Charaktermerkmalen, doch jüngst hat ein Fall drastisch gezeigt, daß die Umwelt allein das menschliche Verhalten nicht prägen kann. In *Der Junge, der als Mädchen aufwuchs* beschreibt John Colapinto den tragischen Fall eines kleinen Jungen, der nach einer schiefgegangenen Beschneidung als Mädchen großgezogen wurde.[51] Der Junge durchlitt eine schwierige Kindheit, bis man ihm schließlich im Teenageralter die Wahrheit sagte und er ein natürliches Leben als männliches Wesen beginnen konnte.

Die meisten Genforscher räumen bereitwillig ein, daß es absurd wäre, die Rolle bestimmter Gene bei der Prägung der menschlichen Natur zu überschätzen. Zu ihnen gehört Jane Gitschier, eine charmante Genetikerin an der Universität Kalifornien in San Francisco. Jüngst, auf der Suche nach dem Gen, das eine Krankheit verursacht, die mit dem Transport von Metallionen im Körper zu tun hat, baute sie in ihrem Labor einen Schrein, den sie Hephaistos widmete, dem griechischen Gott der Metallverarbeitung und des Bergbaus. Ganz zufällig stieß sie bei ihrer Suche ein paar Wochen später auf eine Goldader und taufte das Gen natürlich auf den Namen »Hephaestin«.[52] Einige frühere Beispiele ihres künstlerischen Geschicks schmücken so manches Genetikerbüro, auch das von Francis Collins. Sie zeichnete eine Karikatur des Y-Chromosoms, auf dem die Orte verschiedener Gene eingetragen sind, die männliche Verhaltenszüge steuern.[53] Zur Liste zählen sofort erkennbare Verhaltensweisen wie »durch die Fernsehkanäle zappen«, »vollständiger Erinnerungsverlust bei Verabredungen«, »Unfähigkeit, nach dem Weg zu fragen« und »Luftgitarre spielen« (bei älteren Herren darf es auch die »Luftvioline« sein).

In jüngster Zeit allerdings hat Gitschiers flüchtiges Interesse am menschlichen Verhalten auch ihre eigenen Forschungen beeinflußt. Als talentierte Sängerin fasziniert sie eine unschätzbare Gabe mancher Musiker: das absolute Gehör, also die Fähigkeit, die Lage eines Tons ohne irgendein Hilfsmittel zu bestimmen. Mit einem von ihr konzipierten exakten Test, der feststellt, ob ein Mensch das absolute Gehör besitzt, hat sie gezeigt, daß dieses Talent ein Erbstück ist – vorausgesetzt, daß Menschen, die das mutmaßliche Gen erben, vor dem Alter von sechs Jahren eine musikalische Ausbildung erhalten.[54] Gegenwärtig sucht sie nach Familien, bei denen dieses Phänomen auftritt, in der Hoffnung, das gesuchte Gen eines Tages kartieren und schließlich dingfest machen zu können.

Die Vorstellung, daß Gene das menschliche Verhalten und die Persönlichkeit beeinflussen, ist höchst verführerisch. Seit etwa fünf bis sechs Jahren häufen sich die Hinweise, daß menschliche Verhaltenszüge zumindest teilweise von Variationen in unserer DNA beeinflußt sind, und mehrere provozierende Studien lassen gar vermuten, daß auch komplexes menschliches Verhalten durch Veränderungen in einem einzigen Gen geprägt werden kann.[55] Das erstaunlichste Beispiel kam vor einigen Jahren ans Licht, als das Verhalten einer höchst antisozialen holländischen Familie, in der die Männer regelmäßig Vergewaltigungen und Brandstiftungen begingen, einer Mutation im Gen für ein Enzym im Gehirn namens Monoamin-Oxidase zugeschrieben wurde.[56] Die Mutation ist extrem selten, doch daß sie bedeutsam ist, wurde durch Studien an Mäusen, denen das entsprechende Gen fehlte, untermauert.

Können Gene jedoch auch häufigere, weniger klar umrissene Spielarten des menschlichen Verhaltens bestimmen? Geradezu ein mediales Gewitter wurde von einem Bericht der angesehenen Forscher David Lykken und Auke Tellegen von der Universität Minnesota ausgelöst. Er war Teil der 20 Jahre alten Minnesota-Zwillingsstudie und stand in einer obskuren Zeitschrift. Die Autoren erläuterten ihre Fragestellung wie folgt: »Sind Menschen, die im Anzug ins Büro gehen, glücklicher und erfüllter als Menschen, die im Blaumann zur Arbeit gehen? Genießen Menschen, die höher auf der sozioökonomischen Leiter stehen, das Leben mehr als die Menschen auf den unteren Stufen? Kann man Glück mit Geld erkaufen? Sind schwarze Amerikaner infolge von Rassismus und relativer Armut im Durchschnitt weniger zufrieden als weiße Amerikaner?«[57]

Lykken und Tellegen baten mehr als 1300 Zwillingspaare, die im Zwillingsregister von Minnesota eingetragen waren, einen Fragebogen auszufüllen, bei dem es um ihre Zufriedenheit und ihr Wohlergehen ging, und glichen die Ergebnisse mit verschiedenen Parametern ab, darunter Einkommen, Familienstand und Bildungsniveau. Eineiige Zwillinge zeigten durch die Bank eine größere Nähe in Fragen der Zufriedenheit als zweieiige Zwillinge, während Variablen wie Religion, Alter und Bildung in ihrer Wirkung vernachlässigbar waren. Der Schluß lautete, ähnlich wie das Körpergewicht, das durch einen »Gleichgewichtspunkt« des Stoffwechsels bestimmt ist, könnte auch das natürliche Zufriedenheitsgefühl durch einen erblichen Gleichgewichtspunkt für Glück bestimmt sein. Lykken zufolge ist »etwa die Hälfte unseres Wohlgefühls von unserem Gleichgewichtspunkt bestimmt, der aus der genetischen Lotterie stammt, die andere Hälfte rührt von den Sorgen und Freuden der letzten Stunden Tage oder Wochen her«.[58] Die Autoren fanden auch Hinweise auf einen signifikanten genetischen

Beitrag zum längerfristigen Wohlgefühl über einen Zeitraum von fünf bis sechs Jahren. Der Genetiker Dean Hamer vom nationalen amerikanischen Krebsforschungsinstitut vertritt die These: »Wie Sie sich in diesem Moment fühlen, ist etwa zu gleichen Teilen genetisch und situationsbedingt, doch wie Sie sich im Schnitt während der nächsten zehn Jahre fühlen, ist zu ganzen 80 Prozent von Ihren Genen bestimmt.«[59]

Die Minnesota-Autoren kommen zu dem launigen Schluß: »Es könnte sein, daß der Versuch, glücklicher zu werden, genauso sinnlos ist wie der, größer zu werden, und daß er deshalb kontraproduktiv ist.« Die intensiven Gefühle, die etwa beim Arbeitsplatzverlust oder bei einem Lottogewinn auftreten, werden binnen kurzer Zeit unweigerlich verblassen, da unser »Glückszeiger« wieder zum Gleichgewichtspunkt zurückkehrt. Lykken versucht seinen eigenen Glückspunkt etwas weiter nach oben zu drücken, indem er die schlichten Vergnügungen des Lebens genießt, etwa Gartenarbeit oder ein gutes Glas Wein, ganz im Einklang mit dem Rat des englischen Dichters William Cowper, der schrieb: »Das Glück hängt, wie die Natur zeigt, weniger an äußeren Dingen, als die meisten glauben.«

Bleiben wir noch für einen Moment bei der Vorstellung von einem Glücksgen. Einer der ersten Kandidaten für die Vermittlung eines solchen Effekts ist der Neurotransmitter Dopamin, der »Luststoff« des Gehirns, der bei einem genußreichen Mahl oder einer schönen Erfahrung freigesetzt wird. Die Freisetzung und der Abbau von Dopamin und seinem Gegenstück, dem Neurotransmitter Serotonin, könnten in erster Linie dafür verantwortlich sein, die vielen potentiellen genetischen Einflüsse auf das Verhalten zu vermitteln, zumindest, wenn man den Ergebnissen Dean Hamers und anderer Forscher folgt. Hamer machte international Schlagzeilen, als er 1993 bei seiner Studie über homosexuelle Brüder Hinweise auf ein Gen auf dem langen Arm des X-Chromosoms fand, das zur Festlegung der sexuellen Orientierung beiträgt.[60] Schwulenaktivisten gingen daraufhin mit »Danke Mum«-T-Shirts auf die Straße, ein Tribut an die gewichtige Rolle ihres mütterlichen X-Chromosoms bei der Prägung ihrer sexuellen Orientierung. Zwar haben zwischenzeitlich einige Studien die These von einem »Schwulengen« etwas abgeschwächt, doch hat Hamers Forschung dem zuvor brachliegenden Feld der Psychogenetik ein gewisses Maß an Glaubwürdigkeit und Spannung verliehen.

Im Jahr 1993 bestätigte Hamers Gruppe die Ergebnisse einer israelischen Studie, die Variationen in der Länge des Gens für einen D4-Dopaminrezeptor mit einer gut beschriebenen psychischen Eigenschaft namens »novelty seeking« korrelierte – einem Maß für extrovertiertes, den Nervenkitzel suchendes Verhalten.[61] Doch wegen der Aufregung, die dies auslöste, wurde das Kleingedruckte in Hamers von *Nature Genetics* veröffentlichten Studie leider übersehen. Es ging keineswegs um das Gen für Bungee-Jumping, wie manche Zeitungen berichteten; die Variation im D4-Rezeptor konnte bestenfalls einen kleinen Prozentsatz der Variation im »stimulationssuchenden« Verhalten erklären, das an sich schon nur zu 50 Prozent erblich ist. Zur erblichen Variation konnten 10 oder gar 100 Gene beitragen. So überrascht es vielleicht nicht, daß ein derart geringfügiger Effekt von anderen Studien kaum bestätigt werden konnte.

Im Gegensatz zum Dopamin ist das Serotonin die »Strafchemikalie« des Hirns, und Veränderungen bei der Freisetzung dieses Neurotransmitters im Gehirn haben gewichtige Effekte, wie der Erfolg des beliebten Antidepressivums Prozac zeigte, der auf den Serotonin-Transporter einwirkt. Natürlich auftretende Variationen in einer repetitiven DNA-Sequenz in der Nähe des Serotonin-Transporter-Gens ändern die Expression des Gens, was wiederum Folgen für den Serotoninspiegel haben kann. Menschen mit der kürzeren Form des Gens produzieren weniger von dem Transporter und haben daher höhere Serotoninspiegel. Interessanterweise korreliert diese Version des Gens mit Verhaltenszügen wie Gefahrenvermeidung und Ängstlichkeit.

In den Jahren vor dem Abschluß der Genomsequenz hatten Hamer und andere Psychogenetiker kaum eine andere Wahl, als die Wirkungen einer Handvoll plausibler Kandidatengene zu studieren. Gene, die den Dopamin- und Serotoninspiegel beeinflussen, fallen natürlich in diese Kategorie, doch gab es auch Versuche, noch weiterreichende Schlüsse zu ziehen. Hamer behauptet, ein Vorteil der »ängstlichen« Form des Serotonin-Transporter-Gens für seine Träger sei, daß sie mehr Sex hätten.[62] Zudem vermutet er, daß das D4-Dopaminrezeptor-»Nervenkitzel«-Gen indirekt die Zahl der Sexualpartner beeinflußt, was zu der albernen These von einem »Promiskuitätsgen« führte. Dieser Trend führte zu weiteren haarsträubenden Behauptungen – es gebe ein »Untreue-Gen«, ein »Viagra-Gen«, sogar ein »Religiositäts-Gen« –, die sich allesamt wohl kaum bestätigen lassen.

Hingegen gibt es trotz des Aufruhrs, der die Veröffentlichung des Buchs *The Bell Curve* 1994 begleitete, gute Gründe für die These, daß die allgemeine kognitive Fähigkeit oder »allgemeine Intelligenz« (auch als *g*-Faktor bezeichnet) ein erblicher Verhaltenszug ist. »*g* ist einer der verläßlichsten und stichhaltigsten Indikatoren im Bereich des Verhaltens«, meint Robert Plomin vom Institut für Psychiatrie in London. »Die langfristige Stabilität des *g*-Faktors nach der Kindheit ist größer als die von Faktoren für irgendein anderes Verhaltensmuster, und mit ihm lassen sich wichtige soziale Erfolge wie Bildungs- und Beschäftigungsniveau weit besser voraussagen als mit jedem anderen Faktor.«[63] Der *g*-Faktor ist ein Meßwert einer vielfältigen Reihe kognitiver Tests, etwa für sprachliche Fähigkeiten, Orientierung im Raum und Gedächtnisleistung. Er ist nicht zu verwechseln mit Intelligenz, nur eine ihrer Definitionen. Doch Plomins Gruppe und andere betreiben ausgedehnte Forschungen nach Genen, die *g* beeinflussen, und glauben, daß manche dieser Faktoren in den kommenden Jahren ausfindig gemacht werden. Plomin winkt bei der Überlegung ab, ob Tests auf dem *g*-Faktor nicht mit Verfahren wie der Präimplantationsdiagnostik durchgeführt werden könnten, wenn auch aus pragmatischen Gründen, etwa weil zuwenig Embryos zur Verfügung stehen und es zu viele andere wichtige Eigenschaften zu überprüfen gilt. Doch könnte der postnatale Test eine attraktive Möglichkeit sein, so Plomin, besonders wenn einfache Ernährungsregeln (wie sie heute in Fällen von Phenylketonurie gebräuchlich sind) sich als nützlich erweisen könnten.

Nicht wenigen wird bei der Vorstellung unbehaglich zumute sein, daß Gene die Intelligenz beeinflussen, doch haben die Forscher triftige Beweise dafür, daß bei vielen Genen Deletionen zu verschiedenen Stufen mentaler Retardation führen, die etwa drei Prozent der Bevölkerung treffen. Auch für die Sprachentwicklung werden Gene gesucht, für Lesefähigkeit, Sprechstörungen und zahllose andere Merkmale. Bei Patienten mit dem Williams-Syndrom fehlen mehrere Gene auf Chromosom 7, und während sie unter Lese- und Schreibschwäche leiden, sind sie meist redselig und besitzen erstaunliche verbale und musikalische Fähigkeiten.[64] Eines der bei dieser Störung beteiligten Gene wurde mit der kognitiven Funktion in Verbindung gebracht. Durch Studien an Patienten mit dem Ullrich-Turner-Syndrom, denen ein Teil des X-Chromosoms fehlt, wurde womöglich der Locus eines Gens für weibliche Intuition entdeckt, das teilweise erklären könnte, warum Jungen anfälliger für Entwicklungsstörungen wie Autismus sind als Mädchen.[65]

Während großes Interesse an genetischen Einflüssen auf das Verhalten herrscht, spielen die Gene natürlich auch eine Rolle bei der körperlichen Entwicklung. Eine ähnliche Liste menschlicher Gene – manche real, manche hypothetisch – könnte für physische Eigenschaften erstellt werden. Gene beeinflussen ganz offenbar den Körperbau und die Muskulatur und könnten bei sportlichen Fähigkeiten eine bedeutende Rolle spielen. Nehmen wir einmal die Laufgeschwindigkeit.[66] Der spektakuläre Erfolg von Athleten afrikanischer Abstammung in der modernen Leichtathletik ist gut belegt. Westafrikanische Athleten glänzen in Sprintdisziplinen, während ost- und nordafrikanische Läufer bei Marathons und Ausdauersportarten fast unbesiegbar sind. Der Trainer des Fußballclubs Arsenal London, Arsene Wenger, der stark in Spieler afrikanischer Herkunft investiert hat, ist kein Fachmann für Genetik, doch seine Gedankengänge sind vielsagend: »Ich glaube, schwarze Sportler haben einen gewissen Vorteil, und im Fußball zeigt sich dieser durch die explosive Geschwindigkeit. Das kann man nicht bestreiten [...], und das hat etwas mit Genetik zu tun. Der Rest ist Kultur und Ausbildung. Aber das genetische Element kann man nicht hinzufügen. Noch nicht, jedenfalls!«[67]

An der Universität London mißt David Hopkinsons Gruppe die Erblichkeit von Gesichtszügen mit dem Ziel, Gene ausfindig zu machen, welche die Entwicklung dieser Merkmale beeinflussen.[68] Vielleicht werden Eltern eines Tages in der Lage sein, den Embryos, die sie auswählen, auch ein am Computer entworfenes Gesicht auszusuchen.

Die Sequenzierung des Humangenoms wird die Forscher schließlich mit den Werkzeugen ausstatten, die sie brauchen, um gültige Antworten auf alte Fragen zu finden: Sind komplexe menschliche Eigenschaften vorrangig von der Natur oder von der Umwelt bestimmt? Gegenüber den tristen Szenarien, die der Film *GATTACA* zeigt, wirkt das Motto des Films – »Es gibt kein Gen für den menschlichen Geist« – ein wenig verharmlosend. Ob dies weiter gelten kann, wenn die Sequenz endgültig analysiert ist, bleibt abzuwarten.

11. KAPITEL

Die Sprache Gottes Ein folgenreicher Moment für die Geschichte der Menschheit

> Das Buch des Lebens beginnt mit einem
> Mann und einer Frau in einem Garten.
> Es endet mit der Offenbarung.
>
> Oscar Wilde

Am Montag, dem 26. Juni 2000, schritt Präsident Clinton in den East Room des Weißen Hauses, dicht gefolgt von zwei stolzen Männern: Craig Venter und Francis Collins. Bei der eilig arrangierten Feier sollten die vollendete Arbeitsversion des öffentlichen Humangenomprojekts und Celeras »erste Assemblierung« vorgestellt werden. Als Ehrengast saß James Watson unter den geladenen Wissenschaftlern, Regierungsbeamten und Medienvertretern im Publikum, der als Wissenschaftler und Politiker maßgeblich dafür verantwortlich zeichnete, daß das Humangenomprojekt in die Wege geleitet wurde.

Der via Satellit live zugeschaltete britische Premierminister Tony Blair feierte den Durchbruch als »den ersten großen technischen Triumph des 21. Jahrhunderts«. Präsident Clinton gratulierte den Projektleitern der öffentlichen und privatwirtschaftlichen Arbeitsgruppen. Mit charakteristisch vorgeschobenem Unterkiefer entschied sich der Präsident für eine theologische Metaphorik: »Heute lernen wir die Sprache, in der Gott das Leben schuf. Mit wachsender Ehrfurcht stehen wir vor der Vielgestaltigkeit, der Schönheit und dem Wunder von Gottes höchstem und heiligstem Geschenk.«[1] Und auf die 99,9prozentige Gleichheit des genetischen Codes aller Menschen anspielend, fügte Clinton hinzu: »Die moderne Wissenschaft hat bestätigt, was uns zuerst die alten Religionen lehrten. Das wichtigste Geheimnis des Lebens auf dieser Erde ist unsere gemeinsame Menschlichkeit.«

Collins, der nach dem Präsidenten sprach, erwärmte sich für das biblische Motiv. »Es macht mich demütig und ehrfürchtig zu erkennen, daß wir einen ersten Blick auf unsere eigene Bauanleitung geworfen haben, die zuvor nur Gott kannte.« Für Collins jedoch war diese Stunde des Triumphs, von der er sieben Jahre lang geträumt hatte, von Trauer überschattet. Nicht einmal 24 Stunden zuvor hatte er dem Begräbnis seiner Schwägerin beigewohnt, einer Marionettenspielerin, die an Brustkrebs gestorben war. Leider, so sagte er nun, kämen die Wunder der Genomforschung für sie zu spät. Zur Frage des Wettstreits mit Celera hatte sich Collins eine perfekte Antwort ausgedacht. »Heute bin ich glücklich, daß wir nur noch von einer ›race‹ [Wettrennen, aber auch Rasse, A. d. Ü.] reden, der ›human race‹.«

Anders als seine beiden Vorredner wählte Venter keinen spirituellen, sondern einen weltlichen Ansatz. Er würdigte das Erreichte als »einen historischen Augenblick in der 100 000jährigen Geschichte der Menschheit« und dankte dem Präsidenten und dem amerikanischen Kongreß für ihre großzügige Unterstützung der biomedizinischen Forschung. Natürlich lobte er auch Celeras Mutterunternehmen, die PE Corporation, und ihre Investition von einer Milliarde Dollar. Dann prophezeite er eine Überfülle an praktischen Anwendungen der Genomsequenz und äußerte die Hoffnung, wir könnten es noch erleben, daß sich die Zahl der Krebstoten auf null reduzieren würde. Er schloß mit den philosophischen Worten:

> Einige haben gesagt, daß die Sequenzierung des Humangenoms die Menschheit herabwürdige, weil dem Leben das Geheimnisvolle genommen werde. Dichter haben protestiert und die Genomsequenzierung als Beispiel eines zur Verarmung führenden Reduktionismus bezeichnet, der sie ihrer Inspirationen beraube. Doch nichts ist weiter von der Wahrheit entfernt. Die komplexen und wundersamen Vorgänge, durch die leblose Chemikalien unseres genetischen Codes die Unwägbarkeiten des menschlichen Geistes hervorbringen, sollten Dichter und Philosophen noch für Jahrtausende inspirieren.

Auf beiden Seiten des Atlantiks wurden Pressekonferenzen abgehalten. Bei der Konferenz in London herrschte eine Atmosphäre allgemeinen Schulterklopfens, die eher an eine Preisverleihung erinnerte, auch wenn einige der britischen Wissenschaftler immer noch an der Rhetorik des Wettkampfs festhielten. Michael Stratton vom Sanger Centre, der Entdecker des Brustkrebsgens *BRCA2*, erklärte: »Heute ist der Tag, an dem wir der Öffentlichkeit das Geschenk des Humangenoms überreichen. Es ist sehr zerbrechlich und wunderschön und birgt ein mächtiges Potential für Gutes oder Böses.«[2]

Nach den Feierlichkeiten im Weißen Haus versammelten sich die leitenden Wissenschaftler von Celera und des öffentlichen Humangenomprojekts im nahe gelegenen Hotel Capital Hilton zu einer riesigen Pressekonferenz. Fast alle Spuren der giftigen Konkurrenz zwischen Venter und Collins schienen verschwunden. Statt dessen hatte sich eine entspannte Kameraderie zwischen den beiden Männern und ihren jeweiligen Teams eingestellt, und vor allem Venter genoß die Gelegenheit, ein paar harmlose Spitzen auf die öffentlichen Leiter abzufeuern, die seinen Celera-Mitarbeitern auf dem Podium gegenübersaßen. An einer Stelle entschuldigte sich Venter für die Abwesenheit seines an Windpocken erkrankten PE-Kollegen Michael Hunkapiller, der treibenden Kraft hinter der Entwicklung des DNA-Sequenzierautomaten. »Ich habe ihm gesagt, wenn er käme, müßte er auf der öffentlichen Seite sitzen!« witzelte Venter und brachte damit beide Gruppen zum Lächeln.

Daß Aristides Patrinos, der Direktor des Genomprojekts des Energieministeriums, die Pressekonferenz in Washington leitete, schien nur angemessen. Im Frühjahr waren Befürchtungen angesichts der ständigen Gehässigkeiten zwischen den beiden Seiten bis ins Präsidentenbüro gedrungen. Präsident Clinton wies seinen leitenden wissenschaftlichen Berater Neal Lane an, »das zu regeln [...], veranlassen Sie diese Leute zur Zusammenarbeit«.[3] Die Aufgabe fiel dann Patrinos zu, der eines Sonntagabends Anfang Mai Venter und Collins in sein Landhaus nach Rockville in Maryland lockte, um dort bei Pizza und Bier über eine Annäherung zu sprechen. »Ich glaube nicht, daß ich die beiden jemals so angespannt gesehen habe wie an diesem Tag«, sagte Patrinos.[4] Aber auch die beiden Protagonisten erkannten die dringende

Notwendigkeit, die verbalen Feindseligkeiten durch einen Waffenstillstand zu beenden. Nach mehreren weiteren Treffen mit Patrinos willigten die Rivalen prinzipiell in eine gemeinsame Bekanntgabe der Sequenz ein. Die ersten Anzeichen einer konkreten Versöhnung waren im Juni festzustellen, als Venter und Collins gemeinsam und ohne Eklat bei einer NIH-Pressekonferenz zum Thema Krebs auftraten. Während eilig die letzten Vorbereitungen für die Feierstunde im Weißen Haus getroffen wurden, wo die offizielle Bekanntgabe erfolgen sollte, posierten Venter und Collins feierlich in weißen Laborkitteln für das Titelblatt des Magazins *Time*.[5]

In den Wochen vor der Bekanntgabe hatten sich Collins und seine Verbündeten bei den Medien heftig über die ständigen Anspielungen auf »den Wettlauf« beschwert. Kurz vor dem Festakt im Weißen Haus brachte der *New Yorker* einen Artikel von Richard Preston, in dem Venter seine vormalige Einstellung zur Konkurrenz mit dem öffentlichen Projekt offenbarte. »Sie versuchen es so hinzustellen, als sei es kein Rennen?« fragte Venter. »Aber wenn zwei Segelboote dicht nebeneinandersegeln, dann ist das natürlich eines. Wenn ein Boot gewinnt, jubelt der Gewinner: ›Ich hab ihn fertiggemacht‹, während der Verlierer sagt: ›Das war gar kein Wettrennen, wir sind nur so nebeneinander hergesegelt‹.«[6] Collins antwortete, wenn es sich tatsächlich um ein Rennen handelte, dann um eines, in dem die Teams auf unterschiedlichen Bahnen liefen und unterschiedliche Ziellinien ansteuerten. Lander war ebenfalls ungehalten über den Tenor der Medienberichterstattung. »Diese journalistische Gefräßigkeit hat niemandem besonders genützt, und ich bin wenig beeindruckt davon [...], das ist doch nur ein billiger und einfacher Weg für Wissenschaftsreporter, ihre Story auf die Titelseite zu bringen.«[7]

Auf der überfüllten Pressekonferenz in Washington brachte Collins das Thema noch einmal zur Sprache. Er erinnerte die Presse daran, daß die Daten des öffentlichen Konsortiums, die mit einer Geschwindigkeit von 1000 Basen pro Sekunde gesammelt wurden, jeden Abend in eine öffentlich zugängliche Datenbank eingespeist wurden, wo sie jedem, der sie benutzen wollte, zur Verfügung standen, also auch Venter. Venter räumte dies pflichtschuldigst ein und wies überdies darauf hin, daß seine Mutterfirma PE Hunderte der DNA-Sequenzierautomaten, die auch Celera verwendete, an vier der fünf großen Genomzentren verkauft hätte – was wohl kaum das Vorgehen einer Firma sei, die den »Wettlauf« um jeden Preis gewinnen wollte.

Obwohl beide Seiten die Hoffnung zum Ausdruck brachten, eine zeitgleiche Veröffentlichung in ein paar Monaten in die Wege zu leiten und vielleicht ihre Sequenzen und Sequenziermethoden miteinander zu vergleichen, einigte man sich am Ende lediglich auf eine gewisse Kooperation und nicht unbedingt auf eine gemeinschaftliche Arbeit. Gleichzeitig ließ sich nicht bestreiten, daß die tiefsitzenden Konkurrenzinstinkte bei beiden Lagern den Abschluß des Sequenzierprojekts beschleunigt hatten. »Das Blut gerät in Wallung«, sagte Collins. »Konkurrenz ist sicherlich ein wesentlicher Bestandteil der Wissenschaft«, räumte Lander ein. »Die wissenschaftliche Methode funktioniert dadurch, daß man unter Freunden eben auch Alternativen erkundet.«[8] Worauf Venter mit verhaltener Stimme erwiderte: »Und bei solchen Freunden erst ...!«

Mit der außergewöhnlichen Satellitenverbindung zwischen dem Weißen Haus und Downing Street wurde die Bedeutung der Veranstaltung unterstrichen. Doch was wurde eigentlich gefeiert? Laut Collins hatte das öffentliche Konsortium über 22 Milliarden DNA-Basen sequenziert und eine siebenfache Überdeckung des Genoms erbracht, wobei mehr als 60 Prozent der Sequenz erst in den vergangenen sechs Monaten entschlüsselt worden waren. Das Humangenom enthielt schätzungsweise 3,15 Milliarden Basen. Laut Collins war ein Viertel der Sequenz fertiggestellt, fast 50 Prozent der Sequenz lägen in »fast fertiger« Form vor und weitere 38 Prozent in einer Arbeitsversion. 95 Prozent der Sequenz hätten eine Genauigkeit von 99,99 Prozent, doch über den Rest bestand weniger Klarheit, daher war die vorliegende Sequenz derzeit nur zu 99,9 Prozent genau. Eine erste Analyse der veröffentlichten Sequenz ergab 38 000 nachgewiesene Gene, was den Grenzwert für die internationale Genlotterie deutlich herabschraubte.

Collins' Auftritt war so eloquent und würdevoll, wie man es von ihm gewohnt war. Er bestimmte die Tragweite der Leistung mit einem Zitat von Antoine de Saint-Exupéry, dem Autor des *Kleinen Prinzen*: »Dein Ziel ist es nicht, die Zukunft vorauszusehen; du sollst sie möglich machen.«[9] Er fügte hinzu: »Die Sequenz, die heute entschlüsselt wurde [...], wird uns unvergleichliche Möglichkeiten für das künftige Verständnis der menschlichen Biologie eröffnen.« Dann war es an der Zeit, den vielen Männern und Frauen Tribut zu zollen, die zu dem historischen Ereignis beigetragen hatten. »Wir stehen auf vielen Schultern«, sagte Collins beifällig. »Das Humangenomprojekt hüpfte nicht wie Venus einfach aus dem Kopf des Zeus!« Das ließ ein paar Augenbrauen in die Höhe schnellen, vor allem bei Ari Patrinos, dem Athener, der es nicht lassen konnte, den Freund darauf hinzuweisen, daß es Athene war, und nicht Venus, die aus dem Kopf des Zeus heraussprang. (Collins fing sogleich an, sich dafür zu entschuldigen, daß er die griechische und römische Mythologie durcheinandergebracht hatte, ehe er erkannte, daß er die Situation dadurch nur noch schlimmer machte.)

Venter folgte Collins und lieferte einige Statistiken zu Celeras Version der Sequenz, die 99 Prozent des Genoms umfaßte. Passenderweise hatte die Arbeit daran exakt neun Monate gedauert. Die Sequenz beruhte auf der Analyse der Genome von fünf Menschen: einer schwarzen Amerikanerin, einer Chinesin, einer lateinamerikanischen Frau und zwei weißen Männern. Es gab allerlei Spekulationen darüber, ob das erste Genom, das sequenziert wurde, womöglich Venter selbst gehörte, doch Venter sagt dazu nur, es sei Firmenpolitik, die Identität der Spender nicht zu verraten.[10] Er bestätigte außerdem, daß die Rohsequenz nach der Publikation öffentlich verfügbar gemacht würde, allerdings müßten Interessenten, die sofortigen Zugang sowie Einblick in Annotation und Vergleiche mit anderen Sequenzen wie dem Mausgenom wollten, eine Gebühr bezahlen.

Nach Celeras Berechnung enthält das Humangenom 3,12 Milliarden Basen, rund 30 Millionen Basen weniger als nach Schätzung des öffentlichen Konsortiums. Celera hatte 26,4 Millionen DNA-Segmente mit je etwa 550 Buchstaben sequenziert. Die Gesamtmenge an sequenzierter DNA betrug 14,5 Milliarden Buchstaben, was eine 4,6fache Überdeckung des Genoms ergab. Venter führte einen Großteil dieses Erfolgs auf eine »Geheimwaffe« zurück: eine von Hamilton Smith und Robert Holt entwickelte sogenannte »paired-end«-Sequenzierstrategie, die mit Sequenzpärchen arbeitete und es ermöglichte, Lücken in der

Sequenz zu füllen, die sich mit anderen Methoden nicht schließen ließen.[11] Für die Sequenzassemblierung mußte der Prozessor von Celeras Supercomputer 20 000 Stunden lang rechnen und über 500 Millionen Trillionen DNA-Vergleiche durchführen. »Ich fragte Gene [Myers], wieviel das eigentlich sei«, scherzte Venter, »und er sagte: ›Ich glaube, es ist soviel wie eine Phantastillion!‹«[12] Doch wie auch immer diese Zahl heißt, Venter behauptet jedenfalls, es sei die größte bioinformatische Berechnung aller Zeiten gewesen.

Alles in allem war dies einer der stolzesten und lohnendsten Tage während Venters zwei Arbeitsjahren bei Celera. Er erfuhr, noch während er sich im Weißen Haus aufhielt, daß sein erster Biotech-Partner einen Vertrag unterzeichnet hatte, und auch die Verhandlungen mit einem großen akademischen Abonnenten – Australien – steuerten auf einen erfolgreichen Abschluß zu. Der einzige Mißklang kam von den launischen Aktienmärkten. Die Hinweise auf eine Bereitschaft Celeras, mit den staatlichen Wissenschaftlern zu kooperieren, ließen einige Investoren an der langfristigen Rentabilität von Celeras Geschäftsmodell zweifeln. Und so fielen am Tag, als Celera Geschichte schrieb, die Aktien des Unternehmens um elf Prozent.[13]

Der 26. Juni war ein historischer Tag, und Wissenschaftler und Kommentatoren bemühten sich, möglichst passende Metaphern zu finden, um die Bedeutung des Ereignisses in Worte zu fassen. Seltsamerweise schien das, was dabei herauskam, die Buchstaben des genetischen Codes nachzuäffen: Man bemühte Vergleiche mit der Apollo-Mondlandung, Kopernikus' Planetensystem, Galens anatomischen Erkenntnissen und Turings Entschlüsselung des Enigma-Codes. Doch selbst der Vergleich mit der Erfindung des Rades klang ein wenig müde, gestand Michael Dexter, der Direktor des Wellcome Trust, der ihn wenige Monate zuvor geprägt hatte. »Ich kann mir gut vorstellen, daß die Technik das Rad einmal überflüssig machen wird«, sagte Dexter. »Aber dieser Code ist die Essenz der Menschheit, und solange es Menschen gibt, wird dieser Code von Bedeutung sein.«[14]

Den meisten Wissenschaftlern gingen ganz einfach die Superlative aus, sie bezeichneten die Erklärung als Offenbarung und als eines der bedeutendsten Ereignisse der menschlichen Geschichte. Der Evolutionsbiologe Richard Dawkins wurde sogar richtiggehend poetisch: »Neben der Musik von Bach, den Sonetten von Shakespeare und dem Apollo-Raumfahrtprogramm ist das Humangenomprojekt eine der größten Errungenschaften des menschlichen Geistes, und es macht mich stolz, ein Mensch zu sein.«[15] (Man ist allerdings versucht zu fragen, ob wir denn eine andere Wahl haben.) In der Sendung *Nightline*, bei einem der vielen gemeinsamen Fernsehauftritte mit Collins nach der Pressekonferenz, sagte Venter, es sei ein »phänomenaler Tag gewesen [...], ein historischer Tag für uns als Spezies«,[16] worauf der schlagfertige Moderator entgegnete: »Nun, dann möchte ich Ihnen im Namen unserer Spezies danken!«[17]

Doch angesichts der so eilig inszenierten anglo-amerikanischen Verlautbarung fragten sich einige, ob die Feier nicht ein wenig verfrüht komme. Schließlich befanden sich Celeras Sequenzdaten, auch wenn sie im wesentlichen vollständig waren, sicher außer Reichweite der Allgemeinheit und waren nur den Abonnenten der Celera-Datenbank zugänglich – hauptsächlich der pharmazeutischen Industrie. Im Gegensatz dazu waren die Daten des öffentlichen Konsortiums über das Internet frei verfügbar, allerdings war das Ziel einer Arbeitsversion, die 90 Prozent des Genoms umfaßte, noch nicht ganz erreicht. »Ich wundere mich ein wenig über den Zeitpunkt«, fragte ein überraschter Reporter die Wissenschaftler des Sanger Centre bei der Pressekonferenz in London. »Sie haben 97 Prozent des Genoms kartiert, 85 Prozent sequenziert und 24 Prozent fertiggestellt. Wieso wählten Sie diesen Zeitpunkt für Ihre Bekanntgabe?«[18] Auch in den Vereinigten Staaten gab es eine ganze Reihe zynischer Kommentare. Wenn das Genomprojekt damit fertiggestellt sei, scherzten Journalisten, dann könne man auch gleich Schuberts unvollendete Symphonie für vollendet erklären[19] oder Baseballspiele nach dem achten Inning abpfeifen,[20] oder unvollständige Pässe beim American Football als vollständig werten.

Der Grund für die sorgfältig inszenierte Bekanntmachung erinnerte dem *Economist* zufolge an den Wettlauf in *Alice im Wunderland*, wo der Schiedsrichter (der Dodo) nach tieferem Nachdenken erklärt: »Jeder hat gewonnen, und jeder muß einen Preis bekommen.«[21] Der Preis für die Wissenschaftler des öffentlichen Projekts bestehe »in der Vorspiegelung, daß das Wettrennen eigentlich ein Unentschieden ergab und daß sie nicht wirklich von einem knapp zwei Jahre alten privatwirtschaftlichen Emporkömmling geschlagen wurden«. Was Venter betraf, so erhielt er »von öffentlicher Seite jenes Ansehen, das ihm einen Platz auf der Einladungsliste sichern dürfte [...], wenn es darum geht, einen Nobelpreis für Medizin aus den Händen des schwedischen Königs entgegenzunehmen«. Es könnte allerdings noch einen weiteren, ganz pragmatischen Grund für die Bekanntmachung am 26. Juni gegeben haben. Michael Morgan vermutet, es sei der einzige Zeitpunkt gewesen, an dem sich sowohl in Clintons als auch in Blairs Terminkalender eine Lücke fand.[22]

Die Reaktionen der Biotech-Branche waren gemischt. Venters früherer Partner Bill Haseltine äußerte sich skeptisch über Celeras Aussichten: »Das ist ein bißchen so, als hätte eine Privatfirma 1967 verkündet, sie würde sich mit der NASA ein Wettrennen zum Mond liefern, und hätte es tatsächlich auch geschafft. Die nächste Frage lautet jedoch: ›Wie sieht euer Geschäftsplan aus?‹«[23] Ein anderer Konkurrent, Steven Holtzman von Millennium Pharmaceuticals, sagte: »Im Moment dreht sich das Wettrennen nicht um die DNA [...]. Das Wettrennen dreht sich darum, Genen und Genvariationen eine Rolle bei der Auslösung und dem Verlauf von Krankheiten sowie bei der Reaktion auf Medikamente zuzuordnen.«[24] Der Präsident und Geschäftsführer von Incyte, Roy Whitfield, wagte die Äußerung: »Ich würde es als den Start von Tausenden von Wettrennen bezeichnen. Für jemanden, der unter Dickdarmkrebs leidet, geht es bei dem Rennen um die Heilung von Dickdarmkrebs. Für jemanden mit Arthritis dreht sich das Rennen darum, Arthritis zu heilen. Es ist der Beginn eines wahrhaft langen Wettlaufs, der gewaltige Auswirkungen auf die menschliche Gesundheit haben wird.«[25]

Die wohlüberlegte Meinung des unvergleichlichen Sydney Brenner lautet, daß es immer noch viel zu tun gibt. »Die Vorstellung, dies sei eine außergewöhnliche wissenschaftliche Leistung, ist einfach lächerlich«, sagt Brenner. »Es ist eine unternehmerische Leistung, ein geschäftlicher Erfolg, aber keine neue Wissenschaft. Es ist, wie wenn man einen Mann auf den Mond schickt. Ihn dort hinaufzubefördern ist leicht, aber ihn zurückzuholen – das ist das Problem!«[26]

Einige Medienberichte waren nicht ganz so wohlabgewogen. In

der Sendung *Good Morning America* faßte Diane Sawyer die Eroberung des Humangenoms kurz und knapp in die Schlagzeile: »Persönlichkeit, Profit, Passion – und Pizza!«[27] Dann fragte sie den *ABC*-Wissenschaftskorrespondenten: »Heißt das jetzt, wir können Menschen in einer Petrischale züchten?« Auf *CNN* gelang es Larry King, den Dalai Lama in Verlegenheit zu bringen, der offenbar noch nichts von der Genomgeschichte gehört hatte und gestand, er wisse eigentlich nicht viel über DNA. Und der Gastgeber einer Late-Night-Show im Fernsehen spöttelte: »Nun konzentrieren sich die Wissenschaftler auf ihr nächstes großes Projekt – sich flachlegen zu lassen!«[28]

Natürlich gab es auch viele Spekulationen über eine Verfilmung des Genomprojekts. John Hodgson, leitender Redakteur von *Nature Biotechnology*, dachte sich das Casting aus: John Malkovich sollte Venter spielen, Tom Hanks wäre Collins, Billy Connolly wäre ein perfekter John Sulston, und Präsident Clinton sollte sich selbst spielen.[29]

In den Wochen und Monaten nach der Erklärung im Weißen Haus konnte Celera stetig die Liste der Universitäten erweitern, die einen Zugang zur firmeneigenen Datenbank abonnierten, darunter auch Harvard und das Southwestern Medical Center der Universität von Texas. Der größte Coup war jedoch der Vertrag, der im September 2000 vom Howard Hughes Medical Institute unterzeichnet wurde, der größten gemeinnützigen medizinischen Organisation in den USA, die über 350 führende biomedizinische Forscher im ganzen Land fördert. Mitarbeiter des Instituts konnten nun für 15 000 Dollar jährlich Einblick in Celeras Datenbank nehmen.

Es war vorherzusehen, daß mit der Zeit immer mehr führende Universitäten Abkommen mit Celera treffen würden. Trotz ihrer Zweifel über den Nutzen von Celeras Datenbank im Vergleich zu den öffentlich verfügbaren Daten der GenBank, konnten nur wenige Forscher den Gedanken ertragen, daß ihre Rivalen an anderen Institutionen durch den Zugriff auf Celeras Sequenzdaten im Vorteil sein könnten. Zudem konnten Abonnenten auch auf die Daten des Mausgenoms zugreifen, was es den Forschern ermöglichte, durch den Vergleich mit den entsprechenden Genen der Maus mehr über die Rolle mutmaßlicher menschlicher Gene herauszufinden. Celera begann darüber hinaus, die Daten seines Polymorphismuskatalogs anzubieten, der rund 2,5 Millionen SNPs enthielt.

Doch während viele Forscher lautstark Zugang zu Celeras Genomdatenbank verlangten, bereitete diese Entwicklung anderen zusehends Kopfschmerzen. Vor fünf Jahren hatten mehrere Biotech-Firmen entschieden, medizinisch bedeutende Genentdeckungen nicht öffentlich zu machen, woraufhin universitäre Wissenschaftler wütend protestierten und die Industrie beschuldigten, ihren Profit über das Wohl der Patienten zu stellen. Nun wendete sich das Blatt. Da nun praktisch jedes Gen über das Internet verfügbar war, bewachten einige Forscher an Universitäten ihre Funde aus Angst, daß die finanziell gutausgestatteten Biotech-Firmen ihre Entdeckungen ausbeuten könnten. Angela Christiano, eine Dermatologin von der Columbia-Universität, sorgte 1997 für Schlagzeilen, als sie das Gen entdeckte, das bei einer seltenen Form der Alopezie mutiert ist und den vollständigen Verlust der Körperbehaarung zur Folge hat. Der potentielle Markt für Medikamente, die auf die Erforschung von Haarausfallgenen beruhen, ist immens groß, doch während Christiano ihre Forschung weiterführt, zögert sie, irgendwelche Fingerzeige auf die chromosomale Position anderer Haarausfallgene zu geben, bis sie das Gen bestimmt hat.[30] Die Publikation des ungefähren Genlocus könnte es einer Biotech-Firma ermöglichen, den Genort zu identifizieren und das Gen zuerst zu patentieren.

Noch bevor Venter sein Sequenziergeschick für größere Genome am Genom der Fruchtfliege bewies, konnte er sich vor Anfragen nicht retten, ob er nicht die Genome verschiedenster Organismen sequenzieren wolle. Die Maussequenz, die Celera Ende 2000 im wesentlichen vollendete, wird den Wert von Celeras Genomdatenbank enorm steigern.[31] Vergleiche der Sequenz von drei Inzuchtstämmen der Maus mit dem Humangenom und die Gegenüberstellung homologer Sequenzen beider Arten wird es den Wissenschaftlern ermöglichen vorherzusagen, welche Abschnitte der Gesamtsequenz wahrscheinlich Gene darstellen. 1999 sorgte Venter für großen Aufruhr, als er ankündigte, Celera könne das gesamte Reisgenom in nur sechs Wochen sequenzieren.[32] Doch im April 2000 verkündete der US-Konzern Monsanto, man habe die Arbeitsversion des Reisgenoms vollendet und werde sie der Öffentlichkeit zur Verfügung stellen. Venter erwägt außerdem eine Sequenzierung der Genome von Hausrind, Kamel, verschiedenen Insekten und vom Schimpansen. Auch das Hundegenom wäre ein attraktives Ziel, da eine genomische Analyse der bemerkenswerten Vielfalt an Hunderassen weitreichenden medizinischen Nutzen haben könnte – wie sich erahnen ließ, als ein Narkolepsiegen bei Dobermännern dingfest gemacht wurde.[33] 1999, während eines informellen Mittagessens bei Celera, sprach Venter nebenbei die Frage an, wie viele Chromosomen der Apfel wohl habe – man habe ihn während eines Besuchs in Australien auf eine mögliche Sequenzierung des Apfelgenoms angesprochen.

Während der letzten zehn Jahre haben Venters ruheloser Ehrgeiz und zielstrebiger Opportunismus ihn vielen seiner wissenschaftlichen Kollegen entfremdet. Doch obwohl er mittlerweile über ein Vermögen von Hunderten Millionen Dollar verfügt und so reich ist, daß er es sich leisten kann, die Hälfte seiner Celera-Anteile seinem ehemaligen Institut zu spenden, sehnt sich Venter immer noch nach der Anerkennung und der Bewunderung seiner Fachgenossen. Er spricht offen von einem Nobelpreis und sagt, daß seine Leistungen den Vergleich mit jenen von vergangenen Preisträgern nicht zu scheuen bräuchten. Einmal scherzte er gegenüber seinem vertrauten Kollegen Hamilton Smith, eines Tages würden sie sich womöglich den Nobelpreis teilen.[34] Smith, der den Preis 1978 erhielt und danach viele persönliche und berufliche Schwierigkeiten durchlitt, erwiderte nur: »Du kannst ihn haben.« Viele Beobachter glauben, daß Venters bahnbrechende Erfolge auf dem Gebiet der DNA-Sequenzierung während des letzten Jahrzehnts – die Pionierarbeit am EST-Ansatz, die Sequenzierung des ersten Genoms eines lebenden Organismus und die Beschleunigung der Sequenzierung des Humangenoms – einen Nobelpreis rechtfertigen würden. Doch ob er nun den Anruf aus Stockholm bekommt oder nicht, für Venter gibt es noch eine Menge zu tun.

Während Celera Pläne schmiedet, wie sich seine Armee von Sequenzierautomaten in den kommenden Jahren gewinnbringend einsetzen läßt, blickt man bereits auf das nächste große Ziel der Biotech-Industrie: das Proteomprojekt. Einen Monat nach der Pressekonferenz zum Humangenom erzählte Venter den Delegierten einer internationalen

Biochemietagung: »Nur wenn wir die Proteinfunktion verstehen, können wir medizinische Daten wirklich begreifen und vorhersagen.«[35] Celeras Schwesterfirma Applied Biosystems produziert derzeit eine neue Generation von Massespektrometern, um die Sequenzierung von Proteinen zu beschleunigen. Diese Technik könnte beispielsweise auch dazu eingesetzt werden, abnormale Proteine auf der Oberfläche von Krebszellen aufzuspüren, darunter auch Proteine, die durch Zugabe von Zucker, Schwefel oder Phosphatgruppen verändert wurden.[36] Diese Veränderungen können zwar drastische Auswirkungen auf die Proteinfunktion haben, werden aber bei einer Genomanalyse nicht erkannt. Celera läßt sogar durchblicken, man könne vom ursprünglichen Kurs als Informationsunternehmen abweichen und neue Wege erkunden, zum Beispiel patientenspezifische Impfungen und andere Formen der Medikamentenentwicklung.

Schon lange bevor die Humangenomsequenz aufgezeichnet war, fanden viele Wissenschaftler bereits Gefallen an der enormen Herausforderung, die Liste der genetischen Bauteile zu durchforsten und auszutüfteln, wie sie zusammenarbeiten. Diese nun vor uns liegende Aufgabe sollte nicht unterschätzt werden. »Ich bin sicher, daß die Wissenschaftler in einem Jahrhundert immer noch wichtige, aufschlußreiche Entdeckungen anhand der genetischen Sequenz machen werden, die [im Jahr 2000] entschlüsselt sein wird«, prophezeit Venter.[37]

Wissenschaftler an Universitäten und in der Industrie entwickeln bereits die nächste Generation von Werkzeugen, um weitere Schlüsselfragen beantworten zu können: Wie codieren die grob geschätzt 60 000 menschlichen Gene die Funktionen der Proteine? Und wie können diese Funktionen verändert werden, um Krankheiten zu behandeln? Die Antworten sind in den neuen Schlagworten der postgenomischen Ära zusammengefaßt, in Begriffen wie Proteomforschung oder Proteomics, funktionelle und strukturelle Genomforschung.[38] Das Augenmerk verlagert sich bereits von der Bestimmung der Identität aller menschlichen Gene zum Verständnis der Eigenschaften jener Hunderttausende von Proteinen, für die sie codieren (Proteomics). Auch an der Analyse der Genfunktionen (funktionelle Genomforschung) und der Struktur der entsprechenden Proteine (strukturelle Genomforschung) wird schon fieberhaft gearbeitet. Diese Begriffe klingen in den Ohren von Industrieanalysten und Risikokapitalisten verlockend, aber man sollte sich nicht täuschen lassen. »Der Unterschied zwischen Physiologie und funktioneller Genomforschung«, sagte der Genetiker Howard Jacob von der University of Wisconsin, »liegt in der Vermarktung.«[39]

In der postgenomischen Ära müssen sich die Wissenschaftler nicht länger darauf beschränken, jeweils nur ein Gen oder ein Protein auf einmal zu untersuchen. Ein neues Arsenal von Hilfsmitteln erlaubt es ihnen, die Eigenschaften des gesamten Zellrepertoires an Genen und Proteinen zu bestimmen. Während die DNA-Chips gewaltige Möglichkeiten bieten, die Genexpression in kranken und gesunden Zellen zu überwachen, entwickeln Forscher nun ähnliche Methoden, um auch die Eigenschaften von Proteinen zu beurteilen. Zum Beispiel haben Stuart Schreiber und Kollegen an der Harvard-Universität das Vorläufermodell eines Mikroarrays für Proteine entwickelt, das aus 10 000 Proteinflecken besteht, die durch einen Roboter auf einen normalen Mikroskop-Objektträger aufgetragen werden, mit dessen Hilfe man die Bindung kleinmolekularer Medikamentenkandidaten überwachen und Momentaufnahmen der Proteine in der Zelle anfertigen kann.[40]

Ein weiterer wirkungsvoller Ansatz zur Bestimmung von Proteinfunktionen besteht darin, herauszufinden, welche Proteine miteinander physikalisch interagieren, da dies aufschlußreiche Hinweise auf die Signalwege und Funktionen von im übrigen schlecht charakterisierten Proteinen liefert. Eine raffinierte Technik namens »Zwei-Hybrid-Analyse«, die vor mehreren Jahren an der Universität von Washington von dem Genetiker Stanley Fields und seinen Mitarbeitern entwickelt wurde, verwendet ein Protein als Köder, um die Bindung eines anderen aufzuspüren. Fields hat diese Methode erweitert, um die proteinbindenden Eigenschaften aller 6000 Genprodukte des Hefegenoms zu überwachen. Die ersten ergiebigen Daten, die in Zusammenarbeit mit CuraGen gewonnen wurden, ermöglichten es, die Partner für über 1000 Hefeproteine zu identifizieren, und gaben dadurch wertvolle Hinweise auf die Funktion Hunderter unbekannter Genprodukte.[41] Dieser Ansatz wird nun ausgeweitet, um die Proteine zu analysieren, die im vollständig sequenzierten Fruchtfliegengenom verschlüsselt sind. Zusammen mit anderen biochemischen, genetischen und rechnergestützten Ansätzen werden die Forscher ein neues, umfassendes Bild der Proteininteraktionen in der Zelle erstellen.

Im Zusammenhang mit den Techniken zur in großem Umfang durchgeführten Bestimmung der Proteinfunktion (funktionelle Genomforschung) liegt eine weitere Priorität in der industriell vorangetriebenen Bestimmung der dreidimensionalen Struktur von Proteinen, auch »strukturelle Genomforschung« genannt. »Der erste Blick auf eine neue Proteinstruktur erzeugt einen Kitzel, den man mit dem Gefühl vergleichen kann, das Forschungsreisende Ende des 19. Jahrhunderts bei der Entdeckung einer neuen Tierart empfunden haben müssen«, schwärmt John Kuriyan, ein führender Strukturbiologe an der Rockefeller-Universität.[42] Allerdings werden solche schwärmerischen Gefühle durch die Gründung großer Konsortien und Unternehmen beeinträchtigt, die für die Proteinstruktur das tun wollen, was das Humangenomprojekt für die DNA-Sequenzierung geleistet hat.

Kuriyans Kollege Stephen Burley setzt sich an vorderster Front für eine Initiative zur strukturellen Genomforschung ein, um die Bestimmung der räumlichen Strukturen von Proteinen zu beschleunigen.[43] Obwohl es Hunderttausende Proteine im menschlichen Körper gibt, kommt nur ein überraschend kleines Repertoire von wenigen tausend Proteinfaltungen zur Anwendung. Diese Abschnitte, von denen manche so eingängige Namen wie »Zinkfinger« oder »Leuzin-Reißverschluß« tragen, dienen einem vielfältigen Spektrum von Proteinen dazu, DNA oder andere Proteine an sich zu binden. Das NIH plant, über die nächsten fünf Jahre etwa 100 Millionen Dollar für die Finanzierung einiger weniger ausgewählter Gruppen auszugeben, welche die wichtigsten Proteinstrukturen oder -faltungen katalogisieren sollen. In der Zwischenzeit denkt der Wellcome Trust über die Gründung eines internationalen Konsortiums zur strukturellen Genomforschung zwischen akademischen Forschungszentren und der Industrie nach, um die Veröffentlichung von Proteinstrukturen zu beschleunigen.[44]

Diese Initiativen mögen zwar sehr eindrucksvoll sein, doch eine Vielzahl neuer Firmen ist bereits auf bestem Wege, die neuen Strukturen noch schneller zu entschlüsseln. Tim Harris, der aufgeweckte britische Geschäftsführer einer Firma mit dem phantasievollen Namen Structural GenomiX, die ihren Sitz in San Diego hat, spekuliert darauf, daß sich durch das industrielle Verfahren seiner Firma bei der Röntgenkristallographie die dreidimensionalen Strukturen von 5000 Proteinen in fünf Jahren bestimmen lassen werden.[45] Diese Strukturen können dann wiederum an pharmazeutische Unternehmen verkauft werden, die nach neuen und verbesserten Medikamentenanwendungen suchen.

Laut Peter Schultz, Direktor des Genominstituts der Novartis Research Foundation, ebenfalls mit Sitz in San Diego, ist die strukturelle Genomforschung ein fundamentaler Baustein für die Zukunft der Medikamentenentwicklung: »Wenn man 200 000 oder 400 000 Bausteine in einen Computer eingibt und diese gesamte Bibliothek an Molekülen *in silicio* tatsächlich an eine bestimmte Proteinstruktur andockt, könnte man theoretisch Anhaltspunkte für neue Medikamente finden.«[46] Schultz will diesen Weg mit einer neuen Firma namens Syrrx gehen.

Es gibt einige auffallende Parallelen zwischen der Gründung dieser und anderer Unternehmen auf dem Gebiet der strukturellen Genomforschung und der Art und Weise, wie Celera das öffentliche Konsortium des Humangenomprojekts kühn herausforderte und dadurch die Sequenziertechnik effizienter machte, wenn auch nicht neu erfand. Genau wie vor 15 Jahren, als das Humangenomprojekt erstmals in der Wahrnehmung der Öffentlichkeit auftauchte, sind auch heute bekannte Proteinchemiker nicht gerade glücklich über einen blinden Großforschungsansatz zur Aufklärung der Proteinstruktur. Die Kritik verstummte zwar im Fall des Humangenomprojekts, als der Wert der Genomsequenz offenbar wurde, doch ebenso wie der lineare DNA-Code nicht automatisch die Funktion der Gene preisgibt, verspricht auch die dreidimensionale Gestalt eines Proteins nicht unbedingt einen Einblick in seine Aufgaben.

Sowohl die öffentlichen als auch die privatwirtschaftlichen Bemühungen in der strukturellen Genomforschung stehen vor einer enormen Herausforderung. Es gibt weitaus mehr Proteinarten als Gene, weil die meisten Gene unterschiedlich exprimiert werden können. Darüber hinaus sind viele der medizinisch gesehen wichtigsten Proteine – jene, die in der Zellmembran sitzen und Hormonsignale, Transmitter oder andere Zellen erkennen – am schwierigsten räumlich exakt darzustellen. Als es Rod MacKinnon von der Rockefeller-Universität 1998 gelang, die erste Kristallstruktur eines Membrankanals zu bestimmen, bekam sein Vortrag darüber bei einer Konferenz in Utah stehenden Applaus.

Manche Wissenschaftler hoffen, daß man durch ein besseres Verständnis der Regeln, welche die Faltung der eindimensionalen Aminosäurekette eines Proteins in seine komplexe dreidimensionale Gestalt steuern, die Entschlüsselung der Proteinstrukturen vom Experiment zum Computer hin verlagern kann. Eine entscheidende Waffe bei dieser Suche, die schon als der neueste Heilige Gral der Biologie gefeiert wird, ist *Blue Gene*, ein neuer Supercomputer, der von IBM entwickelt wird.[47] Blue Gene ist tausendmal leistungsfähiger als *Deep Blue* (ein Computer, der berühmt wurde, als er vor wenigen Jahren Schachweltmeister Garry Kasparow schlug) und zweimillionenmal leistungsfähiger als ein guter PC. Wenn Blue Gene an seinem Standort in den Watson-Laboratorien in New York in ein paar Jahren bereit steht, wird er über eine Million Mikroprozessoren und über die optimale Geschwindigkeit von einem Petaflop verfügen – also eine Billiarde Operationen pro Sekunde ausführen können. Blue Gene wird dann die Aufgabe haben, die Faltung eines einzigen Proteins ausgehend von einer linearen Kette von Aminosäuren in seine exakte dreidimensionale Form nachzumodellieren. Diese Initiative wird für eine Reihe von Krankheiten medizinisch wichtig sein, die durch Probleme bei der Proteinfaltung verursacht werden, beispielsweise die Alzheimer-Krankheit, Mukoviszidose oder Prionenkrankheiten wie BSE.

Sydney Brenner zumindest freut sich auf die postgenomische Ära: »Wenn diese ganze [Genomprojekt-]Hysterie einmal nachläßt, werden wir wieder zu einer normalen, von Hypothesen vorangetriebenen Wissenschaft zurückkehren. Die Menschen vergessen ganz, daß es Zehntausende von Biochemikern gibt, die sich nun an die Arbeit machen und Proteinfunktionen erforschen können. Sie [die Genomforscher] haben ihnen lediglich die Hilfsmittel gegeben, und das ist gut so.«[48]

Während die Wissenschaftler gespannt auf die Enthüllung der Geheimnisse des Humangenoms und Tausender von Proteinen warten, für die es codiert, denken einige wenige kühne Geister über ein weitaus radikaleres Vorhaben nach – die Evolution des universellen genetischen Codes in Zeitraffer-Geschwindigkeit, um neue Lebensformen zu schaffen.[49] Das Problem wurde von Peter Schultz in treffende Fragen gefaßt: »Warum gibt es nur vier Basen in unserer DNA und nur vier Aminosäuren in unseren Proteinen? Wie würde das Leben aussehen, wenn Gott am siebten Tag gearbeitet und noch ein paar mehr geschaffen hätte?«[50]

Der genetische Code enthält 64 mögliche Tripletts (die Anzahl der Permutationen der vier Buchstaben in einem Triplettraster beläuft sich auf $4 \times 4 \times 4$), dennoch gibt es nur 20 unterschiedliche Proteinbausteine, was bedeutet, daß viele Veränderungen in der DNA-Sequenz das codierte Protein nicht ändern. Schultz hofft, die »Degeneriertheit« des Codes ausnützen zu können, um ihn ein wenig zu erweitern. Um beispielsweise eine unnatürliche Aminosäure in ein Protein zu integrieren, muß Schultz beide Enden eines Moleküls namens Transfer-RNA verändern, jener Adapter-RNA, welche die passende Aminosäure zum Ort der Proteinsynthese bringt, nachdem sie ein bestimmtes Triplett in der RNA-Botschaft erkannt hat.[51] Zuerst verändert er das t-RNA-Anticodon, so daß es ein anderes Triplett erkennt – zum Beispiel UAG, das normalerweise ein »Stop«-Codon darstellt. Dann vertauscht er die Aminosäure, die am anderen Ende der Adapter-RNA angebracht ist. Durch Versuche mit verschiedenen Bakterienarten kann er dann neue Proteine konstruieren, die diese fremden Aminosäuren einbauen. Und tatsächlich existieren bereits derartige unnatürliche Bakterien, sicher verwahrt in der Gefrierkammer des Labors von Jeffrey Tze-fei Wong an der Hongkonger Universität für Naturwissenschaft und Technik. Wong hat erfolgreich eine synthetische Aminosäure, Fluorotryptophan, in einen Stamm des *Bacillus subtilis* eingefügt.

Noch erstaunlichere Versuche, einen Schritt weiter als die Natur zu gehen, sind zu erwarten. Schon erkunden Forscher die Möglichkeiten, das genetische Lexikon selbst zu erweitern.[52] Japanischen Forschern gelang die Verwendung eines Vier-Basen-Codes, um ein Paar unnatürlicher Aminosäuren in Proteine einzufügen. Unterdessen bauen andere Gruppen unnatürliche Basen in DNA ein, die sich ebenso effizient wie die A–T- und C–G-Basenpaare der Doppelhelix zusammenfinden. Sie machen sogar Fortschritte bei der Identifizierung verschiedener Enzyme, die DNA-Stränge mit diesen künstlichen Basen kopieren können, und ebnen dadurch den Weg für die Schaffung von Bakterien, die völlig unnatürliche Proteine erzeugen können. Diese Forschung hat sicherlich potentiell praktische Anwendungen, zum Beispiel die Erschaffung von Organismen, die Giftmüll beseitigen, doch dies erscheint gegenüber den philosophischen Möglichkeiten eher banal: etwa der zu verstehen, warum sich der universelle genetische Code so entwickelte, wie er es tat, und zu erkunden, wie weit wir ihn verändern können.

Die Aussicht, eines Tages die Kontrolle über das menschliche Genom auszuüben, ist beängstigend: »In den vergangenen 10 000 Jahren«, sagte dazu der brillante Physiker Stephen Hawking, »gab es kaum bedeutungsvolle Veränderungen in der menschlichen DNA. Doch bald wird es uns möglich sein, die Komplexität unserer inneren Niederschrift, unserer DNA, zu erhöhen, ohne auf den langsamen Prozeß der biologischen Evolution warten zu müssen [...], beispielsweise durch eine Vergrößerung unseres Gehirns.«[53] Hawking hegt keinen Zweifel daran, daß, ungeachtet aller nur denkbaren Strenge der gesetzlichen Beschränkungen für die Gentechnik am Menschen, »irgend jemand irgendwo die Menschen verbessern wird«.

Viele Wissenschaftler verspüren bei diesen Aussichten verständlicherweise ein gewisses Unbehagen, doch wie James Watson meint: »Die Genetik an sich kann niemals schlecht sein. Erst wenn wir sie gebrauchen oder mißbrauchen, kommt die Moral mit ins Spiel.«[54] Doch im Gefolge der heftigen Kontroverse über das BSE-Debakel vor allem in Großbritannien und der Sensibilisierung für die Gefährdung durch genetisch veränderte Nahrungsmittel wird es gegenüber der Öffentlichkeit etwas mehr Überzeugungsarbeit bedürfen, als nur die selbstbewußte Erklärung eines Nobelpreisträgers. Umfragen nach der Genomveranstaltung im Weißen Haus im Juni 2000 zeigten, daß eine Mehrheit der Befragten moralische Bedenken gegenüber der Genomforschung hegt. Eine effektive Gesetzgebung gegen das Schreckgespenst der genetischen Diskriminierung wäre ein Weg, das Vertrauen der Öffentlichkeit wiederherzustellen.

Am 8. Mai 1900 sank der britische Zoologe William Bateson in seinen Sitz im Zug der Great Eastern Railway, um von Cambridge nach London zu fahren.[55] Zwei Wochen zuvor war er auf eine Meldung über außergewöhnliche Zuchtexperimente gestoßen, die ein böhmischer Mönch 35 Jahre zuvor durchgeführt hatte. Bateson hatte sich den Originalbericht, verfaßt von Gregor Mendel, sogleich beschafft und war entzückt. Als das Pfeifen der Lokomotive durch die stille Landschaft von Cambridgeshire gellte, hatte die erste Halbzeit der Genetik offiziell begonnen.

Wenige Stunden später, bei einem Vortrag vor der Royal Horticultural Society, feuerte Bateson die erste Salve ab. »Die genaue Bestimmung der Vererbungsregeln«, prophezeite er, »wird den Blick des Menschen auf die Welt und seine Macht über die Natur vermutlich stärker verändern als jeder andere Fortschritt in der Naturerkenntnis, der sich derzeit vorhersehen läßt.« Bateson wurde ein leidenschaftlicher Verfechter von Mendels Arbeit und prägte den Begriff »Genetik«.

Ein Jahrhundert später hat sich das Spiel so verändert, daß es kaum wiederzuerkennen ist. Die Genetik wandelte sich von einem etwas randständigen Geplänkel über den praktischen Nutzen der Pflanzenzucht zu einem Forschungsgebiet von atemberaubender Bedeutung für das alltägliche Leben. Die Welt der biomedizinischen Forschung teilt sich nun in zwei Halbzeiten: der Gen-für-Gen-, Klon-für-Klon-Ansatz bestimmte die erste Hälfte, die globale, ganze Bevölkerungen umfassende und genomzentrierte Analyse wird die zwei Hälfte dominieren.

Über den gewaltigen Einfluß der Genomsequenz-Untersuchung auf die Gentherapie und die Pharmakogenomik hinaus wird die genomische Revolution zu weiteren wichtigen Durchbrüchen führen. In einem Forschungsgebiet, das ausgezeichnete Möglichkeiten birgt, geht es um den Einsatz von Stammzellen, primordialen, undifferenzierten Zellen, die zu allen Zellarten des Körpers heranreifen können. Die Isolation von menschlichen Stammzellen aus Embryonen durch zwei Forschergruppen im Jahr 1998 rief große Aufregung und eine ethische

Kontroverse hervor.[56] Begeisterung herrscht angesichts der Möglichkeit, mittels einer Nährlösung aus den Stammzellen eines Diabetikers insulinproduzierendes Pankreasgewebe heranzuzüchten oder aus den Stammzellen von Patienten mit Muskeldystrophie geschwundene Muskeln zu ersetzen. Kontrovers ist dagegen die ethische Diskussion, da embryonales Gewebe die beste Quelle für Stammzellen darstellt, obgleich mittlerweile auch adulte Stammzellen nützliche Anwendungsmöglichkeiten bieten. Eine noch beeindruckendere Leistung auf dem Gebiet der genetischen Reprogrammierung führte 1996 zur Geburt des Schafes Dolly,[57] das aus der Brustdrüsenzelle eines sechs Jahre alten Schafes geklont wurde. Seitdem haben Forscher über das erfolgreiche Klonen von Mäusen, Kühen, Schweinen und weiteren Schafen berichtet, und die Möglichkeit des therapeutischen Klonens bei Menschen rückt näher.

Die Entschlüsselung der vollständigen Genomsequenz war das größte Abenteuer der modernen Wissenschaft und wurde vom Engagement vieler bemerkenswerter Männer und Frauen vorwärtsgetrieben. Craig Venter ist heute noch eine ähnlich umstrittene Figur wie damals, als er auf die Bühne der Wissenschaft stürmte, doch selbst seine Kritiker müssen zugeben, daß seine Vision das Humangenomprojekt fünf Jahre vor dem geplanten Termin zur Vollendung brachte. Dies war jedoch nicht allein sein Verdienst; Francis Collins und die Leiter des öffentlichen Genomkonsortiums mühten sich schon Jahre vor Venters dramatischem Auftritt, ihre Spuren in der Humangenomforschung zu hinterlassen. Sie haben ein lahmes multinationales Projekt auf Vordermann gebracht und eine Arbeitsversion der Sequenz erzeugt. Diese wird in den nächsten Jahren zur Goldstandard-Humangenomsequenz aufpoliert werden, zu einem Nachschlagewerk für alle Zeiten.

In seinem Klassiker *1984* schrieb George Orwell: »Alle Geschichte stand gleichsam auf einem Palimpsest, das genausooft, wie es nötig wurde, radiert und neu beschrieben werden konnte.« (Ein Palimpsest ist ein Pergament, dessen Text abgekratzt und neu überschrieben wurde.) Die Genomsequenz kann als eine Art genetisches Palimpsest betrachtet werden, ein Text, der wieder und wieder von der Evolution überschrieben wurde.[58] Sobald die Werkzeuge und Computerprogramme der Wissenschaftler raffiniert genug sind, werden sie das Wissen über den Ursprung des Lebens, über die Evolution der Menschheit und über die Zukunft der Medizin freilegen, das in dieser Sequenz versteckt ist.

Epilog
Genomanie!

> Die Skeptiker hatten recht, als sie behaupteten, Craig Venter würde den genetischen Code des Menschen nicht fristgerecht knacken. Er schaffte es zwei Jahre zu früh.
>
> Compaq-Werbung

> Im Laufe von 40 Jahren habe ich eine Menge aufregender biologischer Forschungsergebnisse gesehen. Doch als ich zum ersten Mal die Grundzüge unseres Genoms zu Gesicht bekam, liefen mir Schauer über den Rücken.
>
> David Baltimore, Nobelpreisträger

Sonntag, 18. Februar 2001: Das Gedrängel und Geschubse im Hotel San Francisco and Towers erinnerte eher an ein Rockkonzert als an eine wissenschaftliche Tagung. Als sich die Türen des Continental Ballroom endlich öffneten, strömten einige 1000 neugierige Delegierte der American Association for the Advancement of Science (AAAS) in den Saal, um sich einen der begehrten Plätze nahe dem Podium zu sichern. Erst eine Woche zuvor hatte die Presse lauthals den Abschluß der Entzifferung der menschlichen Genomsequenz verkündet. In wenigen Augenblicken würden sie es persönlich aus dem Mund jenes Mannes hören, den *Time* nur zwei Monate zuvor zum »Wissenschaftler des Jahres« gekürt hatte.[1]

Während das Publikum die Plätze einnahm, war eine bekannte Gestalt vorne auf dem Podium zu sehen. Dort saß Craig Venter, ganz dem Anlaß entsprechend mit schwarzem Schlips versehen, und signierte breit grinsend die neueste Ausgabe des Magazins *Science* mit dem Bericht über die von Celera entzifferte Genomsequenz als Aufmacher. Es war der Auftritt seines Lebens – und vielleicht doch nur die Generalprobe für noch Größeres.

Venters Ansprache bildete den Abschluß einer hektischen Woche, deren Glanzpunkte die Veröffentlichung zweier Sonderausgaben von *Nature* und *Science* gewesen waren, erstere mit dem detaillierten Bericht des öffentlichen Konsortiums, letztere mit den Resultaten von Celera. Schon bevor Celera im Frühjahr 2000 die Genomsequenz der *Drosophila* veröffentlicht hatte, bevorzugte Venter ganz selbstverständlich das Magazin *Science*. So hatte er seine beiden berühmtesten Entdeckungen in *Science* veröffentlicht – 1991 die ESTs und 1995 die erste mikrobielle Genomsequenz.

Für die Redakteure von *Science* allerdings brachte die Entscheidung, die Celera-Sequenz zu veröffentlichen, einige Probleme mit sich. Anders als bei der Fruchtfliegensequenz, die Celera ohne Einschränkungen freigegeben hatte – nicht zuletzt, um die Sequenzierung im Schrotschußverfahren zu rechtfertigen –, behauptete die Firma nun, daß die Humansequenz viel zu wertvoll sei, um sie einfach in der GenBank zu deponieren, dem herkömmlichen öffentlichen Speichermedium für DNA-Sequenzdaten, das vom NIH verwaltet wird. Denn das hieße, daß die Celera-Sequenz für jeden zugänglich wäre – auch für konkurrierende Firmen –, ohne daß man noch Beschränkungen oder Sicherheitsvorkehrungen aufrechterhalten könnte. Celera habe Hunderte Millionen Dollar für die Entzifferung der Sequenz ausgegeben und sei nicht bereit, seinen Konkurrenten auch noch zu helfen, indem sie kostenlos freigegeben würden.

Nach monatelangen Verhandlungen erzielten die *Science*-Redakteure ein umstrittenes Abkommen mit Venter, das ihnen die Erlaubnis gab, den Celera-Bericht zu veröffentlichen. Die Einschränkung bestand darin, daß es *Science* nur gestattet wurde, die Sequenz von Celeras eigenem Internet-Portal und nicht von der GenBank herunterzuladen, wodurch Celera die Abrufe kontrollieren konnte. Celera erklärte, wissenschaftliche Nutzer könnten Abschnitte im Umfang von einer Million Basen wöchentlich ohne weitere Beschränkung herunterladen, privatwirtschaftliche Nutzer müßten jedoch vor Einsichtnahme in die Sequenz eine Lizenzvereinbarung unterschreiben. *Science* würde eine Kopie der Celera-Datenbank treuhänderisch verwahren, um sich gegen mögliche Änderungen der Firmenpolitik abzusichern.

Das Übereinkommen zwischen *Science* und Celera führte zum empörten Einspruch führender Wissenschaftler, die es für unmoralisch erklärten, bei der Freigabe von wissenschaftlichen Resultaten solche Beschränkungen und Unterscheidungen einzuführen. Der Chefredakteur von *Science*, Donald Kennedy, geriet unter Druck, die Entscheidung zurückzuziehen. Eric Lander kommentierte, *Science* habe wohl »Sinn und Zweck einer wissenschaftlichen Publikation vergessen«.[2] Wenn Autoren den Zugang auf bestimmte Nutzer beschränken könnten, werde »der Gang wissenschaftlicher Entdeckungen verlangsamt, und die Öffentlichkeit wird am Ende der Verlierer sein«. Michael Ashburner, einer der Leiter des Europäischen Instituts für Bioinformatik und früheres Mitglied des Redaktionsgremiums von *Science*, protestierte, es sei »die einzige intellektuell ehrliche Position, das Papier [von Celera] nicht zu veröffentlichen. Wenn ich zu entscheiden hätte, würde ich es einfach in den Papierkorb werfen, ohne auch nur das Postpaket zu öffnen«.[3]

Andere führende Wissenschaftler nahmen jedoch eine gemäßigtere Haltung ein. Der Nobelpreisträger David Baltimore bezichtigte die Kritiker von *Science* der »Kurzsichtigkeit«.[4] Öffentlichen Druck auszuüben, um die Publikation der Celera-Daten zu verhindern, sei im Grunde nichts anderes, als würde man »sich selbst die Nase abschneiden«. *Science* kümmerte sich nicht weiter um den Wirbel und setzte die Begutachtung von Venters Artikel, der am 6. Dezember formell eingereicht wurde, ungerührt fort.

Daß *Science* das Celera-Papier begutachtete, zerstörte die Hoffnungen, beide Artikel könnten gleichzeitig in einer Zeitschrift veröffentlicht werden. Die Redakteure von *Nature* führten ebenfalls Gespräche mit Celera, doch war es ihnen nie wohl bei dem Gedanken, einen Präzedenzfall in Sachen Zugang zur Sequenz zu schaffen. Unterdessen gab die Redaktionsleitung zu erkennen, daß man das Genompapier des öffentlichen Projekts unterstützte, etwa indem man einen Vortrag von Eric Lander beim Literaturfestival im walisischen Hay-on-Wye sponserte. Am Tag nachdem Celera seine Unterlagen bei *Science* eingereicht hatte, erklärte das öffentliche Konsortium, man halte es nicht für angebracht, das eigene Papier bei derselben Zeitschrift einzureichen, und entschied sich für *Nature.*

Robin McKie, altgedienter Wissenschaftsjournalist des *Observer on Sunday,* einer führenden britischen Sonntagszeitung, steckte in einem Dilemma. Am Montag, den 12. Februar, sollte mit Pressekonferenzen in London und Washington die Onlinepublikation der beiden Genomberichte eingeleitet werden. Wie üblich verteilten *Nature* und *Science* Vorabdrucke der Berichte an zuverlässige Medienvertreter, wodurch man den Journalisten rund eine Woche lang die Gelegenheit gab, Dutzende von Berichten durchzusehen und vor der Veröffentlichung noch Fachleute zu interviewen. Im Gegenzug hielten sich die Journalisten an die Regel, keine Story zu bringen, bis die Zeitschriften an jenem Montag die Veröffentlichung freigaben.

Wenn McKie sich an diese Bedingungen von *Nature* und *Science* halten wollte, dann konnte er seine Artikel erst sechs Tage nach den Pressekonferenzen bringen – eine Ewigkeit angesichts des harten Konkurrenzkampfs im journalistischen Geschäft. Seine Lösung war einfach: Er nahm keine Vorabdrucke an und nutzte alternative Quellen, eine Strategie, mit der er schon einmal die Chance bekommen hatte, einen hübschen Coup in seiner Branche zu landen. Seine Stunde schlug im Februar 1997, als er mit der sensationellen Geschichte von Dolly, dem berühmten Klonschaf, aufwarten konnte – vier Tage bevor der entsprechende Artikel in *Nature* erschien. (McKie behauptet, er habe die Geschichte von einem TV-Produzenten bekommen.)

Ein paar Tage vor den Genom-Pressekonferenzen war McKie in Lyon, um über die internationale Wissenschaftskonfererenz BioVision 2001 zu berichten, bei der sowohl Collins als auch Venter sprachen. McKie suchte nach dem großen Coup, mit dem er die Weltpresse ausstechen konnte, und Venter war sogleich bereit mitzumachen. Während seiner Ansprache vor rund 1000 Delegierten am Freitag, dem 9. Februar, stellte er kurz sein kommendes Papier vor, zeigte ein Dia mit dem Titel der entsprechenden *Science*-Nummer und entfaltete ein riesiges Wandposter der Humangenomkarte von Celera. Er sprach (einige Vorabmeldungen bestätigend) über die überraschend niedrige Gesamtzahl der Gene, die sein Team gefunden hatte, was aus seiner Sicht die ohnehin zweifelhafte »Ein Gen-eine Funktion«-These widerlegte, und betonte die wichtige Rolle der Umwelt.

Tags darauf schrieb McKie die erste Fassung des Aufmachers für seine Zeitung. Unter dem Titel »Das Geheimnis des menschlichen Verhaltens ist enthüllt« betonte McKie, die Menschen seien in viel größerem Maße das Produkt ihrer Umwelt, als bisher gedacht, und zitierte dazu ausgiebig Venter.[5] Als es am Samstag abend dann klar wurde, daß der *Observer* mit der Genomstory herauskommen würde, beugten sich die Redaktionen von *Nature* und *Science* dem Unvermeidlichen und gaben ihre Vorabinformationen zur Veröffentlichung frei. Amerikanische Journalisten brachten einschlägige Berichte in den Spätausgaben ihrer Sonntagsblätter, und vor den Pressekonferenzen am Tag darauf gab es bereits eine ganze Batterie an Zeitungs- und Fernsehberichten.

Ein Großteil der nachfolgenden Presseberichterstattung reagierte auf McKies provozierenden Artikel. Dessen Logik war allerdings fraglich: Angenommen, die abschließende Genzählung hätte ergeben, daß es mehr Gene als erwartet gab, dann hätten die Genetiker wohl am Ende triumphierend erklärt, daß die Menschen das ausschließliche Produkt der Natur seien! Martin Bobrow von der Universität Cambridge wies solche simplifizierenden Schlußfolgerungen zurück. Zwar sei es richtig, daß die Menschen nur doppelt so viele Gene wie die Fruchtfliegen besitzen, »aber Fliegen haben zwei Flügelpaare und können fliegen, und das ist mehr, als wir können«.[6]

Trotz der sorgsam abgestimmten Pressekonferenzen in London und Washington wurden etwaige Hoffnungen, die beiden Gruppen könnten ihre Differenzen beilegen, alsbald begraben. In der Presseerklärung des Wellcome Trust, mit der zur Londoner Pressekonferenz geladen wurde, hieß es barsch, Vorabexemplare von *Science* stünden nicht zur Verfügung. Der Trust hat jeder Gruppe, die Forschungsgelder von ihm erhält, verboten, die Celera-Datenbank zu abonnieren.

Sir John Sulston (durch die Queen mit diesem Titel bedacht) erteilte Celera unverzüglich einen Rüffel, weil die Firma sich öffentliche Sequenzdaten zunutze gemacht hatte. Als Sulston und seine Kollegen sich die Vorausexemplare des Celera-Berichts zu Gemüte führten, mußten sie überrascht feststellen, daß Celera sich ausgiebig bei den öffentlichen Kartierungsdaten bedient hatte, um zur abschließenden Genomsequenz zu gelangen. Wissenschaftler des öffentlichen Verbunds gaben schleunigst eine vierseitige Presseerklärung heraus, wonach das ursprüngliche Schrotschußverfahren Celeras gescheitert sei. »Celeras Endsequenz ähnelt erstaunlich der des HGP«, hieß es trocken. »Dies mag nicht überraschen, wenn man bedenkt, daß die Celera-Endsequenz stark von der HGP-Karte und -Sequenz abhängt.«[7]

Bei der Washingtoner Pressekonferenz schlugen die Wogen im Auditorium (wo sich die Redakteure konkurrierender Zeitschriften um die besten Sitze stritten) sogar noch höher als auf dem Podium, wo Collins und Venter ihre Ergebnisse erläuterten. Venter packte die Gelegenheit beim Schopf und erwähnte den frühen Erfolg seines Teams bei der Sequenzierung der Maussequenz, jedoch richtete sich die Aufmerksamkeit vor allem auf die jeweilige Qualität der beiden endgültigen Sequenzen des Menschen. »Es hat nicht funktioniert«, beteuerte Lander und ließ durchblicken, daß man das Celera-Verfahren nur für relativ unwichtige Spezies verwenden sollte.[8] »Er spielt mit Halbwahrheiten und Unterstellungen«, schoß Venter zurück, »allmählich schert es mich nicht mehr, was er zu sagen hat.«[9]

Venter beteuerte, Celera habe sich entschieden, mehr öffentliche Daten zu verwenden, um Zeit und Geld zu sparen, doch das Schrotschußverfahren sei dennoch brauchbar. Die von Celera erstellte Endsequenz sei genauer, und ein größerer Teil der Sequenz liege in längeren zusammenhängenden Abschnitten vor. Während das öffentliche Forscherteam einräumte, Celera habe in mancher Hinsicht eine bessere Abdeckung des Gesamtgenoms erzielt, brachte man gleichzeitig zum Ausdruck, daß man einen wichtigen moralischen Sieg errungen habe. Die anhaltenden Mißstimmigkeiten übertrugen sich auch auf die von *Nature* veranstaltete Feier im Gebäude des National Building Museum in Washington. Ein Vorstoß in letzter Minute seitens der Firma Applied Biosystems, die als Kosponsor auftreten wollte, wurde abgewiesen.

Was eine der würdevollsten Stunden der Wissenschaftsgeschichte sein sollte, verkam zu einem transatlantischen Wettbewerb in Angeberei. Das *Wall Street Journal* druckte Stellungnahmen von Kunden aus der Pharmaindustrie, die die Qualität der Celera-Datenbank lobten.[10] Unter der verblüffenden Schlagzeile »Privatsektor gewinnt Rennen um genetischen Code« zitierte die *Globe and Mail* in Toronto Steve Scherer, einen leitenden Wissenschaftler am Torontoer Kinderkrankenhaus, der verkündete, die Celera-Datenbank sei »doppelt so gut« wie die öffentliche und hätte es seiner Forschungsgruppe ermöglicht, ein für die Gehirnentwicklung wichtiges Gen zu identifizieren.[11] »Wir werden von anderen Wissenschaftlern beneidet«, gab Scherer zu, denn die Kosten für die Celera-Datenbank seien für die meisten akademischen Forschungseinrichtungen in Kanada zu hoch. Doch zeigte sich ein anderer kanadischer Wissenschaftler darüber empört, daß Celera die öffentlich zugänglichen Daten übernehme und versuche, sie weiterzuverkaufen. Unterdessen sparte die britische Presse nicht mit Lob für Sulston und seine Kampagne, den freien Zugang der Öffentlichkeit zur Sequenz zu gewährleisten. »Dies war – und ist – zweifellos ein großer Schritt für die Menschheit«, faßte ein Editorial in *Nature Biotechnology* die Angelegenheit zusammen, »doch er wird überschattet von menschlicher Kleingeisterei.«[12]

Wie auch immer es um die jeweiligen Vorzüge der beiden Genomsequenzen bestellt sein mag, *Nature* und *Science* setzten sie in zwei spektakulären Ausgaben in Szene, und dies war vor allem den beiden zuständigen Genetik-Redakteurinnen, Carina Dennis und Barbara Jasny, zu verdanken. Der 62seitige Artikel in *Nature*, den das öffentliche Konsortium verfaßt hatte, ist einer der fesselndsten wissenschaftlichen Berichte, die je erschienen sind.[13] Als offizieller Autor wurde das International Human Genome Consortium genannt. In Wahrheit war es Eric Lander, der im wesentlichen für die Ausarbeitung verantwortlich und insgesamt federführend war. Er gab zu, daß er sich in den Monaten nach der Feier im Weißen Haus so intensiv mit dem Bericht beschäftigt habe, daß er genötigt war, »meinen drei wunderbaren Kindern in regelmäßigen Abständen zu erklären, warum sich ihr Vater das ganze Wochenende in Arbeit vergräbt«.[14] Lander entwarf sogar das Titelblatt von *Nature* – eine verblüffende Fotocollage einer Doppelhelix, bestehend aus über 500 Fotos von Menschen aller Kulturen und Hautfarben. Bei näherem Hinsehen erkannte man ein legendäres Bild zweier berühmter Weißer: Francis Crick und James Watson, wie sie das ursprüngliche Modell der Doppelhelix bewundern.

Auch im Artikel selbst wurde der Doppelhelix Tribut gezollt. In seiner Einleitung schrieb Lander folgenden erstaunlichen Satz: »Die Sequenz des menschlichen Genoms ist in mancher Hinsicht von Interesse.« Das war vermutlich das gewaltigste Understatement seit den berühmten, fast ein halbes Jahrhundert zuvor geschriebenen Anfangssätzen von Watsons und Cricks Veröffentlichung in *Nature.* Die staatliche Gruppe sagte eine Zahl von 30- bis 40 000 codierenden Genen voraus. Diese Sequenzen entsprechen etwa 1,5 Prozent des Genoms, doch weil die meisten Gene von »Schrottsequenzen« unterbrochen sind, umfassen sie insgesamt etwa 25 Prozent des Genoms. Der Bericht warf auch ein Licht auf die bizarre Welt der Schrott-DNA-Familien aus von Viren und Bakterien stammenden Sequenzen, die mal als »Schnorrer«, mal als »Parasiten« bezeichnet werden. Überraschenderweise sind manche dieser DNA-Abschnitte nicht zufällig über das Genom verstreut, sondern pflegen sich in der Nähe von Genen zu häufen, was vermuten läßt, daß sie eine unbekannte Funktion haben könnten.

Es blieb Francis Collins überlassen, für die letzten Seiten des *Nature*-Artikels zu zeichnen, auf denen er die Folgen der entzifferten Genomsequenz für die Medizin hervorhob. »Wir empfinden Demut angesichts der nun allmählich ins Licht tretenden menschlichen Sequenz«, schrieb er und schloß seinen Text mit einem Zitat von T. S. Eliot: »Wir werden nicht von der Forschung ablassen. Und am Ende all unseres Forschens werden wir dort ankommen, wo wir begannen, und zum ersten Mal werden wir diesen Ort kennen.«

Auf dem Titel der *Science*-Nummer mit dem Celera-Bericht waren fünf Menschen verschiedener ethnischer Herkunft abgebildet, entsprechend den fünf DNA-Spendern, die Celera für seine Sequenzanalyse ausgewählt hatte. Auch ein Baby war zu sehen, und Venter scherzte, es solle die neunmonatige Entwicklung der Celera-Sequenz darstellen. Für den Celera-Artikel zeichneten 274 Autoren gemeinsam verantwortlich, und Venter nahm ganz selbstverständlich den ersten Platz in Anspruch.[15] Im Text wurde auf Eigenschaften der Celera-Endsequenz hingewiesen, die dem Resultat des öffentlichen Projekts überlegen seien, etwa die durchschnittlich größere Länge jeder ununterbrochenen Sequenzstrecke. Das Celera-Team hatte auf elegante Weise bestimmte Genomregionen auf Ähnlichkeiten hin verglichen und reichlich Hinweise auf Gene gefunden, die im Laufe der Evolution kopiert worden waren. Beispielsweise wurde die Hälfte von Chromosom 20 auf Chromosom 18 und viele Gene auf das genreiche Chromosom 19 dupliziert. Im Mittelteil des Artikels war eine riesige Wandkarte eingeheftet, die den Ort jedes bekannten Gens im menschlichen Genom verzeichnete.

Zum Schluß betonte Venter, es sei notwendig, sich sowohl gegen den genetischen Determinismus – die Vorstellung, die Menschen seien genetisch »verlötet« – zu wehren als auch gegen den Reduktionismus – die Annahme, die Katalogisierung jedes Gens ergebe ein umfassendes Verständnis der menschlichen Vielfalt. »Die wirkliche Herausforderung der Biologie«, schloß Venter, »jenseits der Aufgabe, herauszufinden, wie die Gene den Aufbau und die Erhaltung der wundersamen Mechanismen unseres Körpers regeln, wird erst noch auf uns zukommen, wenn wir zu erklären versuchen, wie unser Bewußtsein dazu gelangt ist, die Gedanken hinreichend gut zu organisieren, daß wir unsere eigene Existenz erforschen können.«

Fünf Tage nach der Pressekonferenz in Washington standen Venter und Collins erneut im Rampenlicht. An zwei aufeinanderfolgenden Abenden hielten sie jeweils das Hauptreferat im dichtbesetzten Auditorium der AAAS-Tagung in San Francisco. Collins stellte die *Nature*-Publikation seines Konsortiums als gewaltiges Buchreferat dar, und mit der Bitte um Verzeihung an den Talkshowmaster David Letterman präsentierte er die »Top Ten« der Genomüberraschungen:

10. Das Genom ist sehr klumpig – einige Chromosomen, etwa 17 und 19, weisen eine sehr viel höhere Gendichte auf als andere, zum Beispiel Chromosom 18.
9. Die Gesamtzahl der menschlichen Gene ist viel geringer als erwartet.
8. Menschliche Gene erzeugen aufgrund alternativen Spleißens mehr Proteine.

7. Menschliche Proteine sind – wegen des Zuwachses weiterer Bereiche auf konservierten Proteinen – raffinierter gebaut als die anderer Organismen.
6. Mehr als 200 menschliche Gene haben keine evolutionären Verwandten in anderen mehrzelligen Organismen, jedoch Gegenstücke bei Bakterien. Dies läßt vermuten, daß sie das Ergebnis eines horizontalen Gentransfers von Bakterien sind. Manche von ihnen spielen eine wichtige Rolle in der Zelle, etwa Monoamin-Oxidase, ein Protein, das mit Depressionen in Zusammenhang gebracht wird. Diese Entdeckung »gibt der rekombinanten DNA ein neues Gesicht«, sagte Collins und werfe ein anderes Licht auf die Debatte um genveränderte Nahrungsmittel.
5. Die repetitiven DNA-Sequenzen sind eine Art »fossilierte Aufzeichnung«, die etwa 800 Millionen Jahre in die Vergangenheit reicht.
4. Die »Schrott-DNA« hat in Wahrheit eine wichtige Funktion. Beispielsweise gibt es mehr als eine Million ALU-Wiederholungen, doch wurden die ältesten ALU-Elemente offenbar selektiv in genreichen Regionen bewahrt. [Die hochrepetitiven ALU-Sequenzen haben eine Schnittstelle für das Restriktionsenzym Alu I, A. d. Ü.]
3. Die Mutationsrate bei Männern ist doppelt so hoch wie bei Frauen. Männer bringen also die Mehrheit der Genmutationen in den Genpool ein, sind jedoch auch die hauptsächlichen Motoren des evolutionären Fortschritts.
2. Die Menschen sind zu 99,9 Prozent identisch. Die meisten unserer genetischen Differenzen treten bei verschiedene Ethnien und Rassen auf. Es gibt keine wissenschaftliche Basis für genaue Rassenkategorien.
1. Diese Erkenntnisse unterstreichen die Bedeutung eines freien, unbehinderten Zugangs zur Genomsequenz.

Collins schloß seinen Vortrag mit dem schon im *Nature*-Artikel zitierten Eliot-Satz und erhielt stehende Ovationen.[16]

Einen Tag später sprach Venter in sehr persönlichen Worten über seine Auseinandersetzungen mit dem wissenschaftlichen Establishment während der letzten zehn Jahre. Er sprach über Vietnam, seine Fehde mit James Watson und über die NIH-Bürokratie, die er überwinden mußte, um erstmals das Genom eines freilebenden Organismus sequenzieren zu können. Seine Lieblingsmikrobe sei *Deinococcus radiodurans,* das unbesiegbare, strahlungsresistente Bakterium, das bei den Anhängern der Panspermie-Theorie so beliebt ist. Diese Theorie zu bestätigen wäre jedoch schwierig, meinte Venter, weil jedesmal, wenn die Kosmonauten der Raumstation MIR die Klospülung betätigten, Milliarden von Bakterien in den Weltraum freigesetzt würden. »Wenn [das Bakterium] vorher nicht da war, dann ist es jetzt garantiert da!«[17] Venter pries auch die neu vereinbarte Zusammenarbeit seiner Firma mit Compaq, bei der ein 100-Teraflop-Computer gebaut werden solle (zwei Größenordnungen schneller als bisherige Computer), und sann wehmütig darüber nach, was er wohl entdeckt hätte, wenn diese Technik ein Jahrzehnt früher zur Verfügung gestanden hätte.

Venter zufolge hatte Celera 90 Prozent des Genoms zu Segmenten von mindestens 100 000 DNA-Basen assembliert. (Die Überdeckung war so gut, daß beim Auflösungsmaß der *Science*-Wandkarte keine Lükken ausgemacht werden konnten.) Vergleiche mit *Drosophila* ergaben, daß die Menschen mehr Gene besitzen, die im Immunsystem, im Blutkreislauf, im Nervensystem und in der Genexpression eine Rolle spielen. Vergleiche mit der neuen Mausgenomsequenz trugen dazu bei, die entscheidenden Regulationsbereiche in der Humansequenz ausfindig zu machen (weil funktional wichtige DNA-Strecken mit höherer Wahrscheinlichkeit im Laufe der Evolution bewahrt werden). Leicht ironisch sagte Venter, das Schimpansengenom sei dem menschlichen zu ähnlich, um bei der Identifizierung von Genen hilfreich zu sein. »Wir hatten eigentlich vor, einen Schimpansen zu sequenzieren, den wir – aus historischen Gründen – Jim nennen wollten, aber wir glauben nicht, daß irgend jemand den Unterschied bemerkt hätte.«[18] Celera habe, so Venter, 27 Millionen DNA-Sequenzen gelesen, um die Genomsequenz zu erstellen, doch eigenartigerweise fand er es nicht der Erwähnung wert, daß die vom öffentlichen Projekt erstellten und verfügbar gemachten Daten viel zur Celera-Sequenz beigetragen hatten.

Zum Schluß des Vortrags kehrte Venter zu einem seiner Lieblingsthemen zurück – der maßgeblichen Rolle der Umwelt bei der Prägung des menschlichen Verhaltens. Das Dickdarmkrebsgen, so Venter, sei eine Fehlbenennung. Tatsächlich handle es sich um ein Gen zur DNA-Reparatur, und obwohl die Träger der Mutation ein höheres Krankheitsrisiko hätten, werde der Krebs durch Umweltfaktoren ausgelöst. Ein weiteres Beispiel sei die Mukoviszidose. Mutationen des betreffenden Gens könnten neben der eigentlichen Lungenkrankheit zu einer ganzen Reihe von Krankheiten führen, darunter Unfruchtbarkeit, Asthma und Nasennebenhöhlenentzündung. Die Vorstellung, ein Gen sei für eine Krankheit verantwortlich, sei falsch.

Venter steht nun vor der Aufgabe, das Interesse an der Celera-Datenbank trotz der öffentlich zugänglichen Humansequenzdaten wachzuhalten. Während sich manche Universitäten unter dem Druck sehen mögen, Venters Daten zu abonnieren, weil sie sich um ihre Wettbewerbsfähigkeit sorgen, können andere Wissenschaftler die Ausgaben problemlos rechtfertigen. Die 250 000 Dollar für das Abonnement der Datenbank können ohne weiteres durch zusätzliche Forschungsmittel für jene Wissenschaftler wieder hereingeholt werden, die mittels der Celera-Datenbank eine neue Entdeckung machen werden. Celera hofft, den öffentlich verfügbaren Daten immer wenigstens einen Schritt voraus zu bleiben, etwa indem man die menschliche Sequenz mit dem Mausgenom ergänzt und so ein Zusatzangebot macht. Celera hat überdies einen Auftrag von 20 Millionen Dollar bekommen, um in Zusammenarbeit mit einem ehemaligen Rivalen, dem Baylor College of Medicine Genome Center, das Rattengenom zu sequenzieren. Unter den Spezies, deren Sequenzierung ansteht, ist auch der Hund. Venter hat bereits seinen ersten Freiwilligen verpflichtet – seinen eigenen Riesenpudel Shadow. »Ich dachte, so bleibt es in der Familie«, sagte er augenzwinkernd.[19]

Venters größte Herausforderung jedoch besteht darin, die Investoren davon zu überzeugen, daß Celera eine wichtige Triebkraft auf dem Feld der Proteomforschung sein wird. Mit einer neuen, von der Schwesterfirma Applied Biosystems hergestellten Maschine will Celera eine Million Proteinsequenzen täglich generieren, welche die Proteinzusammensetzung des Bluts, der Rückenmarkflüssigkeit und fester Tumore ergeben sollen, Informationen, die allein aus dem Genom nicht zu ziehen sind. Doch hat Celera eine recht stattliche Konkurrenz auf diesem Feld. So verkündeten im April 2000 die Firmen Hitachi, Oracle und Myriad Genetics ein 500 Millionen Dollar schweres Bündnis, um die vollständige Anzahl der Proteine aus verschiedenen menschlichen Geweben zu sequenzieren.[20] Als *Time* Venter zum »Wissenschaftler des Jahres« kürte, brachte das Magazin ein verblüffendes ganzseitiges Foto des Celera-Bosses, den einen Arm in einem schicken italienischen Sakko und den anderen in einem weißen Laborkittel. Venters Fähigkeit, mit seinen geschäftlichen und akademischen Ambitionen zu jonglieren, wird während der zweiten Spielhälfte der Genetik einen spannenden Nebenschauplatz hergeben.

Wenige Tage nach der Verkündung der Genomsequenz gaben Venter und Collins eine gemeinsame Pressekonferenz in San Francisco, zu der einige 100 Reporter erschienen. Ein schwedischer Journalist hatte eine einfache Frage: Ist die Sequenzierung des Genoms nobelpreiswürdig? Collins antwortete ohne zu zögern: »Ich glaube, er müßte ungefähr 3492 Leuten verliehen werden, um alle jene angemessen zu würdigen, die dazu beigetragen haben.«[21] Sämtliche Köpfe wandten sich nun gleichzeitig Venter zu. Doch dem Mann, der die Berichterstattung über das Rennen um die Sequenzierung des menschlichen Genoms derart beherrscht hatte, fehlten für dieses eine Mal die Worte.

Danksagung

Im Februar 1676 schrieb Isaac Newton an seinen Kritiker Robert Hooke den berühmten Satz: »Wenn ich immer weiter blicken konnte als andere, dann deswegen, weil ich auf den Schultern von Riesen stand.« Ursprünglich war dieses Zitat lediglich eine Anspielung auf Hookes gebeugte Haltung, doch heute verwendet man es gerne, um den wissenschaftlichen Fundamenten, die unsere Vorgänger errichtet haben, Tribut zu zollen. Auch während der vielen Feiern zum Abschluß des Humangenomprojekts konnte man diesen Satz häufig hören.

Seit Beginn des Projekts 1990 genoß ich die Freundschaft und Unterstützung zahlreicher Wissenschaftler weltweit, und ich konnte ein wenig dazu beitragen, ihre Entdeckungen über die Seiten von *Nature* und *Nature Genetics* der Öffentlichkeit zu vermitteln. Als Chefredakteur von *Nature Genetics* hatte ich einen großartigen Rundblick auf das Geschehen und genoß zudem das große Vergnügen, mit den wesentlichen beteiligten Persönlichkeiten eng zusammenzuarbeiten, darunter Craig Venter, Francis Collins, Eric Lander, Daniel Cohen, Mary-Claire King und zu viele andere, um sie hier alle namentlich aufführen zu können. Ohne das Vertrauen und die Unterstützung Tausender engagierter Genetiker, mit denen ich in diesen Jahren zusammenarbeitete, wäre dieses Buch nicht möglich gewesen. Mein besonderer Dank gilt Mark Boguski, Sydney Brenner, James Crow, Jane Gitschier, Michael Morgan, Kári Stefánsson, James Watson und Noé Zamel.

Ich teilte diesen aufregenden Rundblick mit einer kleinen Gruppe außergewöhnlich begabter Redakteure – Adrian Ivinson, Laurie Goodman, Barbara Cohen und Bette Phimister (die derzeitige Chefredakteurin von *Nature Genetics*) –, denen ich ebenfalls zu großem Dank verpflichtet bin. Ich danke außerdem meinen Kollegen für ihre Unterstützung zu Beginn des Projekts, insbesondere Sir John Maddox, Barbara Culliton, Mary Waltham und Nicky Byam-Shaw. Mein Dank gilt auch den vielen anderen guten Freunden bei *Nature*, die mir auf vielfältigste Art und Weise während dieses Projekts geholfen haben, darunter Carina Dennis, David Dickson, Adam Felsenfield, Tim Lincoln, Colin Macilwain und David Swinbanks.

Gegen die Darstellung des Humangenomprojekts in den Medien wandten manche kritische Stimmen ein, der »Wettlauf« würde in reißerischem Stil ausgeschlachtet. Dennoch stehe ich zutiefst in der Schuld der Journalisten auf beiden Seiten des Atlantiks, die für die Massenmedien und die Fachpresse über das Projekt berichten. Vor allem danke ich Nicholas Wade von der *New York Times*, dessen ausgezeichnete Berichterstattung über alle Aspekte dieser Geschichte von unschätzbarem Wert ist.

Meine ehemaligen Kollegen vom Howard Hughes Medical Institute gewährten mir großzügig die Freiheit, für das Buch zu recherchieren und daran zu arbeiten. Besonderer Dank gilt allen HHMI-Mitarbeitern: Cathy Harbert, Marianne Beane und den Mitarbeitern der Purnell-Choppin-Bibliothek sowie Laura Bonnetty, David Jarmul, Jim Keely und Jow Perpich. Vor allem jedoch gebührt meine Wertschätzung Max Cowan, von dem ich viel gelernt habe.

Dieses Buch wäre nicht zustande gekommen ohne die außergewöhnliche Unterstützung meiner Agenten und Lektoren. Meinen Agenten Jennifer Gates Hayes und Esmond Harmsworth von Zacher Shuster Harmsworth kann ich für ihre Unterstützung nicht genug danken. Mein besonderer Dank gilt auch meinen Lektoren Stephen Morrow von The Free Press und Peter Tallack von Weidenfeld & Nicolson, die von Anfang an hinter dem Buch standen und mich auf vielfältige Weise unterstützten, um es zu verwirklichen. Edith Lewis und Beverly Miller vollbrachten Wunder an der Rohfassung. Und Dank auch an Michael White, wie immer.

P. G. Wodehouse widmete einmal ein Buch seiner Tochter, »ohne deren nie versagende Teilnahme und Ermunterung dieses Buch in der Hälfte der Zeit fertig geworden wäre«. Ich hätte dieses Buch niemals ohne die Liebe und die gelegentliche Ablenkung durch meine beiden großartigen Kinder Kyle und Fiona schreiben können. Und am allermeisten danke ich meiner wunderbaren Frau Susan, für alles.

Rockville, Maryland
Oktober 2000

Anmerkungen

Es war nicht immer möglich, Zitate aus ins Deutsche übersetzten Büchern zu recherchieren und auszuweisen. In einigen Fällen wurde darum nach Davies übersetzt.

EINLEITUNG

[1] S. J. Gould, Einleitung zu *A Bedside Nature: Genius and Eccentricity in Science, 1869–1953*, hg. v. W. Gratzer, New York 1996.

[2] W. Gratzer, Vorwort zu *A Bedside Nature*.

[3] E. Davenas u. a., »Human Basophil Degranulation Triggered by Very Dilute Antiserum Against IgE«, in: *Nature* 333 (1988), S. 816–818; J. Maddox, J. Randi und W. W. Stewart, »›High-Dilution‹ Experiments, a Delusion«, in: *Nature* 334 (1988), S. 737–738.

[4] J. D. Watson und F. H. C. Crick, »A Structure for Deoxyribose Nucleic Acid«, in: *Nature* 171 (1953), S. 737–738.

[5] T. Siddique u. a., »Linkage of a Gene Causing Familial Amyotrophic Lateral Sclerosis to Chromosome 21 and Evidence of Genetic-Locus Heterogeneity«, in: *New England Journal of Medicine* 3243 (199), S. 1381–1384. *Nature* versäumte es, den Artikel über die Verortung des ALS-Gens zu veröffentlichen. Die Entdeckung des mutierten Gens, ironischerweise das erste Gen, das je aus Chromosom 21 isoliert wurde, erschien zwei Jahre später: D. R. Rosen u. a., »Mutations in Cu/Zn Superoxide Dismutase Gene Are Associated with Familial Amyotrophic Lateral Sclerosis«, in: *Nature* 362 (1993), S. 59–62.

[6] J. D. Watson, »The Human Genome Project: Past, Present, and Future«, in: *Science* 248 (1990), S. 44–51.

[7] Ein umfassender Bericht über die Konferenz erschien in *Nature Genetics* (1993), S. 1–4.

[8] F. S. Collins, »Positional Cloning – Let's Not Call It Reverse Anymore«, in: *Nature Genetics* 1 (1992), S. 3–6.

[9] K. Davies und M. White, *Breakthrough: The Race to Find the Breastcancer Gene*, New York 1996.

[10] Ebenda.

[11] M. D. Adams u. a., »Complementary DNA Sequencing: Expressed Sequence Tags and Human Genome Project«, in: *Science* 252 (1991), S. 1651–1656.

[12] L. Belkin, »Splice Einstein and Sammy Glick. Add a Little Magellan«, in: *New York Times Magazine*, 23. August 1998, S. 26; L. Roberts, »The Gene Hun-

ters«, in: *U. S. News & World Report*, 3. Januar 2000, S. 34–38; R. Preston, »The Genome Warrior«, in: *New Yorker*, 12. Juni 2000, S. 66–83.

13 D. Kennedy, »Coming Aboard«, in: *Science* 288 (2000), S. 1745.

14 N. Wade, »Scientists Complete Rough Draft of Human Genome«, in: *New York Times*, 27. Juni 2000; F. Golden und M. D. Lemonick, »The Race Is Over«, in: *Time*, 3. Juli 2000, S. 18–22.

15 E. Lander, Washington, D.C., 26. Juni 2000. Das Zitat stammt aus J. F. Crow, »Two Centuries of Genetics: A View from Halftime«, in: *Annual Review of Genomics and Human Genetics* 1 (2000).

16 G. Mendel, »Versuche über Pflanzen-Hybriden«, in: *Verhandlungen des Naturforschenden Vereins* 4 (1866), S. 3–47; V. Orel, *Gregor Mendel: The First Geneticist*, Oxford 1996; R. Marantz Henig, *The Monk in the Garden*, Boston 2000.

17 A. E. Garrod, »The Incidence of Alkaptonuria: A Study in Chemical Invididuality«, in: *Lancet* II (1902), S. 1616–1620.

18 S. Aparicio, »How to Count … Human Genes«, in: *Nature Genetics* 25 (2000), S. 129–130.

19 E. Lander, Interview, Chevy Chase, Md. Mai 1999.

20 C. DeLisi und D. Galas, »The Legacy of the Human Genome Project: Some Lessons and Implications«, 11. August 2000. Siehe: http://www.Doubletwist.com

1. KAPITEL: RITTER DER DOPPELHELIX

James D. Watsons *Die Doppelhelix* (Reinbek 1969) – besonders die von Gunther Stent besorgte amerikanische Ausgabe (*The Double Helix*, New York 1980) mit Rezensionen und Artikeln zur Erstausgabe – ist ein erstaunlicher Bericht über die Ereignisse, die zur Entdeckung der Struktur der DNA geführt haben. Francis Cricks *Ein irres Unternehmen* (München 1990) ist weniger direkt, bietet jedoch exzellente Einblicke in die Entdeckung des genetischen Codes. Die unverzichtbare Geschichte dieser Ära ist Horace Freeland Judsons *Der achte Tag der Schöpfung* (München 1980). Einen weiteren guten historischen Überblick bietet *The Path to the Double Helix* von Robert Olby (New York 1994). Das beste Buch über die Politik, die zum Start des Humangenomprojekts geführt hat, ist *The Gene Wars* von Robert Cook-Deegan (New York 1994). Viele Bücher behandeln die wissenschaftliche Forschung, die zum Start des Unternehmens führte, keines jedoch besser als *Landkarte der Gene* von Jerry Bishop und Michael Waldholz (München 1991).

1 R. Dulbecco, »A Turning Point in Cancer Research: Sequencing the Human Genome«, in: *Science* 231 (1986), S. 1055–1056.

2 Cook-Deegan, *The Gene Wars*.

[3] P. Regan, *Daily Telegraph*, 9. Oktober 1999.

[4] G. Petsko, »The Grail Problem«, in: *Genome Biology* 1 (2000).

[5] R. C. Lewontin, »The Dream of the Human Genome«, in: *New York Review of Books*, 28. Mai 1992, S. 31–40.

[6] R. Shapiro, *The Human Blueprint*, New York 1991.

[7] I. Stewart, *Life's Other Secret*, New York 1998.

[8] M. Ridley, *Alphabet des Lebens*, München 1999.

[9] Biographische Einzelheiten aus D. Q. Posin, *Mendeleyev*, New York 1948, und P. W. Atkins, *The Periodic Kingdom*, New York 1995.

[10] O. Sacks, »Everything in its Place«, in: *New York Times Magazine*, 18. April 1999, S. 126–129.

[11] Erinnerung des Schatzmeisters der Chemical Society, T. E. Thorpe, in: *Nature* 75 (1907), S. 373.

[12] E. S. Lander, »The New Genomics: Global Views of Biology«, in: *Science* 274 (1996), S. 536–539.

[13] Crick, *Ein irres Unternehmen*.

[14] E. S. Lander, Interview mit CNN, 1. Juni 2000.

[15] Cook-Deegan, *The Gene Wars*.

[16] B. D. Davies u. a., »The Human Genome and Other Initiatives«, in: *Science* 249 (1990), S. 324–343.

[17] N. Wade, »A Founder of Modern Biology Shapes the Genome Era, Too«, in: *New York Times*, 7. März 2000. Im September 2000 wurde Brenner zu einem der Preisträger des Lasker Award gekürt (dessen Bedeutung nur dem Nobelpreis nachsteht).

[18] S. Brenner, »The Human Genome: The Nature of the Enterprise«, in: *Ciba Foundation Symposium* 149 (1990), S. 6–17.

[19] J. D. Watson, »The Human Genome Project: Past, Present, and Future«, in: *Science* 248 (1990), S. 44–49.

[20] M. Perutz, *I Wish I'd Made You Angry Earlier*, Cold Spring Harbor, N.Y., 1998.

[21] O. T. Avery, C. M. MacLeod und M. McCarty, »Studies on the Chemical Nature of the Substance Inducing Transformation of Pneumococcal Types. Induction of Transformation by a Desoxyribnucleic Acid Fraction Isolated from Pneumococcus Type III«, in: *Journal of Experimental Medicine* 79 (1944), S. 137–158.

[22] J. B. Leathes, »Function and Design«, in: *Science* 64 (1926), S. 187–194.

[23] M. McCarty, *The Transforming Principle*, New York 1985; Judson, *Der achte Tag der Schöpfung*.

[24] McCarty, *The Transforming Principle*.

[25] Ebenda.

[26] Olby, *The Path to the Double Helix*.

[27] S. Brenner, »How the Quest was Won«, in: *Current Biology* 7 (1997).

[28] F. Jacob, *Die innere Statue*, Zürich 1988.
[29] Perutz, *I Wish I'd Made You Angry Earlier.*
[30] Judson, *Der achte Tag der Schöpfung.*
[31] Watson, *Die Doppelhelix.*
[32] Ebenda.
[33] Ebenda.
[34] S. Brenner, *Outstanding Papers in Biology*, London 1993.
[35] Watson, *Die Doppelhelix.*
[36] J. D. Watson und F. H. C. Crick, »A Structure for Deoxyribose Nucleic Acid«, in: *Nature* 171 (1953), S. 737–738.
[37] J. D. Watson und F. H. C. Crick, »Genetical Implications of the Structure of Deoxyribonucleic Acid«, in: *Nature* 171 (1943), S. 964–967.
[38] Watson, *The Double Helix* (nur in der amerikanischen Ausgabe, New York 1980).
[39] I. Gibson, *The Shameful Life of Salvador Dalí*, London 1997. [Dt. *Salvador Dalí. Die Biographie*, Stuttgart 1998.]
[40] L. Roberts, »The Gene Hunters«, in: *U. S. News & World Report*, 3. Januar 2000, S. 34–38.
[41] Watson, *The Double Helix* (nur in der amerikanischen Ausgabe, New York 1980).
[42] B. Maddox, »The Dark Lady of DNA?«, in: *Observer*, 5. März 2000.
[43] C. Holden, »Award to DNA-Sleuth«, in: *Science* 287.
[44] H. Zuckerman, *Scientific Elite*, New York 1995.
[45] S. W. Hawking, *Eine kurze Geschichte der Zeit*, Reinbek 1988.
[46] Judson, *Der achte Tag der Schöpfung.*
[47] Ebenda.
[48] J. Maynard Smith, »Too Good to Be True«, in: *Nature* 400 (1999), S. 223; siehe auch Judson, *Der achte Tag der Schöpfung*. Cricks Überlegung war folgende: Es gibt 64 mögliche Triplett-Anordnungen von vier Buchstaben. Tripletts aus den gleichen Buchstaben (z. B. CCC, GGG) schloß er aus, weil sie phasenverschoben gelesen werden könnten, und so blieben 60 Permutationen übrig. Für jedes erlaubte Triplett (z. B. ATG) wurden zwei andere mögliche Anordnungen ausgeschlossen (GAT, TGA). Nach dieser Regel waren 20 Tripletts möglich, und dies entsprach der Zahl der Aminosäuren.
[49] Crick, *Ein irres Unternehmen.*
[50] F. H. C. Crick, J. S. Griffith und L. E. Orgel, »Codes without Commas«, in: *Proceedings of the Natural Academy of Sciences U. S. A.* 43 (1957), S. 416–421.
[51] Judson, *Der achte Tag der Schöpfung.*
[52] Ebenda; Crick, *Ein irres Unternehmen.*
[53] F. H. C. Crick, S. Brenner u. a., »General Nature of the Genetic Code for Proteins«, in: *Nature* 192 (1961), S. 1227–1232.

[54] J. Maddox, Vorwort zu Judson, *Der achte Tag der Schöpfung.*

[55] J. D. Watson, »The Human Genome Project: Past, Present, and Future«.

[56] Ebenda.

[57] J. D. Watson, »Too Many Naughts«, in: *Nature* 350 (1991), S. 550.

[58] B. D. Davis u. a., »The Human Genome and Other Initiatives«, in: *Science* 249 (1990), S. 342–343.

[59] J. S. Jones, »Songs in the Key of Life«, in: *Nature* 354 (1991), S. 323.

[60] R. Wright, »Achilles' Helix«, in: *New Republic*, 9.–16. Juli 1990, S. 21–31; siehe auch S. E. Luria, »Human Genome Program«, in: *Science* 246 (1989), S. 873.

[61] C. Ezzell, »The Business of the Human Genome«, in: *Scientific American*, Juli 2000, S. 48–49.

[62] R. Lewin, »In the Beginning Was the Genome«, in: *New Scientist*, 21. Juli 1990, S. 34–38; Cook-Deegan, *The Gene Wars.*

[63] L. Roberts, »Why Watson Quit as Project Head«, in: *Science* 256 (1992), S. 301–303.

[64] C. Anderson, »Watson Resigns, Genome Project Open to Change«, in: *Nature* 356 (1992), S. 549.

[65] W. Gilbert, »Towards a Paradigm Shift in Biology«, in: *Nature* 349 (1991), S. 99.

2. KAPITEL: DAS BUCH DES LEBENS

Matt Ridleys *Alphabet des Lebens* (München 2000) und Steve Jones' *Die Botschaft der Gene* (München 1995) bieten vorzügliche Einführungen in die Rolle von Genen bei Gesundheit und Krankheit. *Molekulare Humangenetik* von Tom Strachan und Andrew Read (Heidelberg/Berlin 1996), ist eines von vielen guten Lehrbüchern auf diesem Gebiet.

[1] Diese Analogie wurde von einem ähnlichen Vergleich aus Strachan und Read, *Molekulare Humangenetik*, übernommen.

[2] Die Codierungssequenz der meisten Gene besteht nicht aus einer zusammenhängenden Reihe von Basen, vielmehr ist sie in Abschnitte oder Exons unterteilt, die durch Stücke verquirlter DNA, den Introns, getrennt sind. Diese Introns werden aus der endgültigen Erbinformation herausgeschnitten (gespleißt).

[3] Strachan und Read, *Molekulare Humangenetik.*

[4] Diese Analogie wurde von Boyce Rensberger, *Life Itself* (New York 1996), übernommen.

[5] X. R. Jiang u. a., »Telomerase Expression in Human Somatic Cells Does Not Induce Changes Associated with a Transformed Phenotype«, in: *Nature*

Genetics 21 (1999), S. 111–114; C. P. Morales u. a., »Absence of Cancer-Associated Changes in Human Fibroblasts Immortalized with Telomerase«, in: *Nature Genetics* 21 (1999), S. 115–118.

6 DNA-Sequenzen haben eine Richtung, die auf bestimmten chemischen Verbindungen der Basen im Strang beruht. Sequenzen werden traditionell von 5' nach 3' gelesen (daher werden Puristen vermutlich die Behauptung kritisieren, G sei der erste Buchstabe).

7 J. D. Griffith u. a., »Mammalian Telomeres End in a Large Duplex Loop«, in: *Cell* 97 (1999), S. 503–514.

8 R. Shapiro, *Der Bauplan des Menschen*, München 1992.

9 F. Sanger, »Sequences, Sequences, and Sequences«, in: *Annual Review of Biochemistry* 57 (1988), S. 1–28.

10 F. Sanger u. a., »Nucleotide Sequence of Bacteriophage ØX174 DNA«, in: *Nature* 265 (1977), S. 687–695.

11 F. J. Dyson, *Die Sonne, das Genom und das Internet*, Frankfurt 2000.

12 F. Sanger, S. Nicklen und A. R. Coulson, »DNA Sequencing with Chain-Terminating Inhibitors«, in: *Proceedings of the National Academy of Sciences U.S.A.* 74 (1977), S. 5463–5467.

13 Sanger, »Sequences, Sequences, and Sequences«.

14 M. S. Boguski, »A Molecular Biologist Visits Jurassic Park«, in: *Bio Techniques* 12 (1996), S. 668–669.

15 M. Crichton, *Vergessene Welt*, München 1996. Der Bioinformatiker Will Gilbert hat einen einfachen Onlinetest von Crichtons Dino-DNA-Sequenz erstellt, der zeigt, wie eine Suche nach Sequenzen, wie sie in *Vergessene Welt* dargestellt wird, abläuft. Die Anwender können nicht nur das Quellenmaterial identifizieren, das der im Buch verwendeten Sequenz zugrunde liegt, Besucher der Seite können die DNA-Sequenz auch in die entsprechende Proteinsequenz umwandeln und dadurch die verborgene Botschaft aufdecken. Siehe http://bioinformatics.unh.edu/SMART/

16 S. Aparicio, »How to Count ... Human Genes«, in: *Nature Genetics* 25 (2000), S. 129–130.

17 R. L. Hotz, »Betting on the Genes in a Human«, in: *Los Angeles Times*, 30. Juli 2000. Der Gewinner dieser Genwette wird vermutlich im Jahr 2003 verkündet werden und erhält außerdem eine signierte, in Leder gebundene Ausgabe von James Watsons *Die Doppelhelix*. Einzelheiten können unter http://www.ensembl.org/genesweep.html nachgelesen werden.

18 N. Wade, »In the Hunt for Useful Genes, a Lot Depends on ›Snips‹«, in: *New York Times*, 11. August 1998.

19 P. Valverde u. a., »Variants of the Melanocyte Stimulating Hormone Receptor Gene Are Associated with Red Hair and Fair Skin in Humans«, in: *Nature Genetics* 11 (1995), S. 328–330.

[20] E. Healy u. a., »Melanocortin-1-Receptor Gene and Sun Sensitivity in Individuals Without Red Hair«, in: *Lancet* 335 (2000), S. 1072–1073; R. A. Sturm, N. F. Box und M. Ramsay, »Human Pigmentation Genetics: The Difference Is Only Skin Deep«, in: *BioEssays* 20 (1998), S. 712–721. Im allgemeinen korrelieren die Variationen im Melanocortin-1-Rezeptor mit der Unfähigkeit der Haut, braun zu werden und erhöhter Anfälligkeit für Sonnenbrand.

[21] K. Owens und M.-C. King, »Genomic Views of Human History«, in: *Science* 286 (1999), S. 451–453.

[22] Ridley, *Alphabet*, siehe Chromosom 15.

[23] V. A. McKusick, *Mendelian Inheritance in Man*, 12. Aufl., Baltimore 1998. Die ständig aktualisierte Internetversion des Katalogs, OMIM, findet man unter http://www.ncbi.nlm.nih.gov/omim.

[24] S. E. Antonarakis und V. A. McKusick, »OMIM Passes the 1000-Disease-Gene Mark«, in: *Nature Genetics* 25 (2000), S. 11.

[25] Die Definition von »Mutation« findet man unter: http://www.nhgri.nih.gov/DIR/VIP/glossary.

[26] T. Weingarten und M. Hosenball, »A Fertile Scheme«, in: *Newsweek*, 8. November 1999, S. 78–79.

[27] N. B. Bohossian, H. Skaletsky und D. C. Page, »Unexpectedly Similar Rates of Nucleotide Substitution Found in Male and Female Hominids«, in: *Nature* 406 (2000), S. 622–625.

[28] M. Gaines, »Inside Science: Radiation and Risk«, *New Scientist* 18, März 2000, S. 1–4.

[29] A. Mandelbaum, *The Odyssey of Homer*, Berkeley 1990, Bd. 9, S. 171–192.

[30] Maximillian Muenke, Interview, 14. Juli 2000.

[31] E. Roessler u. a., »Mutations in the Human ›Sonic Hedgehog‹ Gene Cause Holoprosencephaly«, in: *Nature Genetics* 14 (1996), S. 357–360. Der Name Sonic Hedgehog stammt von einer beliebten Figur aus einem Computerspiel und bezieht sich auf ein Gen der Fruchtfliege namens Hedgehog, das so genannt wurde, weil Fliegen mit Mutationen an diesem Gen ein borstiges Aussehen haben.

[32] A. E. Bale, »Sheep, Lilies and Human Genetics«, *Nature* 406 (2000), S. 944–945.

[33] W. Ahmad u. a., »Alopecia Universalis Associated with a Mutation in the Human Hairless Gene«, *Science* 279 (1998), S. 720–724.

[34] Der griechische Philosoph Pythagoras warnte seine Anhänger: »A fabis abstinente« – »Eßt keine Bohnen«. Die weite Verbreitung von Trägern der Glukose-6-Phosphat-Dehydrogenase-Fehlbildung aufgrund von Malariaresistenz führte auch zu einer spürbaren Anfälligkeit für die Toxine in rohen oder nicht gar gekochten Fava-Bohnen, was zu Anämie führte. B. N. Ames, »Dietary Carcinogens und Anticarcinogens«, in: *Science* 221 (1983), S. 1256.

[35] G. B. Pier u. a., »Salmonella typhi Uses CFTR to Enter Intestinal Epithelial Cells«, in: *Nature* 393 (1998), S. 79–82.

[36] G. D. Longmore, »Erythropoietin Receptor Mutations and Olympic Glory«, in: *Nature Genetics* 4 (1993), S. 108–109; A. de la Chapelle, A.-L. Traskelin und E. Juvonen, »Truncated Erythropoietin Receptor Causes Dominantly Inherited Benign Human Erythrocytosis«, in: *Proceedings of the National Academy of Sciences U.S.A.* 90 (1993), S. 4495–4499; C. Aschwanden, »Gene Cheats«, in: *New Scientist*, 15. Januar 2000, S. 25–29.

[37] R. Liu u. a., »Homozygous Defect in HIV-1 Coreceptor Accounts for Resistence of Some Multiply-Exposed Individuals to HIV-1 Infection«, in: *Cell* 86 (1996), S. 367–377; M. Samson u. a., »Resistence to HIV-1 Infection in Caucasian Individuals Bearing Mutant Alleles of the CCR-5 Chemokine Receptor Gene«, in: *Nature* 382 (1996), S. 722–725; M. Dean u. a., »Genetic Restriction of HIV-1 Infection and Progression to AIDS by a Deletion Allele of the CKR5 Structural Gene«, in: *Science* 273 (1996), S. 1856–1862.

[38] C. Cox, »Italian Village Gives World the Secret of Long Life«, in: *Daily Telegraph*, 23. Januar 2000.

[39] B. K. Hall, »Atavisms und Atavistic Mutations«, in: *Nature Genetics* 10 (1995), S. 126–127.

[40] N. Angier, *Woman*, Boston 1999.

[41] L. E. Figuera, M. Pandolfo, P. W. Dunne, J. Cantu und P. I. Patel, »Mapping of the Congenital Generalized Hypertrichosis Locus to Chromosome Xq24–q27.1«, in: *Nature Genetics* 10 (1995), S. 202–207. Die Entscheidung, diesen Aufsatz 1995 aufgrund des ungewöhnlich großen allgemeinen Interesses zu veröffentlichen, wurde von dem weltweiten Medienecho bestätigt, das jedoch nicht nur positiv ausfiel. Die *New York Times* bezeichnete mich als »Marktschreier«, der sich schuldig gemacht habe, »ein bißchen in Sensationslust zu schwelgen«. Seltsamerweise stand der Artikel in der *Times* unter einem Bild von Lon Chaney, Hollywoods erstem Werwolf.

[42] A. Eyre-Walker und P. D. Keightley, »High Genomic Deleterious Mutation Rate in Hominids«, in: *Nature* 397 (1999), S. 344–347; J. Crow, »The Odds of Losing at Genetic Roulette«, in: *Nature* 397 (1999), S. 293–294.

[43] J. F. Crow, »The High Spontaneous Mutation Rate: Is It a Health Risk?«, in: *Proceedings of the National Academy of Science U.S.A.* 94 (1997), S. 8380–8386.

[44] Ein vollständiger Bericht über Botsteins Entdeckung findet sich in: J. E. Bishop und M. Waldholz, *Die Landkarte der Gene*, München 1991. Siehe auch K. Davies und M. White, *Breakthrough*, New York 1996.

3. KAPITEL: DAS AUGE DES TIGR

[1] *Time*, 29. März 1999.

[2] L. Belkon, »Splice Einstein and Sammy Glick. Add a Little Magellan«, in: *New York Times Magazine*, 23. August 1998, S. 26; J. Shreeve, »The Code Breaker«, in: *Discover* (Mai 1998), S. 45–51; N. Wade, »The Genome's Combative Entrepreneur«, in: *New York Times*, 18. Mai 1999; T. Anton, *Bold Science. Seven Scientists Who Are Challenging Our World*, New York 2000.

[3] B. Appleyard, »Is This Man the Enemy of Science? Or Is He the Saviour of Mankind?«, in: *Sunday Times Magazine* (London), 11. Juni 2000, S. 14–21.

[4] J. C. Venter, *CNN Newstand*, 3. Juni 1999.

[5] Ebenda.

[6] R. Cook-Deegan, *The Gene Wars*, New York 1994.

[7] A. Martin-Gallardo u. a., »Automated DNA Sequencing and Analysis of 106 Kilobases from Human Chromosome 19q13.3«, in: *Nature Genetics* 1 (1992), S. 34–39; W. R. McCombie u. a., »Expressed Genes, Alu Repeats and Polymorphisms in Cosmids Sequenced from Chromosome 4p16.3«, in: *Nature Genetics* 1 (1992), S. 348–353.

[8] McCombie u. a., »Expressed Genes«.

[9] S. D. Putney, W. C. Herlihy und P. Schimmel, »A New Troponin T and cDNA Clones for 13 Different Muscle Proteins, Found by Shotgun Sequencing«, in: *Nature* 302 (1983), S. 718–821.

[10] S. Brenner, »The Humane Genome: The Nature of the Enterprise«, in: *Ciba Foundation Symposium* 149 (1990), S. 6–17.

[11] S. Brenner, »Loose Ends«, in: *Current Biology* 4 (1994), S. 384

[12] Cook-Deegan, *The Gene Wars.*

[13] M. D. Adams u. a., »Complementary DNA Sequencing: Expressed Sequence Tags and Human Genome Project«, in: *Science* 252 (1991), S. 1651–1656.

[14] A. Joutel u. a., »*Notch3* Mutations in CADASIL, a Hereditary Adult-Onset Condition Causing Stroke and Dementia«, in: *Nature* 383 (1996), S. 707–710.

[15] Adams u. a., »Complementary DNA Sequencing«.

[16] L. Roberts, »Gambling on a Shortcut to Genome Sequencing«, in: *Science* 252 (1991), S. 1618–1619.

[17] M. D. Adams u. a., »Sequence Identification of 2375 Human Brain Genes«, in: *Nature* 355 (1992), S. 632–634.

[18] T. R. Burglin und T. M. Barnes, »Introns in Sequence Tags«, in: *Nature* 357 (1992), S. 367.

[19] J. Maddox, »Ever-Longer Sequences in Prospect«, in: *Nature* 357 (1992), S. 13.

[20] L. Thompson, »NIH's Rush to Patent Human Genes«, in: *Washington Post*, 28. Oktober 1991.

21 Cook-Deegan, *The Gene Wars.*
22 Thompson, »NIH's Rush«.
23 Cook-Deegan, *The Gene Wars.*
24 R. Herman, »The Great Gene Gold Rush«, in: *Washington Post*, 16. Juni 1992.
25 Brenner, »The Humane Genome«.
26 L. Roberts, »NIH Gene Patents, Round Two«, in: *Science* 255 (1992), S. 912–913.
27 Cook-Deegan, *The Gene Wars.*
28 P. Aldhous, »MRC Follows NIH on Patents«, in: *Nature* 356 (1992), S. 98.
29 Thompson, »NIH's Rush«.
30 B. Healy, »On Patenting Genes«, in: *New England Journal of Medicine* 327 (1992), S. 664–668.
31 Cook-Deegan, *The Gene Wars.*
32 C. Anderson, »NIH cDNA Patent Rejected; Backers Want to Amend Law«, in: *Nature* 359 (1992), S. 263.
33 J. Gillis, »One Man's Race to Map Genetic Code«, in: *Washington Post*, 22. August 1998.
34 J. Carey, »The Gene Kings«, in: *Business Week*, 8. Mai, 1995, S. 72–78.
35 S. Sugawara, »A Healthy Vision«, in: *Washington Post*, 16. November 1992.
36 Ebenda.
37 Ebenda.
38 L. Weeks, »Mr. Grenn Genes«, in: *Washington Post*, 17. Februar 1998.
39 Ebenda.
40 M. D. Adams u. a.: »A Model for High-Throughput Automated DNA Sequencing und Analysis Core Facilities«, in: *Nature* 368 (1994), S. 474–475.
41 Carey, »The Gene Kings«.
42 Ebenda.
43 Ebenda.
44 L. M. Fisher, »Mining the Genome: Big Science as Big Business«, in: *New York Times*, 30. Januar 1994.
45 A. Phillips, »He Leaves His Body to Science, His Heart to Sailing«, in: *Washington Post*, 24. November 1996.
46 Ebenda.

4. KAPITEL: GENRAUSCH

Die bahnbrechenden wissenschaftlichen Leistungen bei der Genkartierung und der Identifizierung von Krankheitsgenen sind gut dargestellt in Jerry Bishop und Michael Waldholz, *Landkarte der Gene* (München 1991), ebenso in Waldholz' *Curing Cancer* (New York 1997). Weitere Informationen über Francis Collins' Leben und Laufbahn finden sich in *Breakthrough: The Race to Find the Breast Cancer Gene* von Kevin Davies und Michael White (New York 1996).

[1] S. Veggeberg, »Scientists Express Relief as Francis Collins Is Named New Director of NIH Genome Project«, in: *Scientist*, 3. Mai 1993.

[2] Davies und White, *Breakthrough*.

[3] Bishop und Waldholz, *Landkarte der Gene*.

[4] S. H. Orkin, »Reverse Genetics and Human Disease«, in: *Cell* 47 (1986), S. 845–850; F. S. Collins, »Positional Cloning: Let's Not Call It Reverse Anymore«, in: *Nature Genetics* 1 (1992), S. 3–6.

[5] Gina Kolata, »Unlocking the Secrets of the Genome«, in: *New York Times*, 30. November 1993.

[6] J. M. Rommens u. a., »Identification of the Cystic Fibrosis Gene: Chromosome Walking and Jumping«, in: *Science* 245 (1989), S. 1059–1072; J. R. Riordan u. a., »Identification of the Cystic Fibrosis Gene: Cloning and Characterisation of Complementary DNA«, in: *Science* 245 (1989), S. 1066–1072; B.-S. Kerem u. a., »Identification of the Cystic Fibrosis Gene: Genetic Analysis«, in: *Science* 245 (1989), S. 1073–1080; siehe auch K. Davies, »The Search for the Cystic Fibrosis Gene«, in: *New Scientist*, 21. Oktober 1989, S. 54–58.

[7] Gespräch mit W. M. Cowan, 14. September 2000.

[8] L. Roberts, »Down to the Wire for the NF Gene«, in: *Science* 249 (1990), S. 236–238.

[9] F. Collins, »Faith and Reason«, in: *PBS*, September 1998.

[10] A. Wexler, *Mapping Fate*, Berkeley 1995.

[11] Ebenda.

[12] Bishop und Waldholz, *Landkarte der Gene*.

[13] Wexler, *Mapping Fate*.

[14] Huntington's Disease Collaborative Research Group, »A Novel Gene Containing a Trinucleotide Repeat That Is Expanded and Unstable on Huntington's Disease Chromosomes«, in: *Cell* 72 (1993), S. 971–983.

[15] H. Donis-Keller u. a., »A Genetic Linkage Map of the Human Genome«, in: *Cell* 50 (1987), S. 319–337.

[16] P. Rabinow, *French DNA*, Chicago 1999.

[17] Ebenda.

[18] G. Gyapay u. a., »The 1993–1994 Généthon Human Genetics Linkage Map«, in: *Nature Genetics* 7 (1994), S. 246–339.

[19] Rabinow, *French DNA*.

[20] W. F. Dietrich u. a., »A Genetic Map of the Mouse with 4006 Simple Sequence Length Polymorphisms«, in: *Nature Genetics* 7 (1994), S. 220–245.

[21] Rabinow, *French DNA*.

[22] J. Brookfield, »Fingering Fibroblast Growth Factor Receptors«, in: *Nature Genetics* 8 (1994), S. 1–2.

[23] F. Collins, »Positional Cloning Moves from Perditional to Traditional«, in: *Nature Genetics* 9 (1995), S. 347–350.

[24] B. Sykes, »Bone Disease Cracks Genetics«, in: *Nature* 348 (1990), S. 18–20.

[25] H. F. Judson, *The Eighth Day of Creation*, New York 1996. (Zitat nur in der amerikanischen Neuausgabe.)

[26] Davies und White, *Breakthrough*.

[27] Waldholz, *Curing Cancer*.

[28] Davies und White, *Breakthrough*.

[29] Y. Miki u. a., »A Strong Candidate for the Breast and Ovarian Cancer Susceptibility Gene BRCA1«, in: *Science* 266 (1994), S. 66–71.

[30] N. Angier, »Scientists Identify a Mutant Gene Tied to Hereditary Breast Cancer«, in: *New York Times*, 15. September 1994.

[31] Davies und White, *Breakthrough*.

[32] G. Kolata, »Breaking Ranks, Lab Offers Test to Assess Risk of Breast Cancer«, in: *New York Times*, 1. April 1996.

[33] R. Weiss, »Genetic Testing's Human Toll«, in: *Washington Post*, 21. Juli 1999.

[34] K. Savitsky u. a., »A Single Ataxia Telangiectasia Gene with a Product Similar to PI-3 Kinase«, in: *Science* 268 (1995), S. 1749–1753.

[35] P. Liu u. a., »Fusion Between Transcription Factor CBFß and a Myosin Heavy Chain in Acute Myeloid Leucemia«, in: *Science* 261 (1993), S. 1041–1044.

[36] C. Macilwain, »Ambition and Impatience Blamed for Fraud«, in: *Nature* 384 (1996), S. 6–7.

[37] »Findings of Scientific Misconduct«, in: *NIH Guide* 26, 19. Juli 1997.

[38] P. Recer, »Doctoral Candidate Faked Experiments«, in: *Seattle Times*, 30. Oktober 1996.

[39] F. Collins und D. Galas, »New Five-Year Plan for the U.S. Human Genome Project«, in: *Science* 262 (1993), S. 43–46.

[40] C. Dib u. a., »A Comprehensive Genetic Map of the Human Genome Based on 5264 Microsatellites«, in: *Nature* 380 (1996), S. 152–154. *Nature* veröffentlichte einen erweiterten Nachdruck der Kopplungskarte von Généthon zusammen mit William Blakes Gemälde des auf einem Fels kauernden nackten Isaac Newton, der mit einem Kompaß wie gebannt eine Linie auf einem ausgerollten Blatt mißt.

[41] C. Anderson: »Genome Shortcut Leads to Problems«, in: *Science* 259 (1993), S. 1635–1687.

[42] M. V. Olson, »A Time to Sequence«, in: *Science* 270 (1995), S. 394–396.

[43] Sanger Centre und Washington University Genome Center, »Toward a Complete Human Genome Sequence«, in: *Genome Research* 8 (1998), S. 1097 bis 1108.

[44] E. Pennisi, »DNA Sequencers' Trial by Fire«, in: *Science* 280 (1998), S. 814–817.

[45] L. Rowen, G. Mahairas und L. Hood, »Sequencing the Human Genome«, in: *Science* 278 (1997), S. 605–607.

[46] E. Pennisi, »DNA Sequencers' Trial by Fire«. Adams' Zitat erschien in *Science* vom 8. Mai 1998, am selben Tag, als Venter und Hunkapiller die Gründung ihrer neuen Genomfirma bekanntgaben, in der Adams eine zentrale Rolle spielen sollte.

[47] A. Gouffeau u. a., »The Yeast Genome Directory«, in: *Nature* 387 Suppl. (1997), S. 1–105.

[48] G. Fink, »Anatomy of a Revolution«, in: *Genetics* 149 (1998), S. 473–477. Mitglieder des Sicherheitsrats sind der Bakteriophage Lambda; zwei Bakterien (*Bacillus subtilis* und *Escherichia coli)*; ein Pilz *(Saccharomyces cerevisiae)*; eine einzellige Alge *(Chlamydomonas reinhardtii)*; eine Pflanze *(Arabidopsis)*; ein Wurm *(Caenorhabditis elegans)*; ein Insekt *(Drosophila melanogaster)*; ein Säugetier *(Mus musculus)* und natürlich der Mensch (obwohl Fink behauptet, das »rieche nach Eigeninteresse seitens des Auswahlkomitees«).

[49] N. Calder, *Timescale*, New York 1983.

[50] W. B. Wood u. a., *The Nematode*, Cold Spring Harbor, New York 1988.

[51] Ebenda.

[52] M. Chalfie, »The Worm Revealed«, in: *Nature* 396 (1998), S. 620–621.

[53] L. Roberts, »Sequencing Venture Sparks Alarm«, in: *Science* 255 (1992), S. 677–678.

[54] A. Klug, Presseerklärung des Wellcome Trust, 28. Juni 2000.

[55] *C. elegans* Sequencing Consortium, »Genome Sequence of the Nematode *C. elegans*: A Platform for Investigating Biology«, in: *Science* 282 (1998), S. 2012–2018.

[56] G. Ferry, »The Human Worm«, in: *New Scientist*, 5. Dezember 1998, S. 32–35.

[57] N. Wade, »Animal's Genetic Program Decoded, in a Science First«, in: *New York Times*, 11. Dezember 1998.

[58] K. Perry, »John Sulston: Altruist or Moralist?«, in: *Guardian*, 26. Juni 2000.

[59] J. Sulston, »The Map Maker«, in: *Guardian*, 19. April 1999.

[60] J. Sulston, »Forever Free«, in: *New Scientist*, 19. April 2000, S. 46–47.

[61] Perry, »John Sulston: Altruist or Moralist?«

[62] J. Sulston, »The Map Maker«.

[63] J. Gerard, »Putting the Monsters to the Back of His Mind«, in: *Sunday Times* (London), 2. Juli 2000.

[64] D. Birch, »Daring Sprint to the Finish«, in: *Baltimore Sun*, 13. April 1999.

[65] Interview mit S. Brenner, 24. Juni 2000.

[66] F. Dyson, *Die Sonne, das Genom und das Internet*, Frankfurt 2000. (Übs. geändert.)

[67] N. Wade, *New York Times*, 10. März 1998.

5. KAPITEL: DER RING DES LEBENS

[1] M. Adams u. a., »A Model for High-Throughout Automated DNA Sequencing and Analysis Core Facilities«, in: *Nature* 368 (1994), S. 474–475.

[2] J. Carey, »Gene Hunters Go for the Big Score«, in: *Business Week*, 16. August 1993.

[3] M. Waldholz, *Curing Cancer*, New York 1997.

[4] B. Vogelstein u. a., »Genetic Alterations During Colorectal-Tumor Development«, in: *New England Journal of Medicine* 319 (1988), S. 525–532.

[5] Waldholz, *Curing Cancer*.

[6] P. Peltomaki u. a., »Genetic Mapping of Locus Predisposing to Human Colorectal Cancer, in: *Science* 260 (1993), S. 812–816.

[7] R. Fisher u. a., »The Human Mutator Gene Homolog MSH2 and Its Association with Hereditary Nonpolyposis Colon Cancer«, in: *Cell* 75 (1993), S. 1027–1038.

[8] F. S. Leach u. a., »Mutations of a MutS Homolog in Hereditary Nonpolyposis Colon Cancer«, in: *Cell* 75 (1993), S. 1215–1225.

[9] R. F. Service, »Stalking the Start of Colon Cancer«, in: *Science* 263 (1994), S. 1559–1560; Waldholz, *Curing Cancer*.

[10] C. E. Bronner u. a., »Mutation in the DNA Mismatch Repair Gene Homologue *hMLH1* Is Associated with Hereditary Non-Polyposis Colon Cancer«, in: *Nature* 368 (1994), S. 258–261; N. Papadopoulos u. a., »Mutation of a *mutL* Homolog in Hereditary Colon Cancer«, in: *Science* 263 (1994), S. 1625–1629.

[11] E. Levy-Lahad, W. Wasco u. a., »Candidate Gene for the Chromosome 1 Familial Alzheimer's Disease Locus«, in: *Science* 269 (1995), S. 973–977.

[12] E. Marshall, »A Showdown over Gene Fragments«, in: *Science* 266 (1994), S. 208.

[13] J. Shreeve, »The Code Breaker«, in: *Discover* (Mai 1998), S. 44–51.

[14] Marshall, »A Showdown over Gene Fragments«, S. 208–210.

[15] D. Dickson, »Gene Map' Plan Highlights Dispute over Public vs. Private Interests«, in: *Nature* 371 (1994), S. 365–366.

[16] J. Maddox, »Directory to the Human Genome«, in: *Nature* 376 (1995), S. 459–460.

[17] M. D. Adams u. a., »Initial Assessment of Human Gene Diversity and Expression Patterns Based Upon 83 Million Nucleotides of cDNA Sequence«, in: *Nature* 377, Beilage (1995), S. 3–174.

[18] C. Fields, M. D. Adams, O. White und J. C. Venter, »How Many Genes in the Human Genome?«, in: *Nature Genetics* 7 (1994), S. 345–346.

[19] J. Cohen, »How Many Genes Are There?«, in: *Science* 275 (1995), S. 769.

[20] S. Aparicio, »How to Count … Human Genes«, in: *Nature Genetics* 25 (2000), S. 129–130.

[21] Cohen, »How Many Genes Are There?«

[22] G. D. Schuler u. a., »The Human Transcript Map«, in: *Science* 274 (1996), S. 547–562.

[23] J. C. Venter, »Genome Directory«-Pressemitteilung, 28. September 1995.

[24] D. Birch, »The Seduction of a Scientist«, in: *Baltimore Sun*, 12. April 1999.

[25] D. Birch, »Hamilton Smith's Second Chance«, in: *Baltimore Sun*, 11. April 1999.

[26] Birch, »The Seduction of a Scientist«.

[27] Ebenda.

[28] Ebenda.

[29] N. Wade, »Bacterium's Full Gene Make-Up Is Decoded«, in: *New York Times*, 26. Mai 1995.

[30] N. Wade, »First Sequencing of Cell's DNA Defines Basis of Life«, in: *New York Times*, 1. August 1995.

[31] R. D. Fleischmann u. a., »Whole-Genome Random Sequencing and Assembly of *Haemophilus influenzae* Rd«, in: *Science* 269 (1995), S. 496–512.

[32] K. M. Devine und K. Wolfe, »Bacterial Genomes: A TIGR in the Tank«, in: *Trends in Genetics* 11 (1995), S. 429–431.

[33] C. M. Fraser, »The Minimal Gene Complement of *Mycoplasma genitalium*«, in: *Science* 270 (1995), S. 397–403.

[34] C. A. Hutchinson III u. a., »Global Transposon Mutagenesis and a Minimal Mycloplasma Genome«, in: *Science* 286 (1999), S. 2165–2169.

[35] Ebenda.

[36] C. Fraser, »Life: What Exactly Is It?« *HMS Beagle*, 25. Juni 1995. Zu lesen unter http://www.biomednet.com.

[37] R. Fortey, *Leben – Eine Biographie*, München 1999.

[38] L. Weeks, »Mr. Green Genes«, in: *Washington Post*, 17. Februar 1998.

[39] »The Mysteries of Creation«, BBC Online, 10. Dezember 1999.

[40] M. K. Cho, D. Magnus, A. L. Caplan, D. McGee und die Ethics of Genomics Group, in: *Science* 286 (1999), S. 2087–2090.

[41] V. Morell, »Life's Last Domain«, in: *Science* 273 (1996), S. 1043–1045.

[42] V. Morell, »Microbiology's Scarred Revolutionary«, in: *Science* 276 (1997), S. 699–702.

[43] Fortey, *Leben*.

[44] R. A. Garrett, »*Methanococcus jannaschii* and the Golden Fleece«, in: *Current Biology* 6 (1996), S. 1377–1380.

[45] Ebenda.

[46] C. J. Bult u. a., »Complete Genome Sequence of the Methanogenic Archaeon, *Methanococcus jannaschii*«, in: *Science* 273 (1996), S. 1058–1073.

[47] J. C. Venter, »Proof of Third Class of Life Sheds New Light on Possible Life in the Universe«, in: UPI, 22. August 1996.

[48] Fortey, *Leben*.

[49] K. E. Nelson u. a., »Evidence for Lateral Gene Transfer Between Archaea and Bacteria from Genome Sequence of *Thermotoga maritima*«, in: *Nature* 399 (1999), S. 323–329.

[50] W. F. Doolittle, »Uprooting the Tree of Life«, in: *Scientific American* (Februar 2000), S. 90–95.

[51] D. M. Faguy und W. Ford Doolittle, »Lessons from the *Aeropyrum pernix* Genome«, in: *Current Biology* (1999), S. 883–886.

[52] C. M. Fraser, J. A. Eisen und S. L. Salzberg, »Microbial Genome Sequencing«, in: *Nature* 406 (2000), S. 799–803. Zu einer vollständigen Liste laufender mikrobieller Sequenzierungsprojekte siehe auch http://www.tigr.org/tbd/mdb/mdb.html.

[53] J. F. Heidelberg u. a., »DNA Sequence of Both Chromosomes of the Cholera Pathogen *Vibrio cholerae*«, in: *Nature* 406 (2000), S. 477–483. Siehe auch T. Radford, »Life in Time of Cholera«, in: *Guardian*, 3. August 2000.

[54] B. Berselli, »Gene Split«, in: *Washington Post*, 7. Juli 1997.

[55] N. Wade, »Genome Project Partners Go Their Separate Ways«, in: *New York Times*, 24. Juni 1997.

[56] R. Nowak, »Homing in on the Human Genome«, in: *Science* 269 (1995), S. 269.

[57] D. Birch, »Daring Sprint to the Summit«, in: *Baltimore Sun*, 13. April 1999.

6. KAPITEL: SCHÄTZE DER VERLORENEN WELTEN

[1] N. Zamel, »In Search of the Genes of Asthma on the Island of Tristan da Cunha«, in: *Canadian Respiratory Journal* 2 (1995), S. 18–22.

[2] N. Zamel, »Asthma on Tristan da Cunha: Looking for the Genetic Link«, in: *American Journal of Respiratory Critical Care Medicine* 153 (1996), S. 1902–1906.

[3] G. Vogel, »A Scientific Result Without the Science«, in: *Science* 276 (1997), S. 1327.

[4] Interview mit N. Zamel, 6. Juli 2000.

[5] T. Monmaney, »Gene Sleuths Seek Asthma's Secrets on Remote Island«, in: *Los Angeles Times*, 30. April 1997.

[6] H. H. Hobbs und D. J. Rader, »ABC1: Connecting Yellow Tonsils, Neuropathy, and Very Low HDL«, in: *Journal of Clinical Investigation* 104 (1999), S. 1015–1017.

[7] S. G. Young und C. J. Fielding, »The ABCs of Cholesterol Efflux«, in:

Nature Genetics 22 (1999), S. 316–318; A. Brooks-Wilson u. a., »Mutations in ABC1 in Tangier Disease and Familial High-Density Lipoprotein Deficiency«, in: *Nature Genetics* 22 (1999), S. 336–345; M. Bodzioch u. a., »The Gene Encoding ATP-Binding Cassette Transporter 1 Is Mutated in Tangier Disease«, in: *Nature Genetics* 22 (1999), S. 347–351; S. Rust u. a., »Tangier Disease is Caused by Mutations in the Gene Encoding ATP-Binding Cassette Transporter 1«, in: *Nature Genetics* 22 (1999), S. 352–355.

8 J. J. Repa u. a., »Regulation of Absorption an ABC1-Mediated Efflux of Cholesterol by RXR Heterodimers«, in: *Science* 289 (2000), S. 1524–1529.

9 V. C. Sheffield, E. M. Stone und R. Carmi, »Use of Isolated Inbred Human Populations for Identification of Disease Genes«, in: *Trends in Genetics* 14 (1998), S. 391–396; L. Belkin, »The Clues Are in the Blood«, in: *New York Times Magazine*, 26. April 1998, S. 46.

10 L. Peltonen, A. Jalanko und T. Varilo, »Molecular Genetics of the Finnish Disease Heritage«, in: *Human Molecular Genetics* 8 (1999), S. 1913–1923.

11 A. de la Chapelle und F. A. Wright, »Linkage Disequilibrium Mapping in Isolated Populations: The Example of Finland Revisited«, in: *Proceedings of the National Academy of Sciences U.S.A.* 96 (1998), S. 12416–12423.

12 J. Hästbacka, A. de la Chapelle, I. Kaitila, P. Sistonen, A. Weaver und E. Lander, »Linkage Disequilibrium Mapping in Isolated Founder Populations: Diastrophic Dysplasia in Finland«, in: *Nature Genetics* 2 (1992), S. 204–211.

13 Ebenda.

14 J. Hästbacka u. a., »The Diastrophic Dysplasia Gene Encodes a Novel Sulfate Transporter: Positional Cloning by Fine-Structure Linkage Disequilibrium Map«, in: *Cell* 78 (1994), S. 1073–1087; J. Hästbacka u. a., »Identification of the Finnish Founder Mutation for Diastrophic Dysplasia (DTD), in: *European Journal of Human Genetics* 7 (1999), S. 664–670.

15 T. Jenkins, »The South African Malady«, in: *Nature Genetics* 13 (1996), S. 7–9; P. N. Meissner u. a., »A R59W Mutation in Human Protoporphyinogen Oxidase Results in Decreased Enzyme Activity and Is Prevalent in South Africans with Variegate Porphyria«, in: *Nature Genetics* 13 (1996), S. 95–97.

16 S. Jones, *Die Botschaft der Gene*, München 1995.

17 G. Thomson und M. S. Esposito, »The Genetics of Complex Diseases«, in: *Trends in Genetics* 15 (1999), S. M17–M20; N. Risch, »Searching for Genetic Determinants in the New Millennium«, in: *Nature* 405 (2000), S. 847–856.

18 M. Waldholz und E. Tanouye, »Glaxo to Report It's Closing In on Genes Linked to 3 Diseases«, in: *Wall Street Journal*, 19. Oktober 1999.

19 J. Hinde, »Genetic Bounty«, in: *New Scientist*, 6. Mai 2000, S. 23.

20 *Research in Progress 2000* (Chevy Chase, Md.: Howard Hughes Medical Institute 2000).

21 Y. Horikawa u. a., »Genetic Variation in the Gene Encoding Calpain-10 Is

Associated with Type 2 Diabetes Mellitus«, in: *Nature Genetics* 26 (2000), S. 163–175.

[22] J. Verne, *Reise zum Mittelpunkt der Erde*, Frankfurt a. M. 1999 (und weitere Ausgaben).

[23] S. Thorlacius u. a., »A Single BRCA2 Mutation in Male and Female Breast Cancer Families from Iceland with Varied Cancer Phenotypes«, in: *Nature Genetics* 13 (1996), S. 117–119.

[24] M. Specter, »Decoding Iceland«, in: *New Yorker*, 18. Januar 1999, S. 40–51.

[25] D. Roberts und J. Krakauer, *Iceland: Land of Sagas*, New York 1990.

[26] R. Kunzig, »Blood of the Vikings«, in: *Discover* (Dezember 1998), S. 90–99; Specter, »Decoding Iceland«; I. Wickelgren, »Decoding a Nation's Genes«, in: *Popular Science*, Januar 2000.

[27] Interview mit Kári Stefánsson, 19. Februar 2000.

[28] Ebenda.

[29] *The Complete Sagas of Icelanders*, Reykjavík 1997.

[30] Interview mit Thordur Kristjansson in Reykjavík, 22. August 2000.

[31] S. Lyall, »A Country Unveils Its Gene Pool und Debates Flares«, in: *New York Times*, 16. Februar 1999; R. C. Lewontin, »People Are Not Commodities«, in: New York Times, 23. Januar 1999; B. Palsson und S. Thorgeirsson, »Decoding Developments in Iceland«, in: *Nature Biotechnology* 17 (1999), S. 407; P. Billings, »Iceland, Blood and Science«, in: *American Scientist* 87 (1999), S. 199–200; G. Páalsson und P. Rabinow, »Iceland: The Case of a National Genome Project«, in: *Anthropology Today*, Oktober 1999.

[32] E. Mahsood, »Gene Warrior«, in: *New Scientist*, 15. Juli 2000, S. 42–45.

[33] K. Philipkoski, »Genetics Scandal Inflames Iceland«, in: *Wired News*, 20. März 2000; Mahsood, »Gene Warrior«.

[34] Interview mit Stefánsson, 19. Februar 2000.

[35] M. Enserink, »Start-Up Claims Piece of Iceland's Gene Pie«, in: *Science* 287 (2000), S. 951.

[36] Interview mit Stefánsson, 19. Februar 2000.

[37] Specter, »Decoding Iceland«.

[38] Lyall, »A Country Unveils Its Gene Pool«.

[39] Interview mit Kári Stefánsson in Reykjavík, 22. August 2000.

[40] Ebenda.

[41] R. McKie und P. Wintour, »Mass Gene Bank Launched«, in: *Observer*, 13. Februar 2000.

[42] Interview mit Stefánsson, 19. Februar 2000.

[43] Interview mit Stefánsson, 22. August 2000.

[44] Interview mit Stefánsson, 19. Februar 2000.

[45] Ebenda.

7. KAPITEL: PREISKAMPF

[1] J. L. Weber, »Know Thy Genome«, in: *Nature Genetics* 7 (1994), S. 343–344.

[2] S. F. Altschul, W. Gish, W. Miller, E. W. Myers und D. J. Lipman, »Basic Local Alignment Search Tool«, in: *Journal of Molecular Biology* 215 (1990), S. 403–410.

[3] R. Preston, »The Genome Warrior«, in: *New Yorker*, 12. Juni 2000, S. 66–83.

[4] Jim Weber, Interview, 15. Juni 2000.

[5] J. L. Weber und E. W. Myers, »Human Whole-Genome Shotgun Sequencing«, in: *Genome Research* 7 (1997), S. 401–409.

[6] P. Green, »Against a Whole-Genome Shotgun«, in: *Genome Research* 7 (1997), S. 410–417.

[7] Ebenda.

[8] J. C. Venter, H. O. Smith und L. Hood, »A New Strategy for Genome Sequencing«, in: *Nature* 381 (1996), S. 364–366. Die Idee begann mit einem »Samen«-Klon, dessen Enden sequenziert werden sollten. Dadurch ließen sich wiederum überlappende DNA-Fragmente, die diese Sequenzen enthielten, identifizieren und sequenzieren. Auf diese Weise könnte man weiterführende, überlappende »Kacheln« an DNA-Klonen produzieren, die sich in beiden Richtungen entlang des Chromosoms ausbreiteten, das somit gleichzeitig kartiert und sequenziert würde.

[9] A. Knox, »Hot Rod of a Sequencer Pushed Genome Effort«, in: *Philadelphia Inquirer*, 27. Juni 2000.

[10] L. M. Smith u. a., »Fluorescence Detection in Automated DNA Sequence Analysis«, in: *Nature* 321 (1984), S. 674–679; R. Cook-Deegan, *The Gene Wars*, New York 1994; P. G. Gosselin und P. Jacobs, »DNA Device's Heredity Scrutinized by U.S.«, in: *Los Angeles Times*, 14. Mai 2000.

[11] C. Wills, *Exons, Introns and Talking Genes*, New York 1991.

[12] Q. Hardy, »Riches from a Genetic Gold Rush«, in: *Forbes*, 21. Februar 2000, S. 102–103.

[13] N. Wade, »Beyond Sequencing of Human DNA«, in: *New York Times*, 12. Mai 1998.

[14] N. Wade, »Scientist's Plan: Map All DNA Within 3 Years«, in: *New York Times*, 10. Mai 1998.

[15] J. Carey, »The Duo Jolting the Gene Business«, in: *Business Week*, 25. Mai 1998, S. 71–72.

[16] J. Gillis und R. Weiss, »Private Firm Aims to Beat Government to Gene Map«, in: *Washington Post*, 12. Mai 1998.

[17] Wade, »Scientist's Plan«.

[18] H. Varmus, »Progress On All Fronts in Race to Map Genes«, in: *New York Times*, 17. Mai 1998.

[19] A. Coghlan und L. Kleiner, »On Your Marks ...«, in: *New Scientist*, 23. Mai 1998, S. 4.

[20] J. Travis, »Another Human Genome Project«, in: *Science News*, 23. Mai 1998, S. 334–335.

[21] Tony White, Telefonkonferenz, 11. Mai 1998.

[22] Wade, »Beyond Sequencing of Human DNA«.

[23] Preston, »The Genome Warrior«.

[24] Michael Morgan, Interview, London, 17. August 2000.

[25] N. Wade, »International Project Gets Lift«, in: *New York Times*, 17. Mai 1998.

[26] Interview mit Morgan, 17. August 2000.

[27] Wade, »International Project Gets Lift«.

[28] P. Smaglik, »Privatizing the Human Genome«, in: *The Scientist*, 8. Juni 1998.

[29] Carey, »The Duo Jolting the Gene Business«.

[30] W. A. Haseltine, »Gene-Mapping, Without Tax Money«, in: *New York Times*, 21. Mai 1998.

[31] Sydney Brenner, Interview, 24. Juni 2000.

[32] J. C. Venter, M. D. Adams, G. G. Sutton, A. R. Kerlavage, H. O. Smith und M. Hunkapiller, »Shotgun Sequencing of the Human Genome«, in: *Science* 280 (1998), S. 1540–1542.

[33] Ebenda.

[34] Aussagen von Maynard Olson, Craig Venter und Francis Collins bei der Anhörung des Wissenschaftsausschusses des Repräsentantenhauses, 17. Juni 1998. Auch verfügbar unter http://www.house.gov/science.

[35] T. Friend, »The Book of Life: Twin Efforts Will Attempt to Write It«, in: *USA Today*, 9. Juni 1998.

[36] C. Stern, »Two or Three Bristles«, in: *American Scientist* 42 (1954), S. 213.

[37] M. M. Green, »The ›Genesis of the White-Eyed Mutant‹ in *Drosophila melanogaster*: A Reappraisal«, in: *Genetics* 142 (1996), S. 329–331. Die meisten Bücher über Morgan behaupten, daß *white* nicht die erste mutierte Fruchtfliege war, die Morgan beobachtet hatte, doch Greens Artikel argumentiert überzeugend dafür.

[38] T. H. Morgan, »Sex Limited Inheritance in Drosophila«, in: *Science* 32 (1920), S. 120–122.

[39] G. Allen, *Thomas Hunt Morgan*, Princeton 1978.

[40] R. E. Kohler, *Lords of the Fly*, Chicago 1994; J. Weiner, *Zeit, Liebe, Erinnerung*, Berlin 2000.

[41] Ebenda.

[42] Ebenda.

[43] Allen, *Thomas Hunt Morgan*.

[44] Den Text der Nobelpreisrede kann man unter http://www.nobel.se nachlesen.

[45] G. M. Rubin und E. B. Lewis, »A Brief History of *Drosophila's* Contributions to Genome Research«, in: *Science* 287 (2000), S. 2216–2218.

[46] C. Nüsslein-Volhard und E. Wieschaus, »Mutations Affecting Segment Number and Polarity in *Drosophila*«, in: *Nature* 287 (1980), S. 795–801.

[47] G. Taubes, »*Drosophila* Genome Sequence Completed«, in: *HHMI Bulletin*, Juli 2000, S. 4–5.

[48] J. C. Venter, Anhörung des Wissenschaftsausschusses des amerikanischen Repräsentantenhauses, 17. Juni 1998.

[49] »The Gene Machine: Research Which Must Not Be Privatized«, in: *Guardian*, 21. September 1999.

[50] J. Burn, »You Can't Put a Price on a Human Goldmine«, in: *Daily Mail*, 27. Juni 2000.

[51] J. Peres, »Genetics Tests Reduce Neighborhoods Grief«, in: *Chicago Tribune*, 12. September 1999; G. Kolata, »Who Owns Your Genes?«, in: *New York Times*, 15. Mai 2000.

[52] G. Kolata, »Nightmare or the Dream of New Era of Genetics?«, in: *New York Times*, 7. Dezember 1993; L. Wingerson, *Unnatural Selection*, New York 1998.

[53] R. T. King Jr., »Code Green: Mapping Human Genome Will Bring Glory to Some, But Incyte Prefers Cash«, in: *Wall Street Journal*, 10. Februar 2000; M. Compton, »Lean Green Gene-Counting Machine«, in: *Salon*, 24. April 2000; A. Pollack, »Is Everything for Sale?«, in: *New York Times*, 27. Juni 2000.

[54] Haseltine, »Gene-Mapping, Without Tax Money«.

[55] J. Meek, »Poet Attempts the Ultimate in Self-Invention – Patenting Her Own Genes«, in: *Guardian*, 29. Februar 2000; E. Goodman, »Our Genes for Sale – Get 'em While They're Hot«, in: *Boston Globe*, 8. März 2000.

[56] M. Wadmann, »Human Genome Deadline Cut by Two Years«, in: *Nature* 395 (1998); S. 207; E. Marshall, »NIH to Produce a ›Working Draft‹ of Genome by 2001«, in: *Science* 281 (1998); S. 1774–1775.

[57] Wadman, »Human Genome Deadline«.

[58] N. Wade, »One of 2 Teams in Genome-Map Race Sets an Earlier Deadline«, in: *New York Times*, 16. März 1999; M. Wadman, »Human Genome Project Aims to Finish ›Working Draft‹ Next Year«, in: *Nature* 398 (1999), S. 177–178.

[59] N. Wade, »In Genome Race, Government Vows to Move Up Finish«, in: *New York Times*, 14. September 1998.

[60] Friend, »Book of Life«.

[61] E. Marshall, »Sequencers Endorse Plan for a Draft in 1 Year«, in: *Science* 284 (1999), S. 1439–1440.

[62] C. Cookson, »Cartographers of Life«, in: *Financial Times*, 22. Dezember 1995; P. J. Hilts, »Love of Numbers Leads to Chromosome 17«, in: *New York Times*, 10. September 1996; A. Zitner, »The DNA-Detective«, in: *Boston Globe Sunday Magazine*, 10. Oktober 1999, S. 17.

[63] E. S. Lander und B. Budowle, »DNA Fingerprinting Dispute Laid to Rest«, in: *Nature* 371 (1994), S. 735–738.

[64] E. Lander und L. Kruglyak, »Genetic Dissection of Complex Traits: Guidelines for Interpreting and Reporting Linkage Results«, in: *Nature Genetics* 11 (1995), S. 241–247.

[65] W. Dietrich u. a., »A Comprehensive Genetic Map of the Mouse Genome«, in: *Nature* 380 (1996), S. 149–152.

[66] K. Jegalian, »The Gene Factory«, in: *Technology Review* (März–April 1999), S. 64–68; J. Gillis, »A Gene Dream«, in: *Washington Post*, 27. September 1999.

[67] J. C. Venter, Pressekonferenz, Washington, D. C., 26. Juni 2000.

[68] F. S. Collins, A. Patrinos u. a., »New Goals for the U. S. Genome Project, 1998–2003«, in: *Science* 282 (1998), S. 682.

[69] P. E. Ross, »Gene Machine«, in: *Forbes*, 21. Februar 2000, S. 98–104.

8. KAPITEL: WOHER WIR KOMMEN

[1] M. C. King und A. C. Wilson, »Evolution at Two Levels in Humans and Chimpanzees«, in: *Science* 188 (1975), S. 107–116.

[2] T. Bass, »The Gene Detective«, in: *Omni* (Juli 1993), S. 68.

[3] K. Davies und M. White, *Breakthrough*, New York 1996; M. Waldholz, *Curing Cancer*, New York 1997; P. Bock, »Mission Possible«, in: *Seattle Times*, 31. Mai 1998.

[4] A. Gibbons, »Which of Our Genes Makes Us Human?«, in: *Science* 281 (1998), S. 1432–1434; K. Hopkin, »The Greatest Apes«, in: *New Scientist*, 15. Mai 1999, S. 26–30.

[5] J. Maddox, »The Unexpected Science to Come«, in: *Scienctific American* (Dezember 1999), S. 62–67.

[6] M. Ridley, *Alphabet des Lebens*, München 2000.

[7] N. Wade, »Human or Chimp? 50 Genes Are the Key«, in: *New York Times*, 20. Oktober 1998.

[8] H. H. Chou u. a., »A Mutation in Human CMP-Sialic Acid Hydroxylase Occured After the *Homo-Pan* Divergence«, in: *Proceedings of the National Academy of Sciences U. S. A.* 95 (1998), S. 11751–11756.

[9] Hopkin, »Greatest Apes«.

[10] Gibbons, »Which of Our Genes«.

[11] E. McConkey und M. A. Goodman, »Human Genome Evolution Project is Needed«, in: *Trends in Genetics* (September 1997), S. 350–351.

[12] E. H. McConkey und A. Varki, »A Primate Genome Project Deserves High Priority«, in: *Science* 289 (2000), S. 1295–1296; A. Varki, »A Chimpanzee

Genome Project Is a Biomedical Imperative«, in: *Genome Research* 10 (2000), S. 1065–1070.

13 A. C. Revkin, »West African Monkey Is Extinct, Scientists Say«, in: *New York Times*, 12. September 2000.

14 J. G. Hacia u. a., »Determination of Ancestral Allele for Human Single Nucleotide Polymorphisms Using High-Density Oligonucleotide Arrays«, in: *Nature Genetics* 22 (1999), S. 164–167.

15 Vortrag vor der amerikanischen Gesellschaft für Humangenetik, Philadelphia, 6. Oktober 2000.

16 K. Owens und M.-C. King, »Genomic Views of Human History«, in: *Science* 286 (1999), S. 451–453; S. Pääbo, »Human Evolution«, in: *Trends in Genetics* 15 (1999), M13–M16.

17 D. C. Wallace, M. D. Brown und M. T. Lott, »Mitochondrial DNA Variation in Evolution and Disease«, in: *Gene* 238 (1999), S. 211–230. Jüngere Forschungsergebnisse deuten auf die Möglichkeit hin, daß doch einiges an mitochondrialer DNA väterlicherseits vererbt werden kann. Siehe P. Awadalla, A. Eyre-Walker und J. Maynard Smith, »Linkage Disequilibrium and Recombination in Hominid Mitochondrial DNA«, in: *Science* 286 (1999), S. 2524–2525; E. Straus, »mtDNA Shows Signs of Paternal Influence«, in: *Science* 286 (1999), S. 2436.

18 M. A. Jobling und C. Tyler-Smith, »Fathers and Sons: The Y Chromosome and Human Evolution«, in: *Trends in Genetics* 11 (1995), S. 449–456; M. Jensen, »All About Adam«, in: *New Scientist*, 11. Juli 1988, S. 35–39.

19 B. T. Lahn und D. C. Page, »Four Evolutionary Strata on the Human X Chromosome«, in: *Science* 286 (1999), S. 964–967; N. Wade, »Earliest Divorce Case: X and Y Chromosomes«, in: *New York Times*, 29. Oktober 1999.

20 A. Swain und R. Lovell-Badge, »Mammalian Sex Determination: A Molecular Drama«, in: *Genes & Development* 13 (1999), S. 755–767.

21 B. T. Lahn und D. C. Page, »Functional Coherence of the Y Chromosome«, in: *Science* 278 (1997), S. 675–680.

22 Lahn und Page, »Four Evolutionary Strata«.

23 R. McKie, *Ape Man: The Story of Human Evolution*, BBC Worldwide, London 2000.

24 I. Tattersall, *Becoming Human*, New York 1998.

25 W. Golding, *The Inheritors*, New York 1998 (dt. *Die Erben*, Berlin und Frankfurt a. M. 1964, S. 102).

26 I. Tattersal und J. H. Schwartz, »Hominids and Hybrids: The Place of Neanderthals in Human Evolution«, in: *Proceedings of the National Academy of Sciences U.S.A.* 96 (1999), S. 709–715.

27 T. Lindahl, »Instability and Decay of the Primary Structure of DNA«, in: *Nature* 362 (1993), S. 709–715.

28 G. Poinar Jr., »Ancient DNA«, in: *American Scientist* 87 (1999), S. 446–457.

29 M. Krings, A. Stone, R. W. Schmitz, H. Krainitzki, M. Stoneking, S. Pääbo, »Neanderthal DNA Sequences and the Origin of Modern Humans«, in: *Cell* 90 (1997), S. 19–30.

30 I. V. Ovchinniko u. a., »Molecular Analysis of Neanderthal DNA from the Northern Caucasus«, in: *Nature* 404 (2000), S. 490–493; M. Höss, »Neanderthal Populations Genetics«, in: *Nature* 404 (2000), S. 453–454.

31 C. Duarte, J. Mauricio, P. B. Pettitt, P. Souto, E. Trinkaus, H. van der Plicht und J. Zilhao, »The Early Upper Paleolithic Human Skeleton from the Abrigo do Lagar Velho (Portugal) and Modern Human Emergence from Iberia«, in: *Proceedings of the National Academy of Sciences U.S.A.* 96 (1999), S. 7604–7609. Siehe auch R. Kunzig, »Learning to Love Neanderthals«, in: *Discover* (August 1999), S. 68–75; K. Wong, »Who Were the Neanderthals?«, in: *Scientific American* (April 2000), S. 99–107; sowie McKie, *Ape Man*.

32 Tattersall und Schwartz, »Hominids and Hybrids«.

33 R. L. Cann, M. Stoneking und A. C. Wilson, »Mitochondrial DNA and Human Evolution«, in: *Nature* 325 (1987), S. 31–36. »Weitverbreitete Assoziationen von Eva in ihrem Garten Eden wurden wach«, erinnerte sich der *Nature*-Herausgeber Henry Gee, »so daß man durchaus auch einmal denken konnte, sie persönlich um einen Kommentar zum *Nature*-Artikel zu bitten.« Siehe H. Gee, »Statistical Cloud over African Eden«, in: *Nature* 355 (1992), S. 583.

34 Cann, Stoneking und Wilson, »Mitochondrial DNA«.

35 Pääbo, »Human Evolution«.

36 L. L. Cavalli-Sforza, *Gene, Völker und Sprachen*, München 1999.

37 M. Hammer u. a., »Out of Africa and Back Again«, in: *Molecular Biology & Evolution* 15 (1998), S. 427.

38 N. Wade, »The Human Family Tree: 10 Adams and 18 Eves«, in: *New York Times*, 2. Mai 2000; Wallace, Brown und Lott, »Mitochondrial DNA Variation«. Es gibt neun europäische mitochondriale Abstammungslinien (H, I, J, K, T, U, V, W, X); acht asiatische (A, B, C, D, E, F, G, M) und die afrikanische Hauptlinie (L, unterteilt in L1, L2, L3). Die Linien A bis D finden sich bei amerikanischen Indianern, wie auch der seltene europäische Haplotyp X.

39 Y. S. Chen u. a., »mtDNA Variation in the South African Kung and Khwe – and Their Genetic Relationships to Other African Populations«, in: *American Journal of Human Genetics* 66 (2000), S. 1362–1383.

40 M. T. Seielstad, E. Minch und L. L. Cavalli-Sforza, »Genetic Evidence for a Higher Female Migration Rate«, in: *Nature Genetics* 20 (1998), S. 278–280; M. Stoneking, »Women on the Move«, in: *Nature Genetics* 20 (1998), S. 219–220; Cavalli-Sforza, *Gene, Völker und Sprachen*.

41 H. Kaessmann, F. Heissig, A. von Haeseler und S. Pääbo, »DNA Sequence Variation in a Non-Coding Region of Low Recombination on the Human X

Chromosome«, in: *Nature Genetics* 22 (1999), S. 78–81. Die errechneten Zeiträume bis zurück zu einem gemeinsamen Vorfahren sind erwartbar drei- bis viermal größer in den Studien, die auf dem X-Chromosom oder Autosomen beruhen, und zwar aufgrund der größeren Zahl von Chromosomen, die hier im Vergleich zur Mitochondrien-DNA oder dem Y-Chromosom untersucht werden. Der Grund ist, daß ein sich fortpflanzendes Menschenpaar potentiell drei X-Chromosomen und vier Autosomen übertragen kann, doch nur ein Y-Chromosom und einen einzigen Pool an mitochondrialer DNA (von der Mutter).

42 S. O'Neill, »Cheddar Man Is My Long-Lost Relative«, in: *Daily Telegraph*, 8. März 1997.

43 A. Ahuja, »So God Created Woman«, in: *Times*, 19. April 2000. Die Nachfahren von Ursula (technischer ausgedrückt: die Träger des mitochondrialen Haplotyps U) stellen 15 Prozent der europäischen mitochondrialen DNAs und finden sich auch unter den afrikanischen Bantu, was vermuten läßt, daß es sich hier um die »Gründerlinie« der Europäer handelt. Die anderen Häufigkeiten sind wie folgt verteilt: Helena (H), 40 Prozent; Tara (T), 15 Prozent; Jasmine (J), 11 Prozent; Katrine (K), 9 Prozent; Xenia (X), 7 Prozent; und Valda (V), 5 Prozent. Außer den sieben Töchtern Evas gbt es noch zwei unbedeutendere europäische Haplotypen, I und W.

44 Ebenda.

45 Siehe http://www.oxfordancestors.com

46 Ahuja, »So God Created Woman«.

47 L. L. Cavalli-Sforza, P. Menozzi und A. Piazza, *The History and Geography of Human Genes*, Princeton 1994; Cavalli-Sforza, *Gene, Völker und Sprachen*.

48 M. F. Hammer und S. Horai, »Y Chromosomal DNA Variation and the Peopling of Japan«, in: *American Journal of Human Genetics* 56 (1995), S. 951–962; J. Travis, »Jomon Genes«, in: *Science News* 151 (1997), S. 106–107.

49 K. Skorecki u. a., »Y Chromosomes of Jewish Priests«, in: *Nature* 385 (1997), S. 32; M. G. Thomas u. a. »Origins of Old Testament Priests«, in: *Nature* 394 (1998), S. 138–140; J. Travis, »The Priest's Chromosome?«, in: *Science News* 154 (1998), S. 218–220. Die bei den aschkenasischen wie den sephardischen *Cohanim* vorherrschend auftretende genetische Signatur wird als »Cohen modal haplotype« bezeichnet – eine bestimmte Gruppe von Variationen an sechs Loci auf dem Y-Chromosom.

50 J. Karp, »Seeking Lost Tribes of Israel in India, Using DNA Testing«, in: *Wall Street Journal*, 11. Mai 1998.

51 T. Parfitt, *Journey to the Vanished City*, New York 2000. Parfitts Reisen wurden in einer Fernsehdokumation der Firma PBS/NOVA festgehalten, die auch eine exzellente begleitende Website produzierte: http://cgi.pbs.org/wgbh/nova/israel/

52 M. G. Thomas u. a., »Y Chromosomes Traveling South: The Cohen Mo-

dal Haplotype and the Origins of the Lemba – the ›Black Jews of Southern Africa‹«, in: *American Journal of Human Genetics* 66 (2000), S. 674–686; N. Wade, »Group in Africa Has Jewish Roots, DNA Indicates«, in: *New York Times*, 9. Mai 1999.

[53] M. F. Hammer u. a., »Jewish and Middle Eastern Non-Jewish Populations Share a Common Pool of Y-Chromosome Bialecic Haplotypes«, in: *Proceedings of the National Academy of Sciences U.S.A.* 97 (2000), S. 6769–6774; N. Wade, »Y Chromosome Bears Witness to Story of Jewish Diasporas«, in: *New York Times*, 9. Mai 2000.

[54] B. Macintyre, »DNA to Unlock the Past of Black American Slaves«, in: *Times*, 26. April 2000.

[55] A. Allen, »Flesh and Blood and DNA«, in: *Salon*, 12. Mai 2000.

[56] L. L. Cavalli-Sforza u. a., »Call for a Worldwide Survey of Human Genetic Diversity: A Vanishing Opportunity for the Human Genome Project«, in: *Genomics* 11 (1991), S. 490–498.

[57] P. Salopek, »Unlocking the Rainbow«, in: *Chicago Tribune*, 27. April 1997; R. W. Wallace, »The Human Genome Diversity Project: Medical Benefits Versus Ethical Concerns«, in: *Molecular Medicine Today* 4 (1998), S. 59–62.

[58] A. J. Jeffreys, V. Wilson und S. L. Thein, »Hypervariable ›Minisatellite‹ Regions in Human DNA«, in: *Nature* 314 (1985), S. 67–73.

[59] J. Wambaugh, *The Blooding*, New York 1989.

[60] E. Hagelberg, I. C. Gray und A. J. Jeffreys, »Identification of the Skeletal Remains of a Murder Victim by DNA Analysis«, in: *Nature* 352 (1991), S. 427–429.

[61] A. J. Jeffreys, M. J. Allen, E. Hagelberg und A. Sonnberg, »Identification of the Skeletal Remains of Josef Mengele by DNA Analysis«, in: *Forensic Science International* 56 (1992), S. 65–76.

[62] Bass, »The Genetic Detective«.

[63] R. K. Massie, *Die Romanows: Das letzte Kapitel*, München 1998.

[64] Ebenda.

[65] P. Gill u. a. »Identification of the Remains of the Romanow Family by DNA Analysis«, in: *Nature Genetics* 6 (1994), S. 130–135.

[66] P. Iwanow u. a., »Mitochondrial DNA Sequence Heteroplasmy in the Grand Duke of Russia Georgij Romanov Establishes the Authenticity of the Remains of Tsar Nicholas II«, in: *Nature Genetics* 12 (1999), S. 417–420. Georgijs mitochondriale DNA hatte ein T:C-Verhältnis von 62:38 an Position 16169, verglichen mit 28:72 bei Zar Nikolaus.

[67] P. Gill u. a., »Establishing the Identity of Anna Anderson Manahan«, in: *Nature Genetics* 9 (1995), S. 9–10.

[68] E. S. Lander und J. J. Ellis, »Founding Father«, in: *Nature* 396 (1998), S. 13–14.

[69] B. Murray und B. Duffy, »Jefferson's Secret Life«, in: *U.S. News & World Report*, 9. November 1998, S. 58–63.

[70] E. A. Foster u. a. »Jefferson Fathered Slave's Last Child«, in: *Nature* 396 (1998), S. 27–28.

[71] Lander und Ellis, »Founding Father.«

[72] C. R. Babcock, »The DNA Test«, in: *Washington Post*, 22. September 1998; J. Toobin, *A Vast Conspiracy*, New York 2000.

[73] *The Starr Report*, New York 1998. Der FBI-Bericht vom 6. August 1998 enthielt die folgenden DNA-Testresultate:

Beweisstück	LDR	GYPA	HBGG	D7S8	Gc	DOA1	D1S80
Q3243-1	BB	BB	AB	AB	AC	1.1,1.2	24,24
Q3243-2	BB	BB	AB	AB	AC	1.1,1.2	24,24
K39	BB	BB	AB	AB	AC	1.1,1.2	24,24

Im Bericht heißt es, »die Quelle von Beweisstück K39 [Bill Clinton] wird als möglicher Beiträger der DNA angesehen, die aus den Beweisstücken Q3243-1 und Q3243-2 gewonnen wurden [zwei Spermienflecken, die auf Beweisstück Q3243 gefunden wurden]. Die Wahrscheinlichkeit, daß ein unbeteiligtes Individuum zufällig dasselbe DNA-Profil hat wie das auf den fraglichen Beweisstücken gefundene beträgt annähernd [...] 1 zu 43 000 in der weißen Bevölkerung«. Bei einem zusätzlichen Test wurden sieben weitere DNA-Marker untersucht.

[74] E. Zimilies, »A Job for Starr«, in: *New York Times*, 4. November 1998.

[75] A. Swardson, »A Telltale Heart Finds Its Place in History«, in: *Washington Post*, 20. April 2000.

[76] Ebenda.

[77] A. Sage, »Napoleon DNA-Test Demanded«, in: *Times*, 3. Februar 2000.

[78] V. McKusick, »Abraham Lincoln and Marfan Syndrome«, in: *Nature* 352 (1991), S. 280.

[79] P. R. Reilly, *Abraham Lincoln's DNA*, Cold Spring Harbor, New York 2000.

[80] J. B. Frey, »What Dwarfed Toulouse-Lautrec«, in: *Nature Genetics* 10 (1995), S. 128–130.

[81] B. D. Gelb, G. P. Shi, H. A. Chapman und R. J. Desnick, »Pycnodyostosis, a Lyosomal Disease Caused by Cathepsin K Deficiency«, in: *Science* 273 (1996), S. 1236–1238.

[82] J. Kluger, »DNA Detectives«, in: *Time*, 11. Januar 1999, S. 62–63; J. Alter, »The Death Penalty on Trial«, in: *Newsweek*, 12. Juni 2000, S. 24–34.

[83] M. Chapman, »The Gift of Life«, in: *Guardian*, 7. Juni 2000.

[84] B. S. Weir, »DNA Statistics in the Simpson Matter«, in: *Nature Genetics* 11 (1995), S. 365–368.

[85] Chapman, »The Gift of Life«.

[86] Kluger, »DNA Detectives«.

[87] M. A. Menotti-Raymond, V. A. David und S. J. O'Brien, »Pet Cat Hair Implicates Murder Suspect«, in: *Nature* 386 (1997), S. 774.

9. KAPITEL: DER KRÖSUSCODE

[1] D. Dickson und C. Macilwain, »It's a G': The One-Billionth Nucleotid«, in: *Nature* 402 (1999), S. 331.

[2] Ebenda; J. Gillis, »Genome Project Reaches Milestone«, in: *Washington Post*, 23. November 1999.

[3] E. Pennisi, »Ideas Fly at Gene-Finding Jamboree«, in: *Science* 287 (2000), S. 2182–2184.

[4] I. Dunham u. a., »The DNA Sequence of Human Chromosome 22«, in: *Nature* 402 (1999), S. 489–495. Als Antwort auf Vorwürfe, *Natures* Verwendung christlicher Motive auf dem Titelblatt würde unabsichtlich den Kreationismus unterstützen, sagte der Chefredakteur Phillip Campbell, daß das Bild »ikonischen Symbolismus mit der Wissenschaft verband, ohne dabei anzudeuten, die Bibel sei wahr oder die Evolution nicht der Schlüssel zum Verständnis der Biologie«, in: *Nature* 403 (2000), S. 242.

[5] B. Appleyard, »The Race for the Croesus Code«, in: *Sunday Times*, 5. Dezember 1999.

[6] S. Connor, »The Secret of Life«, in: *Independent*, 1. Dezember 1999.

[7] T. Radfort, »Cracking the Code of Human Life«, in: *Guardian*, 2. Dezember 1999.

[8] N. Wade, »After 10 Years' Effort, Genome Mapping Team Achieves Sequence of a Human Chromosome«, in: *New York Times*, 2. Dezember 1999.

[9] Ebenda.

[10] R. Weiss, »Scientists Decode Layout of Human Chromosome«, in: *Washington Post*, 2. Dezember 1999.

[11] Dunham u. a., »The DNA Sequence«. Die Sequenz von Chromosom 22 ist im Internet unter http://www.sanger.ac.uk/HGP/Chr22 und www.genome.ou.edu/Chr22.html verfügbar.

[12] Ebenda. Einige DNA-Abschnitte können, wenn sie für die Sequenzierung vorbereitet werden, das Bakterium, in dem sie vermehrt werden sollen, »vergiften«, während andere Sequenzen für das Sequenzierenzym zu repetitiv sind, um sie ablesen zu können.

[13] Ebenda.

[14] M. Compton, »Lean, Green Gene-Counting Machine«, in: *Salon*, 24. April 2000.

[15] Richard Durbin, Interview, Cambridge, 18. August 2000.

[16] P. J. Scambler, »Engineering a Broken Heart«, in: *Nature* 401 (1999), S. 335–337.

[17] B. Riley und R. Williamson, »Sane Genetics for Schizophrenia«, in: *Nature Medicine* 6 (2000), S. 253–255.

[18] Dunham u. a., »The DNA Sequence«.

[19] Leitartikel, *Guardian*, 2. Dezember 1999.

[20] P. Little, »The Book of Genes«, in: *Nature* 402 (1999), S. 467–468.

[21] J. Surowiecki, »When Motley Fool Speaks, (Some) People Listen«, in: *Slate*, 28. Dezember 1999.

[22] N. Wade, »Talk of Collaboration on Decoding of the Genome«, in: *New York Times*, 14. November 1999.

[23] J. Gillis, »Gene Map Alliance Hopes Fade«, in: *Washington Post*, 6. März 2000.

[24] Brief von Collins, Varmus, Bobrow und Waterston an Venter, Levine und Gilman, 28. Februar 2000. Der Brief wurde am 5. März 2000 vom Wellcome Trust an die Presse gegeben. Gillis, »Gene Map Alliance«; J. Martinson, »Protocol on Gene Research at Risk as Firm Demands Exclusive Rights«, in: *Guardian*, 7. März 2000.

[25] J. Gillis, »Gene-Mapping Controversy Escalates«, in: *Washington Post*, 7. März 2000.

[26] D. Thompson, »The Gene Machine«, in: *Time*, 24. Januar 2000, S. 58.

[27] G. M. Rubin u. a., »Comparative Genomics of the Eukaryotes«, in: *Science* 287 (2000), S. 2204–2215.

[28] H. J. Bellen, »The Fruit Fly: A Model Organism to Study the Genetics of Alcohol Abuse and Addiction?«, in: *Cell* 93 (1998), S. 909–912.

[29] M. D. Adams u. a., »The Genome Sequence of *Drosophila melanogaster*«, in: *Science* 287 (2000), S. 2185–2195.

[30] T. Kornberg und M. Krasnow, »The *Drosophila* Genome Sequence: Implications for Biology and Medicine«, in: *Science* 287 (2000), S. 2218–2220.

[31] J. C. Venter, Pressekonferenz, Celera, 30. März 2000.

[32] P. G. Gosselin und P. Jacobs, »Biotech Firm's Mix-Up on Fly Genome Creates a Stir«, in: *Los Angeles Times*, 20. April 2000.

[33] Brief von Collins u. a., 28. Februar 2000.

[34] Gillis, »Gene-Mapping Controversy«.

[35] Ebenda.

[36] Ebenda.

[37] J. Gillis, »Celera Leaves Door Open to Genetic Research Deal«, in: *Washington Post*, 8. März 2000.

[38] S. Begley, »Decoding the Human Body«, in: *Newsweek*, 10. April 2000, S. 52–57.

[39] Gemeinsame Erklärung von Präsident Clinton und Premierminister Tony Blair, Pressemitteilung des Weißen Hauses, 14. März 2000.

[40] A. Berenson und N. Wade, »A Call for Sharing of Research Causes Gene Stocks to Plunge«, in: *New York Times*, 15. März 2000. Nur zwei Wochen nachdem Celera bei einem zweiten Börsengang durch den Verkauf von über vier Millionen Aktien fast eine Milliarde Dollar eingenommen hatte, fiel der Aktienkurs nach der Clinton-Blair-Erklärung rapide von über 270 Dollar auf 100 Dollar.

[41] D. Hencke, R. Evans und T. Radford, »Blair and Clinton Push to Stop Gene Patents«, in: *Guardian*, 20. September 1999.

[42] J. C. Venter, »Clinton und Blair Shouldn't Destroy Our Research«, in: *Wall Street Journal*, 21. März 2000.

[43] W. A. Haseltine, »22st Century Genes«, in: *Washington Post*, 28. März 2000.

[44] M. Waldholz, »AIDS Discovery Spurs Some to Challenge a Patent Filing That Boosted HGS Stock«, in: *Wall Street Journal*, 16. März 2000; A. Clark und J. Meek, »Drug Firms Laying Claim to Our Genes«, in: *Guardian*, 18. Februar 2000. Der Aktienwert von Human Genome Sciences stieg nach der Bekanntgabe des Patents auf das *CCR5*-Gen um 40 Prozent.

[45] M. Ensenrink, »Patent Office May Raise the Bar on Gene Claims«, in: *Science* 287 (2000), S. 1196–1197; R. F. Harris, »Patenting Genes: Is It Necessary and Is It Evil?«, in: *Current Biology* 10 (2000), R 174–175; A. Allen, »Who Owns Your DNA?«, in: *Salon*, 17. März 2000. Im Dezember 1999 entschied das US-Patentamt, strengere Bedingungen für den Nachweis der Nutzbarkeit von Genen anzulegen.

[46] Venter, Pressekonferenz, 30. März 2000. Incyte und Human Genome Sciences behaupten, sie würden nur für gutbeschriebene Gene Patente beantragen.

[47] Leitartikel, *Guardian*, 16. März 2000.

[48] B. Alberts und A. Klug, *Nature* 404 (2000), S. 325.

[49] Venter, Pressekonferenz, 30. März 2000.

[50] J. C. Venter, Wissenschaftsausschuß des amerikanischen Repräsentantenhauses, Unterausschuß für Energie und Umweltfragen, 6. April 2000.

[51] K. Calvert, »Celeras Role in Opening Up New Frontiers«, in: *Nature* 405 (2000), S. 613.

[52] J. C. Venter, *Newshour with Jim Lehrer*, PBS, 6. April 2000.

[53] P. Smaglik, »Critics Challenge Celera's Claims over Human Genome Sequence«, in: *Nature* 404 (2000), S. 691–692.

[54] »HGP Head Refutes Celera's Claim«, in: *Wired News*, 10. April 2000.

[55] N. Wade, »Energy Department Experts Open Way to Gene Search in Genome Project«, in: *New York Times*, 14. April 2000.

[56] The Chromosome 21 Mapping and Sequencing Consortium, »The DNA Sequence of Human Chromosome 21«, in: *Nature* 405 (2000), S. 311–318.

[57] Presseeinladung, Deutsches Humangenomprojekt, Berlin, 30. April 2000. (Der deutsche Originaltext war leider nicht mehr zu beschaffen.)

[58] A. P. Mange und E. J. Mange, *Genetics: Human Aspects*, Philadelphia 1980.

[59] P. Jacobs, »Team Decodes Down Syndrome Chromosome«, in: *Los Angeles Times*, 9. Mai 2000.

[60] B. Parker, »A Calm Look at Class Actions and Celera«, in: *Motley Fool*, 3. Mai 2000.

[61] A. Coghlan, »Life's Encyclopedia«, in: *New Scientist*, 13. Mai 2000, S. 11.

[62] »Avoid Wacky (Genome) Races«, in: *Nature* 405 (2000), S. 103.

[63] Ebenda.

10. KAPITEL: DER ACHTE TAG

Gute Einführungen zu den möglichen Auswirkungen der Gentechnologie auf das Leben und die Biologie sind Lee Silvers *Das geklonte Paradies* (München 1998) und Philipp Kitchers *The Lives to Come* (New York 1997). Gute Darstellungen der Geschichte der Gentherapie finden sich in Larry Thompsons *Correcting the Code* (New York 1994) und in *Altered Fates* von J. Lyon und P. Gorner (New York 1996).

[1] J. C. Venter, Pressekonferenz, Celera, 30. März 2000.

[2] F. S. Collins, *The Charlie Rose Show*, PBS Television, 20. Juni 2000.

[3] Ebenda.

[4] C. Cookson, »Cartographer of Life«, in: *Financial Times*, 22. Dezember 1995.

[5] D. J. Lockhart, E. A. Winzeler, »Genomics, Gene Expression and DNA Arrays«, in: *Nature* 405 (2000), S. 827–836; »The Chipping Forecast«, in: *Nature Genetics* 21, Suppl. (1999), S. 1–60.

[6] R. J. Lipzhutz, S. P. A. Fodor, T. R. Gingeras und D. J. Lockhart, »High Density Synthetic Oligonucleotide Arrays«, in: *Nature Genetics* 21, Suppl. (1999), S. 20–24.

[7] Einzelheiten zu Browns DNA-Microarray-System sind auf seiner Webseite frei verfügbar: http://cmgm.stanford.edu/pbrown/index.html.

[8] C. M. Perou u. a., »Molecular Portraits of Human Breast Tumors«, in: *Nature* 406 (2000), S. 747–752.

[9] A. A. Alizadeh u. a., »Distinct Types of Diffuse Large B-Cell Lymphoma Identified by Gene Expression Profiling«, in: *Nature* 403 (2000), S. 503–511.

[10] N. Risch, »Searching for Genetic Determinants in the New Millennium«, in: *Nature* 405 (2000), S. 874–856.

[11] M. Cargill u. a., »Characterisation of Single Nucleotide Polymorphisms in

Coding Regions of Human Genes«, in: *Nature Genetics* 22 (1999), S. 231–238; M. K. Halushka u. a., »Patterns of Single-Nucleotide Polymorphisms in Candidate Genes for Blood-Pressure Homeostasis«, in: *Nature Genetics* 22 (1999), S. 239–247.

[12] G. J. B. van Ommen, E. Bakker und J. T. den Dunnen, »The Human Genome Project and the Future of Diagnosis, Treatment, and Prevention«, in: *Lancet* 354, Suppl. (1999), S. 5–10.

[13] A. D. Roses, »Pharmacogenetics and the Practice of Medicine«, in: *Nature* 405 (2000), S. 857–865.

[14] F. S. Collins, »Shattuck Lecture – Medical and Societal Consequences of the Human Genome Project«, in: *New England Journal of Medicine* 341 (1999), S. 28–37.

[15] L. K. Altman, »Genomic Chief Has High Hopes, and Great Fears, for Genetic Testing«, in: *New York Times*, 27. Juni 2000.

[16] A. G. Motulsky, »If I Had a Gene Test, What Would I Have and Who Would I Tell«, in: *Lancet* 354, Suppl. (1999), S. 35–37.

[17] F. S. Collins, »Evolution of a Vision: Genome Project Origins, Present and Future Challenges, and Far-Reaching Benefits«, in: *Human Genome News* 7 (September–Dezember 1995), S. 3.

[18] T. Friedman (Hg.), *The Development of Human Gene Therapy*, Cold Spring Harbor 1999.

[19] Thompson, *Correcting the Code*; Lyon und Gorner, *Altered Fates*.

[20] R. M. Blaese u. a., »T Lymphocyte-Directed Gene Therapy for ADA-SCID: Initial Trial Results after 4 Years«, in: *Science* 270 (1995), S. 475–480. Eine italienische Gruppe berichtete von einigen Erfolgen: C. Bordignon u. a., »Gene Therapy in Peripheral Blood Lymphocytes and Bone Marrow for ADA-Immunodeficient Patients«, in: *Science* 270 (1995), S. 470–475.

[21] M. Grossman u. a., »Successful Ex Vivo Gene Therapy Directed to Liver in a Patient with Familial Hypercholesterolaemia«, in: *Nature Genetics* 6 (1994), S. 335–341.

[22] R. Weiss und D. Nelson, »Teen Dies Undergoing Experimental Gene Therapy«, in: *Washington Post*, 29. September 1999.

[23] E. Marshall, E. Pennisi und L. Roberts, »In the Crossfire: Collins on Genomes, Patents, and ›Rivalry‹«, in: *Science* 287 (2000), S. 669–672.

[24] M. Cavazzana-Calvo u. a., »Gene Therapy of Human Severe Combined Immunodeficiency (SCID)-X1-Disease«, in: *Science* 288 (2000), S. 669–672.

[25] E. Licking, »Gene Therapy: One Family's Story«, in: *Business Week*, 12. Juli 1999, S. 94–104.

[26] L. Jaroff, »Fixing the Genes«, in: *Time*, 11. Januar 1999, S. 68–73.

[27] E. Kmiec, »Gene Therapy«, in: *American Scientist* 87 (1999), S. 240–247; T. Gura, »Repairing the Genome's Spelling Mistakes«, in: *Science* 285 (1999),

S. 316–318. Kimeragen hat sich mit der französischen Biotech-Firma ValiGen zusammengeschlossen, und Kmiec ist inzwischen nicht mehr an der Penn-State-Universität, sondern an der Universität Delaware.

28 B. T. Kren u. a., »Correction of the UDP-Glucuronosyltransferase Gene in the Gunn Rat Model of Crigler-Najjar Syndrome Type I with a Chimeric Oligonucleotide«, in: *Proceedings of the National Academy of Sciences U.S.A.* 96 (1999), S. 10349–10345.

29 D. Grady, »At Gene Therapy's Frontier, the Amish Build a Clinic«, in: *New York Times*, 29. Juni 1999.

30 J. Watson, »All for the Good«, in: *Time*, 11. Januar 1999, S. 91.

31 E. S. Lander, »In Wake of Genetic Revolution, Questions About Its Meaning«, in: *New York Times*, 12. September 2000.

32 A. H. Handyside und J. D. Delhanty, »Preimplantation Genetic Diagnosis: Strategies and Surprises«, in: *Trends in Genetics* 13 (1997), S. 270–275.

33 A. H. Handyside, E. H. Kontogianni, K. Hardy und R. M. Winston, »Pregnancies from Biopsied Human Preimplantation Embryos Sexed by Y-Specific DNA-Amplification«, in: *Nature* 344 (1990), S. 768–770.

34 A. H. Handyside, J. G. Lesko, J. J. Tarin, R. M. Winston und M. R. Hughes, »Birth of a Normal Girl after *in vitro* Fertilization and Preimplantation Diagnostic Testing for Cystic Fibrosis«, in: *New England Journal of Medicine* 327 (1992), S. 905–909.

35 J. Crewdson, »U. S. Fires Researcher over Use of Embryonic DNA«, in: *Chicago Tribune*, 9. Januar 1997; E. Marshall, »Varmus Grilled over Breach of Embryo Research Ban«, in: *Science* 276 (1997), S. 1963.

36 J. Crewdson, »Gene Test That Went Awry Was Concealed«, in: *Chicago Tribune*, 9. März 1997.

37 M. Hughes, Interview, 27. Juli 2000.

38 K. Xu, Z. M. Shi, L. L. Veeck, M. R. Hughes und Z. Rosenwaks, »First Unaffected Pregnancy Using Preimplantation Genetic Diagnosis for Sickle Cell Anemia«, in: *Journal of the American Medical Association* 281 (1999), S. 1701–1706.

39 F. Golden, »Good Eggs, Bad Eggs«, in: *Time*, 11. Januar 1999, S. 56–59.

40 N. Boyce, »Designing a Dilemma«, in: *New Scientist*, 11. Dezember 1999.

41 J. D. Watson, *A Passion for DNA*, Cold Spring Harbor, New York 2000.

42 *GATTACA*, DVD, Columbia-TriStar, 1998.

43 Silver, *Das geklonte Paradies*.

44 M. D. Lemonick, »Smart Genes?«, in: *Time*, 13. September 1999, S. 54–58.

45 Y. P. Yang u. a. »Genetic Enhancement of Learning and Memory in Mice«, in: *Nature* 401 (1999), S. 63–69.

46 J. Z. Tsien, »Building a Brainier Mouse«, in: *Scientific American*, April 2000, S. 62–68.

47 N. Wade, »Scientists Creates Smarter Mouse: Work on Formation of Me-

mory May Someday Help People«, in: *New York Times*, 2. September 1999; N. Wade, »Of Smart Mice and an Even Smarter Man«, in: *New York Times*, 7. September 1999; R. M. Sapolsky, »Genetic Hyping«, in: *The Sciences* (März, April 2000), S. 12–15.

[48] R. C. Lewontin, S. Rose und L. J. Kamin, *Not in Our Genes*, New York 1984; R. Hubbard und E. Wald, *Exploding the Gene Myth*, Boston 1993.

[49] P. Lichtenstein u. a., »Environmental and Heritable Factors in the Causation of Cancer – Analyses of Cohorts of Twins from Sweden, Denmark, and Finland«, in: *New England Journal of Medicine* 343 (2000), S. 78–85.

[50] D. Hanahan und R. Weinberg, »The Hallmarks of Cancer«, in: *Cell* 100 (2000), S. 57–70.

[51] J. Colapinto, *Der Junge, der als Mädchen aufwuchs*, Düsseldorf 2000.

[52] C. D. Vulpe u. a., »Hephaestin, a Ceruloplasmin Homologue Implicated in Intestinal Iron Transport, Is Defective in the *sla* Mouse«, in: *Nature Genetics* 21 (1999), S. 195–199; J. Kaplan und J. P. Kushner, »Mining the Genome for Iron«, in: *Nature* 403 (2000), S. 711–713.

[53] F. Collins, »Why Map Y«, in: *Science* 281 (1993), S. 675.

[54] S. Baharloo, S. K. Service, N. Risch, J. Gitschier und N. B. Freimer, »Familial Aggregation of Absolute Pitch«, in: *American Journal of Human Genetics* 67 (2000), S. 755–758.

[55] M. McGue und T. J. Bouchard Jr., »Genetic and Environmental Influences on Human Behavioral Differences«, in: *Annual Review of Neuroscience* 21 (1998), S. 1–24.

[56] H. G. Brunner u. a., »Abnormal Behavioral Differences«, in: *Annual Review of Neuroscience* 21 (1998), S. 1–24.

[57] D. Lykken und A. Tellegen, »Happiness is a Stochastic Phenomenon«, in: *Psychological Science* 7 (1996), S. 186–189.

[58] D. Goleman, »Forget Money: Nothing Can Buy Happiness, Some Researchers Say«, in: *New York Times*, 16. Juli 1996; J. Alder, »The Happiness Meter«, in: *Newsweek*, 29. Juli, S. 78; S. Begley »Born Happy?«, in: *Newsweek*, 14. Oktober 1996, S. 78–80.

[59] D. Hamer, »The Heritability of Happiness«, in: *Nature Genetics* 14 (1996), S. 125–126.

[60] D. H. Hamer, S. Hu, V. L. Magnuson, N. Hu und A. M. L. Pattatucci, »A Linkage Between DNA Markers on the X Chromosome and Male Sexual Orientation«, in: *Science* 261 (1993), S. 321–326.

[61] D. Hamer und P. Copeland, *Living with Our Genes*, New York 1998; J. M. Nash, »The Personality Genes«, in: *Time*, 27. April 1998, S. 60–61.

[62] Hamer und Copeland, *Living with Our Genes*.

[63] R. Plomin, »Genetics and General Cognitive Ability«, in: *Nature* 402, Suppl. (1999), S. C25–C29; R. Plomin und J. C. DeFries, »The Genetics of

Cognitive Abilities and Disabilities«, in: *Scientific American* (Mai 1998), S. 62–69; S. Begley, »A Gene for Genius?«, in: *Newsweek*, 25. Mai 1998.

64 H. M. Lenhoff, P. P. Wang, F. Greenberg und U. Bellugi, »Williams Syndrome and the Brain«, in: *Scientific American* (Dezember 1997), S. 68–73.

65 D. H. Skuse u. a., »Evidence from Turner's Syndrome of an Imprinted X-Linked Locus Affecting Cognitive Function«, in: *Nature* 387 (1997), S. 705–708.

66 J. Entine, *Taboo*, New York 2000; A. Anthony, »White Men Can't Run«, in: *Observer*, 4. Juni 2000.

67 R. Williams, »Time for French Lessons«, in: *Guardian*, 22. Juni 2000.

68 Siehe http://www.gene.ucl.ac.uk/face

11. KAPITEL: DIE SPRACHE GOTTES

1 Weißes Haus, Büro des Pressesprechers, 26. Juni 2000. Siehe dazu auch http://www.whitehouse.gov/WH/New/html/2000626.html.

2 T. Radford, »Scientist Revel in a Day of Glory«, in: *Guardian*, 27. Juni 2000.

3 F. Golden und M. D. Lemonick, »The Race Is Over«, in: *Time*, 23. Juli 2000, S. 18–23.

4 Ebenda.

5 Ebenda.

6 R. Preston, »The Genome Warrior«, in: *New Yorker*, 12. Juni 2000, S. 66–83.

7 A. Regaldo, »Riding the DNA Railroad«, in: *Technology Review* (Juli–August 2000), S. 94–98.

8 E. Lander, Pressekonferenz, Washington, D.C., 26. Juni 2000.

9 F. Collins, Pressekonferenz, Washington, D.C., 26. Juni 2000.

10 Preston, »Genome Warrior«.

11 S. Hensley, »New Race Heats Up to Turn Gene Information into Drug Discoveries«, in: *Wall Street Journal*, 26. Juni 2000.

12 J. C. Venter, Pressekonferenz, Washington, D.C., 26. Juni 2000.

13 J. Gillis, »Gene Mapper's Stock Tumbles«, in: *Washington Post*, 28. Juni 2000.

14 Radford, »Scientist Revel«.

15 N. Hawkes, »Benefits ›Some Distance in Futures‹«, in: *Times*, 27. Juni 2000.

16 J. C. Venter, *Nightline*, ABC News, 26. Juni 2000.

17 R. Krulwich, *Nightline*, ABC News, 26. Juni 2000.

18 »The Coming Revolution«, in: *New Scientist*, 1. Juli 2000, S. 3.

19 »First Draft of Genome Sets New Industry Standards«, in: *Nature Biotechnology* 18 (2000), S. 803. (»Die Bekanntmachung«, schrieb Herausgeber Andy Marshall, »fand wie die Feiern zum Millennium zwölf Monate vor dem eigentlichen Ereignis statt.«)

20 A. Frew, »Washington Diary«, in: *New Scientist*, 29. Juli 2000, S. 61.

21 »The Genetic Starting-Line«, in: *Economist*, 1. Juli 2000, S. 21–22.

22 M. Morgan, Interview, London, 17. August 2000.

23 A. Pollack, »Finding Gold in Scientific Pay Dirt«, in: *New York Times*, 28. Juni 2000.

24 Ebenda.

25 K. Philipkoski, »Genome Mappers to Make Amends«, in: *Wired News*, 22. Juni 2000.

26 S. Brenner, Interview, 24. Juni 2000.

27 D. Sawyer, *Good Morning America*, ABC, 27. Juni 2000.

28 C. Kilborne, *The Late Show*, CBS, 27. Juni 2000.

29 »First Draft«, in: *Nature Biotechnology*, August 2000.

30 A. Christiano, Interview, 15. Mai 2000.

31 Im Oktober 2000 verkündeten das NIH, der Wellcome Trust, SmithKline-Beecham, Merck und Affymetrix die Gründung eines Konsortiums, um das Mausgenom in sechs Monaten mit einem finanziellen Aufwand von 58 Millionen Dollar zu sequenzieren. Das Konsortium wählte eine Mausart namens »Black 6« aus, die nicht von Celera erforscht wurde. Als Francis Collins diese neue Partnerschaft zwischen öffentlichen und privatwirtschaftlichen Organisationen bekanntgab, scherzte er mit den Reportern: »Dies ist kein Wettrennen. Notieren Sie sich das: Dies ist kein Wettrennen!«

32 A. Saegusa, »US Firm's Bid to Sequence Rice Genome Causes Stir in Japan«, in: *Nature* 398 (1999), S. 245.

33 J. Groopman, »Pet Scan«, in: *New Yorker*, 10. Mai 1999, S. 47; R. K. Wayne und E. A. Ostrander, »Origin, Genetic Diversity, and Genome Structure of the Domestic Dog«, in: *BioEssays* 21 (1999), S. 247–257; E. A. Ostrander, F. Gailbert und D. F. Patterson, »Canine Genetics Comes of Age«, in: *Trends in Genetics* 16 (2000), S. 117–124. Seit etwa 100 000 Jahren halten sich Menschen Hunde als Haustiere. Heute gibt es etwa 300 Rassen, allesamt Nachfahren des grauen Wolfs, mit den vielfältigsten Verhaltensweisen und körperlichen Merkmalen, von der dänischen Dogge (80 kg) bis zum Chihuahua (0,5 kg). Ausgedehnte Inzucht während der letzten Jahrhunderte hat zum Auftauchen von fast 400 dokumentierten rezessiven Krankheiten geführt, darunter Hämophilie, Blindheit, verschiedene Krebsarten und Narkolepsie (das entsprechende Gen war eines der ersten wichtigen Krankheitsgene, die zuerst beim Hund identifiziert wurden).

34 D. Birch, »Daring Sprint to the Summit«, in: *Baltimore Sun*, 13. April 1999.

35 A. Coghlan und M. Le Page, »Spot the Difference«, in: *New Scientist*, 22. Juli 2000, S. 14.

36 A. Pandey und M. Mann, »Proteomics to Study Genes and Genomes«, in: *Nature* 405 (2000), S. 837–846.

37 J. Gillis, »IBM to Put Genetics on Fast Track«, in: *Washington Post*, 3. Juni 2000.

[38] C. Ezzell, »Beyond the Human Genome«, in: *Scientific American* (Juli 2000), S. 64–69.

[39] H. Jacob, »Up the Function«, in: *Nature Genetics* 16 (1997), S. 111–112.

[40] G. MacBeath und S. L. Schreiber, »Printing Proteins as Microarrays for High-Throughput Function Determination«, in: *Science* 289 (2000), S. 1760–1763.

[41] P. Uetz u. a., »A Comprehensive Analysis of Protein-Protein Interactions in *Saccharomyces cerevisiae*«, in: *Nature* 403 (2000), S. 623–627.

[42] A. Sali und J. Kuriyan, »Macromolecular Complexes and Structural Genomics«, in: *Trends in Biochemical Sciences* 24 (1999), M20–M24.

[43] S. Burley u. a., »Structural Genomics: Beyond the Human Genome Project«, in: *Nature Genetics* 23 (1999), S. 151–157.

[44] D. Butler, »Wellcome Discusses Structural Genomics Effort with Industry«, in: *Nature* 406 (2000), S. 923–924.

[45] K. Garber, »The Next Wave of the Genomics Business«, in: *Technology Review* (Juli–August 2000), S. 46–56; A. Pollack, »The Next Chapter in the Book of Life: Structural Genomics«, in: *New York Times*, 4. Juli 2000.

[46] D. Rotman, »The Bell Labs of Biology«, in: *Technology Review* (März–April 2000), S. 94–98.

[47] J. Meek und M. Ellison, »On the Path of Biology's Holy Grail«, in: *Guardian*, 5. Juni 2000; J. Bowen, »Blue Gene«, in: *Salon*, 9. Dezember 2000; Gillis, »IBM to Put Genetics on Fast Track«.

[48] Brenner, Interview, 24. Juni 2000.

[49] A. B. Martin und P. G. Schultz, »Opportunities at the Interface of Chemistry and Biology«, in: *Trends in Biochemical Sciences* 24 (1999), M24–M28.

[50] U. Kher, »Doing It Nature's Way«, in: *Time*, 7. August 2000, S. 68–77.

[51] T. Hesman, »Code Breaker: Scientist Are Altering Bacteria in a Most Fundamental Way«, in: *Science News* 157 (2000), S. 360–362; D. Rotman, »The Bell Labs of Biology«.

[52] Martin und Schultz, »Opportunities at the Interface«.

[53] N. Farndale, »A Brief History of the Future«, in: *Daily Telegraph*, 4. Januar 2000.

[54] J. Watson, *A Passion for DNA*, Cold Spring Harbor 2000.

[55] R. Marantz Henig, *The Monk in the Garden*, Boston 2000.

[56] N. Wade, »Scientists Cultivate Cells at Root of Human Life«, in: *New York Times*, 6. November 1998; »Embryo Cell Research: A Clash of Values«, in: *New York Times*, 2. Juli 1999; S. J. Wright, »Human Embryonic Stem-Cell Research: Science and Ethics«, in: *American Scientist* 87 (1999), S. 352–361.

[57] G. Kolata, *Das geklonte Leben*, München 1997; I. Wilmut, K. Campbell und C. Tudge, *Dolly. Der Aufbruch ins biotechnische Zeitalter*, München 2001.

[58] S. Eddy, Interview, 17. Juli 2000.

EPILOG

[1] M. D. Lemonick, »Gene Mapper«, in: *Time*, 25. Dezember 2000, S. 110–113. Der begehrte Titel »Mann des Jahres« ging knapp an Präsident George W. Bush.

[2] G. Kolata, »Celera to Charge Other Companies to Use Is Genome Data«, in: *New York Times*, 8. Dezember 2000.

[3] M. Ashburner, *Genome Technology*, Februar 2001.

[4] Kolata, *»Celera to Charge ...«*.

[5] R. McKie, »Revealed: The Secret of Human Behaviour«, in: *The Observer*, 11. Februar 2001.

[6] M. Bobrow, Pressekonferenz des Wellcome Trust, London, 12. Februar 2001.

[7] Presseerklärung des Wellcome Trust.

[8] *Washington Post*, 12. Februar 2001.

[9] Gillis, *Washington Post.*

[10] S. Hensley, »Celeras Genome Anchors is Atop Biotech«, in: *Wall Street Journal*, 12. Februar 2001.

[11] *Globe and Mail*, 12. Februar 2001.

[12] Editiorial, »Burying the Hatchet«, in: *Nature Biotechnology* 19 (2001), S.181.

[13] *Nature* 409 (2001), S. 860–921.

[14] E. S. Lander, »After Deciphering the Map, the Next Task Is a Guidebook for the Human Genome«, in: *New York Times*, 12. September 2000.

[15] J. C. Venter u. a., »The Sequence of the Human Genome«, in: *Science* 291 (2001), S. 1304–1351.

[16] F. Collins, Vortrag bei der Tagung der AAAS, San Francisco, 17. Februar 2001.

[17] J. C. Venter, Vortrag bei der Tagung der AAAS, San Francisco, 18. Februar 2001.

[18] Venter, AAAS, 18. Februar 2001.

[19] Venter, BioVision, Lyon, 9. Februar 2001.

[20] *New York Times*, 6. April 2001.

[21] F. Collins, Pressekonferenz der AAAS, 17. Februar 2001.

Register